KB201652

나는 휴머니스트입니다

나는
휴머니스트
입니다

그렉 엡스타인 지음　|　김진건 · 제임스 김 옮김

하 버 드 교 목 의
선 언

책과나무

나의 스승이신

랍비 셔윈 와인(1928~2007)에게 헌정

나의 빛은 어디에 있는 것일까?

나의 빛은 내 안에 있다.

나의 희망은 어디에 있는 것일까?

나의 희망은 내 안에 있다.

나의 힘은 어디에 있는 것일까?

나의 힘은 내 안에 있다. 그리고 당신 안에도….

– 셔윈 와인, 〈나의 빛은 어디에?〉(인본주의 유대교의 찬송가)

차례

이 책은 휴머니즘적 철학에 대한 열정적인 해설서이다. 휴머니즘에 대한 저자의 유쾌한 논증은 리차드 도킨스와 크리스토퍼 히친스 그리고 샘 해리스 같은 무신론자들이 주장하는 것, 즉 논쟁하기를 좋아하고 우월감이 담겨 있으며 기존의 종교를 적대시하는 차원을 넘어서 왜 우리는 하나님이라는 절대자 없이도 선한 삶을 살 수 있는지, 그리고 어떻게 그것을 실천할 수 있는지에 대한 길을 진솔하게 안내하고 있다. 이 책은 진실로 휴머니즘에 대한 상세한 입문서이며, 기존 종교에 대해서 오해의 여지가 있는 악의에 찬 사고체제에 대한 시기적절한 선언문이다.

— 커커스 리뷰(Kirkus Review)

엡스타인의 이상은 대단히 포괄적이고 종교와 비종교 간의 광범위한 공통분모를 강조하면서도 동시에 명백한 차이점을 약화시키거나 손상시키지도 않는다. 이 책은 그의 열정적인 사상과 사고의 집산이다.

— 라이브러리 저널(Library Journal)

엡스타인은 인본주의적 삶의 접근 방식이 비종교인들에게 삶의 목적과 존엄성을 제공할 수 있다고 설득력 있게 주장한다. 종종 사회적인 논란이 되고 있는 사려 깊은 논증이다.

– 북리스트(Booklist)

이 세상에 없어서는 안 될 필수 요건인 인류애의 정신이 충만하다. 지혜롭고 따뜻한 느낌을 주며 어떤 특정한 종교를 떠나서 전 인류를 포용하는 저자의 폭넓은 세계관은 최근의 무신론자들의 담론을 훨씬 뛰어넘어서 전통적인 종교의 울타리로 인류를 유인했던 도덕적이고 영적인 경구들이 가득하다.

– 스티븐 핑커(하버드 인지 언어학 교수, 『인간의 언어 본능과 마음은 어떻게 작용하는가』의 저자, 뉴욕 타임즈 베스트 셀러)

그렉 엡스타인은 미국에서 가장 휴머니즘을 옹호하는 선구자라고 할 수 있다.

– 뉴욕 매거진(New York Magazine)

이 책에서 그렉 엡스타인은 어떻게 종교 간의 울타리를 훌쩍 뛰어넘어서 다양한 배경을 가진 사람들이 서로 간에 예의를 지키면서 모든 인간은 존엄하다는 믿음하에 함께 일하며 좋은 사회를 만들어 나갈 수 있는지를 우리들에게 여실히 보여 주고 있다.

– 에보 파텔(젊은이들을 위한 인터페이스(Interfaith) 창설자이며, 백악관 내의 종교와
  지역사회 협동을 위한 단체의 대통령을 위한 보좌관)

기존 종교에 대해서 다분히 도전적인 무신론자들, 즉 리처드 도킨스와 샘 해리스 그리고 크리스토퍼 히친스가 제시한 휴머니즘에 대한 좀 더 업데이트된 논증이다. 여기서 저자가 말하는 것은 세속주의는 기성종교의 적이며 하나님 없이는 우리 인간이 도덕적인 삶을 살아간다는 것 자체가 불가능하다고 말하는 캘리포니아의 대형 침례 교회의 목사인 릭 워렌과 그 외 다수의 복음주의 목사들에 대한 반론이다.

– 퍼블리셔즈 위클리(Publishers Weekly)

찰스 다윈의 제자인 네 명의 인본주의 무신론자들: 크리스토퍼 히친스, 샘 해리스, 리처드 도킨스, 다니엘 데넷

■ 크리스토퍼 히친스(Christopher Hitchens): 2011년에 작고한 영국의 유명한 작가이자 언론인으로 『신은 위대하지 않다』, 『자비를 팔다』, 『휴대용 무신론자』 등의 저작을 남겼으며 40년간 언론인 생활을 하면서 토크쇼와 강연을 통해서 공공 지식인이 되었던 인물이다.

■ 샘 해리스(Sam Harris): 미국의 신경 과학자, 철학자, 작가, 종교 비평가. 합리성, 윤리, 자유 의지, 신경 과학, 명상 등 광범위한 장르를 넘나드는 사상가이다. 그는 실제로 티베트에 가서 달라이 라마와 많은 대화를 나누고 몇 년간 명상을 하며 당시의 체험을 마약을 먹었을 때와 깊은 명상에 빠졌을 때를 비교해서 뇌의 전 전두엽(prefrontal cortex)에서 어떤 반응이 일어나는지를 과학적으로 설명하는 책을 발간하기도 했다.

■ 리처드 도킨스(Richard Dawkins): 옥스포드 대학의 진화 생물학자. 세계에서 가장 영향력 있는 과학자 중 한 사람으로 그가 약관 35세에 쓴 『이기적인 유전자』는 49년이 지났으나 몇 번에 걸쳐서 약간의 보충을 필요로 했을 뿐 조금도 수정되지 않을 정도로 진화론을 설명하는 완벽한 이론으로 정평이 나 있다.

■ 다니엘 데넷(Daniel Dennett): 2024년 작고한 터프트 대학의 인지과학자요 진화생물학자로, 과학철학과 생물철학 분야의 세계적인 석학으로 알려져 있다. 그는 자연선택에 의한 진화를 알고리즘적 접근 방법으로 설명했다.

나에게 이 책의 추천문을 써 달라는 부탁을 제임스 김 선생으로부터 받고 사실 나는 좀 망설였다. 한낱 의과대학의 교수로 수십 년을 살아온 소생이 언감생심 과연 하나님이란 초월적인 존재에 대해서 독자들에게 무슨 말을 해 줄 수 있단 말인가?

그러나 책을 차분히 읽어 가면서 이 책이 하나님에 대한 탐색이라기보다는 오히려 휴머니즘에 대한 작가의 깊은 통찰이 담겨 있는 진솔한 고백이라는 점을 발견하고서 추천문을 쓰기로 마음먹었다. 왜냐하면 의사라는 직업은 삶과 죽음이라는 경계선에 서 있는 인간의 생명을 책임지는 사람으로서 휴머니즘의 발현 없이는 감당하기가 쉽지 않은 직업이기 때문이다.

이 책의 저자 그렉 엡스타인은 뉴욕시의 맨해튼에 있는 영재 과학교육 특수고인 스타이브슨트 시절 때부터 『도덕경』, 『바가바드 기타』, 선불교의 가르침을 비롯하여 수많은 동양의 고전과 역사 서적을 탐독하면서 동양학에 깊은 애정을 느끼게 되었기 때문에 일찍이 대학과 대학원에서 종교와 동양학을 전공하게 되었다고 한다. 그 과정에서 종교의 발단은 결국 자연현상에 대한 인간의 경외심에서 나왔다는 점을 발견했고, 성경의 하나님이란 존재는 초기 인류의 문명이 점차 발전해 감에 따라서 자신의 조상 격인 유대인들이 자라 온 사회 문학적인 환경에서 자생적으로 태어난 상상력의 산물이라는 결론에 도달하게 된다.

그는 이미 구약성경이 출판되기 반세기 전인 기원전 1,000년경에 쓰인 인도의 차르바카와 로카야타라는 사상가들의 가르침을 소개하면서 그들은 "내가 지금 여기에 있기에 이 세상이 존재한다는 사실을 인식할 수 있다는 것과, 누구도 죽어서 부활하지 않으며, 살아 있을 때 주위의 사람들에게 따뜻한 마음을 전하라."고 가르쳤다고 말한다. 그게 곧 휴머니즘의 효시라고 한다. 그 전통은 그리스의 에피쿠로스학파와 로마의 철학자인 루크레티우스, 키게로와 세네카를 거쳐서 볼테르와 루소, 칸트의 시대를 지나서 조지 워싱턴, 토마스 제퍼슨, 카뮈와 사르트르로 그 명맥이 이어져 왔으며 물론 예수님도 대표적인 휴머니스트였다고 저자는 말한다.

이 책의 공동 번역을 맡은 김진건 교수는 미국에서 40년간 학생들에게 저널리즘을 가르치면서 미국 사회의 그늘진 내면을 깊이 조명해 볼 수 있었던 흔치 않은 코리언 아메리칸 석학이기에 감히 이 책의 번역을 맡을 수 있었다고 믿어진다. 또 작가 제임스 김은 미국에서 47년간 살면서 다양한 인종들과 무역 교류를 통해 얻은 자신의 오랜 종교적 성찰을 담은 『Jesus meets the Buddha』라는 책을 2016년과 2018년에 각각 한글과 영문판으로 출판했고, 『영어로 읽는 도덕경』이라는 책의 저술을 비롯해 4권의 책을 집필한 학구파이다.

어느 나라든지 외국 서적을 그 나라 말로 출판함으로써 문화적 교류가 일어나는 것이다. 우리는 모두 어려서 세계 명작 소설을 읽으면서 서구의 문명을 이해할 수 있었다. 본인도 40년 만에 대학 교수직에서 은퇴하고, 2010년부터 재야 사학자로서『동북아 상고사』를 새로운 시각에서 풀이한 후 영문으로 출판해 나의 황혼기를 우리 한 민족의 왜곡된 역사를 바로잡아서 미국인들에게 널리 알리는 일에 혼신을 다하며 아내와 함께 뜻깊은 나날을 지내고 있다.

『나는 휴머니스트입니다』는 인공지능과 화성의 개발을 지상 제일 과제로 설정하고 앞만 보고 질주하는 과학 만능의 시대를 살아가는 현대인들에게 하던 일을 잠시 멈추고 탐욕으로 가득 찬 자신의 내면을 깊이 들여다볼 것을 주문하고 있다. 그것이 곧 휴머니즘의 첫걸음이며, 그 길만이 인류가 이 지구라는 행성의 종말을 막을 수 있는 유일한 선택이라고 말해 주는 듯하다.

독자들은 그렉 엡스타인의 이 책을 통해서 '종교가 인간을 위해서 존재하는가, 아니면 우리가 종교를 위해서 태어났는가'라는 통속적인 화두에 대한 확실한 답을 찾을 수 있기를 희망한다. 이 어려운 영문판 책의 한글 번역본을 위해서 심혈을 기울인 김진건 교수와 제임스 김 선생 두 분에게 책의 출판을 진심으로 축하드린다.

워싱턴 D.C. 포토맥 강가에서

이돈성(Mosol Lee), MD

Director, Mosol Foundation

■

들어가는 말

과연 우리는 하나님 없이도 선하게 살 수 있을까?

이 책은 휴머니즘(인본주의)에 관한 책입니다. 휴머니즘에 대한 이해가 없는 분들을 위해서 간단히 정의한다면, 휴머니즘은 하나님 없이도 선한 삶을 살 수 있다는 믿음입니다. 이 책은 인간의 보편적인 가치, 역사, 그리고 수억 명의 무신론자와 불가지론자들 그리고 비종교인들에 관한 이야기입니다.

이 책은 하나님 없이도 **선(善)할 수 있는지**를 묻는 책이 아니고, **왜** 우리가 하나님 없이 선하게 살아야 하며 **어떻게** 그러한 삶을 살 수 있는지에 관한 책입니다. 하나님 없이도 선할 수 있느냐는 질문은 답할 필요조차 없고, 단호히 거부되어야 합니다. 신앙 없이는 선할 수 없다는 암시는 단순한 의견이나 호기심 어린 생각이 아니라 오로지 편견에 불과합니다. 심지어 차별일 수도 있습니다. 무슬림들은 좋은 사람이 될 수 있을까? 불교도들은? 유대인들은? 기독교인들은? 이 같은 어처구니없는 질문을 하시지는 않으시겠지요? 만약 고용주가 모든 동성애자들이 비도덕적이라고 암시한다면, 그와 함께 일하는 것이 편안할까요? 모든 민주당원이나 공화당원이 비윤리적이라고 주장한다면, 어떻겠습니까? 만약 당신의 딸이 모든 가톨릭 신자들은 형편없고 비윤리적인 인간이라고 주장하는 사람과 결혼하려고 한다면, 어떻게 느끼겠습니까? 그 대상이 신교 신자들이라면 어떨까요? 선함과 도덕성이 하나님에 대한 믿음을 필요로 한다고 주장하는 것은 이렇게 거대한 인구집단을 흑백논리로 저주해 버리는 것과 다름없습니다.

그리고 이것은 믿기 어려운 가상적인 제안이 아닙니다: 지난 수십 년간 진행된 여론 조사에 의하면, 대다수의 미국인들은 무신론자나 종교가 아예 없는 사람들에 대해서 부정적인 의견을 표현해 왔습니다. 흑인을 대통령으로 선출하고 각양각색의 집단을 대표하는 사람들을 공직에 내보낼 정도로 깨우친 21세기를 살아가면서도 미국인의 거의 반 정도는 아무리 훌륭한 자격을 갖추고 있다 하더라도 무신론자가 공직에 선출되는 것을 거부하고 있는 것으로 나타났습니다. 바꿔 말하면, 미국인 두 사람 중에 한 사람은 하나님을 믿지 않는 자신들의 동포들에 대한 편견을 가지고 있다는 말이지요. 미국에서 다른 어떤 소수 집단도 이렇게 집단적으로 매도당하지는 않습니다.[1]

이 편견은 우리 모두가 걱정해야 할 사안입니다. 왜냐하면 편견이란 항상 그것의 직접적인 대상을 위협하는 것에 그치지 않고, 모든 인간은 피부색, 성별, 성적 지향, 종교적 선호에 관계없이 그 사람이 갖고 있는 인격으로 평가받아야 한다고 믿는 우리 모두에게 큰 위험을 가져오기 때문입니다. 만약 누군가 오늘날 수백만 명으로 이루어진 한 집단 전체가 선해질 수 없고, 근본적으로 좋지 않은 사람들이라고 우리를 설득할 수 있다면, 우리는 언젠가는 다른 어느 집단에 대해서도 비슷한 적대감과 증오를 품을 수 있는 잠재력을 갖고 있는 것이며, 그런 상황에서는 그 누구도 안전하다고 느낄 수 없을 것입니다. 하나님에 대한 믿음 여부에 상관없이 선한 삶을 살거나 선한 사람이 되는 것은 쉽지 않습니다. 인생이 그리 호락호락하지 않으니까요. 편안한 삶을 살며 선한 사람이 되기는 무척 힘들기도 하고요. 그렇다고 해서, 대부분의 사람들이 따르는 선한 방식을 택하지 않는다는 구실로 그 거대한 집단의 사람들이 선한 행동을 할 수 없다고 판단할 권리를 우리 자신들에게 허용할 수는 없지 않을까요?

관용적이고 공정한 마음을 가진 모든 종교인들이나 비종교인들은 우리가 선할 수 **"있는지"**에 대한 질문을 두고 심각하게 고민하지 않습니다. 그 질문에 대한 답은 물론 "네"밖에 없습니다. 그 질문은 여기에서 끝나는 것입니다. 매일 선한 삶을 살아가고 있는 수천만의 사람이 그것을 증명하고 있습니다. 하지만, **"왜"** 우리가 하나님 없이도 선해질 수 있는지는 훨씬 더 의미 있고 흥미로운 질문이라는 생각이 듭니다. 그리고, 우리가 하나님 없이도 **"어떻게"** 선해질 수 있는가는 절대적으로 중요한 질문이 되겠네요. 바로 그 질문들과 그것들에 대한 해답을 인본주의 관점에서 다루어 보는 것이 이 책의 핵심 주제입니다. 그 질문들과 인본주의적인 해답을 찾는 여정에 당신을 초대합니다.

당신은 종교적인가?

만일 당신이 종교적이지 않고 하나님을 믿지 않는다면, 또는 하나님의 존재에 대해서 확신이 없다면, 혹은 이 세상에 어떤 초월적인 존재가 있다고는 믿지만 그렇다고 해서 자신은 조직적인 종교 단체에 속한다고는 말할 수 없다면, 전혀 걱정하지 않으셔도 되겠네요. 당신과 같은 사람들이 이 세상에 10억 명 이상이 있다는 사실에 아마도 다소 위안이 될 테니까요. 조사 방법은 약간씩 다르지만, 세계의 종교에 대해서 주요 조사기관이 수집한 다양한 데이터에 의하면, 대략 10억 명 이상의 사람들이 자신을 무신론자 혹은 불가지론자 또는 무종교인으로 부르고 있다고 합니다.

10억의 비종교인들 중에서 어림잡아 반 정도의 사람들이, 분명하지는 않지만 모종의 영신적 존재를 믿고 있다고 가정하고 그들을 이 숫자에서 제외하더라도, 어림잡아 5억 명의 지구인은 하나님의 존재를 믿지 않는 사람들이라고 보는 것이 타당하겠습니다. 선진국 중에서 가장 종교적인 국가로 알려진 미국에서도 비종교인이 전체 인구의 15퍼센트, 즉 4천만 명에 이른다고 합니다. 그리고 미국에서 비종교인들의 숫자는 빠른 속도로 증가하고 있습니다. 미국의 50개 주 중 모든 곳에서 "종교 선택" 항목의 "무종교"를 선택하는 응답자율이 매년 가파르게 증가하고 있다고 합니다. 이 추세는 특히 젊은 성인층에서 현저히 나타나고 있어서 현재 4명 중 1명이 무종교인인 이 세대가 다음 세대로 넘어가면 더 높은 비율로 세속화될 것으로 보입니다. 물론 여론 조사에서 미국인들에게 자신을 무신론자나 불가지론자인지 직접적으로 묻는 질문에 긍정적으로 답하는 사람은 수백만 명에 불과합니다. 그러나 그런 명칭에는 부정적인 의미가 내포되어 있습니다. 여론 조사에서 "하나님을 믿습니까?"와 같은 우회적인 질문을 하면 "아니오" 또는 "잘 모르겠다"고 답하는 사람의 수가 훨씬 많아집니다. 종교적인 장례식을 기대하지 않는 미국인의 수는 하늘을 찌를 듯하며, 우리 중 거의 4분의 1에 달합니다.[2]

더욱이, 부지기수의 비종교인과 무신론자들이 선하게 살고 있다는 증거는 비일비재합니다. 인본주의를 추종하는 사람들과 비종교인들이 과학이나 철학은 물론이고 박애주의 활동이나 사회 정의 분야에서 특출한 공헌을 해 왔다는 사실은 오래동안 잘 알려진 사실입니다. 최근에는 사회학자들이 스칸디나비아 국가처럼 세계에서 가장 세속적인 나라들이 가장 비 폭력적이고, 교육 수준이 높으며, 또한 빈곤층 돌봄에 앞장선다는 사실에 주목하기 시작했습니다.[3] 그리고 과학자들이 종교가 인간 두뇌에 끼치는 긍정적 영향을 증명하기 시작했는데, 이와 비슷한 영향이 비종교인들이나 인본주의자(Humanist)들에게서도 나타날 개연성이 있습니다. 긍정적인 속세의 이미지로 명상을 하는 무신론자들도 종교인들이 기도할 때 얻는 긍정적 영향을 꼭 같이 받을 수 있으니까요. 자신의 무신론을 확고히 믿는 사람들은 믿음이 확고한 종교인들만큼이나 일상생활에서 가장 적은 스트레스를 느낄 것 같습니다. 종교가 없는 미국인이 정기적으로 교회에 나가는 미국인보다 미국 정부가 전쟁 포로들에게 사용하고 있는 고문이나 "고도 심문 기술"에 반대할 확률이 훨씬 높은 것으로 알려져 있습니다.

어떤 사람들은 이 모든 사람들이 무신론 외에는 공통점이 없다고 말하거나, 같은 이름으로 부르거나 같은 조직에 가입하지 않기 때문에 그들을 같은 부류나 집단에 속한다고 간주하거나 연구 대상으로 삼으면 안 된다고 주장합니다. 이는 터무니없는 말입니다. 결국, 기독교도 마찬가지로 매우 다양한 전통을 가지고 있으며, 매사추세츠 주 케임브리지의 극히 자유주의적인 유니테리언 유니버설리스트에서부터 앨라배마주 몽고메리의 아프리카계 미국인 침례교도, 솔트레이크시티의 모르몬교도에 이르기까지 다양한 신념과 관습, 조직을 포함합니다. 우리가 기독교를 포괄적인 전통으로 연구하거나 힌두교(수천 개의 신과 전통을 포함하고 있으며, 그 신자들 사이에서도 합의하기 어려운 경우가 많음)를 연구한다면, 비종교인도 함께 연구해야 합니다. 우리는 다양한 그룹이지만, 다른 종교보다 더 다양한 것은 아닙니다.

그럼에도 불구하고, 지금까지 이른바 '비신자'라는 사람들 중 오직 소수만이 자신을 같은 생각을 가진 더 큰 집단의 일부로 인식해 왔고, 더 나아가 자신들에 대한 인식을 개선하거나 세상을 더 나은 곳으로 만들 수 있는 운동의 일부로 여겼습니다.

당신은 휴머니스트인가?

여러분이 무신론자, 불가지론자, 자유사상가, 합리주의자, 회의주의자, 냉소주의자, 세속적 인본주의자, 자연주의자, 또는 유신론자로서 정체성을 가지고 있든, 영적이거나 무관심하거나 비종교적이거나 '무교'이든, 또는 그 외 어떤 비종교적 용어로 자신을 설명하든, 여러분은 아마 제가 '인본주의자'라고 부르는 범주에 속할 것입니다. 어떤 용어를 사용하든 상관없습니다. 우리는 신이 완벽한 종교나 신성한 경전을 창조했다고 믿지 않으므로, 모든 의심하는 사람들이 반드시 채택해야 하는 하나의 완벽하고 신성한 이름이 존재한다고 믿을 이유가 없지 않겠습니까? 그리고 최근 몇 년 동안 성공을 거둔 GLBT 운동—아니면 LGBT? 아니면 게이? 혹은 퀴어(queer, 비이성애자를 총칭하는 말)?—을 보면, 영향력과 인정을 얻기 위해 대규모 그룹을 결속시키는 데 보편적인 명칭 합의가 필수적이지 않다는 것을 알 수 있습니다.

중요한 점은, 인본주의자로서 여러분은 토마스 제퍼슨, 존 레논, 윈스턴 처칠, 마거릿 생어, 장 폴 사르트르, 볼테르, 데이비드 흄, 살만 러쉬디, 엘리자베스 케이디 스탠턴, 공자, 무함마드 알리 진나, 월레 쇼잉카, 커트 보네거트, 조라 닐 허스턴, 마크 트웨인, 마거릿 미드, 빌 게이츠, 워렌 버핏, 아인슈타인, 다윈, 그리고 전 세계 10억 명이 넘는 사람들과 함께한다는 것입니다.

이 모든 사실은 우리를 기독교, 이슬람교, 힌두교와 함께 지구상에서 네 개의 가장 큰 생활 방식 중 하나의 신봉자로 만듭니다. 하지만 우리가 신봉자라면, 우리는 무엇을 신봉하는 것일까요? 우리는 무엇을 공통으로 가지고 있을까요? 단순한 '무신론자'로 종종 묵살되는 다양한 무리가 공통적으로 공유하는 신념이 있을까요? 이제 우리가 인정을 받기 시작한 지금—오바마 대통령의 취임 연설에서 긍정적인 언급을 받거나, 뉴욕 타임스 1면에 보도된 것처럼—무신론자들도 신념을 가진 사람들이라는 것을 인정할 때입니다: 우리는 인본주의를 믿습니다.

휴머니즘(인본주의)이란 무엇인가?

휴머니즘은 인간이 되는 것이 고독하고 두려운 일이라는 사실에 대한 대담하고 결단력 있는 대응입니다. 우리는 매년 수천 명의 무고한 아이들의 삶이 허리케인, 지진, 그리고 다른 "하나님의 행위"들에 의해 파괴되는 세계를 보고, 인생의 수많은 근본적인 불의와 마주하며, 우리가 살고 있는 우주가 도덕적으로 적절히 관리되지 않는다면, 우리 스스로 우리의 삶을 책임져야 한다고 결론 내립니다. 휴머니즘은 비록 우리가 그 과업을 완전하게 성취할 수 없다는 것을 알고 있을지라도, 우리가 종종 발견하는 주변의 형편없는 세상을 더 나은 곳으로 만들기 위해 책임을 지고 노력하는 것을 의미합니다.

간단히 말해, 인본주의는 하나님 없이 선하게 사는 것입니다. 그것은 무엇보다도 인간으로서 우리가 가지고 있는 가장 큰 공통 가치인 존엄성 있게 살고자 하는 욕망, "선해지고자 하는" 욕망을 확인하는 노력입니다. 하지만 휴머니즘은 또한 내일이나 다음 생까지 기다릴 여유가 우리에게 없다는 경고이기도 합니다. 오늘이—우리가 탄생에서 죽음까지(from birth to death), 우리의 모태에서 무덤까지(from womb to tomb) 살아 숨 쉬는 이 하루—지금 우리가 가지고 있는 모든 것이기 때문입니다. 휴머니즘은 신앙, 초자연적인 현상, 성스러운 문구, 부활, 환생 같은 증거 없는 어떤 것에도 의존하지 않습니다. 달리 말해, 휴머니스트는 "죽기 전의" 삶을 믿습니다.

미국 휴머니스트 협회의 좀 더 공식적인 표현을 빌리면, 휴머니즘은 초자연주의 없이 인간성의 더 큰 선을 목표로 윤리적인 삶을 이끌 수 있는 능력과 책임을 인정하는 진보적인 생활 태도로 정의되고 있군요. 이 접근 방식은 전 세계 수억 명의 무신론자와 불가지론자들에 의해 확인되었지만, 특별히 조직화되어 있지는 않습니다. 하지만 지역에 따라서는 이 접근 방식이 상당히 조직화되고 있으며, 일부 세속주의자들은 이런 추세가 "조직된 종교"처럼 보일까 봐 가끔 발끈하기도 하지요. 조만간 알게 되시겠지만, 휴머니즘은 하나님 없이 선한 삶과 공동체 창조에 기반한 응집력 있는 세계적 운동입니다.

비종교인들은 종교가 책임져야 할 수많은 학대와 스캔들, 비논리적인 아이디어에도 불구하고 종교가 여전히 강력한 영향력을 행사하는 이유에 대해 종종 의문을 가집니다. 그 답은 인간 대부분에게 종교는 굵직한 바리톤 목소리와 부드럽게 흘러내리는 수염을 갖고 세상 모든 일을 내려다보는 신성한 존재에 대한 믿음이 아니라는 사실에 있습니다. 종교는 집단 정체성에 관한 것입니다. 우리가 살아가는 데 필요한 공동체에 대한 소속감과 협력 관계를 가져다주는 집단 정체성 말입니다. 그것은 가족, 전통, 상호위안, 윤리, 추억, 음악, 예술, 건축 등 많은 것을 포함합니다. 이러한 것들은 모두 선한 것이며, 신에 대한 믿음이 없다고 해서 스스로 포기할 필요도 없고, 다른 사람에게서 포기하도록 강요받을 필요도 없는 것들입니다.

솔직히, 우리가 살아가고 있는 현시대에서 가족, 전통, 추억, 음악 등과 같은 사회적 선의 목록을 종교적 소속이나 관습의 전통적인 형태가 아닌 공동체에서 찾기 쉬운 노릇이 아닌 것은 사실입니다. 또한 공동체가 결핍된 진공 상태에서 선한 사람이 되는 것도 그렇게 썩 만족스러운 경험이 아닙니다. 우리들 중에서 보이지 않는 존재를 숭배하거나 망자의 나라 헤이디스에서 받을 벌을 걱정하며 하루를 보내고 싶지 않은 사람들은 우리가 소중히 여기는 것을 가족과 더 넓은 세상과 나누고 싶어 하며, 우리 자신을 있는 그대로 이해받고 인정받기를 원합니다. 이를 위해 우리에게 공동체가 필요한 것입니다.

우리 삶의 가장 중요한 순간들, 예를 들어 우리 자신이나 사랑하는 사람이 아프거나 죽어 갈 때, 새로운 아기가 태어날 때, 결혼을 통해 사랑을 확인하고 싶을 때, 아이들에게 단순한 사실과 날짜뿐만 아니라 중요한 가치를 교육하고 싶을 때, 우리는 한 그룹의 일원이 될 필요가 있습니다. 우리는 최소한 그런 것들을 찾고 만들어 낼 수 있는 가능성을 제공하는 휴머니스트(인본주의자) 공동체를 필요로 합니다: 가족, 기억, 윤리적 가치, 그리고 인간 정신의 고양이 지적 정직성과 함께, 그리고 신 없이 하나가 될 수 있는 장소 말입니다.

휴머니즘은 또 다른 하나의 종교인가?

저는 종종 휴머니즘이 종교인지 묻는 질문을 받습니다. 실질적으로 휴머니즘은 종교가 아닙니다. 왜냐하면 대부분의 우리는 **종교**라는 단어를 신성함과 초자연적인 요소를 포함한 체계와 연관 짓기 때문입니다. 휴머니스트에게는 교황도, 완벽한 사람도 없습니다. 말장난으로 웃기려 드는 어떤 티셔츠에는 우리를 "봉사 단체(nonprofit organization)" 대신 "예언 없는 조직(nonprophet organization)"이라고 묘사해 두기도 합니다. 그러나 사회학적으로 말하면, 휴머니즘은 공동체를 조직하려는 노력을 공유하는 가치들과 삶의 방식이라는 점에서 종교와 유사합니다. 그래서 저는 철학 이상의 것이지만 신성하거나 계시된 종교는 아닌 것을 의미하는 유럽 용어 **"삶의 입장(lifestance)"** 을 선호합니다. 어쨌든, 휴머니즘이 종교인지 아닌지를 묻는 것은 단순한 의미 논쟁에 불과합니다. 혹자는 종교인이어서 휴머니스트를 깎아내리려는 의도로 묻고, 또 어떤 분들은 종교적 위선에 화가 나서 **믿음**이라는 단어가 연상시키는 어떤 것과도 연관되기가 두려워 인본주의도 또 다른 하나의 종교가 아니냐고 물어 오십니다.

그러나 중요한 것은 당신이 무언가를 믿는지 아닌지가 아니라, 무엇을 믿는지입니다. 아무것도 믿지 않는 것 또한 일종의 믿음, 즉 허무주의에 대한 믿음입니다. TV와 영화 작가/감독 조스 웨던은 이렇게 말했습니다. "휴머니즘의 적은 믿음이 아닙니다. 휴머니즘의 적은 증오이며, 두려움이며, 무지이며, 모든 휴머니스트와 세상의 모든 사람 안에 존재하는 인간의 어두운 부분입니다. … 그러나 우리는 믿음을 받아들여야 합니다. 하나님에 대한 믿음은 아무런 증거도 없이 무언가를 절대적으로 믿는 것을 의미합니다. 인류에 대한 믿음은 그와 반대로, 많은 반증에도 불구하고 무언가를 절대적으로 믿는 것을 의미합니다. 우리는 진정한 믿음을 가진 사람들입니다."[4]

휴머니즘은 요즈음 유행하는 새로운 무신론과 무엇이 다를까?

세계의 종교인과 그들의 전통에 대해 많은 글이 쓰여 왔습니다. 수천 명의 인류학자와 사회학자들이 종교적 전통과 신자들을 연구하는 데 평생을 바쳐 왔습니다. 신학, 즉 종교인이 무엇을 믿는지에 대해 수백만 페이지가 넘는 글이 작성되었습니다. 하지만 가까운 서점이나 도서관에 가서 비종교인이나 우리가 무엇을 믿는지에 대한 책을 찾아보면 선택지가 항상 매우 제한적임을 알 수 있습니다. 따라서 최근 무신론자들이 종교를 비판하는 베스트셀러 책들이 큰 반향을 일으킨 것은 놀라운 일이 아닙니다.

오늘날, 좋은 삶이란 하나님과 전통에 대한 순종으로 정의되어야 한다고 믿는 사람들은 현대성의 힘에 의해 포위되어 있다고 느낍니다. 그들의 생각에는, 동성애자 퍼레이드에 참가한 사람들의 가죽과 분홍색 일색의 옷차림, 혼자 아이를 키우는 여성, 혹은 공개적으로 하나님을 믿지 않는다고 선언하고도 존경받는 삶을 살 수 있는 저 같은 사람들이 모두 오래된 방식에 대한 선전 포고로 부각됩니다. 그래서 근본주의 이슬람과 근본주의 기독교를 비롯한 여러 종교 세력은 세속주의와 휴머니즘에 대한 전쟁을 선포했습니다. 이에 맞서, "신은 위대하지 않다!", "신은 망상이다!", "이것은 신앙의 종말이다!"라고 외치며 맞서 싸우는 새로운 무신론 지식인들과 지도자들이 등장했습니다.

저는 오늘날의 "신무신론자들"을 존경합니다. 왜냐하면 그들은 우리 시대의 매우 현실적이고 수많은 종교적 부정의를 바로잡고자 하기 때문입니다. 특히 도킨스, 해리스, 히친스 같은 사람들이, 아직도 전통적인 가치에 대한 존경심을 갖지 않은 사람들을 기피하는 공동체에서 살아가야 하는 젊은이들이 신에 대한 믿음의 부재를 솔직하게 표현할 수 있도록 해 줄 때, 저는 그들을 더욱 감사하게 생각합니다. 하지만 무신론은 2006년 11월 와이어드 잡지의 표지 기사 "신무신론:

천국도 지옥도 없다. 오직 과학뿐"이라는 제목이 가장 적절히 보여주었듯이, 무신론이 특정한 입장을 채택할 때 길을 잃게 됩니다.

휴머니스트들이 천국이나 지옥이라는 개념을 따르지 않으며, 우리가 주변 세계를 이해하기 위한 최고의 도구로 과학을 가치 있게 여긴다는 것은 사실이고 중요한 점입니다. 하지만 "오직 과학뿐"? 이러한 표현은 새로운 무신론이 감정, 직관, 그리고 세상을 다르게 보는 사람들에 대한 관대한 정신에서 단절되었다는 오해를 불러일으킵니다. 비종교인들이 과학을 중요하게 여기는 경우가 많지만, 깊은 신앙을 가진 수많은 사람들 또한 과학을 가치 있게 여기고 연구합니다. 따라서 과학을 소중히 여기는 것이 종교인과 비종교인을 구분하는 방법이 될 수는 없습니다. 게다가, 과학 서적은 종종 우리 주변의 세계에 대한 유용한 정보를 많이 포함하고 있지만, 우리가 인생에서 가장 소중히 여겨야 할 것이 무엇인지, 또는 왜 그런지를 말해 주는 경우는 드뭅니다. 과학은 병원에 있는 환자에게 어떤 약을 투약해야 하는지와 같은 유용한 지식을 우리에게 가르쳐 줍니다. 하지만 과학은 병원에 입원해 있는 우리를 방문하러 오지는 않더군요.

이것은 단순히 귀여운 말장난처럼 들릴지도 모르겠네요. 제가 비종교적인 가정에서 자라며 어린 시절 오랜 시간을 병원에서 보내야 했을 때, 병원은 저와 저의 가족에게 꽤나 외로운 장소였습니다. 폐암과 오랜 투병 끝에 아버지가 돌아가셨을 때 저는 열여덟 살이었는데, 저는 아버지가 인생 초기에 저버렸던 자신의 신앙 공동체를 무척 그리워하고 있음을 알았습니다. 비록 아버지가 자신의 외로움을 표현하는 데 썩 능숙하지는 않았지만, 여호와의 증인에서 나온 전도사들이 우리 집 문을 두드릴 때마다 아버지가 병상에서 힘들게 몸을 이끌고 나와 새로 만나는 사람들과 대화하고 교제하는 사이 아버지의 우울함이 조금이나마 가시는 것을 보며, 저는 아버지의 공동체에 대한 그리움을 역력히 읽어 내었지요. 하지만 그 젊은 남자 전도사들은 자주 오지 않았고, 어쨌든 그들의 세계관은 아버지의 것과 매우 달랐기 때문에 이상적인 동반자는 아니었습니다. 그래서 아버지는 인본주의 공동체라는 개념을 들어 본 적 없이 무척 외롭게 세상을 떠나셨습니다.

저는 대학에서 종교를 전공했음에도 불구하고 졸업 후에야 우연히 지금은 고인이 되신 위대한 인본주의 지도자 셔윈 와인과의 만남을 통해 휴머니즘을 알게 되었습니다. 이 책의 헌정자이기도 한 셔윈은 오랜 기간 동안 성직자로서 많은 회중들을 방문하며 하나님 대신 선함을 공개적으로 믿은 휴머니스트 랍비였습니다(휴머니스트 랍비가 무엇인지에 대해서는 나중에 더 설명하겠습니다). 셔윈은 "우리는 신 없이도 선할 수 있는가?"라는 이 책의 첫 장에서 다룰 기본적인 질문들에 대한 제 초기 질문들에 처음으로 답해 주신 분이었습니다.

신 없이 선함을 추구하는 전통의 역사는 고대 동양과 서양에 뿌리를 두고 있습니다. 휴머니즘에 관한 이야기는 많은 사람들이 생각하는 유럽 계몽주의나 고대 그리스뿐만 아니라, 인도, 중국, 중동의 문화에서도 그 흔적을 추적할 수 있습니다. 이는 토머스 제퍼슨과 같은 미국 혁명 애국자들, 19세기의 주요 여성 참정권 운동가들, 20세기의 민권 지도자들, 그리고 리처드 도킨스, 크리스토퍼 히친스, 대니얼 데닛, 샘 해리스뿐만 아니라 프로이트, 마르크스, 니체, 다윈과 같은 원조 무신론자들도 갖고 있던 믿음입니다.

이 책의 제3장에서는 **왜** 우리는 신 없이도 선해지는가라는 질문을 탐구합니다. 종교는 많은 사람들에게 의미와 목적의 깊은 원천입니다. 심지어 종교가 내포하고 있는 초자연적 주장에 대해 약간의 회의를 가지신 분들 중에도 종교 없이는 삶을 살아갈 이유나 도덕이나 윤리적으로 살아갈 이유가 없다고 생각하는 사람들도 있습니다. 그러나 인간주의적 삶의 접근은 비종교적인 사람들에게도, 비록 위에서 주어진 단일하고 포괄적인 목적은 없더라도, 우리 자신을 넘어선 목적을 위해 반드시 살아야 한다는 깊고 지속적인 감각을 제공할 수 있습니다.

하지만 단순히 삶의 의미를 **"발견"**하는 것만으로는 충분하지 않습니다. 정말 중요한 것은 우리가 우리의 가치에 따라 살아가는지 여부이며, 그것은 매일 힘든 노력과 수많은 어려운 선택을 필요로 합니다. 하나님 없이도 선한 것은 무엇일까요? 황금률과 인간적 연민을 더 자주 실천하는 방법을 배우는 것에서부터 기후 변화 및 기타 생명 윤리적 딜레마와 같은 새로운 인간 문제에 대한 혁신적이고 지속 가능한 해결책을 모색하는 것까지, 인본주의는 우리가 당면하는 가장 중요한 윤리적 의문—삶의 목적을 찾고 나서도 우리가 "해야 할 일"은 무엇인가?—을 다룹니다.

우리가 자신들을 종교인이라고 간주하는 사람들을 인정하는 것은 중요한 일입니다. 환영합니다. 기독교인, 무슬림, 유대인, 불교인, 힌두교인, 시크교도, 바하이교도 및 그 외 많은 분들이 이 글을 지금 읽고 계시고, 여기에서 멈추지 않고 계속 읽어 주시기 바랍니다. 저의 바람은 그분들의 개종이나 종교와의 작별이 아니고, 그분들이 사랑하는 사람들과 이웃 사람들 사이에 살고 있는 휴머니스트에 대한 이해심을 갖는 것이기 때문입니다. 저는 "하나님과 함께 선할 수 있는가?"라는 질문에 긍정적인 답변을 제공하고자 합니다. 무신론자와 불가지론자들에게는 스티븐 프로테로가 말하는 종교적 문해력을 추구하도록 권장하며, 종교인과 인본주의자들에게는 더욱 깊은 대화와 협력에 참여할 것을 간청합니다. 우리가 살고 있는 세계는 평평하고, 상호 연결되었으며, 상호 의존적 관계를 맺고 있지만, 대량 살상 무기의 위협 대상이 아닌 곳이 없는 세상에 살고 있습니다. 우리는 더 이상 서로를 오해하거나 서로의 동기를 알지 못하고 살수 있는 여유가 없습니다.

저는 공동체가 인본주의의 핵심이라고 믿습니다. 지난 한 세기 동안 하나님은 죽은 것으로 되어 있었지만, 너무 자주 오히려 휴머니즘이 죽은 것처럼 보 여 왔습니다. 오늘날 세계에서 다양하고 포용적이며 영감을 주고 변혁적인 힘이 될 새로운 휴머니즘이 다시 깨어나기 위해서는 무엇이 필요할까요?

이 책이 10억 명의 비종교인들을 위해 또는 그들을 대표하여 한 가지 성과를 이루어 낸다면, 그것은 우리가 하나님이 없다거나 종교가 악하다는 사실을 더 잘 설득하는 법이 결코 아니길 바랍니다. 우리는 비종교인들이 더 자주 **병원 방문**—문자 그대로의 뜻과 은유적인 뜻 모두 포함해서—을 하시기 바랍니다. 우리는 더 많은 선행을 함께하고 이 세상, 우리가 가질 수 있는 유일한 세상에 긍정적인 무언가를 함께 건설하기를 바랍니다. 우리가 "**하나님 없이**"라는 것보다 "**선함**"에 더 초점을 맞추길 바랍니다.

1

우리는
하나님 없이도 선(善)할 수 있을까요?

그렇습니다. 이 질문은 수없이 그리고 수많은 다른 방식으로 제기되어 왔습니다: "세상에서 가장 강력한 사람들 중 한 명이 당신의 삶의 방식을 모욕할 때, 당신은 어떻게 반응해야 할까요?"

제가 올바른 답을 찾기 위해 고심해 온 윤리적 딜레마가 하나 있습니다. 솔직히 말해, 제가 인본주의자로서 가장 깊이 믿는 것 중 하나는 어떤 한 사람이 모든 답을 가지고 있을 수 없다는 것입니다. 만약 자신의 종교가 모든 답을 줄 수 있다고 말하는 사람을 만나면 즉시 그곳을 벗어나세요. 그것이 가능하지 않다면 최소한 지갑은 잘 간수하세요.

그러나 제가 말하는 딜레마는 수백만의 사람이 매일 직면하는 것입니다. 세상에서 가장 영향력 많은 사람 중 한 명이 당신의 삶의 방식을 모욕하면, 어떻게 반응하실래요? 반드시 생사를 결정하는 질문은 아니지만 그럴 수도 있겠네요. 2006년 덴마크 어느 신문의 무명 만화가가 예언자 무함마드를 격노한 테러리스트로 희화화한 만화를 그렸습니다. 하지만 기대했던 '웃음의 폭발' 대신 수십만 명이 폭동을 일으켰고, 대사관들이 불탔습니다.

그보다 몇 년 전, 소설가 살만 라쉬디는 그의 작품 『악마의 시』에서 쿠란이 쓰인 과정을 풍자한 후, 이란의 아야톨라 호메이니로부터 그의 목숨을 위협하는 파트와(살해령)─라쉬디가 "우습지 않은 발렌타인" 선물로 표현했던─를 받아 거의 목숨을 잃을 뻔했습니다. 만화가와 소설가조차 이런 반응을 불러일으킬 수 있다면, 진정한 영향력을 가진 사람이 비슷한 모욕을 가한다면 어떻게 될까요? 가령, 세계에서 가장 강력한 나라에서 40만 명 이상의 전도사들을 기독교 공동체의 리더로 훈련시켰다고 알려진 초대형 교회의 목사이며, 2008년 여름 내내 버락 오바마와 존 매케인이 대통령 후보 자격으로 토론회에 참석하지 않을 것임이 분명해지자, 처음으로 두 후보자를 한 사람씩 **자기 자신만** 입회한 장소에서 **솔로 인터뷰**를 할 정도의 영향력을 가진 인물이라면 말입니다.

하지만 저는 릭 워렌 목사가 무슬림을 모욕한다면 그들이 어떻게 반응할지 묻는 것이 아닙니다. 저는 그가 끝도 없이 반복하는 "나는 무신론자 미국 대통령에게 투표할 수 없다."는 발언에 대해 비종교인들이 어떻게 반응해야 할지 궁금합니다. 그는 2008년 8월, 오바마와 매케인이 참여한 새들백 포럼을 주최한 직후 《래리 킹 라이브》에서 그렇게 발언했습니다. 사실 워렌은 자신을 무신론자, 불가지론자, 비종교인으로 여기는 사람들의 가치와 존엄성을 무자비하게 훼손하는 매우 진부한 의견을 가장 웅변적이고 카리스마 있게 대변하는 이 시대의 인물이 되었습니다. 워렌 목사는 그의 저서 『**목적이**

이끄는 삶』에서 다음과 같이 기술하고 있습니다:

"만약 당신이 지상에서 보내고 있는 이 시간이 당신 삶의 전부라면, 지금 당장 즐기기 시작하라고 권하고 싶습니다. 착하게 살거나 윤리적일 필요도 없고, 행동의 결과에 대해 걱정할 필요도 없습니다. 자신의 이익만을 위해 살아도 됩니다. 왜냐하면 당신의 행동은 장기적인 영향을 미치지 않을 테니까요. 하지만 —이 점이 모든 것을 바꿉니다—죽음은 당신의 끝이 아닙니다! 죽음은 당신의 종말이 아니라 영원으로의 이동이며, 따라서 이 땅에서의 모든 행동은 영원한 결과를 낳습니다. 삶을 살아가며 우리가 취하는 모든 행위는 영원 속에서 울려 퍼질 화음(chord)을 만들기 마련입니다."[1]

여기서 워렌의 어조는 긍정적이고 심지어 영감을 불러일으키기까지 하지만, 부활을 문자 그대로 믿지 않는 비종교인은 선할 이유가 없다는 부정적인 메시지를 담고 있습니다. 혹시 그가 그 자신의 실체보다 더 포용적이고 관용적인 사람으로 오인되지 않도록, 『**목적이 이끄는 삶**』의 이전 페이지에 분명히 나타나 있는 그의 비신자들에 대한 생각에 우리는 주목해야 될 것 같습니다: "이 땅에서의 삶은 많은 선택을 제공하지만, 영원의 세계에서는 단 두 가지 선택뿐입니다: 천국 또는 지옥. 이 땅에서 하나님과 맺는 우리의 관계가 영원에서의 관계를 결정할 것입니다. 하나님의 아들 예수님을 사랑하고 신뢰하는 법을 배우면, 당신은 남아 있는 영원을 그와 함께 보내도록 초대받게 됩니다. 반면에 그의 사랑, 용서, 구원을 거부하면 영원히 하나님과 결별하여 지내게 될 것입니다."²

워렌의 훌륭한 웅변술은 인정하지만, 역대 가장 많이 팔렸다고 알려진 논픽션—이것이 사실이라면 성경은 지어낸 픽션이란 말일까요?—으로 홍보된 책의 저자가 당신이 전통적인 기독교인이 아니라면 영원한 지옥으로 떨어질 것이라 단죄하고 있습니다. 이는 당신에게, 혹은 당신의 어머니, 아버지, 배우자, 자녀 또는 친구로 향해 퍼붓는 깊은 모욕이 아닐 수 없겠네요.

하지만 우리는 어떻게 대응해야 할까요? 워렌을 모욕하고, 그를 어리석은 자, 사기꾼, 예수를 위한 세뇌자라고 부르며 맞대응해야 할까요? 아니면 다른 쪽 뺨을 내밀어야 할까요? 무시해야 할까요? 어릴 때 저는 학교 운동장에서의 유치한 조롱은 무시하는 것이 가장 좋다고 배웠습니다. 하지만 단순히 잘생기거나 운동신경이 좋다는 정도를 넘어서서 엄청난 **영향력**을 지닌 사람으로부터 받는 깊은 모욕을 정말로 무시하는 것이 안전할까요?

만약 워렌만이 우리가 하나님 없이는 선할 수 없다고 주장하는 유일한 인물이라면 그나마 참을 수 있을 것입니다. 하지만 또 다른 수많은 영향력 있는 기독교인들이 오랫동안 이러한 주장을 해 왔습니다. 예를 들어, C.S. 루이스는 우리가 하나님에 대해 밝혀내는 순간 우리는 본능적 충동에 종속되어 윤리적 기반을 잃게 된다는 매우 흔한 주장을 했습니다: "'이것이 선하다'라는 말이 모두 무너지고 나면, '나는 원한다'라는 말만 남습니다. … 따라서 **조정자들**은 단순히 자신의 쾌락에 의해 동기 부여를 받게 됩니다. … 제 요점은 가치 판단을 벗어난 사람들에게는 자신의 충동 중 하나를 선택할 때 오직 감정적인 충동의 강도에만 의존하게 된다는 것입니다."[3]

다른 기독교인들은 우리가 하나님을 잃으면 "절대적 가치"를 잃게 되며, 그 결과 도덕적 타락에 빠질 것이라고 강조하는 것을 좋아합니다. 영향력 있는 남침례신학교의 총장인 앨버트 몰러는 자신의 블로그에서 이 흔한 모욕을 간결하고 카리스마 있게 표현합니다: "인간이 스스로의 능력에만 의존하고 제한된 지혜에만 의존하게 되면, 각기 다른 상황에 맞는 '선한 성품'의 모델을 발명하게 될 것입니다. 하나님 없이는 도덕적 절대성이 없습니다. 도덕적 절대성이 없으면, 진정한 선과 악에 대한 지식도 없습니다."[4]

하지만 우리가 하나님 없이는 선할 수 없다고 주장하는 것은 기독교인만이 아닙니다. 무슬림 세계에서 지난 반세기 동안 가장 강력하고 중대한 신학적 메시지는 서구든 중동이든 세속주의가 타락하고 부패한 "인간의 통치"라는 개념이었습니다. "인류는 오늘날 절벽 끝에 서 있다. … 인간의 통치를 제거하고 하나님의 통치를 이 땅에 세우기 위해, 권력을 찬탈한 자들로부터 빼앗아 하나님께만 돌려야 한다." 이는 단순히 어중이떠중이 무슬림 사상가가 아닌 오사마 빈 라덴의 이념적 대부로 알려진 사이드 쿠트브로부터 나온 말이며, 그는 "이 목표는 설교와 담론을 통해서만 이루어지지 않을 것이다."라고 섬뜩한 예언을 덧붙였습니다.[5]

보수적인 무슬림 사상가들이 무신론과 세속주의를 폄하하는 데 보수적인 기독교인들과 의견을 같이한다는 소식에 놀라지 않을 수도 있지만, 몇 년 전 하버드의 다이애나 에크 교수와 함께 전 세계 종교 전통들 중 자유주의적, 진보적, 다원주의적 목소리를 다루는 수업을 들으며, 세계에서 가장 열린 마음을 가진 무슬림 신학자들조차 세속주의자와 무신론자를 맞서 싸워야 할 악당으로 여긴다는 사실을 알고 놀랐습니다. 하버드와 MIT에서 교육받은 이슬람학 교수이자 『이슬람의 심장: 인류를 위한 영속적 가치들』의 저자인 사이드 후세인 나스르의 말을 인용하자면, "세속주의는 모든 아브라함 전통의 공통의 적이며, 오늘날 우리가 세속 사회에서 목격하는 도덕적 권위의 침식은 유대인과 기독교인에게도 무슬림에게만큼 많은 문제를 제기합니다." 나스르는 이어서 "하나님을 부정하면서 평화롭게 사는 생각은 완전한 부조리입니다."라고 말합니다.[6] 이러한 **"지혜"**의 말들은 에크 교수가 하버드에서 진보적이고 열린 마음을 가진 이슬람의 예로 과제로 지정했던 책에서 나옵니다(이 책은 이후 에크 교수의 강의 목록에서 제외되었습니다). 오늘날 자유주의적 이슬람 신학을 읽어 보면, 불행히도 이와 같은 접근 방식을 더 많이 발견하게 됩니다. 오해받기 쉬운 세속적 적을 악마화시켜 기독교인과 유대인과의 공통 기반을 찾으려는 시도가 많습니다.

그리고 우리가 하나님 없이는 선할 수 없다는 현시대의 합창에 또 다른 목소리를 더하자면, 히틀러도 위에서 기록된 많은 부분에 동의했습니다. 히틀러는 종종 무지한 종교적 광신자들에 의해 세속주의자나 무신론자로 잘못 불립니다. 그들은 십자군 전쟁과 종교재판이 하나님의 이름으로 큰 고통을 초래한 종교적 운동이었다는 비판에 대항할 수 있는 답변을 간절히 찾고 있는 것이지요. 물론 십자군 전쟁과 종교재판은 종교적이었으며 큰 고통을 초래했지요. 하지만 저는 여기서 그 사실을 인정하는 것 외에는 종교에 대한 다른 공격을 재론하지 않겠습니다. 제 목적은 가능한 모든 방식으로 신앙을 비난하려는 것이 아닙니다. 하지만, 히틀러나 나치즘이 종교에 대한 그러한 비판에 적절한 반박이 될 수 없다는 점은 분명히 해 두겠습니다. 히틀러는 홀로코스트를 수행하면서 "나는 전능하신 창조주의 뜻에 따라 행동하고 있다. 유대인에 맞서 자신을 방어함으로써 나는 주님의 일을 하고 있다."고 썼습니다.[7] 나치 군대의 **허리띠**에는 "Gott mit uns!(**하나님이 우리와 함께 계시다**)"라는 문구가 새겨져 있었습니다.

이것이 바로 하나님 없이는 선할 수 없다는 주장에 대해 제가 가장 당혹스러워하는 점이며, 믿기 어려워 입이 떡 벌어지게 만드는 이유입니다. 히틀러와 빈 라덴 같은 사람들이 범한 짓을 생각해 보면, 그 주장은 아마도 20세기 지구 위에서 걸음을 내딛었던 가장 비열한 인간들을 단결시킨 유일한 신념일 것입니다. 그럼에도 불구하고 우리는 여전히 이 주장을 진지하게 받아들입니다. 릭 워렌에게서 나오든, 아니면 악마 같은 적을 찾고 있는 길 잃은 불쌍한 영혼에게서 나오든 가리지 않고 말입니다. 이러한 극과 극의 신학적, 정치적, 문화적 용어가 저의 가치관과 세계관을 폄하하는 과정에 병든 공통 기반을 찾았다는 사실을 되돌아보면 슬퍼집니다. 그러나 그들은 그렇게 하고 있으며, 그들 혼자만 하고 있는 것이 아니고, 또 그들의 사고방식이 새로운 것도 아닙니다.

역겨운 아이디어의 역사

"정말로, 신의 도움 없이는 사람이 선할 수 없습니다."

― 세네카, 서기 1세기

우리가 "신 없이는 선할 수 없다."는 생각은 종교적 및 철학적 문헌에서 오랫동안 회자되어 왔습니다. 거의 이천 년 전부터, 로마의 스토아 철학자 루키우스 안나이우스 세네카가 서기 1세기 중반에 이를 말했을 때부터였지요. 하지만 그 당시에도 이 말은 크게 의미 있는 말은 아니었습니다. 세네카가 이 말을 했을 때, 그는 기독교의 신이나 유대교의 신을 말한 것이 아니었습니다. 당시 대부분의 그리스-로마 철학자들에게는 그런 신들이 큰 존재로 여겨지지 않았습니다. 세네카는 더 도덕적 행위를 하는 제우스나 다른 이교 신의 도움 없이는 불가능하다고 말한 것도 아니었습니다. 오히려 세네카의 메시지는 자유롭고 비전통적인 것으로, HBO 시리즈 《*로마*》에서 젊은 여인들이 신을 위한 희생 제물을 통해 전쟁에서의 행운을 빌기 위해 갓 도살한 소의 피로 몸을 씻는 열광적인 신 숭배의 형태와 같은 극단적인 신앙 행위를 비판하기 위한 교묘한 방식이었습니다.

세네카는 로마의 황제가 될 젊은 네로의 스승이었으며, 일반적인 의미의 선한 사람이 되는 방법을 젊은 제자에게 글로 남겼습니다. 황제의 스승으로 그가 맡은 이 일이 결코 소심한 자들이 할 수 있는 것이 아니라는 사실을 명확히 인식한 세네카는, 이런 상황에서 자신에 대한 신뢰를 얻는 유일한 방법을 이용하여, 자신은 모든 문제에 대한 답을 가지고 있지 않다고 인정했습니다. 세네카는 「루킬리우스에게 보내는 서한」에서 자신을 모든 병을 고칠 수 있는 의사가 아니라 같은 병동에 두려움에 떨며 누워 있는 환자 중 하나로 간주해 주십사고 요청하였지요. 그리고 그런 병실에 있는 환자의 심정으로 자신이 인생을 살며 범했던 많은 잘못으로부터 자신을 구출해 주었던 생각들이 다른 사람들에게도 도움이 되리라는 희망을 갖고 자기 자신에게(그리고 자기 제자들에게도) 말해 주고 있다고 주장했습니다.

세네카는 선함, 지혜, 이해 같은 가치는 기도를 통해 얻을 수 없음을 명확하게 기술했습니다: "우리는 하늘을 향해 손을 들어 올리거나, 혹시 우리 기도가 좀 더 잘 들릴까 하여 우상의 귀에 더 가까이 가도록 허용해 주도록 신전 관리자들에게 애원할 필요가 없어." 여기까지는 꽤 세속적인 말을 했지요. 그러나 세네카는 당대에도 물론 급진적으로 들렸겠지만 오늘날에도 근본주의 기독교 설교자들의 속을 뒤집어 놓기에 충분한 신학적인 견해를 이어 갔습니다: "하나님은 자네 곁에 있는 거야. 그는 자네 안에 자리 잡고 있지. 내가 말하고 싶은 것은 바로 이 점이야, 루킬리우스: 우리 안에 신성한 영이 깃들어 있어. 우리의 선행과 악행을 표시해 두며 우리를 지켜 주는 수호자인 거지."

이것은 우리의 내면의 목소리로서의 하나님이며, 기독교에서 흔히 말하는 우리가 착한 일을 했는지 나쁜 일을 했는지 기록하는 산타클로스와 우리가 혼자 외롭고 어려운 상황에 처했을 때 우리를 지켜보시는 성모 마리아의 결합입니다. 사실상, 이보다 더 편리한 유형의 신은 없겠네요. 우리가 돌봄이 필요할 때 돌봐 주고, 그에 대한 특정 신학적 교리를 따를 필요도 없으며, 그의 이름을 황금빛으로 빛나게 하기 위해 성전에 십일조를 바칠 필요도 없습니다. 세네카가 "정말로, 하나님의 도움 없이는 사람이 선할 수 없다."고 펜으로 적어 두었던 그 고약한 선언문에 나오는 바로 그 하나님에 대한 이야기입니다. 세네카가 그 선언문에서 말하고자 하는 진정한 뜻은 "자신에게 진실하지 않으면 누구도 선할 수 없다."는 것에 더 가깝습니다. 그는 우리가 선해지도록 강요하는 외부의 힘은 없으며, 우리 스스로 그렇게 강요해야 한다고 이 구절을 마무리합니다.

우리의 지적 역사(intellectual history)에 등장하는 이런 지저분한 에피소드를 두고 나올 수 있는 공정한 질문은 "세네카는 도대체 무슨 이야기를 하고 있었던 걸까?" 또는 "왜 세네카는 이런 유형의 신에 대해 글을 쓸 필요를 느꼈을까?"일 것입니다. 아마도 그 이유는 세네카가 믿었던 바에 따르면, 그가 당시 무신론자로 쉽게 오해받을 만한 사람이었기 때문일 것입니다. 무신론은 로마인들에게 처벌의 대상이 되는 죄였지요.

세네카가 갖고 있던 믿음— 즉, 전쟁의 승리를 위해 처녀를 마르스에게 제물로 바치거나, 가난한 가족들에게 행운이 찾아오도록 야누스, 가이아, 디스에 대한 헌신의 상징으로 바퀴벌레를 눌러 죽이는 행위가 효험이 없다—을 공유하는 사람은 당시 사원 숭배 지도자들뿐만 아니라, 신들의 은총이란 미명 아래 종종 자기 자신들의 잔혹한 결정을 정당화하던 정치 지도자들에게도 위험한 존재였을 것입니다. 사실, 우리 같은 종교적 회의론자들은 늘 이런 종교 및 정치 권위자들에게 약간의 위협이 되어 왔습니다. 그들은 이 세상에서 백성들에게 줄 것이 없어 다음 세상에서의 행운을 약속하여 통제를 유지하려 했으니까요. 현대를 살아가는 우리도 꼭 같은 현실을 직면합니다. 그러나 보수적인 권위자들은 고대부터 종교적 회의론에 대한 영리한 반전 전략을 가지고 있었는데, 그것은 무신론이 악하다고 사람들을 설득한 뒤, 자신들의 적을 무신론자로 몰아가는 것이었습니다.

이제 우리는 릭 워렌의 모욕에 어떻게 대응할지의 문제로 다시 돌아오게 됩니다. 이는 오랜 전통을 대표하는데, 그렇다고 해서 그에게 되갚아 주거나 관용을 베풀어야 할지 결정하는 일이 더 쉬워지는 않습니다.

문제의 핵심은 무지입니다. 우리가 이해하지 못하는 것은 우리를 두렵게 합니다. 두려움은 편견을 낳습니다. 대부분의 사람들은 비종교인들이 누구인지, 무엇을 지향하는지 전혀 알지 못할 뿐만 아니라, 우리 역시 우리 자신과 우리의 신념에 대해 잘 설명하지 못하는 경우가 많습니다. 우리는 **무엇을 믿지 않는지**는 알고 있습니다. 그러나 **무엇을 믿는지**는 알지 못합니다. 그래서 우리는 모든 종류의 종교인들이 도덕성 상실과 타락에 대한 두려움을 투영하기에 편리한 빈 캔버스가 되어 버립니다.

이러한 두려움과 그에 종종 수반되는 모욕에 우리가 어떻게 대응해야 한다고 생각하든 간에, 해결책의 큰 부분은 교육이어야 합니다. 우리는 우리의 대답, 신념, 가치에 대해 더 많이 알리기 위해 노력해야 합니다. 인본주의자로서 비종교인들은 "우리가 누구인지, 어디에서 왔는지"라는 가장 기본적인 질문을 시작으로 인생의 모든 중요한 질문들에 대해 긍정적이고 영감을 주는 답을 가지고 있습니다.

—

태초에

"150억 년 전, 큰 섬광 속에서 우주는 존재하게 되었습니다."[8] 이 문장은 수학자이자 우주론자 브라이언 스윔과 이미 고인이 된 문화 역사가 토마스 베리가 쓴 『*우주 이야기*』의 첫 문장입니다. 이들은 우리의 진정한 기원이 창세기나 세계 종교의 성스러운 경전 속 이야기보다 훨씬 더 장대하고 경이롭다는 것을 보여 줍니다.

우리는 모두 경이롭고 놀랄 만한 이야기의 일부입니다. 스윔과 베리가 표현했듯이 "지구의 모든 생명체는 서로 사촌 관계"입니다.[9] 우리의 역사는 빅뱅이라는 "원초적 폭발"로 시작되었고, 50억 년 후 이 은하의 첫 번째 별이 나타났으며, 50억 년 전에는 은하수에서 태양이 탄생했습니다. 그로부터 10억 년 후 지구가 형성되었고, 첫 번째 살아 있는 세포가 나타났으며, 그로부터 20억 년 후에는 성적 생식과 포식자-피식자 관계를 "발명"한 새로운 유형의 세포가 등장했습니다. 이 두 가지 발전은 변화의 속도를 점점 더 가속화했습니다. 첫 번째 다세포 동물에서부터 환경을 감지하고 감정을 느낄 수 있는 포유동물로, 인간의 자기 인식과 직립 보행 능력, 도구 사용 능력, 불 다루기, 신화 창조, 농업, 마을, 종교, 문화, 도시, 그리고 결국에는 불교, 기독교, 이슬람교라는 세 가지 보편적인 종교, 대규모

이주, 자유 민주주의, 다국적 기업, 《아메리칸 아이돌》에 이르기까지 말입니다.

이것은 진화의 이야기입니다. 인본주의자들은 진화에 대한 과학적 증거가 압도적이라는 사실을 받아들이며, 현실을 똑바로 마주 보고 진실을 두려워하지 않기 위해 이를 바탕으로 세계관을 구축합니다. 하지만 진화의 이야기는 인본주의만의 소유물이 아닙니다. 수십억의 종교인들 또한 이 이야기의 기본 원리를 받아들였습니다. 11억 명의 신자를 보유한 가톨릭교회는 진화의 현실을 공식적으로 인정했으며, "지적 설계(intelligent design)"가 과학이 아님을 인정했습니다. 물론 저는 가톨릭 교리에서 진화와 성경의 창조 이야기가 모두 사실일 수 있다고 주장하는 데 사용하는 왜곡되고 무의미한 논리에 강하게 반대합니다. 그러나 가톨릭교도와 다른 종교 단체들이 진화에 대한 신뢰할 수 있는 증거가 있다고 인정하는 한, 그들은 우리의 동맹이자 친구입니다.

인본주의적 진화관의 독특한 점은 이 과정이 처음부터 무작위적이라고 확언하는 데 있습니다. 리처드 도킨스가 『눈먼 시계공』에서 설명했듯이, 지구상의 생명체가 시계처럼 의식적이고 목적 있는 창조자가 있어야 한다고 우리가 가정하는 것은 "눈부시고 아름다울 정도로 완전히 잘못된" 일입니다.[10] 우리의 창조가 어떤 목적에 의하여 수행되었다고 생각하는 것이 고귀해 보일 수 있지만, 진정한 고귀함은 빅뱅에 의해 인간에게 부여된 목적을 찾을 수 없음을 솔직히 인정하는 데 있습니다. 모든 증거는 창세기에 나오는 창조 서사와 같은 이야기가 문자 그대로의 진실도 아니고 신성의 영감을 받은 은유도 아닐뿐더러, 단지 창세기가 쓰일 당시에는 답하기 힘들었지만 지금은 쉽게 설명할 수 있는 의문에 답하고자 하는 인간적 시도였음을 시사하고 있습니다. 이 우주에서 우리를 둘러싼 수십억 개의 별과 수조 개의 크고 작은 암석들은 우리를 신경 쓰지도, 사랑하지도 않습니다. 그들은 우리의 기도를 듣지 않습니다. 우리가 본 증거에 의하면, 유일한 삶의 지침서는 인간이 만든 지침서입니다. 우리가 이해할 수 있는 유일한 목적은 우리가 창조하고 선택한 목적입니다. 눈먼 시계공이 우리를 창조했습니다. 그러나 이제는 우리가 눈을 뜨고 미래에 대한 책임을 져야 할 때입니다.

—

우리의 이야기가 진실임을 어떻게 알 수 있을까요?

인본주의는 절대적인 확실성을 추구하지 않습니다. 우리는 진화가 일어났다는 것을, 혹은 하나님이 없다는 것을 2 + 2 = 4와 같은 방식으로 증명할 수 있다고 주장하지 않습니다. 그러나 인본주의의 절대적 확실성에 대한 입장을 두고, 수많은 신학자, 성직자, 그리고 자칭 종교 권위자들이 제가 방금 설명한 과학적 이야기와 전통적인 믿음 사이에는 아무 차이도 없고, 우리가 누구인지 그리고 여기까지 어떻게 왔는지에 대한 중요한 질문에 답할 때도 두 진영 사이에 차이가 없다고 순진한 사람들을 설득하려 노력해 왔습니다. 중요한 질문은 우리가 믿느냐 믿지 않느냐가 아니고 **믿음이 어떤 증거에 기반을 두고 있는가임**을 그들에게 상기시켜야 하겠군요.

모든 믿음은 무언가에 기반을 두고 있습니다. 기적과 같은 초자연적 사건에 대한 믿음은 전통—가령, 누군가가 우리에게 신성하다고 말해 주는 책—이나 직관—혹은 누군가가 우리를 지켜 주고 있다고 느끼는 순간—에 기초합니다. 때로는 전통과 직관이 맞을 때도 있지만, 그것들은 어떤 현상이나 사물이 진실인지 여부를 판단하는 신뢰할 만한 방법이 아닙니다. 생각해 보세요: 과학적 학위도 없고 과학을 믿지 않는 공학자가 성경이나 교황의 조언을 구하여 설계한 비행기를 당신은 타고 싶으시겠어요? 암과 같은 치명적인 질병에 걸렸다면, 의학적 훈련이 없는 친구가 자신의 직감에 따라 치료할 수 있다고 주장할 때 그 친구에게 치료를 받고 싶으실까요? 물론 그러고 싶지 않으실 겁니다. 과학적 방법은 완벽하지는 않지만, 인간이 주변 세계의 본질을 파악하는 데 있어 가장 신뢰할 만한 도구입니다.

원하신다면 인본주의를 **믿음**이라고 부르셔도 좋습니다. 우리는 그 단어에 알레르기 반응을 보일 필요가 없습니다. 그러나 인본주의가 경험적 테스트와 자유롭고 제한 없는 합리적 탐구를 통해 도달한 결론과 확신에 기반한, 잘 살 수 있는 능력에 대한 신념임을 인정해 주십시오. 즉, 우리는 모든 것을 의문에 부치며, 우리 자신의 질문조차도 의심하고, 직관을 확인하거나 부정할 수 있는 가능한 모든 방법을 찾습니다. 우리는 맹목적으로 받아들이거나 순종해야 할 성서를 가지고 있지 않습니다. 우리는 새로운 증거가 나타나 그 증거가 우리의 결론과 상충할 경우, 기꺼이 그 결론을 수정할 준비가 되어 있습니다.

그러나 우리는 또한 특정 주제에 대한 증거가 너무나 명확하고 충분하여 결론이 번복될 가능성이 극히 희박하고, 그 증거에 근거를 둔 설명이 매우 논리적으로 이해되는 지점이 존재할 수 있고 또 실제로 존재하고 있음을 인지하고 있습니다. 태양이 내일 떠오를지 여부가 그런 부류에 속하고, 진화론도 그러하며, 우주의 기원에 대한 우리의 기본적인 관점도 마찬가지입니다.

때때로 솔직히 말해 과학적 방법을 이해하지 못하는 사람들이 있습니다. 저 역시 과학자들이 증거를 수집하고 가설을 테스트하며 수백억 개의 은하가 존재할 수도 있다는 사실에 대해 결론을 내리는 과정에 혼란스러움을 느낀 적이 많습니다. 이 문제에 대한 해결책은 교육—과학이 무엇인지, 검증되지 않은 주장에 대한 의심을 갖는 행위가 무엇을 의미하는지에 대한 교육—입니다. 지난 세대의 최고의 과학 교육자들 중에는 칼 세이건, 리처드 도킨스, E. O. 윌슨과 같은 헌신적인 인본주의자들이 있었습니다. 반대로, 종교를 믿으면서도 훌륭한 과학적 업적을 남긴 이들도 있습니다. 우리는 신학적 문제에 대한 그들의 논리에는 동의하지 않지만, 과학적 연구와 공공 정책 노력에 있어 그들과 훌륭하게 협력할 수 있습니다.

과학과 인본주의를 자신의 정치적, 사회적 이익을 위해 조작하는 사람들, 즉 우리가 믿음의 합리적인 근거가 없다고 조롱하거나 진화를 사기나 농담, 또는 사탄의 음모라고 믿도록 수백만 명을 오도하는 사람들에 대해서는 단호하게 대응해야 합니다. 그렇다고 해서 군사력으로 대응하라는 뜻은 아닙니다. 물론 종종 크리스토퍼 히친스는 모든 신앙인들과 **전면전을 원하는** 사람처럼 보이지만, 이는 논외로 하겠습니다. 또한 우리가 공격받고 비판받는 방식이 얼마나 부조리하고 심지어 웃기기까지 한지 지적해야 할 때가 종종 있습니다. 어떤 때는 보수적인 종교 비평가들에게 가장 강력하게 대응하는 방법이 유머가 될 수도 있습니다.

버트런드 러셀은 "궤도를 도는 우주 주전자" 이론을 만들어 우리가 하나님이나 여신, 혹은 영혼이나 유령이나 고블린이 **존재하지 않는다는 것**을 증명할 수 없다는 점을 인정하게 했지만, 꼭 같은 논리를 따르면 은하의 먼 곳 어딘가에 비단결같이 부드러운 다질링 홍차를 잔뜩 실은 거대한 배가 둥둥 떠다니고 있을지도 모른다는 가능성을 인정하지 않을 수 없겠지요. 하지만 우리에게는 그런 물체가 있다고 믿을 만한 **증거**는 티끌만큼도 없거든요. 최근 미국의 한 젊은 영재 보비 헨더슨은 "날아다니는 스파게티 괴물 교회(Church of the Flying Spaghetti Monster)"를 창시했습니다. 그는 고향인 캔자스주에서 (우주가 초능력자의 디자인에 따라 창조되었다고 믿는) 지적 설계 이론(intelligent design) 교육을 공립학교 학생들에게 강요하려는 우파 기독교인들의 시도에 당황해하며, **"물론 우주의 설계자는 존재한다."**고 인정한 후에, 그 설계자의 퍼진 면발처럼 축 늘어진 부착물이 헨더슨 자신의 몸을 만졌다고 주장했습니다. 그는 공립학교에서 스파게티 창조 논란에 대한 교육도 꼭 같은 시간을 할애하여 가르칠 것을 요구했습니다. 헨더슨과 그의 많은 교도들, 그리고 그들의 모든 전통적인 경전이 그들의 교리가 진실임을 분명히 주장하고 있기 때문이라는 논리였지요.

저는 FSM(날아다니는 스파게티 괴물) 숭배 집단 이야기가 배꼽을 잡는 유머라고 생각하지만 제가 속해 있는 진보주의적 종교 동맹들의 심기를 건드리고 싶지 않군요. 이러한 유머가 정말 필요한 사람들에게만 전달되고 다른 분들한테는 억제될 수 있다면 좋겠군요. 우리의 종교적 동맹들이 세속적 감수성에 의해 조롱받고 있다고 느끼지 않도록 말입니다. 불행하게도 완전히 개방된 사회에서 공적인 대화가 그런 식으로 이루어지지는 않지요. 제임스 돕슨이나 릭 워렌이 세상일에 관해 어떤 주장을 하면 보수적인 복음주의자들뿐만 아니라 모두가 그것을 들을 수 있는 위치에 있습니다. 교황이나 다른 사람이 주장할 때도 마찬가지입니다. 그래서 어떤 무신론자나 인본주의자 대변인이 일부 종교 권위자들이 한 비합리적이고 터무니없는 주장에 유머로 반응할 때, 모든 사람은 자신의 방식대로 이를 듣고 해석할 수밖에 없습니다. 핵심은 종교를 조롱하는 것이 아니라, 이야기가 진실인지 여부를 결정할 때 우리는 높은 기준을 가지고 있다는 점을 강조하는 것입니다. 하나님이 존재하며 특정 종교가 영원한 진리에 접근할 수 있다고 설득하고 싶다면, 인본주의자들과 마찬가지로 그들의 주장에 대해 진지하고 신뢰할 수 있으며 검증 가능한 증거를 제시해야 한다는 것입니다.

—

신이 존재하는가?
또는 믿지 않기 위해서도 똑같이 신념이 필요한 것은 아닌가?

과학이 타당하다고 해서—우리가 원하는 장소로 데려다줄 비행기를 만들게 해 주고 우리를 치유할 수 있는 약 생산을 가능케 하는 등—우리가 빅뱅을 처음 생각해 볼 때 논리적으로 생각된다는 의미는 아닙니다. 빅뱅 이전에 무엇이 일어났는지 모르는 상황에서, 무엇이 빅뱅을 만들었는지 궁금해하는 것은 상당히 합리적입니다. 따라서 많은 합리적인 사람들이 하나님이 빅뱅을 창조했다고 생각하는 것이 그럴듯하다고 여깁니다. 그리고 그렇기 때문에 종교가 하나님에 대해 가르치는 다른 많은 것들이 진실일 가능성이 있다고 생각하는 것도 그럴듯하다고 여깁니다. 바로 이 이유 때문에 아직도 많은 똑똑한 사람들이 삶의 진리, 의미, 가치에 대한 대화는 "당신은 하나님을 믿습니까?"라는 질문에서 시작한다고 생각하고 있습니다.

그러나 "당신은 하나님을 믿습니까?"라는 질문은 전혀 의미가 없습니다. 세속적이든 종교적이든 모든 사람들이 자신과 서로에게 던져야 할 진짜 질문은 "당신은 **하나님에 대해 무엇을** 믿습니까?"입니다.

왜 그렇게 사소해 보이는 구분이 중요한가요? 오늘날 **하나님**이라는 단어는 무엇이든 의미할 수 있습니다. 그래서 아무것도 의미하지 않게 된 것입니다.

최근에 제가 제니퍼라고 부를 한 학생과 대화를 나눴습니다. 그녀는 하버드의 인본주의 커뮤니티에 관심이 있었지만, 자신이 동성애자이며 **하나님을 믿지 않는다**고 공개적으로 말하는 것에 대해 갈등을 겪고 있는 것 같았습니다. 그녀에게 연민이 느껴졌습니다. 그녀는 보수적인 아버지와의 관계가 긴장되고 고통스러웠으며, 아버지와 가까워지기를 간절히 바랐지만, 하나님을 믿지 않는다고 말하면 아버지가 자신과의 관계를 끝낼까 봐 두려워하고 있었습니다. 그럼

에도 불구하고 그녀는 정직과 성실함을 지닌 사람이기에 자신이 동
성애자임을 밝혔고, 그로 인해 그들의 관계가 이미 경직되어 있었습
니다. 단지 아버지가 듣고 싶어 한다는 이유만으로 자신의 종교적
신념에 대해 거짓말을 하는 것은 그녀에게는 상상할 수 없는 일이었
지요. 하지만 그녀가 가족과의 경직된 관계를 조금이라도 회복할 수
있고, 가족생활에 안정감을 더해 줄 수 있는 기회가 될 수 있다면 하
나님을 믿는다고 말할 수 있기를 바라는 것 같았습니다. **모든 문제
를 두고** 가족들에게 반항하는 상황에 처하고 싶지 않았던 것입니다.
그래서 제니퍼는 뉴욕에서 청년 지식인들을 대상으로 활동하는 복
음주의 목사 팀 켈러가 『신을 위한 이유』라는 자신의 신간 서적 낭독
회를 하러 하버드에 왔을 때 적잖은 호기심과 안도감에 휩싸였습니
다. 켈러의 책은 똑똑한 사람들이 하나님을 믿어야 할 훌륭한 철학
적, 지적 이유가 있음을 보여 주기 위한 것입니다. 이 책에서 켈러
는 실제로 하나님이 존재한다는 것을 증명하지는 못합니다. 하지만
그가 꼭 그렇게 할 필요도 없습니다. 오직 그가 해야 하는 일은 **하나
님을 믿을 수 있게 되기를 원하는** 지식인들에게 하나님이 지적으로
존경받을 수 있는 존재로 보이게 하는 것이니까요.

그래서 제니퍼는 켈러의 책에서 두드러지게 강조된 질문, 하나님
을 믿고 싶어 하는 사람들에게 자연스럽게 따르는 질문을 저에게 던
졌습니다. "하나님을 믿지 않는 것도 믿음이 필요한 것 아닌가요?"

여러분이라면 그녀에게 어떻게 답하셨겠습니까?

저는 그녀의 그 질문이 고통과 진정한 탐구정신에서 비롯된 것
임을 잘 알고 있었기에, '우리 인본주의자들은 과학적 사고에 의하

면 "증명해야 할 의무"는 믿음을 주장하는 사람들에게 있지, 믿음을 부인하는 사람들에게 있지 않다'는 통상적인 대답만으로는 충분하지 않다는 것을 느꼈습니다. 그녀의 취약함을 존중하고 싶었습니다. 그녀가 종교적이든 세속적이든 어느 방향으로 든 세뇌되기를 원하지 않았지만, 제 대답을 사탕발림으로 포장하고 싶지도 않았습니다. 그래서 저는 많은 사람들이 하나님을 믿는다고 말하지만, 그들이 의미하는 하나님이 그들의 삶이나 세상에 실제로 얼마나 관련이 있는지 생각해 보라고 말했습니다. 하나님이라는 단어는 구약성경의 복수심에 찬 하나님을 가리킬 수도 있고, 모든 것을 사랑하는 뉴에이지의 지구를 돌보는 영을 가리킬 수도 있으며, 사랑 그 자체, 우주, "존재의 근원"(그게 무슨 뜻이든), 또는 당신이 원하는 어떤 의미로도 해석될 수 있습니다. "하나님을 믿느냐?"라는 질문에 답할 때, 당신이 생각하는 하나님이 어떤 하나님인지 최대한 구체적으로 떠올려 보기를 권합니다. 그렇게 함으로써 당신이 내리는 답이 팀 켈러나 제 답이 아닌, 진정으로 **당신 자신의** 답이 될 가능성이 가장 높아질 것입니다.

다시 말해서, 위에서 언급했듯이, 제가 제니퍼에게 스스로에게 물어보기를 원했던 질문, 그리고 여러분이 스스로에게 물어보기를 원하는 질문은 "당신은 하나님에 대해 무엇을 믿고 있습니까?"입니다.

인본주의자는 답합니다: 우리(비종교인, 무신론자, 인본주의자 등)는 하나님은 인간이 창조한 가장 중요한, 영향력 있는 문학적 인물이라고 믿습니다.

진지하게 제시된 이 답변이 누구도 만족시키지 못하겠지요. 종교적인 독자들은 이것이 무신론적이라고 불평할 것이며, 무신론자들은 하나님의 존재 부재라는 문제를 회피하고 있다고 더 크게 불평할 것입니다. 하지만 이것은 또한 인본주의의 진정한 요점을 강조하는 답변입니다. 즉, 하나님은 그리 중요한 문제가 아니라는 것입니다.

다시 말하지만, 인본주의자들은 하나님은 인간이 창조한 가장 중요한, 영향력 있는 문학적 인물이라고 믿습니다. 그리고 우리가 '하나님'이라는 단어로 의미하는 바를 정확히 아는 것이 중요합니다. 왜냐하면 어떤 단어가 우리가 원하는 모든 것을 의미할 수 있게 되면 될수록, 그 단어는 더욱더 아무 의미도 가지지 않게 되기 때문입니다.

—

하나님의 정의에 대한 간략한 역사

'하나님'이라는 단어가 그렇게 급진적으로 진화하게 된 시기, 장소, 그리고 방식은 무엇일까요? 공상적인, 보이지 않는 인격 신(deities)에 관해 인간이 갖고 있던 길고, 깊고, 넓은 의구심의 이야기는, 제니퍼 마이클 헥트(Jennifer Michael Hecht)의 고전적 저작 『의구심: 그 역사(Doubt: A History)』에 우아하게 기록되어 있습니다. 헥트의 책은 수천 년 동안 전 세계적으로 종교에 대한 회의론의 여러 형태를 거의 백과사전처럼 추적합니다.

하지만 지금은 인본주의자들이 하나님에 대해 무엇을 믿는지에 대한 지속적인 질문과 제니퍼의 "믿는 것이 더 쉬울지도 모른다."

는 질문에 답하기 위해, 오늘날 미국에서 '하나님'이라는 단어가 거의 모든 것을 의미하게 된 두 가지 중요한 순간을 살펴볼 필요가 있습니다. 첫 번째는 17세기에 스피노자가 이 단어를 재정의한 순간이며, 두 번째는 3세기 후에 잔 듀이(John Dewey)가 스피노자의 과업을 이어 나가기로 한 순간입니다.

—

스피노자의 하나님과 틸리히의 궁극적 관심

누군가가 아인슈타인에게 하나님을 믿는지 물었을 때, 그는 이렇게 대답했다고 알려져 있지요: "나는 존재하는 것의 질서 정연한 조화 속에서 자신을 드러내는 스피노자의 하나님을 믿습니다. 인간의 운명과 행동에 관심을 가지는 하나님을 믿는 것이 아닙니다."[11] 그렇다면 아인슈타인은 "하나님을 믿었습니까?" 스피노자는 믿었습니까? 17세기 암스테르담의 네덜란드 유대인 철학자 바루흐 스피노자는 이후 범신론자로 불리게 된 인물이었습니다. 그는 더 이상 성경과 전통적인 유대교의 하나님을 믿지 않았고, 당시 시작된 우주와 자연법칙에 대한 새로운 지식을 바탕으로 하나님을 자연과 우주 자체로 재정의했습니다.

스피노자는 "신은 없다." 또는 "나는 하나님을 믿지 않는다."라는 명확한 발언을 한 적이 없습니다. 그러나 그를 둘러싼 유대교 및 기독교 공동체의 거의 모든 사람들은 그가 이런 종류의 하나님에 대한 믿음을 주장함으로써 무신론자임을 선언한 것으로 이해했습니다.

범신론과 무신론은 정확히 동일한 것으로 여겨졌으며, 전자는 "나는 하나님을 믿는다."고 말할 수 있는 수사적 정당성을 제공하는 반면, 후자는 그렇지 않기 때문입니다. 범신론과 무신론에 대한 이 죄로 인해 (다시 말하지만, 스피노자는 후자의 용어를 받아들이지 않았고, 전자는 아직 만들어지지 않은 시대에 살았지만) 스피노자는 유대 공동체에서 영구적으로 추방당했습니다. 그는 공동체의 선량함을 믿고 그들과 함께하고 싶었으나, 철학이나 신학에 대해 정직하지 않으면서까지 그들 사이에서 살기를 원하지 않았습니다. 결국 그는 몇 년 후 추방된 상태에서 생을 마감했습니다.

오늘날 이러한 문제들은 매우 다르게 다루어집니다. 고(故) 폴 틸리히나 오늘날의 존 셸비 스퐁과 같은 현대의 저명한 기독교 신학자들은 자신들이 믿는 기독교의 하나님이 초자연적인 특성을 전혀 가지고 있지 않다는 자신들의 입장을 명확히 밝힐 수 있습니다.[12] 그렇다고 그들은 이단으로 낙인 찍혀 추방되지 않습니다. 20세기 초반 뉴욕 유니온 신학교, 시카고 대학, 하버드에서 가르치며 주류의 진보적인 정치 및 사회 지도자들에게 영향을 미친 틸리히는 **"신앙은 궁극적 관심의 상태다."**라고 썼습니다.[13] 틸리히는 하나님을 그렇게 정의하기 때문에, 궁극적 관심을 "아무런 조건 없이 진지하게 받아들이는" 사람은 누구든지 자신을 무신론자나 불가지론자라고 부를 수 없다는 것입니다.

틸리히의 입장은 많은 사람들에게 공유되어 영향력 있고 존경받는 신학적 접근이지만, 그가 무신론자와 기독교인의 차이를 쉽게 말려들 수 있는 의미론적 게임으로 만들었다는 비판이 있습니다.

물론 "궁극적 관심"은 신에 대한 믿음 없이도 성취될 수 있습니다. 인본주의자, 무신론자, 불가지론자들은 존엄성을 가지고 살고, 자신과 타인을 존중하는 노력을 "궁극적으로 관심"으로 간주할 수 있습니다. 세상의 모든 사람들처럼 우리도 가족과 환경에 대해 좋은 관계를 형성하는 데 "궁극적인 관심"을 가지고 있습니다. 그러나 우리가 우리의 "궁극적 관심"을 하나님이라 부르지 않기 때문에 우리는 다르게 대우받고 다르게 보입니다. 왜 그럴까요?

—

듀이의 재구성주의와 맞서는
대립적 무신론

20세기 초, 존 듀이는 많은 이들에게 미국의 가장 중요한 철학자로 여겨졌습니다. 1859년 버몬트주 벌링턴에서 태어난 듀이는 미국의 진보적 애국자로서, 자신의 실용적이고 인본주의적 세계관을 미국 국민의 삶을 향상시키기 위해 적용해야 한다고 믿었습니다. 듀이는 미국인들이 진리를 결정하는 가장 중요한 도구로서 과학과 과학적 방법을 포함한 더 나은 교육을 제공받음으로써 그들이 공동 시민 생활에 더 나은 시민 참여자가 될 수 있다고 믿었습니다. 듀이는 종교를 과학적인 시각으로 바라보았고, 1930년대 초에 비신론적(nontheistic) 인본주의자들이 하나님 없이도 선한 사람들을 위한 가치 선언문 초안을 갖고 그에게 접근했을 때, 그는 기꺼이 자신의 이름을 "인본주의 선언"의 지지자로 제공했습니다. 사실, 그는 자신이 노력을 기울이고 있는 일을 미국 대중을 위한 인본주의적 대안으로 보고 있었습니다. 미국 사회를 종교적 성격과 정체성으로 보는 비전에 대한 대안이었던 것이지요. 그는 궁극적으로 미국의 공립학교 시스템 전체가 자신이 참여하여 수립된 인본주의적 가치 체계를 채택할 것이라고 보았습니다. 이것은 주류 사회의 승인이 필요한 큰 애국적 목표였지요. 그런데, 그가 과연 인본주의에 하나님이 포함되지 않는다고 대중에게 말할 수 있었을까요?

다른 한편, 영국 철학자 버트런드 러셀과 마르크스, 프로이트, 니체와 같은 인물들은 우리가 "대립적 무신론"이라고 부를 수 있는 또 다른 새로운 사조를 대표하며 등장했습니다. 이것은 종교가 구습으로 전락했으며, 사회에서 종교의 영향력은 급속히 줄어들어야 한다는 견해였습니다. 많은 경우 이 새로운 무신론 사상가들은 공산주의, 사회주의 또는 다른 급진적 새로운 이념에 동조하는 것을 조금도 주저하지 않았습니다. 듀이는 형이상학에 관한 그들의 통찰에 상당 부분 동의했지만, 그들의 정치적 성향과 반항적이고 비애국적인 믿음에 대해 적잖은 반감을 느꼈습니다.

이러한 우려는 1934년까지 이어지는 20년 동안 듀이가 "하나님을 믿는가"에 대해 거의 침묵을 지켰던 것에서 분명히 나타납니다. 즉, 그는 그 질문을 피했습니다. 그러나 1934년에 그는 종교와 관련된 마지막 주요 저서인 『공통 신앙』을 출판했으며, 그 책에서 인간이 잘 살아갈 수 있도록 돕는 모든 선의 힘을 지칭할 때 "하나님"이라고 말할 수 있고, 그래야 한다고 썼습니다. 본질적으로 듀이는 스피노자의 신학을 약간 다듬은 형식으로 제안했습니다. 하나님은 우주가 아니라 인간의 관점에서 볼 때 우주 안의 긍정적인 힘이었습니다. 듀이는 정확히 범신론자는 아니었지만, 초자연적 신 대신 자연적 인간 가치를 지칭하기 위해 하나님이라는 단어의 정의를 재구성하는 "재구성주의자"라고 자신을 불렀습니다.

『공통 신앙』은 일반 대중에게 호평을 받았습니다. 그러나 많은 인본주의자들은 이를 거부했습니다. 코를리스 라몬트는 "존 듀이, 하나님에게 굴복하다"라는 제목의 비평을 발표했습니다. 듀이의 제자인 철학자 시드니 훅(지난 세대 동안 가장 저명한 인본주의 철학자였던 폴 커츠의 멘토가 된 인물)은 듀이에게 '하나님의 언어(God-language)' 사용이 청중을 혼란스럽게 할 것이라고 말했습니다. 듀이는 처음에 이를 부인했지만, 몇 년 후 훅이 적어도 어느 정도는 옳았음을 인정했습니다. 우리가 미국인들의 공적인 생활에서 '하나님'이란 단어를 사용할 때 그 뜻의 명확성은 두 번 다시 찾기 어려울 것입니다. 듀이의 공개적으로 "하나님"이란 단어를 재정의하는 재구성주의적 접근법은 스피노자처럼 무신론자로 "폭로"되는 것을 피하고자 하는 하나님의 존재에 대해 회의적인 생각을 품은 정치인뿐만 아니라, 모데카이 카플란과 같은 다른 영향력 있는 철학자와 신학자들에 의해 의식적 혹은 무의식적으로 채택되어 왔습니다. 카플란은 듀이의 사상과 유대 전통을 결합한 재구성주의 유대교 운동을 창시했습니다. 듀이의 사상은 오프라 윈프리와 같은 대중 문화의 영향력 있는 인물들에게까지 스며들었으며, 오프라는 하나님이란 개인의 역량, 강인함, 그리고 변화를 일으킬 수 있는 능력이라는 재구성주의적 아이디어로 수백만 명의 일상 사람들에게 영감을 주었습니다.

종교적인지 아니면 세속적인지 콕 집기가 어려운 희망적인 영성을 제공하며 수십억 달러의 부를 축척한 오프라는 종종 청중에게 "당신 자신을 근원에 연결시키세요. 저는 그것을 하나님이라 부르지만, 당신이 원하는 어떤 이름—자연, 알라, 파워—으로도 부를 수 있겠네요."라고 격려합니다.[14]

스피노자의 신, 듀이의 신, 틸리히의 신, 또는 오프라의 신을 믿는다면, 우리 인본주의자들은 당신의 동맹자이자 친구입니다. 그러나 우리는 당신이 믿는 것을 "하나님"이라고 부르는 것이, 최선의 경우 당신이 좋은 사람인지 여부에 전혀 무관하며, 최악의 경우 그것이 다른 사람들, 심지어 당신 자신을 혼란시키고 정말로 중요한 것으로부터 주의를 분산시킬 수 있다고 믿습니다.

—

오늘날의 무신론과 인본주의

오늘날 리처드 도킨스는 아마도 세계에서 가장 잘 알려진 무신론의 대변인일 것입니다. 그러나 그의 저서 『만들어진 신』에서 그는 기술적으로 자신이 불가지론자일 뿐이라고 제안합니다. 도킨스는 신이 존재한다는 확신이 1이고 신이 없다는 확신인 7인 범위에서 자신은 불과 6에 해당한다고 설명합니다. 그러나 이것이 무신론자가 존재하지 않음을 의미하거나 크리스토퍼 히친스가 그의 인기 있는 최근 저서 제목에서처럼 "나는 무신론자를 믿지 않는다."라고 말하는 것이 옳음을 의미하지는 않습니다. 그것은 단순히 종교인과 비종교인 모두가 평생 동안 해결되지 않은 논쟁과 많은 경우 아무 의미 없는 논의를 계속해야 한다는 것을 의미할뿐더러, 우리가 종교에 대해 가장 중요한 생각은 하나님을 믿는다고 말하는 것임을 계속해서 확신하며 살아야 한다는 뜻입니다.

우리에게 더 나은 방법이 있는데, 그것은 **무신론**도 **하나님**처럼 복잡한 단어라는 점을 인정하는 것에서 시작합니다. 셔윈 와인보다 이 문제를 더 잘 설명한 사람은 없어 보이는데 그는 무신론을 여러가지 지적 범주로 나누어 묘사하고 있습니다.

"무신론에는 여러 종류가 있습니다. 가장 일반적인 형태는 '존재론적 무신론'으로, 우주의 창조자나 관리자가 없다는 확고한 부정을 의미합니다. '윤리적 무신론'도 있는데, 이는 세상의 창조자/관리자가 있다고 해도 그가 인간의 도덕적 의제에 따라 선을 보상하고 악을 처벌하는 방식으로 세상을 운영하지 않는다는 확고한 신념입니다. '실존적 무신론'은 신이 존재한다고 해도 내 인생의 주인이 될 권한이 없다는 대담한 주장입니다. '불가지론적 무신론'은 신의 존재가 입증될 수도 부정될 수도 없다는 신중한 부정입니다. 이러한 유형의 무신론자는 결국 존재론적 무신론자와 다를 바 없는 행동을 하게 됩니다. 또 하나의 신중한 부정인 '무신론적 무신론'이 있으며, 이는 '신'이라는 단어가 너무 혼란스러워서 무의미하다고 주장합니다. 이 신념 또한 존재론적 무신론자와 같은 행동으로 이어집니다. '실용적 무신론'도 있는데, 이는 신을 윤리적이고 성공적인 삶에 무

관한 존재로 여기며, 신에 대한 모든 논의를 시간 낭비로 간주합니다."[15]

　와인이 말하고자 하는 요점은 대부분의 비종교인이 이 범주들 중 하나 이상의 의미에서 무신론자라는 것입니다. 비록 그들이 범신론자이거나 재건주의자이거나 자신을 불가지론자나 다른 어떤 것으로 불러도 말입니다. 그러나 이러한 용어들 중 어느 것도 **우리가 무엇을 믿는지**와는 관련이 없습니다. 스피노자, 듀이, 도킨스, 오프라, 그리고 수백만의 사람들과 우리가 공유하는 **정체성의 일부로서** 무신론을 기피하려 해서는 안 됩니다. 그러나 하나님이 우리가 원하는 어떤 것이든 될 수 있다면, 하나님을 믿지 않는 것은 그렇게 중요한 주장이 될 수 없습니다. 정말 중요한 것은 우리가 극적인 다른 방식으로 세상과 인간의 가치를 이해하고 있음을 큰 목소리로 그리고 대담하게 주장하는 것입니다. 우리는 단순히 무신론자나 불가지론자 또는 비종교인이 아닙니다. 우리는 인본주의자입니다.

——

만약 우리가 이기적인 유전자일 뿐이라면, 왜 선해야 할까요?

　인본주의를 과학적 측면에서 관찰할 때 사람들이 가장 흔히 갖는 오해는 우리 인본주의자들은 리처드 도킨스의 유명한 '이기적인 유전자'로 인간이 만들어져 있다고 생각하고, 따라서 우리를 완전히 이기적인 사람들, 자신의 시간에 자신의 목표만 추구하는 사람들로 본다는 것입니다. 이것은 도킨스의 통찰에 대한 왜곡입니다. 우리가 유전자로 이루어진 생물학적 존재라는 사실이 우리가 완전히 이기적이라는 것을 의미하지는 않습니다. 개미들도 이기적인 유전자로 구성되어 있지만, E. O. 윌슨과 같은 진화생물학자들이 여러 차례 입증했듯이, 그들은 믿을 수 없을 정도로 이타적이며, 동료 생명체를 위해 집단적으로 죽을 준비가 언제나 되어 있습니다.

사실, 첨단 과학 연구 결과가 우리에게 말해 주는 것은 우리 인간이 지구에서 존재해 온 모든 생물 중에서 가장 위대한 협력자가 될 수 있는 능력을 가지고 있다는 사실입니다. 우리는 매우 복잡하고 지속적이며 심오한 방식으로 서로를 돕는 능력을 진화시켜 왔습니다. 이는 종교를 가진 사람들이나 종교를 갖지 않은 사람들을 불문하고 우리 인간이 꼭 같이 서로에게 증오, 불의, 심지어는 대량 학살을 가할 수 있는 능력을 가지고 있음을 최소화하려고 하는 말이 아닙니다. 하지만, 우리는 분명히 거대한 병원을 세우고, 평화 봉사단과 같은 조직을 만들고, 때로는 우리와 다르게 생긴 사람이나 이름이 다른 정치 지도자를 함께 선출할 수 있는 개방적인 마음을 가질 수 있는 능력도 가지고 있습니다. 우리가 인간 본성 중 너그러움이나 관대함을 촉진하는 부분을 더 잘 이해할 수 있다면(힌트: 그것은 오직 기도나 교회 참석에 의해서만 생기는 것이 아닙니다), 어쩌면 우리는 그것을 더 자주 끌어낼 수 있을지도 모르겠군요.

우리는 왜 천성적으로 선한 행동을 그토록 자주 할까요? 그것은 "죄수의 딜레마"라고 불리는 현상 때문입니다. 이는 감옥에서 탈출하려는 죄수들처럼 사람들이 서로 협력할지, 아니면 배신할지, 즉 자신의 이익을 최대화하기 위해 상대를 배신할지를 끊임없이 결정해야 하는 상황에 직면한다는 개념입니다. 이 딜레마는 제2차 세계대전 기간 동안 프린스턴 대학교에서 개발된 게임 이론이라는 학문적 분야와 진화론적 기원에 대해 게임 이론이 가르쳐 줄 수 있는 것을 알아내기 위해 고안된 진화 게임 이론이라는 과학적 접근에서 오랫동안 연구되어 왔습니다.

죄수의 딜레마를 연구하면서 우리가 배우는 것은 때때로 합리성이 그렇게 합리적이지 않을 수도 있다는 것입니다. 아니면 반대로 생각할 수도 있습니다. 협력을 찾을 수 있는 "게임"에서는 항상 비용을 치르고 협력하는 "기증자"가 있고, 기증자의 비용으로부터 혜택을 받는 잠재적 수혜자가 있습니다. 그래서 "합리적"인 플레이어들, 적어도 합리성에 대한 가장 단순한 개념을 가진 플레이어들은 둘 다 기증자가 되지 않기 위해 배신을 선택하고 결국 아무것도 얻지 못합니다. 하지만 더 정교한 플레이어들은 장기적으로 주고받는 것이 때때로 윈-윈 전략이 될 수 있음을 배웁니다. 우승 스포츠 팀의 팀원들이 챔피언십을 위해 개인의 영광을 잠시 제쳐 두는 것처럼, 이기적이기보다는 협력을 목표로 할 때 우리가 모두 더 나아진다는 사실이 분명해지고, 객관적으로 확인되며 모든 사람들에게 가시화됩니다.

우리가 천성적으로 선하게 행동하도록 이끌리는 또 다른 방식은 인지과학자 스티븐 핑커가 "합리성 자체의 특징"이라고 부르는 현상인데, '우리 의식의 특징'이라 부르면 이해하기가 더 쉬울지 모르겠군요. 의식은 매우 신비로운 것이어서 많은 신학자와 종교 사상가들은 오직 하나님만이 그것을 우리에게 줄 수 있다고 주장해 왔습니다. 그러나 그러한 주장은 더 복잡하고 놀라운 진실을 회피하는 것입니다. 즉, 영장류와 많은 다른 동물들의 뇌와 마음이 우리와 같은 특성을 공유하며, 예를 들어 지속적인 유대감을 형성하거나 거울 속에서 자신을 인식하거나 도구를 사용하는 능력 등이 있습니다. 그러나 우리의 마음이 훨씬 더 복잡한 이유는 하나님이 그렇게 하라고 했기 때문이 아니라, 칼 세이건이 설명했듯이, 우리의 뇌에는 약 1,000억 개의 뉴런과 10조 개의 시냅스가 있기 때문입니다.[16] 이 숫자가 기하급수적으로 증가되어 만들어진 생명체는 우리 인간에게 말을 걸 수도 없게 될지도 모르겠네요. 마치도 우리가 개미에게 말할 수 있는 것이 없듯이.

신경조직의 복잡성 덕분에 우리는 핑커가 "관점의 호환성 (interchangeability of perspectives)"이라고 부르는 것을 인식할 수 있을 만큼 복잡한 사고 능력을 진화시켜 왔습니다. 즉, 내가 당신에게 무언가를 해 달라고 요청하려면 당신의 이익도 고려해야 한다는 것입니다. 만약 내가 "은하계 군주"가 아니거나 특별히 높은 성공률에 관심이 없다면 말이죠. 핑커는 이것이 황금률의 핵심 통찰력이라고 지적하며, 이는 여러 사회와 사상가들이 독립적으로 발견한 것이라고 주장합니다.

협력의 진화

많은 사람들은 인간이 "은하계 군주"가 되고자 하는 욕망에서 벗어날 수 없다고 생각합니다. 즉, 우리가 착하게 행동하도록 하려면 영원한 보상을 약속하거나 영원한 처벌을 위협하는 수밖에 없다고 믿습니다.[17] 심지어 하나님, 천국, 지옥이 실제로 존재하지 않는다고 의심하면서도 도덕적으로 행동할 이 세계적 인센티브가 부족하다고 생각하여 하나님 신화를 따르는 사람들도 많습니다. 그들은 **믿지는 않지만, 믿음을 믿습니다.**

그러나 "황금률"이 황금인 이유는 하나님 외에도 착하게 행동할 수 있는 이유가 많다고 우리에게 상기시켜 주는 간단하고 이해하기 쉬운 메시지이기 때문입니다. 사실, 많은 경건한 사람들의 선한 행동 뒤에 진정한 동기 부여가 하나님이 아닐 수도 있습니다. 뭐라 해도 우리는 진화한 존재이며, 우리의 선함과 그것을 끌어내려는 지속적인 노력의 많은 부분이 우리가 진화한 방식에서 비롯되니까요. 진화 과학자 마틴 노왁은[18] 우리의 유전자가 "이기적으로" 자신을 복제하려는 충동에도 불구하고 "인간은 협력의 챔피언이다. 수렵 채집 사회에서부터 국가까지, 협력은 인간 사회의 결정적 조직 원칙이다. 지구상에서 다른 어떤 생명체도 협력과 배신의 이 복잡한 게임에 관여하지 않는다."는 것을 설명하기 위해 다섯 가지 규칙을 제시했습니다.[19]

혈연 선택

"협력의 진화"의 첫 번째 규칙은 가장 명백합니다. 노왁은 이를 "혈연 선택"이라고 부르는데, 이는 J. B. S. 홀데인의 유명한 발언, "나는 두 형제나 여덟 명의 사촌을 구하기 위해 강에 뛰어들 것이다."와 같은 의미입니다. 이는 우리가 종종 우리 가족 구성원을 사랑하고 돌보고 돕고 싶음에 끌리는 신비로움입니다. 오직 유전자 전달을 측정하는 냉정하고 과학적인 관점에서 보면, 형제자매의 삶, 특히 자녀의 삶은 우리 자신의 삶만큼이나 중요합니다. 그러나 가족 유전자를 전수하는 것만이 우리가 서로에게 잘해야 할 이유라면 슬픈 세상일 것입니다. 더욱이, 어느 현명한 종교인은 "친구는 당신이 (얽매여) 사는 가족에 대해 하나님이 사과하는 방식이다."라고 말한 적이 있습니다. 따라서 이 첫 번째 규칙을 나머지 네 가지 규칙과 분리되어 이해하면 큰 오해를 할 수 있겠군요.

직접적 쌍무 관계, 또는 "눈에는 눈"

다음 규칙도 직관적입니다. 노왁은 이를 "직접적 쌍무 관계" 또는 "눈에는 눈"이라고 부릅니다. 다른 사람을 돕고 싶은 충동을 느끼기 위해 특별히 진화된 사람이 될 필요도 없고, 사실 **인간일** 필요도 없습니다. 그러나 과학자들이 인간이 죄수의 딜레마와 같은 게임을 하는 것을 관찰하며, "네가 내 등을 긁어 주면, 내가 너의 등을 긁어 줄게."라는 규칙에 약간의 흥미로운 변형이 있음을 발견했습니다. 예를 들어, 우리가 어떤 사람과 성공적으로 협력하고 있다가 그들이 우리를 배신했을 때 어떻게 반응할까요? 용서가 진화적으로 타당한

가요? 신뢰했던 팀원이나 사업 파트너 또는 친구가 **실수로** 우리에게 해를 끼쳤다면 어떨까요? 저는 제 동료 한 사람이 자신의 20대 딸이 약간 취해 있는 상태에서 실수로 자신의 집을 불태웠을 때 이 문제로 무척 고뇌하는 것을 본 적이 있습니다. 무슨 일이 일어났는지 알게 되자, 그는 딸이 살아 있다는 것만으로도 영원히 안아 주고 싶었습니다. 그리고 나서 그는 그녀를 **죽이고** 싶어졌습니다. 이런 상황에서 우리는 얼마나 관대해야 할까요?

노왁과 같은 연구자들은 직접적 쌍무 관계 게임을 가장 **효율적**으로 플레이하는 방법은 "승리하면 유지하고, 패배하면 바꾼다"는 전략이라는 것을 발견했습니다: 성공적인 관계는 그대로 유지하고, 문제가 발생하면 새로운 전략을 고려하는 것입니다. 그러나 인본주의자들은 벌컨족(Vulcans, TV 시리즈 《*스타트렉*》에 등장하여 모든 일을 논리와 이성만으로 해결하는 외계인을 지칭)이 아닙니다. **효율성**은 항상 인간적이거나 품위 있는 것은 아닙니다. 그리고 우리가 오직 가까운 가족 구성원이나 우리를 도와준 사람들만을 돕는다면, 우리는 정말 외로운 존재가 될 것입니다.

간접적 쌍무 관계, 또는 "미리 해 두는 선행"

하지만, 왜 우리는 두 번 다시 보지 않을 웨이트리스에게 팁을 주거나 바쁜 와중에도 지나가는 낯선 사람에게 길을 알려 줄까요? 우리가 웨이트리스의 친절함을 모른 척하거나 길 묻는 사람을 무시하면 하나님이 우리를 벌할 것이라고 생각하기 때문인가요? 어떤 사람들에게는 그렇겠지요. 스스로에게 물어보세요: 자선 단체에 기

부활 때 정말 **하나님**이 **당신**의 머리에 가장 먼저 떠오르는지요? 당신의 평판은 어떤가요? 곰들은 다른 곰이 음식을 찾는 데 도움을 줄 수 있지만, 몇 년 전에 어떤 곰이 자기의 꿀 항아리를 빼앗으려 했다고 다른 곰들에게 험담을 할 수는 없습니다. 우리 인간은 그렇게 할 수 있고 또 실제로 그렇게 합니다. 따라서 우리는 우리의 행동이 다른 사람들에게 어떻게 보이고 평가될 수 있는지 항상 인식하며 살아갑니다. 험담과 평판은 우리의 두뇌가 매우 커지고 강력해진 이유 중 하나일지도 모릅니다: 누가 누구에게 도움을 주었고 누가 무례하게 행동했는지에 대한 세부 사항을 기억하기 위해 얼마나 많은 뉴런과 시냅스가 필요했을지도 모를 일이니까요.

우리는 "선행을 미리 해 두는" 능력도 진화시켜 왔습니다: "내가 너를 지금 도우면, 다른 누군가가 나를 나중에 돕겠지." 어렸을 때 강을 건너 아들을 업고 가는 아버지에 대한 이야기를 들은 기억이 있습니다. "내가 나중에 크면, 아버지처럼 아버지를 업고 강을 건널게요."라고 아들이 아버지에게 말했습니다. 아버지는 "아니, 넌 그렇게 하지 않을 거야. 나중에 너는 너의 일에 신경을 써야 할 테니까. 내가 기대하는 것은 언젠가 너도 내가 지금 너를 업고 건너는 것처럼 네 아들을 업고 이 강을 건너는 것이란다." 이 마음가짐을 기르는 것은 인본주의의 중요한 부분입니다. 하나님이 없는 삶이 단순한 상호 교환 거래로만 이루어지지 않을 수 있음을 깨닫는 것입니다. 선행을 미리 해 두는 것은 우리 삶에 엄청난 의미와 품위를 더할 수 있습니다. 간단히 말해서, 우리가 보답을 받든 그렇지 않든 타인에게 주는 것은 무척 기분이 상쾌해지는 일이지요.

네트워크 쌍무 관계

교회, 회당, 모스크, 그리고 사원은 모두 이타적인 인간 협력의 예이며, 우리는 단순히 하나님을 믿기 때문이 아니라 진화적으로 그렇게 하도록 만들어져 왔습니다. 진화론적 관점에서 회중은 과학자들이 "네트워크 쌍무 관계"라 부르는 것의 예입니다: 개별적인 보상을 기대하지 않고 서로 돕기로 약속한 개체의 집합. 이러한 그룹, 즉 "네트워크"는 일반적으로 너무 크지 않아서 기여 없이 이득만 얻으려는 사람들은 결국 배제되고, 그 결과 사람들이 서로 협력하고 신뢰하는 데 익숙한 상황이 형성됩니다. 예상했던 대로, 노왁의 연구는 주어진 인구나 집단이 구성원 대부분 또는 전부가 이런 방식으로 협력할 때 가장 적합하고 성공적이라고 보여 줍니다.

사람들에겐 공동체가 필요합니다. 단순히 포용을 받거나 외로움을 피하고 싶은 응석받이 욕구 때문이 아닙니다. 우리는 다양한 기술과 재능을 가진 다양한 사람들로부터 신뢰할 수 있는 도움을 받을 수 있을 때 삶에서 가장 성공적이기 때문에 공동체가 필요합니다. 이는 단순히 같은 사무실에서 일하거나 같은 아파트 건물에 사는 사람들, 심지어 같은 시골 마을에 사는 사람들과는 다릅니다. 몇 가지 예외가 있습니다. 좋은 대학의 기숙사는 진정한 공동체처럼 느껴질 수 있으며, 몇 년 후 졸업생들이 그 경험을 얼마나 그리워하는지에 대해 듣기도 합니다. 종종 큰 도시에서 음악이나 예술 활동을 하는 단체들도 꼭 같이 강렬한 소속감을 안겨 주는데, 그러한 활동에 참가하는 사람들도 종종 음악이나 예술 활동을 종교에 비유해서 말합니다. 그러나 잘 운영되는 어떤 교회에서 생각보다 사람들이 서로를 신뢰하고 돕지 못하는 경우가 많습니다. 대다수 사람들에게는 회중이 필요합니다. 하지만 반드시 하나님이 필요조건은 아니라는 말이겠네요.

집단 선택

이타적 협력이 진화한 또 다른 유사한 규칙은 "집단 선택"이라 불립니다. 이는 때로는 개인이 자신의 성공을 포기하고—심지어 유전자를 전달할 기회를 희생하면서까지—다른 집단을 누르고 자신의 집단이 성공하면 여전히 자신이 "**승리**"할 수 있다는 아이디어입니다. 이것은 인간이 왜 자기가 속해 있는 집단이 자기 개인을 정의하게 내버려두는 경향이 있는지를 설명합니다. 우리는 부족, 인종, 민족, 도시, 주 또는 국가의 동료 구성원을 위해 나 개인을 포기합니다. 다윈은 『인간의 유래(The Descent of Man)』에서 이렇게 말했습니다: "다른 사람들을 돕고 공동선을 위해 자신을 희생할 준비가 된 많은 구성원을 포함하는 부족이 대부분의 다른 부족과의 경쟁에서 이길 것이며, 이는 자연 선택이 될 것"이라고.[20]

물론, 다윈의 이 아이디어가 한 집단이 다른 집단을 착취하기 위한 협력을 정당화하기 사용된 것처럼 들린다면, 불행히도 그것은 사실입니다. 이 개념이 이런 목적으로 사용될 때 "사회적 다윈주의"라고 불리는데, 사실 다윈 자신은 강경한 노예제 폐지론자였으므로 이에 전혀 동의하지 않았을 것입니다.

가족, 종교 및 민족 집단, 군중 혹은 국가 같은 집단 모임 안에서 나타나는 협력의 진화를 이해하면서 우리가 두려워해야 할 점은 사람들로 하여금 가장 적합한 집단을 선택한 후 다른 모든 집단은 저주받아도 괜찮다는 태도를 길러 줄 수 있다는 사실입니다. 따라서 진화론은 지금까지 일어난 일을 설명하는 것일 뿐이며 인간이 앞으로 어떻게 행동해야 하는지에 대한 권고가 아님을 기억하는 것이 중요합니다.

인본주의는 사회적 다원주의와 동등하지 않을 뿐만 아니라, 사회적 다원주의의 정반대입니다. 인본주의자들은 집단 간 경쟁이 인간 진화의 일부였다는 것을 인식합니다—이 기본적인 사실을 우리의 마음이나 역사책에서 지울 방법은 없습니다—. 그러나 이제 인류가 이를 발견했으니, 우리는 집단 간, 그리고 개인 간에 건강하고 비폭력적인 방식으로 관계를 맺을 방법을 열심히 찾아야 합니다. 다른 말로 바꾸면, 인본주의는 진화를 모든 문제의 해결책으로나 혹은 항상 달콤하고 순수한 이야기인 척하지 않는다는 뜻입니다. 인본주의는 왜 인간이 서로 협력하고, 서로에게 선한지에 대해 생각해 보는 것과 꼭같이, 인간이 왜 서로에게 성가시게 굴고 잔인해질 수 있는지에 대한 질문도 회피하지 않습니다.

인본주의자로서 우리의 임무는 인류 역사에서 이기심과 잔인함이 차지해 온 역할을 최소화하는 것이 아닙니다. 잔인해지고 싶은 인간적 유혹을 간과하거나 설명해 버리자는 것은 더욱 아닙니다. 사실, 우리는 매일, 매분마다 무엇을 선택할 것인가를 스스로에게 정직하게 물어야 합니다. 잔인함은 진화적 가치를 가집니다. 친절함도 마찬가지입니다. 그러나 우리는 동시에 둘 다 가질 수는 없습니다. 우리는 다른 사람과 경쟁하고 투쟁할 뿐만 아니라 우리 자신과도 투쟁합니다. 우리는 끊임없는 경쟁 관계에 있는 음식, 성적 번식, 사랑의 인정, 존엄성에 대한 다양한 욕구와 충동을 우리 자신 속에 갖고 있습니다. 인본주의는 언제나 가능할 때마다 존엄성의 우위를 적극적으로 선택합니다. 이는 우리 자신을 초월하여 진화할 수 있도록 이기적인 유전자를 인정하고 이해하는 것을 의미합니다.

—

신이 없다면, 왜 신에 대한 믿음이 그토록 보편적일까?

진화론 분야에서, 최근 몇 년 동안 유신론을 과학에 더 맞는 것처럼 보이게 하려는 인기 있는 전략 중 하나는 **"신의 유전자"**가 있다는 제안입니다. (우리의 유전자와 두뇌는) 신을 **믿지 않을 수 없게** 하드웨어가 내장되어 있음이 분명하다고 주장하며, 만약 그렇지 않다면 왜 그토록 많은 사람들이 신에 대한 믿음을 가져야 하는지 묻습니다.

사실 대부분의 사람들, 심지어 비종교적이라고 부르는 사람들조차도 어떤 형태로든 초자연적인 신을 믿는다고 말합니다. 왜일까요? 이 개념이 자연 법칙에 의해, 또는 신 자신의 행동에 의해 우리의 뇌 어딘가에 심어진 것일까요? 그렇게 많은 자연재해, 종교 전쟁, 그리고 타락한 설교자들이 우리의 의심을 자아내는데도, 우리가 신에 대한 불굴의 믿음을 갖고 앞만 보고 정진하도록 말입니까?

인간의 마음을 과학적으로 잘 살펴보면, **신은 유전자가 아니라 스팬드럴(spandrel)입니다.** 스팬드럴은 두 개의 아치가 나란히 배치될 때 형성되는 삼각형의 공간으로, 종종 교회나 다른 웅장한 건축물에서 우아하게 장식됩니다. 진화 생물학자 스티븐 제이 굴드와 리처드 르원틴은 이 용어와 일반적인 스팬드럴 개념이 신을 믿고 싶어 하는 인간의 경향을 결정적으로 설명할 수 있다고 지적했습니다: 그것들은 **적응의 결과가 아닌 부산물이라는 것입니다.**[21] 굴드와 르원틴은 스팬드럴이 종종 화려하고 아름다워서 주목을 받는 것처럼 보이지만, 성당을 지을 때 반드시 포함할 필요는 없다고 주장했습니다. 진짜 필요한 것은 아치입니다. 무거운 천장을 다른 형태보다 더 잘 지탱할 수 있기 때문이죠. 아치가 나란히 놓일 때 스팬드럴은 그저 두 아치 사이의 공간에 의해 만들어지는 모양일 뿐입니다. 신에 대한 믿음 역시 우리의 마음에서 가장 중요한 두 가지 건축적 요소, 즉 **"인과 추론"**과 **"마음 이론"**이 만들어 내는 부산물인 스팬드럴입니다.[22]

　인과 추론은 설명이 필요 없는 용어입니다. 우리 마음은 사물의 원인을 찾도록 진화했습니다. 음식을 먹지 않으면 배가 고프고, 식물에 물을 주면 자라는 등. 행동이 결과를 낳는다는 것을 이해하지 못했다면, 무언가를 성취하기가 매우 어려웠을 것입니다. 제가 어릴 때 부모님과 어느 가게에서 쇼핑 중에 비싼 수정 꽃병을 깬 적이 있는데, "그냥 그런 일이 저절로 생겼어!"라는 유치한 변명으로 상황을 모면하려 했습니다. 물론 모두가 더 직접적인 원인—가령, 제가 값비싼 유리로 가득 찬 가게에서 형과 조금 거칠게 놀고 있었을 가능성도 있겠지요. 하지만 아이들은 이 변명을 끝없이 반복하며 써먹습니다. 왜냐하면 그들도 엄연히 통찰력을 가지고 있기 때문입니다―이 있다는 것을 알고 있었습니다. 일어나는 모든 일에는 무엇이든 원인이 있기 마련이지만, 모든 일이 반드시 의도적인 행동에 의해 발생하는 것은 아니라는 사실이지요. 때때로 자연은 겉으로 보기에 아무런 이유 없이 변화를 가져다줍니다. 갑자기 불어닥친 폭풍이 하루 종일 머리가 조금도 헝클어지지 않고 계속되어 온 "완벽하게 좋은 날(perfectly good-hair day)"을 순간적으로 망치거나, 예상치 못한 선수의 부상으로 내가 좋아하는 야구팀이 월드시리즈에서 지거나, 중력의 장난으로 우아한 꽃병이 진열대에서 떨어져 수천 개로 산산조각 나는 것처럼 말입니다.

사소한 사고이든 유혈 전쟁이든 우리는 모든 것에 원인이 있다고 믿도록 프로그래밍되어 있습니다. 심지어 원인이 전혀 없는 일에 관해서도 우리는 그것들이 원인이 있다고 믿고 싶어 하며, 어떤 상황에서는 우리가 보거나 이해할 수 없는 어떤 것이 그런 일을 일으켰다고 추론합니다. 이러한 인과적 사고의 패턴은 전통적인 신에 대한 믿음을 넘어서도 계속됩니다. 저는 종교적 선호도 조사에서 "없음"에 체크를 하면서도 "모든 일이 일어나는 데는 이유가 있다."고 심각하게 말하는 사람들을 수없이 많이 알고 있습니다. 어떤 사람들은 그들이 자란 교회나 회당에 절대 가지 않지만, 매일 자신의 운세를 진지하게 확인하거나 행운의 숫자가 있다고 믿습니다. 우리는 무작위를 좋아하지 않기 때문에 우주에 있는 모든 신비로운 일에 목적이 있고, 매일 우리에게 일어나는 이상한 일들이 우리를 내려다보고 있는 힘에 그 **"원인"**이 있음을 나타내는 작은 **"표식"**을 주변에서 찾습니다.

하지만 우리들이 미신에 매혹되는 데는 그럴 만한 이유가 있습니다. 심지어는 우리 중에서 이 문제에 대해 더 잘 알고 있어야 하는 사람들도 마찬가지입니다만. 만약 우리가 원인을 찾을 수 없었다면 이 세상은 지금보다 훨씬 더 혼란스러워 보일 것이기 때문에 원인이 있고 없음에 관계없이 인간은 수백만 년에 걸쳐 원인을 찾도록 진화해 왔습니다.

인간이 환경에 적응하며 신에 대한 믿음을 우리의 마음 구조의 자연스러운 부산물로 만든 또 다른 방식은 심리학자 스콧 아트란(Scott Atran)이 **"마음 이론"** 또는 **"민속 심리학"**이라고 부르는 것입니다. 다시 말해, 나는 내가 생각하고 있는 것을 경험할 수 있으며, 데카르트가 인식한 바와 같이, "고로 나는 존재합니다." 그러나 세상의 어떤 철학이나 심리학적인 방법도 우리가 실제로 다른 사람의 마음속으로 들어가서 **그 마음속의** 생각을 경험하도록 허락하기에 충분하지 않습니다. 바꾸어 말하면 나는 "당신이 생각하기 때문에 당신은 존재한다."는 것을 결코 직접적으로 경험할 수 없습니다. 나는 단지 그것이 그럴 것이라고 가정해야만 합니다. 그러나 우리에게 마음이 있는 것처럼 다른 사람에게도 마음이 있다고 기꺼이 가정하지 않았다면 삶은 놀랍도록 달라졌을 것입니다. 우리가 실제로 경험할 수 없는 사고 과정을 가진 **다른 사람**에게 우리와 같은 지각 있는 마음을 투영할 수 있다면, 우리가 동물, 식물, 산, 별에도 비슷한 투영을 하는 것이 왜 가능하지 않겠습니까? 우리들의 이성적인 사고 능력에도 불구하고, 자동차, 나무, 또는 달이 살아서 자신들의 목적을 가지고 맥동하고 있다고 상상하는 것은 논리적이긴 하지만 기묘하게 느껴질 수 있습니다. 이는 우리가 세상에서 혼자가 아니라는 **확신**을 가져야 우리의 사랑하는 사람들이 실제로 **"거기에"** 있으며, 우리가 생각하는 방식으로 생각하고 우리가 그들을 사랑하는 방식으로 우리를 사랑하고 있다는 것을 믿을 수 있기 때문입니다. 설령 제우스가 실제로 하늘에 떠 있는 폭풍 구름 위에 앉아 있다 하더라도 우리가 그의 마음속으로 들어갈 수 없는 것과 꼭 같이 우리들은 다른 사람들의 뇌 속으로 들어가 그들의 생각을 확인할 수 없기 때문입니다.

오늘날의 종교 생활에 비교하면 옛날의 종교 생활에서 의인화된 물건들이 차지하는 위상이 훨씬 높아서 그랬는지는 모르겠지만, 지능이 높은 사람들이 왜 그렇게 쉽게 **"보이지 않는 신"**을 믿을 수 있는지 이해하는 것은 어렵지 않습니다. 가령, 어떤 아이의 엄마가 방에서 나가면 아이는 엄마가 보이지는 않지만 여전히 엄마가 존재한다는 것을 배울 수 있어야 합니다. 아이는 엄마가 돌아올 것이라는 사실을 서서히 내면화하게 됩니다. 그렇다면 여기서 우리는 '엄마와 이 세상 모두를 창조하신 신이 지금은 눈에 보이지 않지만 불원간에 돌아올 것'이라고 생각하는 것은 그렇게 무리한 억지는 아니겠네요. **어머니**가 아이의 눈에는 현존하지 않더라도 어머니가 될 수 있다면, 전능하다고 알려진 **아버지**의 경우에는 얼마나 더 그러하겠습니까?

그러므로 하나님에 대한 믿음이 만연한 사실 자체가 하나님의 존재 증거라고 말하는 사람들에게 우리는 그렇지 않다고 말합니다. 하나님은 우리 마음의 진화 과정에서 나온 부산물인 스팬드럴이라는 생각을 뒷받침하는 훨씬 더 나은 증거가 있습니다. 초자연적인 것에 대한 믿음은 신비가 아닙니다. 거기에는 이유가 있습니다.

반면에 무신론자들이 종교적 극단주의자 때문만이 아니라, 일부 사람들이 여전히 하나님을 믿는다는 사실에까지도—하나님은 요정이나 산타 클로스와 다를 바 없다고 징징거리며—충격과 분노를 느낄 때, 우리는 혼란스러워지며 심지어 이성을 잃고 종교에 대해 화를 내기도 합니다. 우리의 마음은 있는 그대로입니다. 우리의 마음이 이런 식으로 진화하도록 우리가 선택하지 않았습니다. 신을 믿고 싶어 하는 경향의 스팬드럴이 너무나 잘 자리 잡았기 때문에 대부분의 사람들은 점점 더 다양한 종류의 종교적 아이디어에 대해 깊이 사색하며—그것에 대한 믿음을 그만두기도 하겠지만—어떤 형태로나마 초자연주의에 대해 계속해서 궁금해할 것입니다. 따라서 논리, 이성, 과학이 모든 종교적 신념을 제거하거나 다른 아이디어로 대체해야 한다는 주장은 상식에 어긋나겠군요. 그런 주장을 하는 그 과학 자체가 우리들이 신을 믿고 싶어 하는 욕구가 수백만 년의 진화 과정을 거쳐 왔고 앞으로도 계속 우리 머릿속에 깊이 자리 잡고 있을 것임을 보여 주었으니까요.

그래도, 인본주의를 받아들이고 이 모든 종교적 신념을 거부하기로 한 결정은 우리에게 큰 해방감을 줍니다. 우리가 세상일의 모든 원인을 알고 있다고 생각하기 위해 비상식적인 것을 믿어야 하는 것에서 자유로움을 느낍니다. 우리는 우리가 모르는 것을 아는 척해야 하는 압박감에서 자유를 느낍니다. 우리는 존재한 적도 없고 우리가 인지할 수도 없다고 깊게 의심하는 존재와 관계를 맺어야 하는 의무감에서 벗어날 수 있는 자유로움을 느낍니다. 우리는 의문을 제기할 수 없고 변덕스러운 권위에 복종해야 할 필요성으로부터도 자유로움을 느낍니다. 그리고 우리는 마거릿 미드가 말한 것처럼 주장할 수 있습니다: "사려 깊고 헌신적인 소수의 시민들이 세상을 변화시킬 수 있다는 것을 결코 의심하지 마십시오. 실제로 세상을 변화시킨 것은 항상 그런 사람들입니다."

—

하나님 없이 우리는 선이 무엇인지
어떻게 알 수 있을까요?

하나님과 도덕에 대한 우리의 이해를 과학으로 축소시키면, 결국 선에 대한 기준이 없어지지 않을까 걱정하는 사람들이 있습니다. 이것은 '하나님 없이 **선할 수 있는가?**'라는 오래된 질문의 가장 순수한 형태 중 하나입니다.

하나님에 대한 믿음이 없으면 도덕적 혼란에 빠질 것이라고 믿는 사람들이 많습니다. 그래서 제가 아는 많은 무신론자들은 하나님에 대한 믿음을 잃은 후 삶에 어떤 변화가 있었는지 묻는 질문에 이런 농담을 즐겨 합니다. "글쎄 말이야, 내가 갑자기 도끼 살인자가 되는 건 아니더군." 물론 영화《샤이닝》에서 잭 니콜슨처럼 많은 기독교인들이 피 묻은 도끼를 들고 쫓아오는 무신론자가 없나 하여 자신의 뒤를 살피지는 않겠지만, 이런 농담에는 일말의 진실이 있습니다. 왜냐하면 사람들은 항상 자신이 이해하지 못하는 사람들에 대해 본능적인 두려움을 가지고 있기 때문입니다.

사실, 많은 종교인들은 우리 인본주의자들이 **선을 어떻게 행해야 하는지** 말해 주는 하나님을 필요로 하지 않을지도 모르지만, 우리를 누군가가 항상 지켜보고 있다고 느끼지 못하는 상태에서 **선하게 행동할 동기**를 갖지 못할 수도 있다는 두려움을 가지고 있습니다. 이는 우울증과 불안으로 어려움을 겪다가 하나님에게 도움을 구했지만 실제로 하나님을 믿을 수 있을지 확신하지 못한 제 가족과 친구가 느꼈던 두려움이기도 합니다. 제가 인본주의자가 되어 가는 것을 알게 된 그 친구는 제가 그 주제를 입에 담는 것만으로도 화를 내고 불안해하더군요. 그는 저의 무신론적 믿음이 그에게 '옮겨 간다면' 자신이 불행해질지도 모른다고 걱정했기 때문입니다.

이것은 워터게이트 스캔들에서 닉슨의 보좌관 역할을 한 죄로 수감된 기독교 교도소 펠로우십 지도자 척 콜슨과 같은 신학자들이 표명한 우려입니다. 콜슨은 물론 하나님 없이도 훌륭하게 살아가는 개인들이 많다는 것을 인정하지만, 사회 전체가 신성한 기반이 없으면 무너질 것이라고 주장합니다. 그래서 미국은 유대-기독교 국가로 남아야 하며(유대교에 대한 강조는 거의 없이), 우리는 동전과 맹세문에 하나님을 새겨야 하고, 우리나 다른 엘리트만큼 신뢰할 수 없는 사람들에게 그들 역시 신성한 감시 카메라가 그들을 지켜보고 있다는 사실을 상기시켜야 한다고 말합니다.

"하지만 일벌들, 벽돌공들은 어떻게 해야 하죠?" 제가 처음 만난, 유명한 우파 지식인 아이비리그 교수가 물었습니다. 그녀는 세속주의에 대한 자신의 개인적인 성향은 인정했지만, "일반 대중"은 자신과 같은 인본주의자와 무신론자를 이해하거나 존중할 수 없다는 헌법 조항이라도 있기나 한 듯 걱정스러워했습니다. 인간 도덕성에 관한한 최악의 지도자였던 히틀러 같은 인물도 하나님이 없는 선함에 관해 이런 부류의 회의주의를 신봉했다는 사실은 정말 아이러니가 아닐 수 없네요:

> "종교적 믿음이 실천되고 있지 않는 우리 인간 세계는 상상할 수 없다. 한 국가의 대중은 철학자로 구성되어 있지 않다. 대중에게 특히 신앙은 삶에 대한 도덕적 관점을 지탱하는 유일한 기반이다. 기존의 종파를 유용하게 대체할 수 있다고 생각할 만한 결과를 보여 준 대안들은 없었다. 수십만 명의 뛰어난 사람들이 일상생활에서 일반적인 기준에 의존하지 않고도 지혜롭고 지적으로 살 수 있을지는 모르지만, 수백만 명의 다른 사람들은 그렇게 할 수 없다."[23]

그리고 만약 이 부분을 읽고 당신이 "아하! 히틀러가 그렇게 종교적이지 않다고 나는 이미 알았지! 그렇다면 우리는 여전히 나치즘을 무신론자들의 탓으로 돌릴 수 있을지도 모르겠네!"라고 생각하게 된다면, 잘 기억하세요. 우리가 나쁜 종교인들은 **진실로** 믿지 않았기 때문에 그들을 용서해야 한다고 느끼면, 하나님의 영광을 위해 선행을 한다고 말하지만 사실은 훨씬 세속적인 이유로 행동하는 위대한 사람들도 새로운 시선으로 보아야 공정하겠네요. 예를 들어, 테레

사 수녀—가족 계획과 에이즈 예방을 위해 콘돔이 절실히 필요했던 수백만 명의 사람들이 그것을 얻지 못하도록 막은 그녀의 행동을 무시하고 그녀를 선의의 예로 받아들일 수 있다 하더라도—그녀 역시 하나님의 존재에 대해 압도적인 개인적 의구심을 품었으며, 실제로는 전혀 믿지 않았을지도 모른다는 사실이 최근에 알려지게 되었군요.[24]

—

하나님 없이 선함을 위한 치명타?

하나님 없이 선할 수 없다는 주장에 명백한 철학적 허점이 있음에도 그 주장이 여전히 심각하게 받아들여지는 것에 좌절한 저는 『스피노자에 대한 반역(Betraying Spinoza)』과 『마음과 몸의 문제(The Mind-Body Problem)』의 저자이자 맥아더 펠로우(맥아더 재단이 수여하는 속칭 '천재상')이며, 제가 좋아하는 철학자 중 한 명인 레베카 골드스타인을 찾았습니다. 레베카와 저는 이 문제를 다루면서 가장 어려운 부분 중 하나는 우리가 오직 반대편 입장만 이해하려고 애쓰고 있다는 데 즉시 동의했습니다. 하나님 없이는 선할 수 없다고 믿는 사람들이 실제로 존재한다는 사실이 우리에게는 무척 상상하기 어렵다는 말이지요.

레베카는 위에서 언급된 거의 모든 종류의 우려를 다루려면 철학자들이 흄(Hume)의 "있다-해야 한다 문제(**존재와 당위론의 문제**)"를 정면으로 돌파해야 한다고 지적했습니다. 위대한 18세기 영국 철학자이자 회의론자인 데이비드 흄이 지적했듯이, "**있는 것**", 즉 존재하는 것, 세상의 있는 그대로의 모습과 세상이 어떻게 **되어야 하는지** 사이에는 큰 차이가 있습니다. 철학자들이 스스로에게 던지는 기본 질문 중 하나는 그러면 우리의 가치는 어디에서 오는가 하는 것입니다. 만약 하나님이 아니라면, 어떤 사물이나 현상이 현재의 모습에서 다른 모습이어야 한다고 누가 말할 수 있을까요?

　이것은 단지 철학자나 신학자들만 다루는 잘난 체하려는 질문이 아닙니다. 그것은 세 자녀의 아버지이면서 아직도 앞길이 창창한 젊은 남편이 종양학자의 진료실에서 췌장암이 전이되어 수술할 수 없다는 선언을 들을 때 떠오르는 첫 번째 생각입니다. "약 6개월 남으셨습니다." 의사는 조용히 알려 줍니다. 그는 그것이 **있는 것**임을 이해합니다. 그러나 그의 온 전신을 감싸고 있는 섬유 조직 모두가 느끼고 있는 것은 **"이건 아니야"**입니다! 그리고 일부 신학자들은 그렇게 되어서는 안 된다고 믿는 것을 정당화할 수 있는 유일한 방법은 하나님이 그렇게 말씀해 주셨기 때문이라고 주장합니다.

　『신과 새로운 무신론: 도킨스, 해리스, 히친스에 대한 비판적 응답(God and the New Atheism: A Critical Response to Dawkins, Harris, and Hitchens)』에서 가톨릭 신학자 존 F. 하우트는 묻습니다. "하나님의 존재를 은연중에 끌어들이지 않고도 영원한 가치에 대한 맹목적인 충성을 합리적으로 정당화할 수 있나요?"[25]

　이 질문, 즉 하나님 없이도 '세 아이의 아버지를 치료하여 그가 아내와 자녀들과 함께 살도록 하는 것이 선하다'는 영원한 가치를 어디에서 얻을 수 있는가 하는 질문은 **있다–해야 한다 문제**(존재와 당위론의 문제)의 변형이며, 이는 단지 의사의 진료실에서뿐만 아니라,

정치 및 사회 문제에 대한 중요한 토론에도 등장합니다. 물론 이런 질문을 하는 분들께 그들이 말하는 영원한 가치, 불가침의 "해야 한다는 것(당위성)"이 무엇을 의미하는지 물어봐야 합니다. 그들은 흔히 살인은 잘못이라고 주장합니다. 물론 이렇게 말하시는 분들 중에 왜 평화주의자가 아닌 분들이 계신지 궁금하군요. 당위성이 하나님으로부터 나온다고 주장하는 그분들이 강간행위의 사악함을 깨닫기 위해서는 종교가 필요하다고 암시할 때는 혐오스럽기까지 하지요.

그럼에도 불구하고, 하나님에 대한 믿음의 보편성을 우리가 잘 알고 있고, 위에서 제기된 가치와 정의를 두고 제기되는 질문의 황당함을 고려하여, 레베카 골드스타인과 저는 정의를 요구하는 하나님을 원하고 있는 많은 사람들의 충정이 최소한 합리적이라는 데 동의했습니다. 그러나 그 입장에서 한 걸음 더 진전해 하나님 없이는 정의나 선이 존재할 수 없다고 제안하는 사람들에게는 플라톤의 대화 『에우티프론』(기원전 380년 작성)이 레베카가 **"치명타"**라고 부르는 논증을 제공합니다.

소크라테스는 친구 에우티프론과 대화하며, 우리에게 결정적으로 중대한 질문은 단순히 어떤 특정 행동이 선한지 아닌지를 아는 것이 아니라, 어떤 행동이 선한지를 **결정하는 기준**이 무엇인지라고 상기시킵니다. 에우티프론은 이렇게 대답합니다: "경건함은 신들이 사랑하는 것이고, 불경건함은 신들이 사랑하지 않는 것입니다."

그러나 소크라테스는 이렇게 반문합니다: "신들이 사랑하는 것이 선한 이유가 그들이 사랑하기 때문인가, 아니면 그것이 선하기 때문에 그들이 사랑하는 것인가?"[26]

만약 전자가 사실이라면, 누가 신들이 악하지 않거나, 불공정하지 않거나, 경솔하지 않다고 말할 수 있을까요? 신들은 인간이 그것을 정의롭다고 생각할지 여부와 상관없이 무엇이든 사랑하기로 선택할 수 있습니다. 그런 시스템에서 우리가 살고 싶을까요? 신들은 우리에게 그들이 살인자 같은 악당처럼 행동해도 맹목적이고 무조건적으로 복종하기를 원할까요? 그리고 만약 신들이 선을 사랑하는 이유가 그것이 단지 선하기 때문이라면, 그것은 자체적으로 선할 것입니다. 우리에게는 도덕이 무엇인지 말해 줄 신이나 신들이 필요하지 않을 것이며, 그 신들이 그랬던 것처럼 우리도 스스로 그것을 선으로 알아내는 책임을 지게 될 것입니다.

어느 경우든, 에우티프론의 논점은 단순히 신에 대한 믿음만으로는 우리가 선해질 수 없으며, 인간이 스스로 도달할 수 없는 "영원한 가치"를 제시할 수도 없다는 점을 강조합니다. 신은 가치를 창조하지 않고, 창조하지도 못합니다. 인간은 가치를 창조할 수 있으며, 따라서 우리는 그것을 현명하게 해야 합니다.

물론 기독교 신학자들이 플라톤의 『에우티프론』을 들어 본 적이 없다는 말은 아닙니다. 그리고 그들이 그것에 대한 나름의 응답이 없다는 것도 아닙니다. 그런 응답의 한 예로 폴 체임벌린의 저서 『신 없이 선할 수 있는가(Can We Be Good Without God)?』를 들 수 있습니다. 체임벌린은 하나님이 세상을 창조할 때 선함이 하나님의 본성에 있었다고 주장하며, 우리에게 그 선함을 스스로 발견할 자유를 주었다고 말합니다. 이는 플라톤의 우려를 해결하려는 시도로, 우리가 하나님이 선하다는 것을 선천적으로 "알지 못하는 것"과 하나님이 실제로 선하다는 것을 구분하려는 시도입니다. 그러나 이 것은 실제로 논증이라고 할 수 없습니다. 이는 철학적 용어를 동원해 세련되게 들리도록 한 주장입니다: "[에우티프론 논증을 받아들이는 사람들은] **아는 것**과 **있는 것**의 범주를 혼동한다." 하지만 이는 자신의 책에 등장하는 기독교 인물 테드가 "하나님의 본성이 선하다는 것에 대해 정말로 의문의 여지가 없다."고 말할 때 우리가 무조건 동의할 것이라고 가정합니다. "왜 그렇게 말하나요?" 프란신이 물었습니다. "왜냐하면 내가 그 선함이 만들어 낸 것을 보기 때문이죠." "그게 뭔데요?" "우리가 계속 이야기해 왔던 도덕적 가치들입니다."[27]

이것은 전혀 에우티프론에 대한 답변이 될 수 없습니다. 이것은 단지 선함은 하나님이 선하다고 불렀기 때문에 선한 것이고, 하나님은 완전한 선 자체이며, 우리는 그의 선함을 하나님의 창조물을 통해 알 수 있다는 주장일 뿐입니다. 순환 논법처럼 들리세요? 사실은 순환 논법인 거죠. 그러나 이 논증의 가장 잘못된 점은 단순히 순환 논법이라는 사실이 아니라, 상식, 특히 도덕적 상식을 거스른다는 점입니다. 세상에는 선한 것만 있는 것이 아닙니다. 인간 본성에서 발견되는 도덕적 가치들이 선한 것만 있는 것이 아닙니다. 우리가 사는 세상의 많은 부분은 부조리합니다. 무지하고 이기적인 바보들은 번영을 누리는 반면, 무고한 아기들은 도살됩니다. 축구 선수들은 터치다운을 위해 기도할 수 있지만, 아무리 부당한 상황에서 사고를 당했어도, 사지가 절단된 여인이 그 사지가 다시 자라도록 기도하여 성공한 적은 없습니다. 그 어떤 신학적 논증도—폴 틸리히나 해럴드 쿠쉬너 같은 진보적인 신학자들에 의해서든지, 카발라 같은 신비주의적 텍스트에 의해서든지, 아우구스티누스나 프란체스코 같은 유명한 성인들에 의해서든지, 아니면 "쿨한" 종교인들만 아는 어떤 모호한 사상가에 의해서든지—플라톤의 『에우티프론』에 대한 적절한 응답이 된 적은 없습니다. 왜냐하면, 사지가 절단된 사람들을 실제로 혐오하는 신이 존재할 수 있기 때문입니다.[28] 우리는 절대로 이를 증명할 수도, 반증할 수도 없습니다. 하지만 그러한 신을 숭배하는 것은 우리의 존엄성이 허락하지 않을 것입니다. 그런 신은 우리들의 시간이나 에너지를 받을 자격이 없습니다. 반대로, 우리는 세상을 설명할 수 있는 훨씬 더 나은 방법을 알고 있으며, 도덕적, 윤리적 가치를 이해할 훨씬 더 좋은 방법을 가지고 있습니다.

하지만, 우리가 "하나님이 선함을 위해 필요하다."는 주장을 한 방의 "**결정타**"로 무너뜨릴 수 있음에도 불구하고, 인본주의가 맞추는 첫 번째 초점은 하나님이 아니고 선함입니다. 하나님은 그다음 순서이지요.

—

인간 사회의 윤리는 하나님으로부터 온 것이 아니라면 어디서 오는가?

이에 대한 가장 간단한 답은 윤리는 인간의 욕구와 관심에서 비롯된다는 것입니다. 인간 사회가 번창하려면 무엇이 필요할까요? 인본주의 선언문에 의하면 "윤리적 가치는 인간의 욕구와 관심에서 파생되며 경험에 의해서 테스트됩니다. 인본주의자는 기본적 가치를 인간이 처한 상황, 관심사 및 우려의 대상에 의해 결정되어 글로벌 생태계로 뻗어 나가는 인간 복지에서 찾고 있습니다. 우리는 모든 인간이 갖고 태어난 가치와 존엄성을 존중하고, 책임감에 부합되는 자유의 맥락에서 행사되는 현명한 의사 결정권을 높이 평가합니다." 그런데 이 고유한 가치와 존엄성은 어디서 오는 것일까요? 굉장히 중요하고 공정한 질문이지요. 하지만, 일반 종교인이나 비종교인 할 것 없이 많이 생각해 보지 않은 질문 같군요.

레베카 골드스타인은 프린스톤 대학의 철학자로 『이타주의의 가능성』의 저자이며 자신의 멘토인 토마스 내이글(Thomas Nagel)을 이 문제에 대한 최고의 사상가로 꼽았습니다. 골드스타인과 다른 다수의 철학자들은 내이글을 칸트 이후 가장 중요한 윤리학자로 간주하고 있네요.

간단히 말해, 내이글은 인간에게는 이미 우리 자신의 삶을 소중히 여기도록 하는 자연스러운 태도가 있다고 주장합니다. 우리 모두는 부당한 대우를 받거나 모욕을 당하거나 또는 구타를 당하고 차별을 받을 때 도덕적 분노를 느끼는 것이 어떤 것인지 잘 알고 있습니다. 내이글의 논리는 우리의 논리적인 사고방식 때문에, 우리는 지금 우리가 느끼고 있는 옳고 그름의 생각을 다른 사람에게도 보편화시켜 인식하고, 또한 우리 자신이 이 세상을 혼자 살아가는 방법이 없다는 것도 알고 있기에 오직 극도로 이기적인 사람만이 옳고 그름의 보편성을 인식하지 못하게 된다는 것입니다. 이 단계에서 급진적인 이기심은 오로지 불행만을 자초하기 마련이므로 옳고 그름의 보편성에 어떤 대안도 되지 못한다는 주장입니다.

레베카의 말대로 그 보편성은 칸트와 모든 윤리학의 기본 직관입니다. "윤리는 실제로 그렇게 복잡하지 않다는 말이지요." 레베카는 부연합니다.

그러나, 선에 대한 모든 개념이 인간의 필요에서 비롯된다는 생각에 익숙해지는 데는 시간이 걸릴 수 있습니다. 제가 인본주의를 처음 공부하기 시작했을 때 바로 이 부분의 인본주의 개념을 약간 모욕적으로 느낀 적이 있었는데, 그 이유는 제가 젊은 시절 유대인 커뮤니티의 홀로코스트 생존자들로부터 우리는 어떤 인간 집단도 본질적으로 우리보다 열등하다고 간주하는 실수를 다시는 해서는 안 된다는 가르침을 받았기 때문입니다. 유대인, 흑인, 성소수자, 팔레스타인인, 수단인, 또는 다른 누구라도 말입니다. 인간 이외의 존재들은 어떨까요? 저는 의문을 가졌습니다. 인간에 초점을 맞춘 인본주의가 동물이나 자연 존재물 모두에 대한 학대의 문을 열어 두는 것은 아닐까요? 그것은… 인간 중심적일까요? 아니면 심지어 "종 차별적"일까요?

하지만 원숭이나 개 같은 동물을 우리가 아무리 소중히 여기더라도—우리가 그들을 무책임하게 혹은 경멸적으로 취급하여 인간성을 잃지 않도록 그들에게 윤리적으로 행동해야 한다는 점은 사실이지만—저는 "원숭이가 공공장소에서 스스로를 긁는 것이 윤리적인가요?"라는 질문을 하는 것이 터무니없다는 것을 인정해야 했습니다. 개가 많은 암캐들과 성관계를 갖는 것이 도덕적으로 해이한 행동이라고 제안하는 것도 약간 이상하게 들릴 것임을 깨달았습니다.

마찬가지로 인간이 바다, 숲, 대기권을 포함한 모든 환경을 소중히 여기는 것은 매우 중요합니다. 우리의 미래 세대가 절실히 필요로 할 것임을 알고 있는 깨끗한 공기와 물, 그리고 식물과 동물의 다양성을 훔칠 권리는 우리에게 없습니다. 아무도 우리를 우주의 왕으로 임명하지 않았습니다. 그러나 우리는 "바다가 **우리에게** 윤리적으로 행동하고 있는가?"란 질문을 하지 않는 것도 사실입니다. 비구름이 우리를 익사시키려 한다거나 오존층이 우리 피부가 필요로 하는 화학물질을 포용하는 관용을 갖고 있지 않다고 비난하면, 우리는 정신 나간 사람으로 취급받을 수 있겠네요(물론 자연 세계가 우리처럼 생명력을 지닌 것이라고 의심할 과학적 이유가 없던 옛 시절에 우리가 이런 종류의 가치 판단을 내리곤 했던 것은 사실입니다).

아닙니다. 가치와 윤리적 행동은 우리와 비슷한 지각을 가진 다른 생명체들이 우리 앞에 나타날 때까지는 오직 인간에게서만 실제로 발견될 수 있습니다. 인본주의라는 용어를 선택하며 인간에 초점을 맞춘 것은 단순히 이 사실을 인정하는 것 이상도 이하도 아닙니다.

—

질문의 수호자

우리의 도덕성은 인간의 필요와 사회적 계약에 기초하고 있으며, 그 어떤 것들도 완벽하거나 영원히 객관적이지 않습니다. 노예제도까지도 한때는 기독교인들을 포함한 거의 모든 종교인에게 도덕적으로 허용되는 것으로 간주되었습니다. 이 가치가 시대를 초월하고 객관적이라면, 노예제도를 믿었던 초기 기독교 성인들이 끔찍하게 옳지 않았거나 가치관이 변한 것이겠지요.

그러나 요점은 어떤 사회 계약은 다른 계약보다 훨씬 선하다는 것입니다. 극악무도한 범죄를 규탄할 때 우리는 **객관적인** 가치를 필요로 하지 않을 뿐 아니라 객관적 가치가 존재한다고 확신할 수도 없습니다. 우리는 객관적인 가치가 존재한다고 가정할 수 있지만 그것의 옳음이나 그름, 그것이 존재한다거나 존재하지 않는다는 것을 증명할 방법이 없습니다. 어떤 증거가 충분할까요? 당신이 하나님에게서 받은 계시를 갖고 있고 그 계시가 현실로 나타난다면 우리 인본주의자들은 기꺼이 마음을 바꿀 수 있겠네요. 하지만 우리는 그런 헛된 기대를 갖고 있지 않습니다.

객관적 가치의 존재를 확신할 수 없는 이 상황에서 우리는 항상 "제안된 **객관적** 가치" 시스템의 경쟁에 시달리게 되고, 또한 그런 시스템이 이 지구상에 내보낸 그들의 대표들에게 좌지우지될 수밖에 없습니다. 다시 말해, 우리가 객관적인 가치가 필요하다는 생각에 편승하게 되면, 우리는 목사, 신부, 랍비, 이맘, 스와미, 그리고 다른 모든 구루들 사이에서 누가 "**진정한 객관적**" 가치를 가지고 있는지, 왜 "**다른 모든 사람들**"은 거짓된 말과 인간이 잘못 만든 발명품만을 가지고 있는지에 대해 끊임없이 사소한 다툼을 벌이는 행위에 큰 중요성을 부여하는 평생의 삶을 받아들이게 됩니다. 우리가 원하는 것이 정말 그런 것일까요? 엄연히 주관적인 주장을 펴면서도 자신들만이 갖고 있는 객관적 진리에 복종하라고 고집하는 무수한 성인들에게 왜 우리의 마음(psyche)—우리가 소유할 수 있는 단 하나밖에 없는 뇌와 지능—을 갖다 바쳐야 할까요? 이것이 우리에게 삶이 가치 있다고 느끼거나 우리 사회 공동체의 일원이 될 수 있는 유일한 방법이라면, 그것이 가져다줄 결함에도 불구하고 우리는 이를 받아들일지도 모릅니다. 그러나 더 나은 방법이 있습니다. 인본주의— 또는 하나님 없는 선함을 뜻하는 다른 어떤 명칭으로 불러도 좋습니다—가 그 방법입니다.

게다가, 만약 객관적인 가치가 존재한다면, 그 가치를 구실로 삼아 무엇이든지 정당화시킬 수 있습니다. 만약 영원한 가치가 없다면, 누가 우리에게 무엇을 하라고 할 때마다 우리는 항상 질문을 하게 됩니다. 살인을 범하라는 명령은 맹목적으로 복종할 수 없으며, **"나는 시킨 대로 했을 뿐이다."**라고 가볍게 변명할 수 없습니다. 누가 시켰습니까? 왜 당신 자신의 이성이나 마음을 따르지 않고 그들의 말에 맹종하려 합니까? 만약 절대적인 도덕이 없다면, 우리 편에만 "유일한 신"이 있다는 논리로 전쟁을 정당화할 수 없습니다. 그런데, 역사적인 현실은 이러한 절대적 도덕 개념이 거의 모든 전쟁을 정당화하는 데 사용되어 왔다는 사실입니다.

절대적 도덕 개념이 없는 상황에서 사람들이 싸우고 싶은 의욕을 덜 느낄까요? 그렇습니다. 그럴 가능성이 큽니다. 그리고 그것은 좋은 일이 아닐까요? 이제 우리의 아들들뿐만 아니라 딸들까지도 피로 적셔지는 전장에 보내야 하는 상황이 된 지금, 우리는 조금이나마 더 시간을 끌고 망설이며 그 결정을 해야 되지 않을까요? 만약 우리 자신을 방어해야 할 진정한 이유가 있다면—하나님이 그렇게 말했기 때문이 아니라 다른 진정한 이유들이 있다면—사람들은 그 이유들을 지지하고 나설 것입니다. 그런 이유들을 찾기 위해서 하나님은 꼭 필요하지 않으며, 오히려 명확한 사고를 방해할 수 있겠네요.

그리고 만약 도덕이 영원하고 불변하는 것이 아니라면, 우리는 안락사, 낙태, 사형 같은 문제들에 대해 하나의 쉬운 정답이 있다고 자신을 속일 수 없을 것입니다. 우리는 **보수주의자나 진보주의자 할 것 없이 깊이** 생각해 보지도 않고 모든 경우에 자신이 옳다고 주장할 수 없는 상황에서 논쟁을 해야 할 것입니다. 이것이 무엇이 잘못된 것일까요? 실제로, 우리는 인본주의자로서 자유로운 탐구와 자비로운 질문에 기초한 도덕에 대한 열정적인 신념을 자랑스럽게 여길 수 있습니다. 우리를 **"질문의 수호자"**라고 부르십시오. 우리는 도덕적 문제들에 대한 영속적인 토론과 논의를 마다하지 않으며, 우리의 관점을 끊임없이 정제하고, 인간의 존엄성을 더 효과적으로 증진시키는 방법을 탐구하며, 인간의 고통을 더 잘 이해하고 더 효과적으로 제거하려는 노력을 멈추지 않는 미래를 자랑스럽게 받아들입니다.

솔직히 말해, 토론, 논의, 그리고 비판적인 사고의 필요성을 이해하는 종교가 있습니까? 또한 이런 냉소적인 시각(혹은 붓)으로 그려질 수 없는 종교가 있을까요? 물론, 미국의 대부분의 진보적인 교회와 유대교 회당들은 적어도 완전히는 마법에 홀리거나 근본주의적인 사고에 빠지지 않습니다. 하지만 그들 또한 우리 인본주의자들과 마찬가지로 "객관적인 가치"를 가지고 있지 않습니다. 유니테리언 교회나 그리스도 연합 교회도 그렇고, 대부분의 진보적인 장로교, 성공회, 감리교 교회들도 마찬가지입니다. 개혁파, 보수파, 재건파 유대교 신자들도 비슷하더군요. 진보적이고 자유주의적인 상을 가진 이슬람교 신자들도 그렇습니다. 이러한 사람들은 결코 "우리 방식이 아니면 꺼져 버려라."는 식으로 설득하려 하지 않을 것입니다. 그들은 이 점에서 존경받을 만하며, 휴머니즘의 동맹들입니다. 그래서, 만약 당신이 이러한 종교 중 하나에 속한다면, 당신은 저와 마찬가지로 **"객관적인 가치"** 추구에 연루되지 않은 것입니다. 당신은 주관적인 가치도 훌륭한 가치일 수 있음을 보여 주는 산 증거입니다.

2

하나님 없는 선의 간략한 역사,
혹은 인본주의 대학의 짧은 캠퍼스 투어

제가 지금까지 설명해 온 윤리적 삶의 비전은 거의 뻔뻔할 정도로 새로운 현상입니다. 오늘의 인본주의자들—사려 깊고 긍정적인 무신론자들, 불가지론자들, 그리고 비전통적인 종교인들—은 조상들의 가치와는 분명히 똑 부러지게 상이한 많은 가치를 갖고 있습니다. 하지만 이런 말을 하고 있는 자체가 저한테는 짓궂고, 거의 신성모독적으로 느껴지는 기분이군요. 최신 기술로 업데이트된 컴퓨터나 자동차, 혹은 아이팟에 대한 욕구는 우리가 얼마든지 드러내 놓고 표현할 수 있습니다. 하지만 도덕과 가치관에 관해서도 꼭 같을 수 있을까요?

우리는 우리 자신이 과거에 의해 안전하게 감싸여 있다고 상상하길 좋아합니다. 즉, 우리 할머니의, 할머니의, 할머니가 읽었던 종교와 윤리 교과서를 읽을 때 갖는 느낌이지요. 하지만, 우리가 심장마비 환자로부터 악마를 쫓아내 주십사고 하나님께 기도하기 전에 구급차를 불러 심폐소생술(CPR)을 시도했다는 이유로 우리의 5

대 중조모의 노여운 눈총을 받아야 한다고 상상하는 것은 각별히 고무적인 노릇은 아니겠네요. 그녀가 우리들의 동성 결혼에 대한 지지 행동을 두고 혐오감을 갖거나 혹은 다른 인종이나 민족 출신의 정치 후보자들에게 거부감 없이 투표하는 것을 할머니 개인에 대한 모욕 행위로 간주할 것이라 생각하면 더욱 가슴 아픈 일이 아닐 수 없겠지요. 종교에 관한 논쟁은 종종 우리가 태어나면서부터 길러 온 충성심에 혼란을 가져오고, 새로운 것에 대한 두려움을 불러일으키는 데—새로운 기기(gadget)에 대한 우리의 집착은 예외이며 규칙은 아닙니다—심지어 가장 진보적인 사람들까지도 자신들이 갖고 있는 보수적인 성향이 도전받고 있음을 느끼게 됩니다.

이 때문에 몇몇 진보적이고 뉴에이지(New Age) 성격을 띤 종교 운동 단체는 지난 장에서 논의된 현대 인본주의의 통찰력을 기반으로 만들어졌지만, 자신들의 믿음에 오래된 의상을 입혀 이국적인 혹은 전통적인 기운이나 분위기(aura)를 만들기도 합니다. 때로는 더 나아가 이 두 가지가 합성된 이미지를 만들기도 하지요. 실제로, 하나님을 믿는다고 말하는 수백만 명의 사람들 역시 인본주의적 이상에 따라 살아가지만, 과거와의 정서적 연결을 갈망한 나머지, 현대적 도덕성이 실제로 자신들의 조상이 믿었던 고대 종교에서 파생된 천 조각이라는 확신을 자신들에게 허용하는 것이지요.

하지만 인본주의도 자랑스러운 과거를 가지고 있습니다. 그리고 가장 종교적인 사람들까지도 포함해서 우리 모두 그 사실을 더 잘 알아야 합니다. 기독교인들이 기독교와 이슬람에 대해 공부하는 것이 바람직하듯이, 무슬림도 꼭 같이 기독교에 대해 배워야 합니다.

종교적이든 비종교적이든 우리 모두가 신적인 존재 없이 선함과 지혜를 추구하는 자랑스러운 전통이 있다는 것을 이해할 때, 우리 모두에게 도움이 됩니다. 현대 인본주의의 핵심 신념과 모티프가 어떻게, 그리고 어디에서 나타났는지를 보여 주는 몇 가지 상이한 역사적 배경이 있습니다. 이것은 포괄적인 역사는 아닙니다. 무신론, 의심, 회의주의의 역사는 최근 출판된 몇 권의 책 속에 분석 검토되어 있으며, 대부분은 인본주의라고 부를 수 있는 무신론과 불가지론에 포함된 긍정적인 삶의 측면을 탐구하는 데 지면을 할애합니다. 제니퍼 마이클 헥트의 뛰어난 저서 『의심: 그 역사(Doubt: A History)』는 인본주의에 대한 이야기를 시작하기에 좋은 곳으로 돋보입니다.

저는 여기서 기독교 신앙을 가졌음에도 자신의 발견이 현대 무신론과 자유사상의 선구자로 간주될 수 있는 아이작 뉴턴 경과 같은 인물들 묘사에 시간을 할애하지 않겠습니다. 그의 발견은 일부 현대인들이 갖고 있는 믿음의 기초를 구축하는 데 도움을 주었기 때문입니다. 그러한 세부 사항들은 헥트의 저서와 같은 더 긴 역사적 서술에서 훨씬 더 잘 기술되어 있습니다. 인본주의의 역사는 광범위하며, 어떤 면에서는 모든 위대한 인간 사상에 영향을 미쳐 왔다고 말하는 것으로 충분할 것 같군요. 예를 들어, 성서학자인 리처드 엘리엇 프리드먼은 하나님의 성격이 구약성서를 통해 점차적으로 후퇴한다는 이론을 세웠습니다. 처음에는 하나님이 세상을 적극적으로 창조하고, 실제로 흙에서 아담을 빚어 그에게 생명을 불어넣습니다. 그러나 이야기가 진행됨에 따라 하나님은 점차 뒷전으로 물러나며 세상일에 덜 관여하게 됩니다. 이는 성서가 오랜 기간에 걸쳐, 몇 세대를 거쳐 가는 사이에 조금씩 덜 의인화된 믿음을 가진 작가들에 의해 쓰였기 때문일 수 있습니다. 이런 맥락에서 나온 것 같은 "천사가 땅에 거닐던 시절이 있었지만, 이제는 하늘에조차 없다."는 오래된 유대인 속담도 있습니다.[1] 여기서 우리는 인본주의가 역사의 옥수수대 사이에서 고개를 내밀며, 비록 조상들의 명확히 표현된 말과 행동 속에서는 아니더라도 그들의 상상 속에서 인본주의를 발견하도록 우리를 초대하고 있음을 봅니다.

반면, 저처럼 자신을 인본주의자라고 적극적으로 부르는 사람들에 초점을 맞춘다면, 우리가 검토할 기간은 약 한 세기 정도로 매우 줄어듭니다. 짧은 기간임에도 불구하고 이 기간 동안 우리가 고려할 인물 중에는 매우 유명하고 존경받는 지성인들이 많이 포함되어 있습니다. 젊은 대학원생 시절 제가 들었던 실존주의 철학 수업이 떠오릅니다. 제 교수였던 R. 래니어 앤더슨은 역사적으로 중요한 철학자들 중에서 단 두 명, 장 폴 사르트르와 그의 연인 시몬 드 보봐르만이 실제로 자신들을 **"실존주의자"**라고 불렀다는 점을 지체 없이 지적했습니다. 심지어 사르트르의 위대한 동시대인이며 철학적 관심의 동반자, 그리고 실존주의에 관심을 가진 대부분의 사람들이 실존주의자로 간주했던 알베르 카뮈조차도 자신에게 실존주의자 라벨을 붙이지 않았지요. 그래서 래니어 교수는 루소에서 키에르케고르, 니체 등으로 이어지는 철학 역사 속의 계기들과 인물들을 폭넓게 탐구하며, 그들이 실존주의의 뿌리이거나 그와 동반하는 사상가들로 간주되어야 한다고 주장했습니다. 이러한 관대한 접근 방식 덕분에 우리는 라벨과 사소한 세부 사항에 집착하기보다는 맥락적인 관점에서 본 지적 역사의 본질을 더 잘 이해할 수 있었습니다.

여기서도 제 관심사는 누가 누구를 무신론자, 불가지론자, 인본주의자, 의심하는 자, 이단자, 회의론자, 범신론자, 또는 그냥 신자라고 불렀는지가 아니라, 그들의 삶과 노력의 본질에서 오늘날 우리가 하나님 없이도 선할 수 있도록 씨앗을 심고 길을 닦은 사람들입니다.

제가 지금 안내하고 있는 인본주의 대학의 약식 캠퍼스 투어에서는, 과거의 위대한 순간들을 기념하며 세워져 있는 가장 중요한 랜드마크와 기념비 몇 곳을 방문하고, 여러분이 이름을 들으면 알아볼 수도 있는 몇몇 유명 졸업생들을 나열하고자 합니다.

—

최초의 무신론자,
또는 고대 인도의 인본주의

어떤 신비는 영원히 신비로 남을 것입니다. 닭이 먼저냐 달걀이 먼저냐가 그 하나이고, 최초의 무신론자는 누구였나가 또 다른 신비이겠군요. 그것은 결코 알 수 없을 것입니다. 그러나 꼭 추측해야 한다면, 저는 그 남자 또는 그녀(닭이 아니고, 무신론자)가 가장 초기의 소수 인간들 중 하나였을 것이라고 말할 것입니다. 상상해 보세요: 누군가 신, 신들, 또는 여신들에 대한 이론을 처음으로 생각해 냈을 때, 그의 가족 중 한 명이 찌푸린 얼굴로 눈썹을 치켜세우며 "말도 안 되는 소리 하지 마!"라고 투덜거리는 장면 말입니다. 종교가 고대의 산물이라면, 인본주의와 무신론도 아마 거의 비슷하게 오래되었을 것입니다. 왜냐하면 우리가 인간으로서 믿음을 가지고 살았던 만큼, 우리의 삶에는 의심도 함께해 왔기 때문입니다.

기원전 약 3,500년 전의 산스크리트 종교 찬가 〈리그 베다(Rig Veda)〉에는 다음과 같은 구절이 포함되어 있습니다: "누가 정말로 알겠습니까? 이 창조는 어디에서 왔는지? 신들은 나중에, 이 우주의 창조 후에 나왔습니다. 그렇다면 이 우주가 어디에서 생겨났는지 누가 알겠습니까? 어쩌면 우주는 저절로 형성되었을 것입니다. 어쩌면 그렇지 않을 수도 있겠네요. 아마도 가장 높은 하늘에서 그것을 내려다보는 사람이 알겠네요. 아니면 그 사람도 모를 수 있겠네요."[2]

여기에 아마도 성서의 초기 부분이 쓰이기 훨씬 이전, 즉 5백 년 전에 용감한 의심―오늘날 교황조차도 잠시 멈추게 할 정도의 의심―을 표현한 인도 사상가가 있었군요. 그리고 몇백 년 후, 남아시아에서는 이러한 의심들이 아마도 세계 최초의 완전한 무신론적이고 인본주의적 사상 학파로 구체화되기 시작했습니다. 바로 초기와 중기 기원전 1천 년 동안 각각 활동했던 철학자 그룹인 로카야타(Lokayata)와 차르바카(Charvaka)입니다.

로카야타와 차르바카(그들의 산스크리트 이름의 기원은 많이 논의되었으나 궁극적으로는 불분명합니다)는 진리와 비판적 사고에 대한 그들의 끈질긴 헌신으로 인도 철학 역사학자들 사이에서 주목받아 왔습니다. 하지만 무엇보다 두드러지는 것은 그들의 철학에 담긴 엄청난 지성적, 사회적 용기입니다. 그들의 철학은 전통적으로 유신론적 입장을 따르던 고대 인도의 사상 학파들을 분노하게 만들었고, 그 적들과 라이벌들의 글 속에 두 사람의 지적인 용기가 잘 보존되어 있습니다.

약 3천 년 전, 로카야타와 차르바카는 그들 주변의 세상을 냉철하게 바라보며, 우리가 오늘날 현실을 직시할 용기만 가지면 볼 수 있는 것을 인식했습니다: 누구도 기적을 목격했다고 입증할 수 없다는 사실입니다. 그 어떤 남자나 여자도 죽음에서 부활한 적이 없었습니다. 그 어떤 신도 땅에 나타나 자신이 기본 원소들을 어떻게, 왜 창조했는지 설명한 적이 없었습니다. 이 기본 원소들은 신중하고 진지하게 조사해 보면 그 기본원소에 관한 사실(facts)만이 우리가 가진 것의 전부이며, 우리 자신의 전부인 것처럼 보입니다. 그리고 **믿으라**고 우리를 설득하고 질책하는 사람들, 즉 **믿을 수 없는 것**을 믿으라는 사람들은 거의 항상 자기 자신들을 만족시키려는 목적을 가지고 있습니다.

따라서 이러한 고대 인본주의자들은, 그 단어가 존재하기 훨씬 전(그리고 우리가 흔히 그들의 종교적 동시대인들을 힌두교도로 거슬러 올라 부르곤 하지만 힌두라는 단어가 존재하기 전)부터 그들 주변의 초자연적 종교의 주요 요소들을 체계적으로 해체하고, 대신 이 세상을 위한 선함과 의로움을 가르쳤습니다. 그들은 사후 생이 없다고 선언하며, 내세가 아니라 지금, 오늘 모두에게 친절을 베풀라고 말했습니다:

"육체를 떠나는 자가 다른 세상으로 간다면 왜 그는 사랑하는 가족을 그리워하며 돌아오지 않는가? 브라만들은 여기 이 세상에서 단지 자신들의 생계 수단으로 죽은 자를 위한 풍부한 의식을 세웠다. 어디에도 다른 열매는 없다. 따라서 살아 있는 수많은 생명체로 향한 친절을 위해 우리는 차르바카의 가르침에 의지해야 한다."3

그러나 차르바카와 로카야타의 의제는 단순히 막연한 "친절"을 넘어섰습니다. 그들은 주위의 사람들이 굶주리는 동안 신들에게 화려한 요리와 귀중한 진미를 희생 제물로 바치는 관행에 대해 열정적으로 반대했습니다:

"죽은 자를 위해 제물로 바쳐진 짐승이 스스로 천국으로 갈 수 있다면, 왜 제물을 바치는 자는 자신의 아버지를 직접 바치지 않는가? … 우리가 여기 이 세상에서 저 위로 바치는 제물이 천국에 자리 잡고 있는 존재들을 만족시킨다면, 왜 우리는 이 아래로 음식을 바쳐 지붕 위에 서 있는 사람들을 만족시키지 않는가?"4

차르바카의 가장 중요한 문서인 브리하스파티 수트라(Brihaspati Sutra)는 시간의 흐름 속에 소실되었지만, 그 속에 담긴 정의에 대한 선견지명적 복음을 접하고 분개한 논평자들에 의해 보존되어 20세기 인도에 이르기까지 정치적으로 어려운 주제를 다루며, 힌두 사제 계급뿐만 아니라 카스트 제도에 대해서도 반대의 목소리를 내왔습니다. 심지어 부유한 브라만들의 지지를 얻기 위해 인도에서 가장 천대받는 계급 불가촉천민(Untouchables)을 희생시켜야 한다는 압력에 가끔씩 굴복했던 간디조차도 차르바카의 메시지를 쉽게 반복하지 못했습니다: "모든 카스트 계급의 행동, 질서, 또는 사제, 그 어느 것도 실제로 어떤 실질적인 효과를 가져오지 못한다."[5]는 메시지 말입니다. 이런 사정을 미루어 볼 때 인도의 위대한 서사시 「마하바라타(The Mahabharata)」에 등장하는 이야기들—특히 군국주의적인 통치자를 강하게 비판하다 왕의 명령으로 처형된 차르바카의 이야기—에 상당한 진실이 담겨 있음을 짐작기는 어렵지 않겠군요.

안타깝게도 오늘날 대부분의 현대 인도인들의 기억 속에서 차르바카는 "먹고, 마시고, 즐기며 살라."는 오해된 메세지로 남아 있습니다. 현재 차르바카라는 이름은 인도에서 풍요로운 삶을 상징하는 기름지고 풍미로운 음식들과 연관되어 있습니다(이 오해는 귀중하고 영양가 있는 제사 음식이 신이나 사제들에게 공양될 것이 아니라 평범한 사람들에게 제공되어야 한다는 차르바카의 믿음에서 비롯된 것입니다). 우연은 아니겠지만, 대부분의 서구인들도 오늘날 고대 서양의 가장 인본주의적 사상 학파였던 에피쿠로스학파에 대해 꼭 같은 무지함에서 발생된 잘못된 인상을 갖고 있다는 사실은 아이러니가 아닐 수 없네요. 에피쿠로스학파는 인도의 로카야타보다 몇 세기 후에 고대 그리스에서 등장했습니다.

에피쿠로스학파

예수가 그 자신의 신성에 대한 의심을 받기 3세기 전, 그리스 철학자 에피쿠로스는 다음과 같이 말했습니다:

> 신을 두려워할 필요 없다; 죽음을 느낄 필요 없다; 선은 얻을 수 있다; 악은 견딜 수 있다.[6]

다방면에서, 이 말은 인본주의적 신조와 잘 통하고 있습니다. 인본주의가 강조하는 포인트는 신의 존재 여부가 아니라, 우리가 신을 숭배하고, 두려워하고, 또 그에게 기도해야 하는지에 대한 문제입니다. 에피쿠로스는 자신이 영감을 준 철학자들—기원전 1세기의 위대한 라틴 시인 루크레티우스를 포함하여—과 함께 세계가 순전히 자연법칙에 따라 작동하는 원자들로 구성되어 있다고 믿었습니다. 세상은 오래전에 어떤 형태의 먼 신들에 의해 창조되었을 수 있지만, 에피쿠로스는 이 신들이 인간을 돌보아 주거나 우리 삶에 어떤 방식으로 든 관련성을 갖고 있다는 증거를 찾지 못했습니다. 그들은 인간의 기도에 응답하지 않았습니다. 신을 숭배하는 것은 신에 관해서보다는 인간에 대해 더 많은 것을 말해 줍니다. 신에 대한 숭배가 훌륭한 가치를 따라 잘 살려는 인간적인 시도라면, 에피쿠로스는 이를 경멸하지 않았지만, 그는 우리에게 삶을 살아가는 더 나은 방법이 있다고 확신했습니다. 그는 우리가 용기를 가지길 원했고, 그 용기를 우리에게 고쳐시키고자 했습니다. 에피쿠로스는 말했습니다: "삶이나 죽음 어느 것에서도 우리는 움츠러들 이유가 없다. 왜냐하면, 삶이 끝날 때 아무런 공포도 없음을 터득한 사람들에게 삶은 두려워질 수 없기 때문이다."[7]

제니퍼 마이클 헥트의 설명에 따르면, 에피쿠로스의 세계관은 정확히 종교는 아니었지만, 단순히 신에 대한 의심이나 세상에 대한 추상적 철학을 넘어섰습니다. 인간 경험을 개선하기 위한 실천적 행동을 권장하는 "우아한 삶의 철학"—헥트의 표현—이었습니다: "내가 너희들에게 끊임없이 말했던 것을 행하라, 그것들을 올바른 삶의 요소로 간주하며 실천에 옮겨라."[8]

그렇다면 에피쿠로스는 우리가 무엇을 해야 한다고 선언했을까요? 그는 우리가 행하는 모든 것, 우리가 사랑하고 가치 있게 여기는 모든 것을 심사숙고하여, 오직 선택할 가치가 있는 것만 선택해야 한다고 주장했습니다. 그리고 그 선택은 흔히 영어 단어 "행복"으로 번역되는 것을 생산해야 한다고 했습니다. 그러나 에피쿠로스가 인간의 **행복**을 옹호했다고 해서, 그 단어를 단순하고 일상적인 의미로만 받아들여 피상적이고 순간적인 쾌락으로 이해하는 것은 이 고대 인본주의적 지혜의 저자를 기만하는 짓입니다. 그것은 또한 우리 자신을 속이는 짓이기도 하지요. 에피쿠로스는 **쾌락**의 가치를 믿었지만, **아무런** 쾌락이 아니라는 점을 강조했습니다. 그는 우리가 단순히 인간의 존엄성이라고 부를 수도 있는 특별한 가치를 믿고 있었습니다. 그는 이렇게 썼습니다:

"그러므로 우리가 쾌락을 목적이고 목표라고 말할 때, 우리는 낭비벽의 쾌락이나 감각적 쾌락을 말하는 것이 아니다. 무지, 편견, 또는 고의적 왜곡으로 인해 우리가 말하는 쾌락을 그렇게 이해하는 사람들도 있다. 우리가 쾌락이라고 말할 때, 우리의 몸에서는 고통, 영혼에서는 불안의 부재를 의미한다. 끝없는 술판과 흥청망청, 성적 욕망, 또는 호화로운 식탁에 오른 물고기나 다른 진미를 즐기는 것이 쾌적한 삶을 만드는 것은 아니다. 그것은 신중한 이성, 모든 선택과 회피의 근원을 찾아내는 것, 그리고 우리의 영혼에 지독한 동요를 일으키는 믿음을 몰아내는 것이다. 이 모든 것의 시작과 가장 큰 선은 지혜다. 그러므로 지혜는 철학보다 더 귀중한 것이다. 그것에서 모든 다른 덕목이 생겨나기 때문이다. 지혜는 우리가 현명하고, 명예롭고, 정의롭게 살지 않고는 쾌적하게 살 수 없으며, 쾌적하게 살지 않고는 현명하고, 명예롭고, 정의롭게 살 수 없다는 것을 가르친다."[9]

또한 인도에서 고대 자이나 교도들은 철학적이고 신학적인 진리를 가장 엄격한 방식으로 요구했습니다: "신이 세상을 창조했다면, 창조 이전에 그는 어디에 있었는가? 창조 이전에 그가 초월적인 존재로 어떠한 버팀목도 필요하지 않았다고 한다면, 그는 지금 어디에 있는가? 한 명의 존재가 이 세상 전체를 만들 기술을 가졌다고는 볼 수 없다. 왜냐하면 비물질적인 신이 어떻게 물질적인 것을 창조할 수 있는가?"[10] 우리는 고대 그리스-로마 사상에서도 종교적 회의주의의 수많은 추가적인 예를 찾을 수 있습니다. 실제로 "회의주의학파" 자체가 존재했으며, 대부분이 프로타고라스와 함께 "인간이 만물의 척도다."라는 생각을 확신하고 있었습니다. 그리고 고대 동아시아에 있었던 많은 사상도 신이나 영혼의 중요성에 크게 의존하지 않으면서 인간의 선함에 깊은 관심을 두었습니다. 가령, "번개가 신들의 분노라면, 신들은 나무에 가장 관심이 많다는 뜻"이라는 노자의 지적이 가장 적절한 예가 될 수 있겠네요.[11]

그러나 고대 인본주의의 두 위대한 실례인 에피쿠로스학파와 차르바카가 오늘날 대부분의 사람들에게 단지 좋은 음식을 추구했던 것처럼 기억된다는 사실은 결코 이상한 현상은 아닙니다. 에피쿠로스의 이름은 철학 대학원 세미나에서조차 드물게 언급되며, 대부분 레스토랑 이름이나 *에피큐리어스닷컴*(epicurious.com) 같은 요리 웹사이트에서나 볼 수 있을 뿐입니다. 마치 이 철학자들이 고대판《*아이언 셰프*》의 에피소드 이상으로 평가받지 못하는 것이지요. 이러한 두 사상 학파는 이런 식으로 어처구니없게 무시되기 일쑤입니다. 이토록 여유롭고 세련되어 있으며 존엄성까지 겸비한 "신 없이 하는 선함"의 메시지에 위협을 느끼는 유신론자들은 항상 인본주의를 손사래 쳐 무시하며, 신을 숭배하지 않는다는 것은 결국 식탐으로 가득 찬 자신의 배 속을 숭배하는 것과 다름없다고 비웃었습니다. 그러나 우리가 할 수 있는 최선의 응답은 지혜, 용기, 정의, 그리고 존엄성을 지향하는 고대 문명의 충고를 실천하며 사는 것입니다. 우리가 고대의 동양과 서양에 뿌리를 두고, 인간 정신의 깊은 토양에 묻혀 있는 이 위대하지만 왜곡된 지혜의 후손임을 자랑스럽게 생각할 때 그들이 남긴 업적을 확인할 수 있겠네요.

제국의 유일신 사상들

물론, 인본주의의 뿌리는 서기 4세기 초에 로마 제국의 공식 종교로 기독교가 부상한 이후부터 르네상스와 계몽주의까지, 적어도 서양에서는 천 년 이상 지하 깊숙한 곳으로 후퇴했습니다. 인본주의와 무신론은 오랫동안 거의 대부분 지하로 숨어들었는데, 이는 새로운 기독교 제국과 7세기 이후 합류한 새로운 이슬람 제국이 각각 유럽과 근동을 횡단하며 그들의 경쟁적인 유일신 교리를 **홍보**—조금 부드럽게 표현해서—했기 때문입니다. 유일신의 본질과 그것에 연관된 극히 사소한 문제에 대한 찬반을 둘러싸고, 끝없는 긴장 상태와 빈번한 전면전이 반복되는 환경에서, 이들의 종교적 독단 중 하나가 틀렸을 수도 있을 뿐만 아니라, 숭배할 신이 전혀 없을 수도 있다는 (인본주의) 주장이 다소 위험할 수 있었다는 것은 이해하기 어렵지 않겠지요.

그럼에도 불구하고, 이른바 중세와 암흑 시대에 서양은 단순히 속 좁은 종교적 복종만 횡행하는 지적(知的) 황무지였다는 일반적인 견해에는 몇 가지 허점이 있습니다. 박해받고 신뢰받지 못했지만, 신 없는 선함은 완전히 사라지지 않습니다. 어떤 시기를 막론하고 인간은 선한 삶을 발견하고 살아가려는 노력을 할 것이며, 기성 권위 체계가 자기들에게 따라야 한다고 처방해 주는 삶의 방식에 도전하는 사람들은 있기 마련입니다. 제니퍼 마이클 헥트는 지중해 지역을 횡단하는 합리주의의 "루프—더—루프"라는 표현을 사용하여 이 시기의 인본주의 역사를 아름답게 묘사하고 있습니다. "(유일신에 대한) 의문이 한 지역에서 다른 지역으로 이동할 때마다, 그것이 머물렀던 마지막 지역에서 박해와 억압이 뒤따랐다."고 말입니다.[12]

오늘날 이슬람 세계의 일부는 인본주의와 세속주의를 악마화하고 있으며, 이에 반해 일부 세속주의자들과 인본주의자들은 이슬람을 다른 종교 전통보다 본질적으로 더 열악하거나 뒤처진 것으로 묘사합니다. 하지만 이슬람 문화는 중세 초기의 가장 오래되고 심오한 원조 인본주의자들을 배출한 곳이기도 합니다.

사실, 이슬람이 오늘날의 종교 전통 중 현대 사상에 가장 폐쇄적이라는 (부분적으로만 정당화된) 평판에도 불구하고, 초기 이슬람 세계의 일부 무신론자들이 자신들의 의견을 표현하는 데 선택한 놀랍도록 강렬한 언어에 주목해 보십시오. 예를 들어, 9세기 아랍인 이븐 알-라완디(Ibn Al-Rawandi)는 다음과 같은 말을 신에게 직접 남겼다고 하는군요.

"그대가 그대의 창조물들에게 생계 수단을 나누어 주실 때 술 주정뱅이와 꼭 같은 무분별한 행동을 보였습니다. 만약 인간이 이런 식으로 분배 작업을 했다면, 우리는 그에게 이렇게 말했겠지요. '넌, 사기 친 것이 분명해.' 이것이 그대에게 교훈이 되기를 비나이다."[13]

그러나 고대 후기 이슬람 세계는 단순히 이러한 반유신론적 감정을 훨씬 뛰어넘는 신념을 가진 현대 인본주의 정신의 동반자를 만들어 냈습니다. 실제로, 이슬람 문화는 "중세 의학의 가장 창의적인 천재"라 불리는 아부 바크르 알-라지(Abu Bakr al-Razi)와 같은 인물의 요람이 되었지요. 그는 진정으로 위대한 철학자, 화학자, 의사, 인도주의자로, 무슬림 및 페르시아 문화 유산과 깊이 연관되었으며 "중세의 가장 위대한 **'불가지론자'**"였습니다.[14] 그는 동서양을 막론하고 많은 사람들의 삶에 긍정적인 영향을 미쳤지만, 생명의 영원함에 대해서는 에피쿠로스나 차르바카스에 못지않게 회의적이었습니다. 그는 자신의 육체적 존재가 끝날 날에 대해 이렇게 썼습니다: "나는 내가 어디로 떠돌게 될지 알지 못한다."[15]

한편, 알-라지는 자신이 살고 있던 시대의 모든 종교를 심층 분석하며, 그 안에서 세속적인 지혜를 찾아내려고 했지만, 어느 하나의 진리 주장(truth claims)도 받아들이지 않았습니다: "예수는 자신이 하나님의 아들이라고 주장했고, 모세는 하나님에게 아들이 없다고 주장했으며, 무함마드는 예수가 모든 다른 인간과 꼭 같이 창조되었다고 주장했다. … 마니와 조로아스터는 영원한 존재, 세계의 형성, 그리고 선과 악의 존재 이유에 관해 모세, 예수, 무함마드와 모순되는 주장을 했다."[16]

이슬람의 초자연적인 면에 대해 알라지(Al-Razi)는 깊고 날카로운 회의론을 품고 있었지만 그의 폭넓은 지성은 당대에 크게 존경받았으며, 그 시대를 훨씬 넘어 큰 영향을 미쳤던 다수의 아랍 및 페르시아 지식인들로부터 찬사를 받았습니다. 여기에는 12세기 스페인과 북아프리카에서 활동했던 아부 알 왈리드 이븐 아흐마드 이븐 루시드(Abu'l Walid ibn Ahmad ibn Rushd) 또는 라틴어로는 아베로에스(Averroes)로 알려진 인물도 포함됩니다. 아리스토텔레스에 대한 번역과 주석 작업을 수행한 이븐 루시드의 작업이 없었다면, 아리스토텔레스의 학문적 업적이 고대 그리스에서 현대 세계로 전해졌을지 의문스럽네요. 이처럼 신 없이 선(禪)을 이루는 이야기는 끝없이 이어질 수 있습니다. 여기서 중요한 점은, 오늘날 인본주의(Humanism)와 무신론의 긍정적인 가치를 신중하게 고려하고 있는 아랍이나 이슬람분들이 자신들의 문화유산을 저버리고 있다고 느낄 필요가 없다는 것입니다. 인본주의는 모든 다른 인류에 속하는 만큼 이슬람 배경을 가진 사람의 것이기도 합니다. 휴머니즘은 우리 모두가 소유하는 것이니까요.

—

스피노자의 재판: 역사적 중간 지점

현대 인본주의자나 긍정적 무신론자가 역사에 기술된 이런 에피소드를 통해 영감을 얻고, 고대와 중세의 위대한 사상가들 속에서 동질감을 찾을 수 있지만, 그들의 사상과 현대 인본주의 사이에는 차이가 있습니다. 현대 인본주의는 이전 시대에는 전혀 존재하지 않았던 과학적 지식에 더 큰 중요성을 부여하기 때문입니다. 바룩(베네딕트) 스피노자(Baruch Spinoza)는 적잖은 고통을 수반했던 고대-근대-현대로의 인본주의 전환 과정을 상징하는 인물입니다.

1632년에 태어난 스피노자는 뛰어난 젊은이로, 23세의 나이에, 그가 태어나서부터 속해 있던 암스테르담 유대인 공동체에서 영구

추방되었습니다. 스피노자의 추방 죄목은 이단이었는데, 그가 정확히 어떤 말을 했는지에 대한 기록은 없지만, 그의 후대 여러 저작물에서 당시로서는 혁명적이었던 그의 사상을 발견할 수 있습니다. 오늘날 그의 사상은 주류로 간주되지만, 당시에는 성경이 여러 저자들에 의해 쓰였다거나, 유일하게 "선택된" 민족이란 존재하지 않는다거나, 믿음과 전통보다는 이성이 더 중요하다거나, 혹은 하나님은 우주 그 자체로서 포괄적이지만 비정하고, 비인간적이며, 인간이 하는 일과는 무관하다는 그의 사상은 상당히 급진적이었습니다.

데이비드 아이브스(David Ives)의 연극《뉴 예루살렘: 1656년 7월 27일 암스테르담 탈무드 토라 회당에서 바룩 드 스피노자의 심문》에서, 그는 스피노자를 탈무드 토라 회당에서의 카리스마 있고 열정적인 젊은이로 묘사합니다. 명석하면서도 다소 바보처럼 보이는 학구적인 면—약간의 소심증도 동반하여(nebbish)—이 있기도 했지만 그는 자신이 갖고 있던 하나님에 대한 새로운 정의를 무신론 혐의로부터 변호할 수 있다는 확신에 차 있습니다. 그러나 그의 랍비가 중세 유대 철학자 마이모니데스(Maimonides)의 "신앙의 13개 조항"을 옹호할 것을 요구했을 때, 그는 결국 스스로를 억누르지 못합니다. 이 13개의 신학적 교리는 오늘날까지도 유대교 정통파 신학의 핵심을 이루고 있습니다. 스피노자는 자연을 하나님이라 주장할 준비가 되어 있었고, 자신이 자연을 믿기 때문에 무신론자가 아니라고 주장했습니다. 하지만 자신이 살고 있는 시대보다 훨씬 조숙하고, 원리 원칙에 집착하는 이 사상가에게는, 자연을 초월하는 하나님이나, 기적을 행하고 죽은 자를 부활시키는 하나님의 개념 그 자체가 오히려 신성모독이자 또 다른 이단으로 생각되었습니다. 그리고 (적어도 아이브스의 상상에 의하면) 그의 이단 판결의 결정적인 순간에, 스피노자는 어린 시절 그의 스승이었던 랍비가 "나는 모세가 그 어떤 예언자보다 뛰어나다는 것을 완전한 신앙으로 믿습니다."와 "나는 죽은 자의 부활을 완전한 신앙으로 믿습니다."라는 마이모니데스의 말에 동의하라고 요청했을 때, 그 스승에 대한 경멸을 참지 못하고 단호하게 "아니오!"라고 반박해 버립니다. 이 거절 행위로 인해 그는 사랑하는 사람들로부터 평생 추방당하고, 짧은 여생 동안 렌즈를 갈아 가며 생계를 마련했는데 결국 결핵으로 죽음에 이르는 저주를 받게 되었군요.

바룩 스피노자는 공동체에서 추방당한 첫 번째 이단자는 아니었습니다. 그는 하나님에 대한 비정통적인 정의를 제안한 첫 번째 사람도 아니었고, 무신론자로서 추방된 마지막 사람도 아니었습니다. 데카르트, 코페르니쿠스, 갈릴레오와 같은 급진적이고 새로운 철학적·과학적 아이디어를 사용해 종교적 진리에 도전한 이유로 비판받은 첫 번째 인물도 아니었습니다. 사실, 스피노자는 자신보다 바로 몇십 년 앞서 기독교인 지오르다노 브루노(Giordano Bruno)와 유대인 유리엘 다 코스타(Uriel da Costa)가 이러한 새로운 아이디어들이 암시하는 종교적 의미에 대해 공개적으로 논의하다가 폭력적인 죽음을 맞이했다는 사실을 잘 알고 있었습니다. 그럼에도 불구하고 스피노자는 당시에는 전례가 없던 새로운 길을 개척했으며, 그가 남긴 궤적은 오히려 오늘날 더 주목받고 있습니다.

스피노자는 배교 행위(apostasy)로 인해 추방된 후, 전통적인 유대

사회로의 복귀 허가를 요청하지 않았습니다. 그는 많은 동료들, 학생들, 암스테르담 기독교인들의 권유에도 불구하고 기독교를 받아들이지 않았습니다. 그는 다른 어떤 종교의 구성원이 되는 것도 거부했습니다. 대신, 스피노자는 종교적 정체성과 공동체 밖에서 남은 20년간 자신의 삶을 보내며 인간이란 무엇인지에 대한 자신의 비전을 고찰했습니다. 그리고 그는 그 비전을 저술과 교육을 통해 타인에게 설명했지만, 그들을 개종시키고 싶은 추종 집단에 대한 열망은 갖지 않았습니다. 그는 서양 근대 역사에서 최초의 공적인 인본주의자(public Humanist)였다고 불리기에 손색없는 인물입니다.

—

계몽, 민주주의, 그리고 행복의 추구

스피노자의 죽음 이후 한 세기 동안, 유럽과 아메리카에서는 **계몽주의**라고 불리는 영향력 있는 운동이 형성되었습니다. 비록 그 형성은 느슨했지만 이 운동은 지적(知的)으로 일관된 개혁의 움직임으로, 인간 활동의 모든 영역에서 민주주의를 지향하고, 군주제뿐만 아니라 국가에 대한 종교적 통제에 반대하며, 사회 공동체나 개인적인 삶에서 과학, 비판적 사고, 철학, 예술의 역할을 극적으로 확장하려는 노력이었습니다. 우리가 "세속적 혁명"이라고도 부를 수 있는 계몽주의는 현재에 이르기까지 약 300년간 이어진 시기로, "**선(禪)**"이라는 개념 자체가 돌이킬 수 없을 정도로 변화한 시기였습니다. 특히 우리가 좋은 지식, 좋은 윤리, 좋은 정치로 간주하는 것들이 근본적으로 변화했습니다.

계몽주의의 세속적 혁명 이전, 그리고 코페르니쿠스, 갈릴레오, 뉴턴과 같은 과학 및 우주론적 통찰이 나타나기 전에는, **"좋은"** 지식이란 성경이나 다른 종교 문서에 적혀 있는 것을 아는 것이었으며, 그 지식은 대개 권력 있는 사제 계층이 해석한 내용에 의존했습니다. 그러나 계몽주의 이후, 대다수의 종교인조차도 세상을 아는 최선의 방법이 교육을 통해 누구나 접근할 수 있는 과학적 접근법— 즉, 신중한 관찰, 실험, 그리고 실제 증거에 대한 의존—임을 인정하게 되었습니다. 그리고 새로운 과학이 당시의 성서를 문자 그대로 해석하는 것에 대한 많은 결정적 반증을 제시하면서, 하나님에 대한 새로운 이해가 계몽주의를 지배하게 되었는데, 그것이 바로 **이신론**(Deism)이었습니다. 이신론은 우주를 창조한 신이 있을 수는 있지만, 이 신은 자연의 법칙을 부여하는 것 외에는 세상에 간섭하지 않는다고 보는 관점이었습니다. 따라서 동정녀 탄생, 부활, 삼위일체 같은 기적은 불가능하다는 것입니다(오늘날 스스로를 이신론자라고 생각하는 사람들은, 창조주 신을 숭배하거나 선한 삶을 사는 초자연적 지침을 찾아야 할 필요성을 느끼지 않는 한, 자신을 인본주의자로도 분류할 수 있을 것입니다).

세속적 혁명으로 인해 선한 삶의 모습에 대한 개념도 변화했습니다. 과거에는 선한 삶이란 고통받는 삶을 의미했습니다. 왜일까요? 당시 대부분의 사람들은 제대로 된 음식, 주거, 의료, 여가 시간을 거의 누리지 못하는 극심한 고통 속에 살았기 때문에, 패닉을 막는 가장 좋은 방법은 "너의 고통은 너에게 유익하다."라고 가르치는 것이었습니다. 그래서 예수는 고통받는 삶의 본보기가 되었습니다. 불교는 세속적 고통에서 벗어나기 위한 명상 기법을 발전시켰습니다. 그리고 아프리카계 미국인 노예들은 자신들의 지속적인 고통이 다음 생에서 구원을 가져다줄 것이라는 영가를 불렀습니다.

그러나 계몽주의는 대부분의 사람들에게 새로운 인간 중심의 삶의 관점을 전파했습니다. 이 새로운 관점은 상업, 의사소통, 그리고 일반적으로 삶을 더 쉽게 만드는 새로운 과학과 기술 덕분에 가능해졌습니다. 또한, 종교의 사주를 받아 일어나, 유럽을 수 세기 동안 공포에 떨게 했던 대량 학살이 인간 중심의 삶의 관점에 큰 동기 부여를 마련해 주었습니다. 이 관점은 에피쿠로스와 루크레티우스, 로마의 키케로를 포함한 초기 인간 중심의 사상가들에게서 영향을 받았습니다. 그리고 이는 볼테르, 루소, 칸트, 흄, 제레미 벤담 등 현대 인본주의 철학의 기초가 되는 저서를 남긴 뛰어난 작가들에 의해 다양한 방식으로 표현되었습니다. 그러나 우리의 이 관점은 토마스 제퍼슨에 의해 「독립 선언서」에서 처음으로 '**정립**'되었습니다: 모든 인간은 행복을 추구할 권리가 있고 이 삶에서 (다음 생에서 받는 구원이 아니고) 고통 없이 살 동등한 자격을 가졌다. 저의 스승 고(故) 셔윈 와인 랍비는 자신의 어머니가 어떻게 "**행복**"해질 수 있는지를 이해하지 못하는 세속적 혁명 전의 사고방식을 가지고 있었다고 종종 말하곤 했습니다. "고통은 참을 수 있어. 하지만, 행복은 도대체 뭐야? 야, 이봐, 세상이 이 모양인데 뭐가 그렇게 행복할 게 있겠어!"란 말이겠지요.

계몽주의 시대 동안 '좋은' 정치 체제에 대한 인식도 진화했습니다. 고대에는 대부분의 사람들이 정치적 억압을 당연하게 여겼습니다. 더 나은 체제를 만들 수 있다는 막연한 생각이 있었고, 정의를 공공연히 외치는 선지자들도 있었습니다. 그러나 심지어 가장 개방적인 아테네에서도, 모든 사람이 참여하는 대의 민주주의(representative democracy)를 기대할 만한 이유는 없었습니다. 오늘날 세계의 어떤 지도자나 사회도 모든 사람을 위한 민주주의의 이상을 다루어 해결해야 합니다. 그것이 좋은 정부의 기준이기 때문이지요. 물론 모든 사람이 민주주의를 가진 것은 아닙니다. 때로는 미국인인 우리조차 민주주의를 완전히 누리지 못하는 것처럼 보입니다. 그러나 우리는 그것을 갖기를 기대하며 정치적 자유와 개인의 자결권이 좋은 삶의 기본 요소라는 것을 알고 있습니다. 이러한 관점은 조지 워싱턴, 제임스 매디슨, 토마스 페인 등과 같은 미국 지도자들에 의해 선구적으로 제시되었습니다. 이 훌륭한 애국자들의 세속주의와 인간 중심적 경향은 수잔 자코비의 고전 『자유사상가들: 미국 세속주의의 역사』에 잘 기록되어 있습니다.

아마 세계 최초로 진정한 인본주의적 국가 수반이었던 토마스 제퍼슨의 이야기는 여기서 특별히 상기할 만한 가치가 있겠네요. 제퍼슨은 '버지니아의 볼테르'로 알려졌지만, 그는 또 다른 인본주의자와 더 많은 공통점을 가지고 있었습니다. 그는 친구에게 "나 또한 에피쿠로스주의자"라며[17] "인간의 정신이 언젠가 2000년 전 누렸던 자유를 되찾게 될 것"이라는 희망을 전했습니다. "이 나라는 세계에 신체적 자유의 본보기를 제공한 국가로서 도덕적 해방도 가져다줄 의무가 있다."라고 썼습니다.[18] 제퍼슨이 가끔 신에 대한 믿음도 언급했기 때문에 그의 믿음이 정확하게 무엇이었는지에 대한 논쟁은 있어 왔습니다. 그러나 분명한 것은 제퍼슨의 신은 이신론(deism)의 신, 즉 "자유로운 인간의 마음을 창조한" 신이었다는 점입니다. 그 신은 인간의 일에 선이나 악으로 개입하지 않는 신이었으며, 예수를 무덤에서 부활시키지도 않았습니다. 제퍼슨의 1779년 버지니아 종교 자유 법령 서문에서 사용된 '전능한 신'이 바로 그러한 신이었습니다. 이 1779년 법령은 버지니아가 기독교 공화국이 아님을 규정하며, 당시 대부분의 다른 주와 달리, 버지니아인들이 정부가 만든 교회(state church)를 세금으로 지원하지도 않을 것이며, 또 특정 교회나 예배소에 소속하지 않는다는 이유로 차별받지 않을 것임을 명시했습니다. 이 법령은 전 미국뿐만 아니라 세계 전체에 진정한 세속 민주주의의 훌륭한 모델을 제공했습니다.

1800년 대통령 선거는 토머스 제퍼슨과 현직 대통령 존 애덤스 간의 대결로, 대통령 선거 캠페인에서 종교가 주요 쟁점으로 떠오른 최초의 사례이자, 대통령 후보가 종교 문제로 공격을 받은 첫 사례였습니다.

존 애덤스의 캠페인 진영에서 칼 로브(Karl Rove)*와 같은 역할을 한 알렉산더 해밀턴은 연방당을 위해 다음과 같은 광고를 내걸었습니다.

---

* 역주: 미국 제43대 대통령 조지 워커 부시의 정치 참모이자 백악관 부비서 실장을 역임하는 동안 공화당 이념 핵심 그룹의 주동자 역할을 맡아 이라크 전쟁의 정당성을 대중화시킨 인물.

"중대한 질문"

현재 이 엄숙하고 중대한 시점에서, 모든 미국인은 손을 가슴에 얹고 스스로에게 이렇게 물어야 한다:

"나는 계속해서 하나님과 **종교적인 대통령에 충성**할 것인가;

아니면 **제퍼슨과 무신론을 지지**함으로써 불경을 범할 것인가?"

이에 대해 제퍼슨은 자신의 반대자들을 보수적인 장로교도로 묘사하며 반격했지요. 당시 많은 종교 단체들은 보수적인 장로교도들(오늘날의 기독교 우파와 유사한 1800년대의 세력)이 종교적 자유를 축소하거나 폐지하려 한다고 우려하고 있었거든요. 재퍼슨에게 패배한 애덤스는 수년 후 머시 워렌에게 보낸 편지에서 이렇게 기술했습니다. "침례교도, 퀘이커교도, 감리교도, 모라비아교도뿐 아니라 네덜란드와 독일의 루터교도 및 칼뱅주의자들에게 이 문제는 엄청난 영향을 끼쳤고, 그들을 대거 제퍼슨 쪽으로 전향시켜 선거를 결정지었죠. '장로교 정권보다는 차라리 무신론자나 이신론자를 택하겠다'는 말이더군요."[19]

정치가로서 제퍼슨은 종교적 자유를 옹호하고 증진시켰으며, 우리나라가 세계에 본보기가 될 수 있도록 교회와 국가 사이에 "구분의 벽"을 쌓는 데 노력했습니다. 그는 지식과 인간이성의 '성전'으로 간주된 버지니아 대학교를 미국 최초의 진정한 세속적 고등 교육 기관으로 설계하기도 했습니다. 은퇴 후, 그는 신약성경을 재편집하였는데, 그 속에 있던 모든 자가당착이나 기적은 제거하고, 그가 존경한 인간 철학자로서의 예수 이야기만 남겼 두었습니다. 이 책은

예수의 생애와 도덕(The Life and Morals of Jesus of Nazareth), 또는 **제퍼슨 성경**(Jefferson Bible)으로 불리며, 오늘날에도 휴머니즘의 상징으로 영감을 주고 있습니다. 제퍼슨은 민주주의의 위대한 지도자이자 옹호자로서, 자신의 종교적·문화적 유산을 존중하면서도 이를 비판적 지성과 자신의 모든 지혜로 검증하지 않고, 그것의 표면적 가치를 맹목적으로 받아들이기를 거부했던 것이지요.

계몽주의는 인본주의 역사에서 중요한 순간이었습니다. 처음으로 열정적이긴 하지만 극히 작은 숫자의 지식인에게서 나온 많은 아이디어가 소수인의 직관에 머무르지 않고, 학계의 명성을 얻은 후, 심지어 전체 사회의 조직 방식을 형성하는 데 기여하기까지 했습니다. 그러나 고대 및 중세 세계의 이전 사례들이 보여 주듯, 인본주의는 계몽주의 시기에 시작된 것이 아니며, 계몽주의로만 소급될 수 없습니다. 18세기는 그 시대만의 고유한 관심사를 가지고 있었고, 가장 뛰어난 사상가들조차 실수를 범했습니다. 예를 들어, 결코 일시적이라고 할 수 없던 제퍼슨의 노예제도와의 유희 관계(dalliance)가 그 한 사례입니다. **계몽주의 원칙**에 기반한 현대적인 생활 방식을 구축하자는 주장이 우리의 가슴을 뜨겁게 하고, 또 최상의 의도를 담고 있는 바로 그 이유 때문에, 종종 우리 앞에 주어진 과제가 지나치게 단순하고 쉬운 것처럼 보일 때도 있습니다.

현대의 세속적 삶은 종교와 전통만을 탓할 수 없는, 그 나름의 새로운 도전의식을 불러일으키고, 이를 해결하기 위해 우리는 완전히 새로운 해결책을 필요로 합니다. 우리는 아직도 힘, 용기, 그리고 지혜가 필요하며, 그러한 축복의 원천으로 하나님에게 기대할 수 없기 때문에, 이 모든 것을 우리 자신과 서로에게서 찾아야 할 것입니다. 그리고 우리는 분명히 계몽주의 인본주의 초기 선구자들을 중요한 영감의 원천으로 바라보게 될 것입니다.

—

신무신론에 등장한 '묵시록의 네 기사': 프로이트, 마르크스, 니체, 다윈

오늘날 우리는 급진적인 새로운 도전의 세계 속에서 전통적인 종교가 제공하는 선택지에 불만을 품으면서도 무관심이나 냉소에 굴복하기를 원치 않는 수백만 명의 사람들이 **"신 없는 선(善)함"**이라는 아이디어에 동조하는 시대의 문턱에 서 있습니다. 우리가 지금 구축하고 있는 이 강렬하고 자신감 넘치는 긍정적 무신론과 불가지론의 운동은, 하나님에 대한 믿음이 존중과 사회적 지위를 얻기 위한 필수 조건이었던 이전 시대와의 명확한 단절 없이는 가능하지 않았을 것입니다. 심지어 제퍼슨과 같은 세속적이고 회의적인 계몽주의 지식인들조차도 하나님에 대한 믿음을 립서비스로 위장해야 할 정도였습니다. 그들이 상상하던 신은 무력하고 초자연적이지 않은 은유였을지 모르지만, 그들의 행동은 공개적 무신론이 아직 안전한 선택이 아니었음을 보여 주는 신호였던 것이지요.

어떤 분들은 21세기 초반의 몇몇 "신무신론자" 작가들이 종교적 과거와의 단절을 이뤄 냈다고 주장하는데, 실제로 그들의 업적은 무척 인상적입니다. 그러나 진정한 단절은 찰스 다윈, 카를 마르크스,

프리드리히 니체, 지그문트 프로이트와 같은 19세기 원조 "신무신론자들"에 의해 이루어졌습니다. 그리고 오늘날 우리는 여전히 그들의 작업이 남긴 영향을 정리하고 있습니다. 현대의 신무신론자들과 마찬가지로, 19세기의 이 네 인물도 그런 일을 하거나 생각했던 유일한 사람들은 아니었습니다. 그러나 그들은 막대한 영향을 미쳤고, 그들의 작업은 지적 및 도덕적 삶의 거의 모든 영역에 영향을 미쳤습니다.

다윈이 이룬 업적, 즉 진화라는 과정을 설명함으로써 지구상의 모든 생명의 기원과 발달에 대한 우리의 이해를 혁명적으로 바꾼 그의 업적은 유신론자와 무신론자 모두가 높이 평가할 수 있겠네요. 인본주의자인 우리는 진화가 제시하는 데이터를 검토하면 자연주의와 비신론(nontheoism)이 다윈의 이론이 설명하는 세계에 관해 우리가 도출할 수 있는 유일한 실질적인 신학적 결론이라고 판단하겠지요. 하지만 독실한 기독교 신자이며 위대한 과학자인 프랜시스 콜린스와 같은 분들이 우리의 의견에 지적이고 품위 있게 동의하지 않을 수 있음을 충분히 인정합니다. 확실히 다윈의 삶과 사상은 매우 철저히 기록되고 분석되어, 여기서 다시 설명할 필요는 없습니다. 그러나 그는 역사상 가장 위대한 공헌자 중 한 명으로, 선함과 무신론 모두에 크게 기여한 인물임에는 의심의 여지가 없습니다.

젊은 시절 비글(Beagle)호를 타고 남미를 항해하던 중 다윈은 티에라 델 푸에고의 원주민들을 목격하고 충격받았습니다. 이는 그의 동시대의 교회 지도자들과 자연주의자들이 거의 경험하지 못한 장면이었습니다. 이 경험은 그를 가장 긍정적인 의미에서 겸허하게 만들었습니다. 그는 인간 기원에 대한 자신의 이론을 깊이 고민하며, 자신과 그가 본 "야만인"들 모두가 동물로부터 유래되었다고 인정하는 것이 "더 겸허한" 태도라고 결론지었습니다. 그럼에도 불구하고, 진화를 믿는다는 것은 그에게 자신인 범한 "살인을 고백하는 것"처럼 느껴졌습니다. 이것은 그가 50세가 되어서야『*종의 기원*』을 출판하기 전까지 계속된 감정이었습니다. 그러나 그는 자신의 고백을 피할 수 없었고, 그 출판을 앞둔 수년간 진실을 밝히기 위해 날마다 끊임없이 노력했습니다. 그의 일기에 풍부하게 나타나 있듯이, 만약 다른 결론을 뒷받침할 신뢰할 만한 증거를 발견했더라면, 그는 그것을 당연히 받아들였을 것입니다.

다윈은 그의 두 가지 위대한 과학 저서인『*종의 기원*』과『*인간의 유래*』에서 자신의 생각을 가능한 한 종교적인 표현으로 담으려 애썼습니다. 이는 자신의 종교 공동체로부터 스피노자처럼 추방될까 봐 두려웠던 이유도 있었고, 독실한 신앙을 가진 아내 엠마와 자녀들에 대한 동정심 때문이기도 했습니다. 그러나 이후 그는 가족과 후세를 위해 자신의 자서전을 집필하며, 반세기 동안 탐구하며 발견하고 고민했던 모든 것에 대해 정직하게 쓸 기회를 가졌습니다. 이 책에서 그는 자신이 불가지론자임을 분명히 밝히고, 도덕적이고 고귀한 삶에 대한 헌신에 대해 이야기했습니다. 그는 "나는 큰 죄를 저질렀다는 죄책감을 느끼지 않는다. … 나는 과학에 내 삶을 꾸준히 바치고 따르는 것이 옳다고 믿는다."고 썼습니다.[20] 과학과 양심, 진실과 덕에 대한 이러한 헌신을 통해 다윈은 평화적으로 사회를 변혁시켰으며, 고통이 전혀 없었던 것은 아니지만, 거의 완전한 무혈 혁명을 수행했다고 볼 수 있겠네요. 오늘날의 관점에서 보면, 그는 진정한 인본주의 영웅이었습니다.

다른 초기 "신무신론자들"은 비록 그들이 살았던 모범적인 삶의 정도에서 많은 차이가 있지만, 그들은 각자 나름대로 인본주의에 엄청난 영향을 미쳤습니다. 1818년 독일에서 태어난 마르크스는 이른 20대에 공개적으로 무신론자가 된 후, 스피노자와 같은 추방될 운명은 피했지만, 그의 이단적 견해는 학자로서의 생애를 포기하게 만들었습니다. 그래서 마르크스는 그가 범한 실수나 이념 때문에 우리가 그와 의견을 공유할 수는 없지만 그 당시 전 세계가 당면하고 있던 긴급한 현상에 주목했음은 인정해야 하겠지요. 급진적으로 변화하는 세계 경제와 그로 인해 비참한 삶을 살고 있는 노동자들의 운명에 말입니다.

포스트 기독교 독일 신학자인 루트비히 포이어바흐의 영향을 받은 마르크스는 종교를 인간의 희망과 욕구를 실재하지도 않는 초자연적 영역에 투영한 것이라고 보게 되었습니다. 그는 이러한 모든 투영을 초월하고, 공산주의 혁명을 통해 열악한 노동 조건을 극복하는 과정의 일부로서 종교적 신앙인(religious believers)으로 우리가 안고 있는 불완전함을 극복해야 한다고 주장했습니다. 마르크스는 인본주의의 중요한 두 가지 특성을 품고 있었습니다. 첫째는 계시된 종교(revealed religion)에 대해 가진 의구심이었고, 두 번째는 그가 모든 사람을 위한 더 나은 삶을 추구하고 있었다는 사실입니다. 그러나 마르크스는 인간에게 완벽한 종교적 구원이 부재한 상황에서, 우리가 완벽한 세속적 구원을 염원할 수 있거나 염원해야 한다고 가정하는 위험을 보여 준 최초의 중요한 사례 중 하나였습니다. 이상향은 존재하지 않습니다. 어떠한 유토피아적 비전도, 그것이 신성함을 포함하고 있는지에 관계없이, 그리고 또 그것의 궁극적인 목표의 고귀성에 관계없이, 폭력적 억압이나 양심의 강요를 정당화할 수 없습니다. 마르크스는 인본주의의 선구자이자 그것에 영향을 미친 인물로 간주되어야 하지만, 마르크스주의는 결코 인본주의와 동등하지 않으며 그랬던 적도 없습니다.

비슷한 이야기로, 니체의 강력한 선언 "신은 죽었다."는 오늘날에도 여전히 논쟁을 불러일으킵니다. 그러나 정신 질환과 고립 속에서 보낸 그의 비극적인 삶은 어떠한 인본주의자도 모방하고 싶지 않을 것입니다. 그리고 기독교 윤리를 거부하는 과정에서 그는 받아들이기 어려운 많은 발언을 했습니다. 그가 남긴 저작물의 내용은 복잡하고 그 의미가 겹겹이 싸여 있어서, 흔히 사람들이 하듯이 몇 마디 듣기 좋은 재담(sound bites)으로만 이해해서는 안 됩니다. 물론 여기서 저는 그런 시도도 하지 않겠습니다. 그를 언급하는 이유는 오늘날 일부 종교 지도자와 신학자들이 우리가 논하는 인본주의와 니체의 사상 체계가 동일하다고 믿고 있기 때문입니다. 절대 그렇지 않습니다. 니체가 실제로 그런 뜻으로 말했는지는 분명치 않지만, 그의 몇 마디 재담이 암시하고 있는 '강하고 운이 좋은 자가 약하고 무력한 자에 대해 도덕적 의무가 없다'는 주장에서 완전히 사면될 수 없습니다. 히틀러와 나치가 니체의 글을 맥락에서 벗어나 왜곡한 것은 분명하지만, 그렇다고 그 왜곡이 니체에 대한 칭찬으로 바뀌지는 않겠지요. 인본주의 사상에 대한 니체의 공과는 적지 않게 뒤섞여 있어서 여기서 더 논쟁하지는 않겠습니다. 다만 우리는 그가 주장한 열정적 확신, 즉 어떤 형태의 선함도 신 없이 와야 하며, 우리 삶의 의미는 우리가 창조해야 한다는 점은 안전하게 **받아들일** 수 있겠지요.

지그문트 프로이트는 1856년 모라비아에서 태어났으며,『종의 기원』이 출판되기 3년 전입니다. 이는 그가 "네 기사" 중 유일하게 19세기보다는 20세기를 중심으로 활동한 인물임을 의미합니다. 그리고 그는 확실히 무신론적이고 지적인 혁명가로서 그 세기에 엄청난 영향을 미쳤지만, 그의 글이나 사상을 현대 인본주의와 너무 밀접하게 연관 짓는 데도 주의를 기울여야 합니다. 프로이트는 인간 정신에 대한 과학적 연구를 개척하는 데 거의 누구보다 많은 기여를 했습니다. 그러나 그는 이 프로젝트의 초기 단계에서 매우 창의적으로 일했기 때문에, 오늘날이라면 중대한 실수로 간주될 만한 몇 가지 일을 저질렀습니다. 초기에 불장난처럼 저질렀던 코카인 사용, 자신의 목소리와 견해를 홍보하기 위해 정신분석을 일종의 컬트처럼 운영하도록 고집한 사실, 그리고 어린 시절에 경험한 성적 신경증에 대한 집착—가령, 오이디푸스 콤플렉스를 인간 정신에 대한 가장 중심적인 보편성으로 간주하여 이를 내집단과 외집단을 구별하는 징표(shibboleth)로 사용했던 사실—등은 존경받을 만한 현대 심리학(그리고, 인본주의)의 기반이 될 만한 것들이 아닙니다.

그럼에도 불구하고, 신에 대한 믿음이나 종교적 권위에 대한 필요성의 기원을 분석한 프로이트의 작업은 세속주의와 인본주의가 어떻게 종교적 신념과 실천을 진지하게 다룰 수 있는지를 가르쳤습니다. 종교의 기원을 이해하는 법과, 더욱 중요하게는, 우리의 종교적 행동이 해결하려는 인간의 고투와 문제들에 새로운 방식으로 대응하는 방법을 제시했습니다. 또한, 인간의 정신 세계가 자아(Ego), 원초아(Id), 초자아(Superego)로 나누어져 있다는 프로이트의 비전은 인본주의자들이 오늘날 여전히 진지하게 숙고해야 할 강력한 아이디어의 씨앗을 포함하고 있었습니다. 즉, 우리는 단순히 의식적 사고의 총합이 아니라는 것입니다. 우리의 많은 생각, 심지어 대부분의 생각이 무의식 수준에서 이루어지기 때문에, 우리는 항상 "**합리적**"으로 행동하거나 생각할 수 없습니다. 우리의 행동과 감정의 상당 부분은 비교적 최근에 진화한 뇌의 전두엽이 그것을 평가할 기회를 갖기 전에, 본능적인 뇌에서 자동적으로 설정됩니다. 신이 있든 없든, 우리가 더 자주 의식적으로 선한 삶을 선택하려면, 우리의 무의식적 동기를 탐구하고 가장 파괴적인 본능에 저항하는 법을 배우는 어려운 작업을 수행해야 합니다.

—

침묵도, 위반도 아닌 길

오늘날 프로이트, 마르크스, 니체가 하나님 없는 선함으로서의 인본주의를 나타내는 상징으로서 불완전하다고 느껴진다면, 우리가 영감을 얻기 위해 돌아볼 수 있는 흔히 간과되는 자료는 애니 로리 게일러(Annie Laurie Gaylor)의 『미신을 믿지 않는 여인들(*Women Without Superstition*)』에 담긴 여성들의 인본주의와 자유 사상에 관한 방대한 기록입니다. 게일러가 상기시켜 주듯, 거의 모든 주요 세계 종교가 역사적으로 여성들을 대우해 온 방식만으로도 오늘날 하나님 없는 선함을 찾을 이유는 충분합니다. 현대의 진보적 기독교 및 유대교 여성들은 다음과 같은 성경 구절들을 피하거나 해명하려고 많은 노력을 기울여야 합니다.

> 여자에게 이르시되, 내가 네게 임신하는 고통을 크게 더하리니, 네가 수고로이 자식을 낳을 것이며, 너의 남편을 사모할 것이나 그는 너를 다스릴 것이라 하셨다. – 창세기 3:16

> 너는 마녀가 살아남지 못하게 할지니라. – 출애굽기 22:18

> 그러나 나는 너희가 알기를 원하노니, 각 남자의 머리는 그리스도요, 여자의 머리는 남자요, 그리스도의 머리는 하나님이라. 남자는 여자에게서 난 것이 아니요, 여자가 남자에게서 났으며, 남자가 여자를 위하여 창조된 것이 아니요, 여자가 남자를 위하여 창조되었느니라. – 고린도전서 11:3, 8–9

> 여자는 조용히 배우고, 온전히 복종하라. 나는 여자가 가르치는 것과 남자를 주관하는 것을 허락하지 아니하며, 오직 잠잠할지니라. 이는 아담이 먼저 지음을 받고, 그 후에 하와가 지음을 받았으며, 아담이 속은 것이 아니요, 여자가 속아 죄에 빠졌기 때문이라. – 디모데전서 2:11–14

20세기 후반의 미국에서 자라며 여성 국무장관, 하원의장, 대통령 후보를 배출한 사회에서 살아온 우리에게 이러한 구절들을 읽는 것은 충격적일 수 있습니다. 다행히 여성들은 이제까지 이러한 구절들의 문자적 의미와 정신적 취지에 대해 강력히 대응해 왔으며, 우리가 살고 있는 이 세상에서 그리고 지금 이 순간에, 여성과 남성 모두의 삶을 개선하는 데 긍정적인 초점을 맞춰 왔습니다. 역사적으로 가장 영향력 있는 여성 참정권 운동가와 후대의 페미니스트들 중 다수가 인본주의자였다는 것은 결코 우연이 아닙니다. 그 대표적인 사례 중 하나로, 게일러에 따르면 미국에서 공적인 자리에서 주요 연설자로 나선 최초의 여성인 프랜시스 라이트(Frances Wright)는 19세기 전반에 자유 사상 강연자로서 탁월한 경력을 쌓았으며, 그녀의 신념은 다음 인용문에 잘 나타나 있습니다. "나는 유대인도 이방인도 아니며, 무슬림도 유신론자도 아닙니다. 나는 단지 인류의 일원일 뿐이며, 진리가 주어진다면 누구로부터든 받아들일 것입니다. 그 진리는 말 속이 아니라 사물 속에, 인간의 상상이 아닌 자연 속에, 손으로 만든 성전이 아닌 우리의 마음속에 있습니다."[21]

그러나 적어도 최근 수십 년 동안 많은 여성 지도자들이 집단으로 다시 부상하기 전까지, 단연 독보적인 위치를 점했던 페미니스트 인본주의 영웅은 엘리자베스 케이디 스탠턴(Elizabeth Cady Stanton)이었습니다. 스탠턴은 미국에서 처음으로 여성 참정권을 요구한 인물이자, 여성의 투표권을 보장하는 제19차 헌법 수정안을 작성한 주역입니다. 그녀는 탁월한 문필가이자 열정적이고 깊은 애국심을 가진 평등의 옹호자였습니다. 또한, 이 세계가 우리가 가진 유일한 세상이라는 점을 철저하고 단호하게 주장하고, 그 세상을 여성과 남성 모두를 위한 최선의 장소로 만들기 위해 전적으로 헌신한 인물로서 인본주의의 전형이었습니다. 게일러가 강조하듯, 스탠턴은 그녀 시대에 가장 주목받는 여성 지도자였지만, 이후 그녀보다 덜 급진적이면서도 무신론적이었던 동시대인 수잔 B. 앤서니(Susan B. Anthony)에 의해 그 빛이 가려졌습니다. 두 사람은 많은 신념을 공유했지만, 스탠턴은 앤서니보다 종교가 여성 권리 억압의 도구로 작용한다는 점에 대해 더 강력한 목소리를 냈습니다. 그녀는 그 대가를 후대에서 치러야 했지만, 우리에게 아직도 그녀가 남긴 본보기를 높이 떠받들 수 있는 기회가 남아 있습니다. 마치 그녀가 루크레티아 모트(Lucretia Mott)의 예를 높이 평가했던 것처럼 말입니다. 루크레티아 모트는 자유로운 퀘이커 신자로서 많은 이들로부터 불신자로 낙인찍혔던 인물이었습니다.

"나는 이 새로운 친구에게서 인간들이 만든 교리에서 비롯된 모든 신념과 사람들로부터 쏟아지는 비난에 대한 두려움에서 해방된 한 여성을 발견했습니다. 원칙과 실천의 정당성을 의심해보는 그녀의 자세가 *미치지 못하는 성역은 어디에도 없었습니다.* '진리를 정당화하는 권위가 아닌, 권위를 정당화하는 진리"는 그녀의 삶의 모토일 뿐 아니라 그녀가 자신을 가장 엄격하게 유지할 수 있었던 고정된 정신 습관이었습니다. 교황, 왕, 시노드, 의회를 런던 타임즈의 사설을 비판하는 것과 같은 자유로운 마음가짐으로 비판하며, 자신의 판단을 순수한 마음을 갖고, 교육

받은 한 여성의 판단 이상으로 인정하기를 거부하는 여성을 만나는 것은 마치 우리보다 더 큰 행성에서 온 존재를 만나는 기분이었습니다. 내가 처음으로 루크레티아 모트의 입을 통해 루터(Luther), 칼빈(Calvin), 존 낙스(John Knox)와 마찬가지로 나 자신을 위한 생각을 할 권리와 자신의 신념에 따라 살아갈 권리가 있으며, 그것이 그들의 신념에 따라 사는 것보다 더 높은 삶을 살게 될 것이라는 말을 들었을 때, 나는 즉시 새로운 존엄성과 자유의식을 느꼈습니다. 그것은 마치 어두운 동굴에서 촛불에 의지해 헤매다가 한낮의 태양빛 속으로 갑자기 들어온 것과 같았습니다."[22]

행동으로 옮겨진 인본주의 사상의 더 나은 예가 있을 수 있을까요? 루크레티아 모트에 관한 이야기는 19세기 말과 20세기 초, "하나님 없는 선함"이라는 의미로 휴머니즘이라는 단어가 널리 사용되기 시작했던 시기로 우리를 인도해 갑니다. 더 많은 이야기와 더 많은 위대한 사상가들과 지도자들에 대해 이야기할 것이 많이 남아 있습니다. 하지만 지금 우리의 목적은 과거의 인본주의를 포괄적으로 검토하는 것이 아니라, 오늘과 내일로 이어지는 세상에서 더 많은 인본주의가 필요하다는 절실한 요구에 응답하는 것입니다. 우리는 다음 두 장에서 인본주의 윤리를 논의하며 최근 인본주의 철학의 역사를 살펴볼 것입니다. 그리고 책의 후반부에서는 무신론자, 불가지론자, 비종교인들이 최근 종교에 대한 긍정적인 인본주의적 대안을 만들어 낸 방식들을 탐구할 것입니다.

하지만 지금 당장은, 만약 당신이나 당신이 사랑하는 사람이 세계의 10억 명의 비종교적 사람들 중 한 명이라면, 기억해야 할 메시지는 다음과 같습니다. 당신은 자랑스러운 전통, 세계적 전통의 일부입니다. 당신의 과거와 당신 자신의 윤리적 약속은 당신을 어루만져 줍니다. 당신보다 먼저 살아간 이들을 대신하여 당신은 미래를 어루만져 줄 수 있습니다. 당신은 전 세계 구석구석에서 자신이 믿는 바를 수호했던 조상들을 두고 있으며, 이제 그들의 임무를 이어받아 더 전진할 기회를 갖고 있습니다. 우리가 그들의 가르침을 잊어버린다면 우리는 무엇일까요? 그리고 우리가 새로운 것을 이루지 못한다면, 아무것도 건설할 수 없다면 우리는 무엇일까요?

인본주의 역사의 다음 장엔 무엇이 기다리고 있을까요?

3

왜 하나님 없이도 선해야 할까요?
목적과 『페스트』

"당신은 하나님을 믿지 않으면서 왜 그렇게 헌신적인 자세를
보이시죠?"

– 『페스트』에서 장 타루가 리외에게 하는 말

—

페스트

알제리의 작은 도시 오랑에 시신이 기하급수적으로 쌓이고 있습
니다. 정체불명의 바이러스가 도시의 외곽벽 안으로 침투하여 시민
들의 살엔 화농이 생기고, 내장엔 열과 구토로 진한 앙금이 끼어 가
고 있습니다. 치유의 희망은 암담한 채 공포가 모두를 점령해 버렸
습니다.

가무잡잡하고 잘생긴 외모의 의사 리외는 오랑 사람들이 마지막
으로 기댈 수 있는 희망일지도 모릅니다. 그렇지 않다면, 이 친구는

단순히 정신이 나갔는지도 모르겠군요. 그는 환자들을 치료하기 위해 지칠 줄 모르고 일하고 있습니다. 리외는 치명적인 전염병에 스스로를 노출시킬 뿐만 아니라, 모든 일을 꼼꼼하게 그리고 엄청난 에너지와 조금도 흔들리지 않는 헌신감으로 일하고 있습니다.

감탄스럽기까지 하군요. 하지만 왜 그렇게까지 할까요? 리외는 잘 알려진 무신론자이며, 죽은 뒤에 자신의 이타적인 행동에 대한 보상을 받을 것이라는 믿음은 전혀 갖지 않은 사람입니다. 더욱이, 그는 자신이 이길 확률이 지극히 희박한 페스트와의 전쟁에서 승리한다 하더라도 자신과 그의 환자들 모두 종국에는 소멸되고, 이 세상에서 부활이란 없으며 삶에서 일시적이 아닌 것이 없다는 사실을 충분히 숙지하고 있는 사람입니다.

한편, 이 의사의 사랑하는 아내는 100마일 떨어진 요양소에 발이 묶여 있습니다. 오랑이 지금 엄격한 격리 상태(quarantine)에 있어서, 혹시 지금 그의 이해하기 힘든 헌신적인 행동은 모든 환자가 치료되면 아내와 다시 만날 수 있을지도 모른다는 희미한 희망에서 비롯된 것은 아닐까요? 하지만 그것이 전부라면, 그는 친구 랑베르를 그렇게 도와주지 않을 것입니다. 랑베르는 신문 기자로, 페스트가 발발하기 직전에 오랑에 방문했다가 격리 조치로 인해 그곳에 갇히게 되었습니다. 랑베르는 고통과 죽음만으로 포위되어 있지만, 그의 머릿속에는 오직 파리에서 그를 기다리는 젊은 신부와 재회하는 생각밖에 없습니다. 그는 자기가 이곳 시민도 아니고, 단순히 운명의 우발적인 피해자일 뿐이므로, **이 도시를 빠져나갈 자격이 있다고** 확고히 믿고 있을뿐더러, 그는 법을 어기고 타인을 위험에 빠뜨리는 한이 있더라도 그 탈출 모험을 할 준비가 되어 있습니다.

분명히 랑베르는 핵심을 놓치고 있는 것이지요. 만약 이 페스트가 어떤 목적을 갖고 자행되는 하나님의 복수라면 모를까—물론, 사려 깊고 모든 세상일을 의심의 눈으로 보아야 하는 언론인인 랑베르가 그런 동화 같은 이야기를 믿을 리 없겠지만—고통 속에 비명을 지르며 죽어 가고 있는 오랑의 주민들 역시 우연히 휘말린 피해자가 아닐 수 없거든요. **우린 모두가 우연한 피해자들일 뿐이니까요.**

그럼에도 불구하고, 리외는 랑베르가 이타적인 봉사 활동 대신 이기적인 사랑을 선택했다고 해서 그에게 분개하지 않습니다. 의사 리외는 그가 조직하고 있는 위생봉사대에 자원봉사자가 절실히 필요함에도 불구하고 랑베르에게 오랑에 남아 주기를 설득하지 않습니다. 오히려 그는 랑베르에게 자신의 가슴이 원하는 것을 따르라고 충고합니다. 리외가 환자 치료를 순전히 자기 자신만의 이기적인 안목으로 계산하고 있었다면, 그는 랑베르의 자원봉사를 자기 계산에 넣어 두고 그의 탈출 의도에 훨씬 이해심 없는 태도를 보였겠지요. 그러나 리외는 자신의 투쟁을 **"끝없는 패배"**라고 묘사하며 우리가 감동받지 않을 수 없는 노력을 집요하게 지속해 나갑니다.

철학자 알베르 카뮈의 소설 『**페스트**』는 인본주의에 있어 가장 근본적이고 도전적인 질문 중 하나를 극적으로 다루고 있습니다. 우리 비종교인들은 우리들을 가장 열받게 하는 우리의 비판자들에게 쉽게 응답할 수 있겠지요. 신 없는 사람은 선할 수 없기 때문에 열등한 존재일 수밖에 없다는 말까지 자제 못하는 종교적 비판자들 말입니다. 하지만, 우리는 우리가 갖고 있는 특정한 유형의 회의주의에 대해 의심을 품고 있는 종교적 비판자들이 우리가 생각하는 것보다 훨씬 더 선의적이고 더 고상하다는 점을 인정해야 합니다. 그런 비판자들을 위해서든, 아니면 우리 자신을 위해서든, 우리는 *왜* 하나님 없이도 선하게 살아야 하는지를 설명할 필요가 있습니다.

이 질문은 『페스트』에 등장하는 또 다른 인물 장 타루가 존경심 반, 부끄러움 반의 말투로 친구 리외에게 묻는 질문에서 들을 수 있습니다. "당신은 신을 믿지 않으면서도 왜 그렇게 헌신적인 모습을 보이나요?" 이 질문의 중요성은 아무리 강조해도 지나치지가 않겠네요. 왜냐하면, 이 질문에 답하려면 『페스트』가 나오기 몇십 년 전에 표도르 도스토옙스키가 그의 등장인물 이반 카라마조프를 통해 쓴 유명한 문구의 **반박** 이상이 필요하기 때문입니다: **"신이 죽었다면 모든 것이 허용된다."** 카뮈는 단순히 "내일 죽을 것이니 오늘 먹고 마시고 즐기자."라는 태도를 **거부**하는 것 이상의 답을 요구하고 있으며 인본주의는 그 요구를 충족해야 합니다. 우리는 방어적인 태도를 취하는 것으로 충분하지 않습니다. 민권 운동자이며 환경 보호 운동 지도자인 밴 존스의 말대로, 마틴 루터 킹 주니어는 "나는 … 똑 부러지는 반박 리스트를 가지고 있습니다!"라는 제목의 연설로 유명해지지 않았습니다. 따라서 이 장에서는 인본주의자들과 비종교인들이 우리에게 오래되고 익숙한 질문, "삶의 의미란 무엇인가?"를 어떻게 접근하는지 검토해 보겠습니다.

물론 "삶의 의미"에 대해 이야기할 때, 많은 현명한 사람들이 이 문구가 얼마나 자기중심적으로 들리는지 비웃습니다. **내** 삶의 의미에 집중하는 것은 결국 **나** 자신만을 생각하는 것이 아닐까요? 만약 내 삶의 의미가 **당신**의 삶의 의미와 아무 상관이 없다면 어떨까요? 또, 만약 내 삶의 의미가 당신을 착취하는 데 있다는 사실을 내가 알아낸다면 어떻겠습니까? 사실, 의미 있는 삶이란 선하고 윤리적인 삶이라는 전제를 받아들일 때, 삶의 의미는 생각해 볼 만한 가치가 생기게 됩니다. 휴머니즘은 의미 있는 삶이란 당연히 도덕적인 삶이고, 도덕적 삶이란 곧 의미 있는 삶임을 인정하는 것입니다.

하지만 우리는 또한 도덕은 죄인과 성인(聖人), 천국과 지옥, 저주와 처벌에 관한 것이 아님을 알게 될 것입니다. 도덕성은 불필요한 고통을 완화시키고(어떤 고통은 필요하지만), 인간의 번영과 존엄을 증진시키는 것에 관한 것입니다. 그렇지만 제가 '삶의 의미는 존엄이다'—더글러스 애덤스의 소설 **은하수를 여행하는 히치하이커를 위한 안내서**에서 이 질문에 답하기 위해 설계된 거대한 슈퍼컴퓨터가 제시한 답변인 "숫자 42"가 아니고—라고 당신을 설득하기 전에, 왜 우리가 삶의 의미라는 질문에 마음을 써야 하는지, 그리고 그 질문에 대한 적절한 답변이 무엇일지 더 살펴보도록 하겠습니다.

—

목적이 이끄는 삶

대부분의 무신론 지도자와 대변인들은 학교에서 창조론이 아니라 진화론을 가르쳐야 하는 이유나 예수가 처녀에게서 태어나고 죽음에서 부활했다는 것이 어떻게 가능하지 않은지를 설명하는 데 능숙

합니다. 하지만 그런 지도자들이 가치 있는지에 대한 내 기준은 그들이 카뮈가 묘사한 이 느낌, 즉 우리가 흑사병에 대처하고 있지 않을 때에도 인생이 때때로 "끝없는 패배"처럼 무의미하게 느껴질 수 있다는 것에 대해 도움이 될 만한 말을 해 줄 수 있는지에 달려 있습니다. 나는 리처드 도킨스가 그의 2006년 저서 『만들어진 신』의 북 투어 중에 그에게 다가와 "도킨스 박사님, 저는 자살을 생각하고 있습니다. 이에 대해 무슨 말씀을 해 줄 수 있나요?"라고 물었던 한 젊은이에 대한 그의 반응에 관해 쓴 블로그를 읽고 깜짝 놀랐습니다. 도킨스는 즉시 그 젊은이에게 리처드 도킨스 재단 웹사이트의 토론 포럼 독자들에게 그 질문을 올려 보라는 제안보다 더 나은 생각이 떠오르지 않았나 봅니다. 조금 후 도킨스에게 기막힌 아이디어가 떠올랐습니다. 만약 그 젊은이가 하버드에 있었다면 인본주의 목사를 찾아갈 수 있었을 것이고, 옥스퍼드에 있었다면 도킨스의 표현으로 "매우 좋은 사람들"이 섞여 있는 성공회 목사들을 찾아갈 수 있었을 것이라고 말입니다.

우리가 할 수 있는 최선이 이것인가요? 계몽주의의 소멸에 분노하고 분노하다가, 이제 와서 우리의 주의력이 너무 산만해졌거나, 우리의 삶이 너무 지식 위주로 되어 버렸거나, 아니면 이 두 현상이 동시에 일어났기 때문인지는 모르겠지만, 우리가 어떻게 인류를 더 사랑하고, 그들에게 더 도움을 줄 수 있는지를 단지 몇 분이나마 생각해 볼 여유가 없다는 이유로 방황하다 찾아온 우리 청년들을 다시 종교로 돌려보내야 할까요? 저는 리처드 도킨스를 존경하며 그가 하는 대부분의 일에 감사하고 있습니다. 그러나 그분이 블로그에 올린 그 에세이는 공적 기록의 일부로 남아 있으며, 그것은 문제가 되지 않을 수 없습니다. 왜냐하면 최근 몇 년간 세계 무신론자 대변인으로 간주되어 온 도킨스가 이런 중요한 문제를 다루는 과정에 감성적으로 무감각해질 수 있음을 보여 주었기 때문입니다.

지난 몇 세대 동안에 인본주의와 비종교적 관점의 선도적인 목소리가 인간의 목적과 의미에 대한 탐구에 더욱 명확하게 응답했습니다. 프로이트, 카뮈, 아브라함 매슬로우, 에리히 프롬, 서원 와인 등이 떠오릅니다. 그러나 모든 세대는 이러한 문제를 새롭게 발견해야 하며, 특히 기록된 역사상 가장 높은 비율의 비종교인이 살아가는 가능성이 높은 현세대는 더욱 그렇습니다. 그럼에도 불구하고 우리는 그런 현실이 가져다줄 수 있는 구체적인 열매를 아직 보지 못했습니다. 왜냐하면 우리가 운동체로서 하나의 통합된 목적이나 미션을 발견하지 못했기 때문입니다.

아이러니하게도, 최근 몇 년간 인간의 의미와 목적에 대한 추구를 가장 잘 이해한 작가는 바로 『목적이 이끄는 삶』의 저자인 릭 워렌 목사입니다. 워렌의 책이 이렇게 큰 성공을 거둔 이유는 그가 자기중심성을 넘어서는 목적에 대한 인간의 필요성을 인식했기 때문이며, 많은 명목상 종교인과 비종교인들이 오늘날 과학적 지식과 물질적 번영을 얻으면서도 목적의식의 결여로 어려움을 겪고 있다는 것을 알아챘기 때문입니다. 워렌이 인용한 "목적 없는 사람은 방향타 없는 배와 같다. 방랑자, 무(無), 아무것도 아닌 사람"[1]이라는 토마스 칼라일의 표현은 수천만 독자들의 마음을 분명히 울렸습니다. 그리고 실제로, 그가 지적한 바와 같이, 우리는 우리 자신의 목적,

우리 자신이 추구하는 것을 선택할 필요가 있습니다. 그렇지 않으면 우리는 이기적인 유전자에 의해 프로그래밍된 수많은 무의식적인 **충동에 *이끌려 살아지는 우리의 삶을*** 살게 될 것입니다. 예를 들면 죄책감, 원망, 분노, 탐욕, 두려움, 타인에게서 인정받고 싶은 욕구 등입니다. 이 목록을 염두에 두고 자신이나 주변 사람들에 대해 질문해 보십시오. 그들 중 얼마나 많은 사람들이 이 목록에 있는 하나 혹은 더 많은 욕구에 얽매인 노예가 되어 있나요? 그리고 당신은 당신이 되고 싶은 것보다 더 자주 그런 노예로 변하나요? 워렌은 "삶은 당신 자신에 관한 것만이 아닙니다."라는 설득력 있는 논리로 우리가 우리 자신을 뛰어넘는 더 높은 목적을 위해 사는 법을 배우고, 이기심과 자기중심주의를 극복할 때 우리의 삶과 사회가 최선의 경지에 오를 수 있다고 주장합니다.

안타깝게도, 워렌이 제시하는 삶의 목적에 대한 그의 생각은 받아들일 수 없으며, 그의 책『목적이 이끄는 삶』은 고상함과 혐오스러움의 놀라운 조합이 되고 말았습니다. 그는 삶의 더 높은 목적은 오직 그 자신과 비슷한 사람들이 해석한 기독교일 뿐이고, 이 의견에 동의하지 않는 사람들은 "영원히 하나님과 분리되어" 지옥에서 영원의 시간을 보낼 것이라고 매우 확신에 찬 주장을 하고 있습니다.

또한 워렌은 반복적으로 무신론자들을 오만하다고 부르며, 전국에 방영된 텔레비전에서 자신은 대통령 선거에서 무신론자만 아니면 누구에게나 투표할 수 있다고 자랑스럽게 인정했습니다. 하지만, 그가 주장하는 목적의 필요성에 대해서는 그에게 동의하지만, 이슬람교, 유대교 또는 우리가 사랑하는 인류 전체를 위해 더 건강한 세상을 만들기 위해 우리의 능력과 책임에 대한 인본주의적 믿음을 선호한다는 이유로 이 모든 집단의 사람들을 향해 그렇게 노골적으로 편견을 피력하는 것은 오만함의 극치이겠지요.

하나님에 관한 한 말씀

우선, 하나님이 어떻다는 말씀인가요? 삶의 목적을 이해하려는 과정에서 하나님을 동기 부여의 원인으로 간주하는 것이 뭐 그렇게 잘못된 일인가요? 진정코 하나님이 당신에게 선의 원인이 되신다면 아무런 문제가 될 수 없습니다. 저와 당신 사이에서 논쟁 대상이 될 수 없겠네요. 다시 말씀드리지만, 이 책은 당신의 믿음을 바꾸거나 당신이 갖고 있는 삶의 목적에 하자가 있다고 지적하려는 시도가 아니니까요.

물론 세상의 어떤 우정 관계나 존경심으로 맺어진 관계의 밑바닥에는 우리가 동의하지 않는 부문에 관해 두려움 없이 의견을 표현할 수 있는 자유가 자리하고 있지요. 그런 표현의 자유가 있다고 해서 우리는 진정한 친구의 뒤통수에 대고 이런 모욕적인 말은 하지 않지요: "바브, 넌 정말 못생기고 불평만 늘어놓는 사팔뜨기라 네 모습을 보기만 해도 역겨워." 하지만 우리가 진심으로 동의하지 못하는 이유를 같이 나눌 수 없는 우정은 그 가치를 의심해 보아야겠지요. 저부터도 점잖은 예의를 지키기 위해 정치와 종교에 대한 모든 논의를 피하는 식탁 앞에서 자라지 않았고, 이 책의 독자님들도 종교적이든 아니든 그런 류의 감싸 주기식 지적 포용이 필요하다고 생각하지도 않습니다.

하지만, 위에 언급된 워렌의 인용문을 보면, 그분의 통찰력, 성공적인 경력, 그리고 신뢰성에도 불구하고 때때로 대학 캠퍼스에서 지나가는 힙스터들에게 지옥과 저주의 위협으로 괴롭히고 호통치는 길거리 설교자만큼이나 그분도 성가신 존재가 될 수 있다는 것을 알 수 있습니다.

대학생 때 그런 설교자들을 보면 종종 이렇게 말하고 싶은 유혹을 참을 수 없었습니다: 만약 제 조상들 대부분과 이 세상을 살아온 대다수의 사람들이 릭 워렌의 하나님에 대해 들어 본 적이 없거나 받아들이지 않았다는 이유만으로 결코 갈 수 없는 그런 천국에 들어가는 것이 삶의 의미라면, 글쎄요, 그런 곳은 저를 위한 천국이 아니군요, 아무리 개인적으로 존중한다고 해도. 만약 천국에 가는 유일한 방법이 홀로코스트를 막을 힘이 있었지만 그렇게 하지 않은 신을 숭배하는 것이라면, 사양하겠습니다. 만약 신이 쓰나미나 집단 학살, 혹은 배우자나 어린아이의 죽음, 팔다리를 잃는 것과 같은 작은 재난조차 막을 수 없다면, 그리고 그 이유가 오직 인간의 일은 인간이 해결해야 한다는 사실이라면, 우리가 왜 신을 필요로 할까요? 만약 인간이 관리가 부실하거나 전혀 관리되지 않는 우주에서 홀로 남겨져 있는 존재라면, 적어도 우리 중 일부에게는 그 사실을 인정하고 최대한 우리의 삶과 사회를 스스로 관리하려고 시도하는 것이 더 낫지 않을까요?

그리고 사실 하나님의 목적만이 가치 있는 것이라는 워렌의 주장을 우리가 받아들여도 문제가 풀리는 것은 아니지요. 왜냐하면 하나님의 목적까지도 우리는 사람의 목소리를 통해서만 알 수 있게 되어 있으니까요. 사람의 목소리를 통해야만 하나님의 목적을 알 수 있다는 이 사실 때문에 그토록 많은 종교전쟁과 분파 간의 증오심이 야기되어 왔고, 하나님의 목적에는 진심으로 동의하지만 그 목적의 구체적인 표현에 관한 미미한 의견 차이를 해결하지 못해 서로를 살육해 왔으니까요.

사실 저는 워렌이 사용하고 있는 과격한 표현에 감사하고 있습니다. 왜냐고요? 그가 그런 원색적인 언어를 사용하는 한 저는 자신을 온건한 기독교인으로 간주하시는 분들이나, 자신을 딱히 신앙적이라고 밝히지는 않지만 하나님을 속으로 믿으시는 분들, 혹은 자신이 휴머니스트인지 확신이 서지 않는 분들께 이렇게 답할 수 있게 해주니까요. "워렌과 같은 사람들이 자신을 '진정한' 종교의 목소리로 묘사하는 것에 대해 그렇게 정당하다고 느끼는 것은 우연이 아닙니다." 하나님이 실존하고, 언제든지 당신을 영원히 저주하고 벌할 수 있는 존재로 묘사될 때, 하나님은 믿음을 위해 목숨을 바칠 가치가 있는 유일한 종류의 신이 되기 때문입니다. 하나님이 그런 인물이라고 진정 믿으신다면 주저 마시고 경배하십시오. 하지만 만일 하나님이 자연 그 자체이거나, 사랑, 우주, 궁극적인 배려자, 혹은 우리들보다 더 큰 존재라고 믿으신다면, 릭 워렌이 당신의 믿음 체계와 인본주의 사이의 차이를 분별해 주리라 믿으세요? 절대로 그럴 사람이 아닙니다. 그분이 전혀 괘념하지 않는 그런 차이를 두고 왜 당신은 신경을 쓰셔야 할까요?

이 세상에는 하나님의 초자연적인 처벌에 대한 두려움 때문에 정말 선한 행동을 하고, 또 하나님이 약속하는 기적 같은 보상에 희망을 거는 사람들이 있긴 합니다. 하지만 당신이 천국이나 지옥을 액면 그대로 믿지 않는 수많은 사람 중의 한 분이시라면 당신도 역시 인본주의자입니다. 왜냐하면 당신의 삶의 목적이 지옥을 피하거나 천국으로 가는 것이 아니라면 아무리 당신이 "하나님의 사랑"이나 그 비슷한 개념을 들먹이더라도 당신은 **이 세상에서 한 인간으로 다른 인간들과 어떻게 관계를 설정해야** 할지를 선택해야 하니까요. 모든 인본주의자들이 그렇게 하듯이 말입니다.

—

겸손

신에 대한 믿음과 더불어, 인류 역사에서 중심적인 가치 두 가지는 겸손과 복종이었습니다. 끊임없이 닥쳐오는 고통스러운 삶이 너무나 많은 사람들에게 오래 지속되어 자신들이 처해 있는 조건들을 개선하려는 노력 자체가 그들에게는 무의미했습니다. 마치 벽돌 벽을 머리로 깨어 부수는 것 같은 우둔한 일이었죠. 몇 주 동안 계속되는 장마에 작물이 망가지고, 그 위기가 가시고 나면 몇 달간 가뭄으로 이어지고, 잇달아 찾아드는 기아에 시달리는 이유를 이해할 방법이 없던 상황에서 **복종**은 정신이 바로 박힌 평민들이 대응할 수 있는 유일한 방법이었습니다. 우리는 왜 그렇게 많은 우리의 아기들이 출산 중에 죽는지에 대한 답을 알지 못했습니다. 압도적으로 강력한 군대에 의해 억압받았고, 이에 대응할 대의 민주주의 같은 것은 존재하지 않았습니다. 이런 예는 끝없이 나열할 수 있습니다. 이러한 삶에서 사람들이 기대할 수 있는 것은 고통, 가끔씩 찾아드는 손톱만큼의 즐거움, 꼭 같이 고통받는 주변 사람들과의 밀접한 동료애, 더 많은 고통, 그리고 죽기 전에 다가오는 더 많은 고통이었습니다. 오늘날의 많은 현대 문화는 그러한 삶을 살았던 사람들로서는 이해하기 어려웠겠지요.

예를 들어, 잘 알려진 나이키의 슬로건 "Just Do It"을 생각해 보세요. 고대의 농노나 평민들은 이 메시지에 어리둥절해지지 않을 수 없었을 것입니다. "뭘 그냥 하라는 거야?" 그들에게 떨어진 자신들의 가혹한 운명을 피하기 위해 아무것도 할 수 없었기 때문입니다. 그래서 많은 고대 종교가 강조한 핵심 가치는 겸손입니다. 이는 고통을 받아들이고 그것이 자신에게 마땅히 주어진 것이며, 자신에게 유익하다고 간주하는 능력입니다.

인본주의자들은 우리가 여전히 바꿀 수 없는 많은 것들이 우리 환경에 있다는 사실을 인정합니다. 그러나 우리는 주변을 둘러보며 우리가 얼마나 많은 것을 바꿀 수 있고, 또 바꾸어 왔는지 볼 수 있습니다. 가끔은 운명으로 후퇴해야 할 때도 있지요. 그러나 더 많은 경우 우리는 겸손, 체념, 복종 대신 야망, 비전, 그리고 상황이 정말로 악화되면 유머 감각을 갖고 앞으로 전진하는 능력을 소중히 여깁니다.

—

거지 같은 삶을 산 후, 너는 너 자신에게 거짓말을 하게 되지
"Life's a Bitch, and Then You Lie (to Yourself)"

신이 이미 삶의 의미를 창조했거나 아니면 아직도 창조하고 있다는 개념을 포기한 사람들이 가장 먼저, 그리고 어디서나 찾을 수 있는 반응은 허무주의일 것 같군요. 즉, 삶에는 의미가 없으며, 의미가 있을 수도 없다는 생각입니다. 사실, 우리 인본주의자들, 무신론자들, 그리고 비종교인들은 종종 신을 배제한 우리의 세계관이 허무주의적이라는 비난에 맞서 우리 입장을 방어해야 합니다. 이 비난이 공정한 것일까요? 아닙니다. 하지만 그 이유가 무신론자들 사이에 허무주의자가 없기 때문이 아닙니다. 우리가 비종교인으로서 우리 입장을 밝힐 때, 종교인들이 흔히 보이는 애국적 강경론과 비슷한 태도로 우리 비종교인들이 반응하는 대신, 우리도 그들과 같이 그들이 무신론자에 대해 갖고 있는 최악의 고정관념을 닮은 태도를 의식적으로든 무의식적으로든 보여 줄 수 있다는 사실을 성실하게 인정하는 고결성을 가져야 할 줄 믿습니다. 반대로, 목에 화려한 십자가를 걸고, 가장 화려한 성전에 가서, 가장 좋은 자리에 앉는 것이 종교적이라는 식의 말로만 독실한 종교인도 있습니다. 최근 무슬림 남성들 사이에서 자신이 기도할 때 생긴 이마의 멍 자국인 "제비바(zebiba)"의 크기를 두고 경쟁하는 트렌드가 나타났다는군요.[2] 이런 종류의 종교적 과시 행위에 열광하는 사람들이 많지만, 실제로는 자신한테만 신경 쓰는 행동, 그 이상이 아니겠군요.

허무주의는 우리 삶의 심각한 문제이며, 종교인과 비종교인을 가리지 않고 괴롭힙니다.

그러나 많은 사람들이 인본주의나 무신론을 허무주의와 동격이라는 논리를 전개하고 그 관계의 역(逆)도 사실이라고 주장합니다. 이러한 주장은 비양심적이거나 믿을 수 없을 정도로 무지한 것이거나, 혹은 두 가지 모두 진실일 수 있습니다. 그렇다면 허무주의란 무엇일까요? 그것에는 여러 유형이 있습니다.[3]

러시아 허무주의

허무주의라는 단어는 19세기 후반 러시아에서 등장하여, 투르게네프와 도스토옙스키의 소설을 통해, 신이 없는 세상에서 거침없는 쾌락주의 외에는 포용할 것이 없다는 생각을 전파했습니다. 투르게네프의 소설 『아버지와 아들』에서, 등장인물 바자로프는 자신을 허무주의자라고 선언하며, 이는 사람들이 "유익하다고 인식되는 대로 행동한다"는 의미라고 말합니다.[4] 바자로프는 **"유익하다"**는 말을 모든 것을 부정하고 거부하는 것으로 정의합니다. 즉, 가치도, 따를 만한 도덕도, 진리도, 선도 없다는 주장이지요.

도스토옙스키는 삶에 목적이 없다는 견해를 받아들이면 논리적으로 살인, 자살, 또는 극단적인 형태의 쾌락주의로 이어질 것이라고 상상했습니다. 우리가 지켜야 할 가치가 없다면, 사람들에게 친절하게 대해야 할 선한 이유도 없다는 생각이지요. 특히, 다른 사람들을 진흙탕에 밀어 넣는 것이 더 **유익한 재미**를 준다면 말이죠. 그 오랜 기간 자기 절제를 필요로 하는 의학 공부를 고통스럽게 할 이유도 없습니다. 오히려 사람들을 죽이고 그 시체에서 물건을 훔치는 것이 더 많은 아드레날린을 분출시켜 준다면 말입니다. 현시대에서 찾을 수 있는 "러시아 허무주의" 상징 중 하나인 배트맨의 숙적 조커를 상기하면 분명히 이런 류의 허무주의에 대한 우려는 오늘날에도 우리에게 여전히 남아 있는 것 같습니다. 조커는 삶이 단지 잔인한 농담에 불과하다고 믿는 소시오패스로, 자신의 쾌락을 위해 다른 사람들을 뻔뻔하게 착취하며 자신의 믿음을 실천에 옮기고 있는 것이지요. 우리가 배트맨을 필요로 하는 이유가 바로 이것이군요. 어떤 사람들은 이러한 "모든 것이 허용되는" 허무주의를 인본주의라고 생각할 수 있지만, 그것은 잘못된 생각입니다.

쇼펜하우어의 허무주의

이것은 더 우울하고 내향적인 허무주의 안목인데, 우리가 경솔하지만 종종 들을 수 있는 "*삶은 거지 같고, 결국 죽는다*(Life is a bitch, and then you die)."는 표현에 정확하게 나타나 있습니다. 19세기 철학자인 쇼펜하우어는 인간 존재에 관해서 어떤 긍정적인 의미도 찾지 못했으며, 사실 우주가 인간에게 적대적일 수 있다고 믿었습니다. 그가 경험하고 목격한 그 많은 고통이 이를 증명한다고 생각했기 때문입니다. 그러나 그는 다른 사람들에게 고통을 가하는 데서 큰 기쁨을 얻는 것 같지는 않았습니다. 쇼펜하우어적 허무주의자는 조커와 같은 사이코패스 살인자가 될 가능성은 거의 없겠군요. 이 유형은 태양이 빛나고 새들이 지저귀고 다른 사람들이 미소를 지으려 애쓰는 날에도 항상 침울하고 비참한 곰돌이 푸("Winnie the

Pooh")의 이요르를 떠올리게 합니다. 이 친구는 결코 위협적인 사람은 아니었습니다. 하지만, 그가 삶을 더 즐기고 감사하는 태도를 갖고 자기 자신의 상황을 웃어넘길 수 있는 사람이었다면 자신뿐만 아니라 그의 옆 사무실에 있는 사람에게도 훨씬 나은 삶이 되었겠지요. 쇼펜하우어의 허무주의도 역시 인본주의는 아닙니다.

고귀한 거짓말

세 번째 형태의 허무주의는 아마도 가장 인기 있는 것일지도 모릅니다. 이 표현은 종교 철학가 로열 루(Loyal Rue)에 의해 대중화되었으며, 그는 『속임의 은총 덕분으로: 자연과 인간의 역사에서 속임수의 역할(*By the Grace of Guile: The Role of Deception in Natural History and Human Affairs*)』에서 우리가 꼭 살아야 할 진정한 가치는 없지만, 우리 자신에게 그런 가치가 있다고 거짓말을 하고, 그러한 거짓말을 바탕으로 정교한 도덕적, 사회적 시스템을 만들어 나가면 삶이 훨씬 더 나아질 것이라고 주장했습니다. 얼핏 들으면 바보 천치 같거나 최소한 터무니없는 소리로 들릴 수 있지만, 이는 현대 철학에서 중요한 주제이며, 철학자들은 이를 두 가지 이름으로 부릅니다: "허구주의"와 "오류 이론". 실제로 오류 이론이나 **고귀한 거짓말**은 아마도 가장 인기 있는 형태의 허무주의일 것입니다. 이는 인생이 살아갈 가치가 정말 없다고 의심하는 사람들이 그러한 의심을 잠시 잊고 삶에 의미가 있는 것처럼 살아갈 수 있도록 해 주기 때문입니다. 하지만 우리가 거짓을 기반으로 해서 살아가고 있다는 생각이 우리의 뇌 뒤쪽에 자리하고 있는 한, 그것이 인간에게 끼칠 수 있는 해로운 영향을 생각해 보지 않을 수 없겠군요.

놀랍게도, 이 개념은 퀴퀴한 냄새를 풍기는 철학 책에서 벗어나 거의 10년 동안 미국과 세계 정치 생활을 지배하는 듯 보였습니다. 영향력 있는 오류 이론가나 "고귀한" 거짓말쟁이의 유명한 예로는 철학자 레오 스트라우스를 들 수 있습니다. 그는 시카고 대학교의 전직 교수로서 폴 월포위츠, 도널드 럼즈펠드, 딕 체니와 같은 "네오콘(신보수주의자)"으로 알려진 주요 현대 정치인들에게 영감을 주었습니다. 스트라우스는 종교를 문자 그대로의 진실이라고 믿지는 않았지만, 미국 국민이 따르고 자신들을 고상하다고 믿게 해 줄 영웅적인 신화를 필요로 한다고 생각했습니다. 따라서 스트라우스는 우리가 이러한 신화를 공급할 것을 제안했으며, 그 신화 속에 우리 미국 문명과 다른 문명 간의 차이를 강조하는 것도 포함시켰습니다.[5] 그리고 만약 이런 접근 방식의 일부로 충분히 정당화되지 못한 선제적 전쟁을 우리가 외국 땅에서 해야 한다면? 그것은 진정한 허무주의를 막기 위해 필요한 신화를 만드는 과정에서 나타나는 어쩔수 없는 "부수적 피해(collateral damage)"로 간주하라는 것이었습니다.

이 세 가지 형태의 허무주의가 공통적으로 가지고 있는 점은 모든 삶에서 어떤 종교적 의미나 목적의 존재를 부정한다는 것입니다. 하지만 이들 어떤 유형도 꼭 같이 휴머니즘의 요소를 포함하고 있지 않습니다. 이들 모두 세속주의, 인본주의 또는 비종교주의가 갖고 있는 참된 뜻의 목적과 의미의 가능성을 부정합니다.

사람들이 종교를 포기하고 위에서 기술한 허무주의 한두 개를 선택할 수는 있지만, 대다수의 비종교적 사람들은 허무주의자도 아니며 초자연적이거나 절대적인 가치를 믿는 사람들도 아닙니다. 인본주의자로서 우리는 철학자들이 "주관적 현실주의자(Subjective realist)"라고 부르는 존재입니다. 우리는 선, 두려움, 고통, 그리고 의미와 같은 속성과 가치가 실제로 존재한다는 것을 알지만, 이러한 것들은 인간을 통해서만 존재합니다. 시몬 드 보부아르가 자신의 책 『제2의 성』에서 여성성을 이러한 관점에서 설명합니다. 그녀는 여성성이 사람들의 믿음 없이는 아무것도 아니라고 인정합니다. 그렇다고 해서, 그것이 여성성이 거짓임을 의미하지는 않는다고 말합니다. 여성은 존재합니다. 이러한 관점에서, 우주가 부여하는 객관적인 의미의 틀이 없다는 사실에 과도하게 집중하는 것은 책임을 회피하려는 시도에 불과합니다. 우주의 공간에 떠 있는 거대한 석판에 우리에게 주어진 선택이 무엇인지 자세히 새겨져 있지 않더라도, 우리는 매일 살아가기 위해 의미 있고 어려운 선택을 내려야 하니까요.

신을 믿지 않는다고 해서 허무주의를 뜻하지는 않습니다. 그렇다면 비종교적 사람들을 이끌어 갈 수 있는 주관적 목적은 무엇일까요? 그리고 그중에서 진정 가치 있는 것은 무엇일까요?

—

추구자들(Strivers)

제가 하버드의 동료 목사였던 브래드 반즈와 나눈 대화를 잊을 수 없군요. 그는 훌륭한 인품의 소유자로 남부 장로교 목사님이었습니다. 어느 날 조찬 모임에서 저를 따로 불러 이렇게 말해 왔습니다. "제가 항상 물어보고 싶었던 게 있는데요. 세상에서 가장 큰 종파의 목사로 일하는 기분이 어떤가요?" 처음에는 그가 무슨 말을 하는지 전혀 이해할 수 없었지요. 그는 분명 몇몇 장로교 교회가 전체 미국 인본주의 협회보다 더 많은 회원을 가지고 있다는 것을 알고 있을 거라고 생각했습니다. 그러나 조금 더 대화를 나눈 후, 그의 말이 무엇을 의미했는지 알게 되었습니다.

세상 대부분의 사람들은 신을 믿는다고 말하지요. 그러나 그들이 실제로 믿든 믿지 않든, 신에 대한 믿음이 그들 대부분을 행동으로 실천하게 만들지는 않습니다. 명목상으로만 기독교인, 유대교인, 이슬람교인, 힌두교인, 불교인이지만, 자신의 종교 교리를 진지하게 받아들이지 않는 사람들을 모두 합친다면, 세계에서 가장 큰 종파가 생길지도 모릅니다. 이들은 자신을 인본주의자라고 의식하지 않을 수도 있고, 자신을 종교적이라고 간주할 수도 있지만, 그들은 이미 세속화된 사람들입니다. 셔윈 와인의 말처럼, 이들은 일요일에 교회에 가는 것보다 골프를 치거나 금요일 밤에 영화관에 가는 것을 훨씬 더 원합니다. 예수 그리스도의 삶과 신학, 그리고 공동체에 참여하는 것에 중점을 두는 목사인 브래드의 관점에서 보면, 이런 사람들은 가끔 예배당에 발만 들여놓고, 진정한 종교의 범주에서는 멀리 떠난 사람들입니다.

제가 브래드에게 설명해야 했던 것은, 명목상의 기독교인으로 남아 있거나 다른 종교를 따른다고 해서 반드시 인본주의자가 되는 것은 아니라는 점입니다. 기독교 신을 사랑하고 따르는 것이 그 사람의 행동 동기가 아니라고 해서, 그것이 곧 인본주의라는 의미는 아닙니다. 당신은 사실상 인본주의자에 더 가까울지도 모르겠네요. 하지만, 당신은 책임을 지고 누구인지 결정해야 합니다. 그것은 제가 대신할 수 없는 일이며, 다른 누구도 할 수 없는 일입니다.

저의 추측으로는 이 세상 대부분의 사람들의 행동에 동기 부여를 해 주는 것은—어쩌면 세계에서 가장 큰 종교도 될 수 있지만—우리가 막연히 "추구(striving)"라고 부르는 것입니다. 당신의 주위에서 추구하는 사람들을 만난 적이 있나요? 자신들이 인정하든 인정하지 않든 간에 이들은 삶의 의미가 가능한 한 많은 것을 획득하는 데 있다고 믿는 사람들입니다. 엄청난 부, 권력, 가장 멋진 차, 매력적인 사람, 최고의 직업을 갖는 것 등입니다(물론, 이런 방식으로만 살아가다가 갑자기 주식시장이 대공황에 빠지면 큰일이겠지요).

사실, 이런 추구 행위는 쇼펜하우어의 "인생은 고통"이라는 주제의 변형인 것이지요. 이 경우에는 인생이 "경주"로 변합니다. 인생이 고통이라 믿고, 자신을 부당한 상황의 희생자로 여기는 사람들은 대개 주저앉아 슬퍼하지만, 인생이 경주라고 믿는 사람들은 항상 노력하고, 경주에서 이기기 위해 일하고 또 일합니다. 가끔 경주에서 이기면 황홀하고 감동적인 기분을 만끽할 수 있습니다. 하지만 우리의 전 인생이 단순히 이기고자 하는 욕망, 즉 물질을 소유하고, 인기 있는 사람이나 지위를 얻고 싶은 욕구에 의해 움직인다면 어떨까요? 릴리 톰린의 명언, "'쥐 경주(rat race)'가 문제가 되는 이유는 승리한 후에도 당신은 여전히 쥐로 남게 된다는 사실이다."가 생각나네요.

　종교적 겸손과 자비의 삶을 살기 위해 노력하는, 진정으로 경건한 사람이 많은 대중문화에 묘사되는 끊임없는 추구 행위와 이기심 때문에 좌절하고 분노할 수 있음은 충분히 이해할 수 있겠군요. 저는 고상한 내용의 대중음악을 사랑합니다. 건실한 록, 포크, 랩 노래들은 전례 기도(liturgical prayer)에 대한 세속적 대안이라고 생각합니다. 하지만 대다수의 대중음악은 단순히 중독성 있는 멜로디와 드럼 비트를 이용해 우리에게 오로지 자신과 삶에서 얻을 수 있는 것에 대해서만 생각하라고 강요합니다. 그것이 섹스일 수도 있고, 약간의 사랑일 수도 있으며, 아니면 제이지(Jay-Z)의 노래에 등장하는 "돈, 현찰, 창녀들"일 수도 있죠.

　종교에 대한 진지한 이야기를 하며 힙합 음악을 언급하게 됨을 용서해 주시기 바랍니다. 하지만 저는 실제 종교보다 대중문화가 더 종교처럼 느끼며 자라난 미국의 첫 세대에 속합니다. 그리고 저는 종교보다 대중문화를 더 높게 평가하는 저의 느낌을 속으로 불편하게 생각하면서도 정확히 그 이유를 설명할 수 없었습니다. 2001년 9월 12일 아침에야 그 이유를 알게 되었군요.

　저는 9월 11일 반나절을 월드 트레이드 센터에서 세 블록 떨어진 곳에 살고 있던 어머니와 전화 통화를 하려고 무진 애를 썼습니다. 어머니가 살아 있는지 확인하고 싶었기 때문이었지요. 저는 제가 이끌던 인본주의 유대인 학생 그룹 회의에 참석하기 위해 미시간 대학교 힐렐(유대인 학생들을 위한 캠퍼스 센터)에 있었고, 그 센터 주변에는 저처럼 가족들의 안부를 걱정하는 수많은 학생들이 있었습니다. 그날 오후는 수십 명에 이르는 학생 지도자, 대학 관계자, 그리고 대학의 심리 상담 서비스 사무소 직원들과 함께 촛불 집회를 준비하느라 바쁘게 보냈고, 저녁에는 2만 군중이 모여 장엄한 촛불 집회를 열었지요. 집회를 준비하는 동안 우리는 한결같이 공통된 목적의식을 갖고, 집회 전 몇 시간 사이에 엄청난 준비 작업을 치러야 했습니다. 그날 하루 종일 음악 소리는 전혀 없었고, 오직 우리 자신들의 목소리, 때로는 거의 속삭임에 가까운 소리, 라디오나 TV에서 전해 오는 긴급 뉴스 소리, 그리고 목적이 넘쳐 흐르는 무거운 침묵의 소리에 파묻혀 있다가 우리 모두는 심야의 촛불 집회에서 한목소리로 노래를 부르기 시작했습니다.

다음 날 아침, 놀랍게도 저는 전날 아침의 끔찍한 사건의 공포에서 해방되어 있는 저 자신을 발견했습니다. 전날 밤 우리 모두가 함께한 이타적인 공동체 구축 작업에서 활력을 얻고 영감을 받았기 때문이었지요. 하지만 아침 식사를 사러 베이글 가게에 들어갔을 때, 라디오가 다시 켜져 있었습니다. 제가 24시간 만에 처음 듣는 음악은 래퍼 넬리(Nelly)의 〈Ride with Me〉라는 곡이었고, 그 가사의 주인공은 순금으로 장식된 휠이 장착된 사륜구동 트럭을 같이 타고 시내를 돌다가, 메르세데스 뒷좌석에서 함께 마약을 피우자고 청취자들을 초대하고 있었습니다. 고통스러울 정도로 중독성 있는 그 노래의 후렴은 반복해서 이렇게 외칩니다: **"왜 내가 이렇게 사는 거지? 그래, 그건 돈 때문이야!"** 돈 때문이라고?

저는 그 실망감과 분노를 결코 잊지 못할 것 같습니다. 이것이 우리의 가치를 공격한 이슬람 근본주의에 대한 우리의 응답인가요? 넬리의 노래와 그와 비슷한 많은 노래들이 말하는 가치들—가장 많은 돈, 가장 많은 여성, 가장 많은 쾌락, 지위, 권력, 또는 약물—을 추구하는 것이 우리의 가치일까요? 오해하지 마세요: 제가 이런 종류의 음악에 익숙하지 않았거나, 그것을 즐기지 않았다면, 그 가사를 알아차리지도 못했을 것입니다. 이 노래는, 많은 다른 노래들과 마찬가지로, 매우 중독성이 강하고, 그 가사에 주의를 기울이지 않는다면 듣기에 재미있는 곡입니다. 물론 저는 종교적이거나 전체주의적 권위가 그러한 메시지를 검열하거나 공식적으로 금지할 수 없는 세속적인 나라에서 사는 것을 다행으로 생각합니다. 더욱이, 많은 랩 음악은 결코 피상적인 내용이 아닙니다. 하지만 이런 환경에서 이런 종류의 노래를 들으면서 저는 세속 문화가 인본주의 문화와 같지 않다는 사실을 기억해 냈습니다. 때로는 전자가 후자에 훨씬 못 미친다는 사실이겠네요.

그럼에도 불구하고, 힙합 음악의 지속적인 매력 중 하나는 열악한 환경 속에서 성공을 거둔 약자의 이야기가 주제라는 점입니다. 심지어 가장 물질주의적인 힙합 음악에도, 상황이나 억압의 희생자들이 그 상황을 극복하고 큰 성공을 이루었다는 축하의 요소가 포함되어 있습니다. 이 주제는 중요한 문제를 제기합니다: 분명히 일부 사람들은 "쥐 경주"에서 승리하여, 카뮈의 "삶은 끝없는 패배처럼 느껴진다."는 생각을 무색하게 만드는 영광스러움을 맛보기도 하지요. 어떤 사람들은 야심 차게 목표를 향해 나아가고, 그 목표를 자신이 상상한 것 이상의 성공으로 성취합니다. 어떤 사람들은 다른 사람보다 더 행복해 보이고, 우리보다 더 매력적인 삶을 사는 것처럼 보입니다. 줄리어스 시저(Julius Caesar)는 이러한 사람들의 초기 전형 중 하나였습니다.

물론, 우리는 시저의 삶에 대해 세밀하고 객관적인 역사 기록을 가지고 있지 않습니다. 하지만 "쥐 경주"에서 승리해 챔피언으로 숭배받는 사람들의 삶에서 위대한 승리를 제외하고 나면 많은 세부적인 사항이 신비로움에 숨겨져 있는 것이 공통된 특징 아닐까요? 우리가 프린세스 다이애나, 브리트니 스피어스, 빌 클린턴 같은 사람들에 대해 더 많이 알게 될수록, 심지어 그들보다 더욱 눈부신 삶을 살아간 유명인들까지도 우리에게 실망감을 안겨 주는 경향이 있습니다. 몽테뉴가 그의 에세이 『스푸리나 이야기』에서 전한 바에 따르면, 시저는 대단한 덕목을 가진 사람이었습니다. 그는 삶에 대한 열정, 웅변, 그리고 자신에게 해가 되지 않는 한 비할 데 없이 관대한 사람이었습니다. 그러나 이 위대한 황제의 삶에서 가장 중요한 목적은 자기 자신의 "맹렬한 야망"이었고, 그는 궁극적으로 자신이 지키겠다고 굳게 맹세한 공화국의 힘과 명성을 자기 개인의 끝없는 욕망을 채우기 위해 낭비해 버리게 됩니다. 결국 다른 사람들이 자신을 신처럼 모시게 허용한 시저의 예는 우리가 우리 스스로 삶의 의미를 선택할 때 신중해져야 할 이유를 말해 주지요.

우리는 어떻게 하면 우리 자신이 그와 같은 인물이 되지 않게 할 수 있을까요? 가치 있는 목표를 위해 사용될 때 야망은 건강한 삶의 일부가 됩니다. 그러나 그것이 삶의 전부가 되었을 때, 그 원대한 야망을 완전히 충족시키는 방법은 없습니다. 항상 또 다른 전투나 또 다른 정복이 기다리고 있으니까요. 충분해질 때는 언제일까요?

우리가 주위에서 흔하게 볼 수 있는 야망가는 결코 달성할 수 없는 목표를 위해 일하고 일하고 또 일하는 사람입니다. 혹은 자신이 설정한 목표를 달성하고 나서야 깨달음을 얻는 사람입니다: "내가 아무리 노력해도 결국 아무 의미가 없다." "모든 것이 헛된 일이었다." 저는 이런 이야기들을 너무 자주 듣습니다: "내 인생 내내 좋은 직장을 얻기 위해 노력했어요. 그 직장을 얻었지만, 지루했고 나를 충족시키지 못했어요." "최고의 교육을 받기 위해 오랫동안 공부했어요. 여러 해 동안 공부했지만, 졸업할 때 내가 시작할 때보다 더 현명해졌는지 확신이 서지 않았어요." "내 인생 내내 가장 매력적인 배우자를 찾기 위해 노력했어요. 완벽해 보이는 사람을 찾았고 그녀의 마음을 얻었어요. 이제 결혼은 성공적으로 했지만 더 이상 그녀에게 매력을 느끼지 않아요."

이것이 바로 우리가 뉴욕 주지사였던 엘리엇 스피처의 몰락에 대한 이야기가 터졌을 때, 그 사람에 관한 이야기가 우리의 대화를 독점했던 이유였죠. 스피처는 완벽한 직업과 완벽한 삶을 가지고 있었습니다. 그는 젊고 인기 있는 주지사였으며, 장래의 대통령 또는 부통령 후보로도 거론되었고, 범죄자를 소탕하고 사회의 쓰레기를 청소하는 검사로 명성을 쌓았습니다. 그는 아름답고 능력 있는 아내와 아름다운 자녀들을 두고 있었습니다. 그런데 그는 수천 달러, 그것도 시간당 수천 달러를 주고 젊은 매춘부를 산 후에 자신이 이룩했던 모든 것을 쓰레기통에 던져 버렸습니다.

스피처는 우리가 모두 알고 있지만 선뜻 인정할 수 없는, 우리 자신 속에 살고 있는 진실의 완벽한 예가 되었습니다. 아무리 성공을 좇아 노력하더라도 우리가 느끼는 공허함을 달랠 수 없다는 사실 말입니다. 오직 승리만을 좇을 때, 어떤 승리도 또 다른 승리에 대한 갈증을 해소할 수 없습니다. 수백만의 명목상으로만 종교적인 사람들, 그리고 심지어 비종교적인 사람들조차도 복음주의나 오순절 성령교, 와하비 같은 엄격하고 보수적인 종교로 돌아가는 가장 큰 이유 중 하나는, 그들이 믿고 있던 기독교나 이슬람 같은 종교를 경쟁이나 우승 제일주의와 맞바꾸어도 별로 새로운 것을 얻을 수 없다는 사실을 올바르게 인식하고 있기 때문입니다. 아무리 많은 승리를 얻더라도 말입니다. 대부분의 사람들이 세속적이고 인본주의적 삶의 대안을 알지 못하기 때문에, 그들은 종종 자신만의 목표와 의제를 강화하는 보수적인 종교로 돌아가게 됩니다. 이런 과격한 보수 종파들이 추구하는 목표와 의제가 아무리 비합리적이거나 때로는 살인적일지라도, 최소한 그것들은 자기 중심적이거나 고립된 것이 아니므로 그 목표를 향해 나아가면서 내면에서 공허함과 외로움을 덜 느끼게 됩니다.

—

'추구 행위'를 없앨 수 있는가?
없애야 하는가?

불교, 동양의 신비주의, 혹은 단순히 "영성"이라고 부르는 것들이 추구를 통한 삶에 대한 비종교적 대안으로 종종 제시됩니다. 사람들이 끊임없는 성취와의 투쟁에 지친 나머지 성취에 대한 욕망의 제거를, 싸움에서 벗어나는 방법으로 간주하고 있음을 쉽게 이해할 수 있겠네요.

십 대 시절, 저는 비서구적인 신비주의의 일반화된 형태에 대해 많은 생각을 하곤 했습니다. 저는 명목만으로만 유대교인 두 부모와 함께 뉴욕에서 자랐으며, 그들에게 제가 바 미츠바(bar mitzvah: 유대 소년들이 13세에 하는 성년식)를 하고 싶다고 말했을 때 그들은 놀란 표정을 지었습니다. 저는 제 손위 사촌들의 바 미츠바에 가끔 참석하였었고, 그것이 그냥 재미로 즐길 수 있는 행사처럼 보였던 것이지요. 부모님은 성실하게 저를 지역 개혁 유대교 회당인 플러싱 자유 회당으로 데려갔습니다. 열 살인 저의 눈에 비친 플러싱 자유 회당은 많은 대리석과 금으로 장식된, 웅장하고 높은 돔과 정교한 스테인드글라스가 있는 엄숙한 건물처럼 보였습니다. 그러나 플러싱 지역이 수십 년 동안 많은 유대인 이민자들의 주거지로부터 최근 도착한 이민자로 채워진, 새로운 아시안타운으로 변모해 가고 있었기 때문에, 그곳에는 낡고 음산한 느낌이 확연했습니다. 자유 회당과 그 히브리어 학교는 눈에 띄게 쇠퇴를 겪고 있었고, 그곳은 저에게 전혀 자유로운 느낌을 주지 않았습니다.

선생님들도 무관심해 보였지만, 기도는 더욱 그러했습니다. "주 우리 하나님, 우주의 지배자이신 당신께서 당신의 계명으로 우리를 거룩하게 하셨나이다." 사람들은 단어를 입으로 중얼거릴 뿐, 그러한 말을 할 때 마땅히 따라야 할 경외심이나 존경심이 곁들여 있지 않았습니다. 셔윈 와인이 말하곤 했듯이, 개혁 운동이 한 큰 실수는 기도문을 히브리어에서 영어로 번역한 것 같더군요. 현대 사람들이 자신들이 해야 할 말을 실제로 이해할 수 있게 되자— 제가 말을 잘 못 시작했네요! 당연히, 나중에 저는 모든 개혁 회당이 그렇게 고리타분 하지 않다는 것을 알게 되었고, 일부는 상당히 역동적이고 창의적인 프로그램으로 충만할 수 있다는 것을 알게 되었습니다. 저는 저의 뇌리를 사로잡으며 플러싱 자유 회당의 성가대 선창자 스티브 펄스타인이 부르는 찬가에서 어떤 아름다움을 발견하기도 했지만, 그때쯤에는 이미 저의 인본주의에 대한 믿음이 확고해져, 그곳에서 일어나는 어떤 매혹적인 사교 활동이나 음악도 저를 자유 종교로 개종시키기에는 역부족이었습니다. 그 문제에 관해서는 또 다른 이야기도 있긴 하지만.

어쨌든, 저는 바 미츠바를 피하려고 했지만, 부모님은 종교적인 이유가 아니라, 제가 한 약속을 지켜야 한다는 신념으로 저를 억지로 그 과정을 끝내게 했습니다. 훌륭한 교훈이었지요. 하지만 저는 바 미츠바가 끝나자마자 유대교에서 최대한 멀어지려는 노력의 일환으로 아버지가 가지고 있던 동양 종교와 신비주에 관련된 책들을 꺼내 읽기 시작했습니다. 얼마 지나지 않아 저는 그 책들에서 손을 놓지 못하게 되었습니다. 고등학교 시절, 저는 『도덕경』, 『바가바드 기타』, 『선의 길』, 『영적 물질주의를 넘어서』, 그리고 칼 융의 연금술에 대한 저서 같은 현대 텍스트들을 읽었습니다. 제가 이런 책들에 쏟은 관심을 어떻게 완전히 설명해야 할지 모르겠지만, 주변에 있는 대부분의 사람들이 보지 못하는 어떤 진실을 발견한 것 같은 느낌이 들었습니다. 대학교에서 나는 중국어와 종교를 전공하며, 진정한 형태의 선(禪)을 대만에서 공부하고 싶어 그것에 필요한 정도의 유창한 중국어를 배우기 위해 이전에 경험해 본 적이 없을 정도로 열심히 공부했습니다. 선은 사실 산스크리트어의 디야나(Dhya-na)를 의미하는 중국어 단어 '참(Ch'an)'의 일본어 번역입니다. '참'은 명상을 의미하고, 아시아 종교 중 가장 엄격하고 가장 은밀한 형태로 알려져 있으며, 요즘은 대만에서만 파손되지 않은 옛 형체로 발견할 수 있습니다. 이는 지난 세기 동안 중국 본토의 공산당 정부가 그것의 대부분을 뿌리 뽑았기 때문입니다.

이 모든 것을 나는 미시간 대학교에서 문화적으로 유대인이자 백인인 로버트 샤프 교수로부터 배웠습니다. 그는 불교학을 가르쳤고, "영성"이나 명상에는 크게 관심이 없는 듯 보였지만, 득도한 불교 승려로 알려져 있었습니다. 때때로 저도 불교나 도교의 승려로서의 삶을 살게 될지도 모른다고 생각하곤 했습니다. 그것이 무엇을 의미하든 말이죠.

그러다 중국에 도착했을 때, 대부분의 불교신자들과 도교신자들이, 뉴욕에서 제가 알던 개혁 유대교 신자들이 유대교에 대해 그랬던 것처럼, 자신들의 종교를 진지하게 받아들이지 않는다는 것을 깨닫게 되었습니다. 불교도들에게 명상 수행에 대해 질문을 하면, 종종 진지한 답변 대신 냉소적으로 어깨를 으쓱하는 반응이 돌아오는 경우가 많았습니다. 참선 수행자들이나 도교의 성직자들은 작은 사당 옆에 큼직한 포도주 항아리나 TV/VCR, 그리고 몇 편의 음란 비디오를 놓아두곤 했습니다. 저는 더 많은 책을 읽으며 대부분의 불교신자들이 천국, 지옥, 신, 유령, 마법 주문, 그리고 기우제춤 같은 것을 믿고 있을 뿐만 아니라, 가장 "이국적인" 형태의 불교인 참선과 선불교조차도 매우 종교적인 구조를 가지고 있고, 권위에 집중하며, 종파와 계통을 둘러싼 싸움과 전설과 신화로 뒤덮인 역사를 가지고 있음을 깨달았습니다. 그리고 엄격한 정신과 신체의 훈련을 촉진하는 참선 명상은 제2차 세계 대전 당시 가미카제 조종사들을 훈련시키기 위한 매우 효과적인 도구였다는 사실도 알게 되었습니다. 어쩌면 가미카제 조종사는 원조 자살 폭탄범일지도 모르겠네요.

이런 사실이 제가 만난 중국의 불교도들을 **나쁜 사람**으로 만들지는 않았습니다. 저는 그들과 만나게 되어 기뻤고, 제가 대만과 중국 본토를 여행하는 동안 많은 사람들이 자신들의 삶과 작은 집 안으로 저를 받아들여 준 것에 대해 더할 나위 없이 감사했습니다. 저는 많은 사람들이 자신들을 불교도와 도교인으로 자처하는 것을 보았지만, 그들은 거의 자신의 믿음에 열정을 가지고 있지 않아 보였습니다. 그러나 어디를 가든 저를 놀라게 한 것은, 이 사람들이 명목상 불교도였음에도 불구하고 그들의 삶이 불교의 기본 원리와는 전혀 맺어져 있지 않다는 점이었습니다. 그들의 욕망이 다른 사람들보다 적은 것도 아니고, 그들의 **"평정심"**이 더 많지도 않았으며, 다른 농촌 사람들보다도 "내면의 평화"를 더 많이, 또는 더 적게 발산하지도 않았습니다. "사람은 사람일 뿐"이라고 저는 생각했고, 여전히 그렇게 생각합니다. 결국 저는 뉴욕과 미시간에서 사람들이 원하는 것들, 즉 올바른 직업, 올바른 교육, 올바른 성적, 올바른 옷을 끊임없이 원하는 모습을 보며 이를 넘어설 방법을 찾기 위해 중국으로 갔다는 사실을 깨달았습니다. 하지만 사람들은 중국에서도 꼭 같이 원하고 있었습니다. 만약 그들에게 그런 욕망이 없었다면, 2008년 올림픽에서 어떤 나라보다 더 많은 금메달을 따지 못했을 것입니다. 이것이 사회주의를 시행하려는 모든 시도에도 불구하고, 자유 시장과 계몽된 자본주의가 중화 대륙에 더 잘 맞는 이유입니다.

아마 제가 모든 동양 및 남아시아에 퍼져 있는 철학적 아이디어를 미국에서 이국적으로 포장하여 판매하는 '정신적 미스 유니버스'에 매료되었을지도 모르겠네요. 그녀는 갈색 피부를 가졌고, 신비롭고, 영혼이 있으며, 당신이 늘 속해 있는 리그를 넘어서는 존재이니까요. 당신은 그녀를 무슨 수를 써서라도 갖고 싶어지겠지요. 삶의 목적이 우주와 하나가 되거나 그것을 초월하는 것이라는 생각은 뉴에이지 철학의 본질로, 우리는 그것이 불교, 도교, 그리고 특정한 형태의 힌두교와 같다고 배웁니다. 하지만 사실 그렇지 않습니다. 뉴에이지 사상은 최근의 현상으로, 주로 서구에서 만들어진 것이지만 종종 아시아 종교의 형태로 포장되어 오기도 합니다. 이는 새로운 것이나 위험한 것보다 오래되고 검증된 것 같은 철학적 아이디어를 선호하는 사람들의 성향이나, ("이미 거기는 가 보았고 해 보았어."라는 느낌을 주는) 친숙하고 지루한 것보다 이국적이고 독특한 아이디어를 선호하는 성향을 비켜 가려는 시도인 것이지요. 무엇보다 초월을 강조하는 정통 참선 불교 같은 고대 전통들은 가려운 코만 긁어도 곤장을 때리거나 깨진 유리 조각 위로 걷게 하는 벌칙을 수반한 침묵 명상을 며칠 계속시켜 초월을 달성하도록 권장합니다. 이런 접근법은 서구의 청중에게는 그다지 잘 먹히지 않을 것이기 때문에 많은 경우 슬쩍 얼버무립니다.

궁극적으로, 뉴에이지 영성에는 장점과 단점이 있습니다. 대개 선의를 가진 사람들을 끌어들이며, 다른 사람들에게 심한 해를 끼치는 상황으로 몰아가는 일은 극히 드물지요. 그리고 뉴에이지 수행자들은 때때로 감정적, 물질적 집착을 버리도록 가르침을 받고 있고요.

하지만 때로는 그 가르침의 정도가 지나칠 수도 있습니다. 예를 들어, 『영적 물질주의를 초월하는 법(Cutting Through Spiritual Materialism)』을 저술한 티베트 불교 지도자 고(故) 초감 트룽파(Chogyam Trungpa)의 경우가 그러한데, 하버드 대학교의 진보적 기독교 신학자인 하비 콕스 같은 교수들이 초감 트룽파에 대한 찬양 강의를 아직도 하고 있네요. 초감 트룽파는 그의 부유한 제자들에게 집착을 내려놓아야 한다는 명목으로 자신에게 롤렉스 시계나 고급차를 사 달라고 요구한 것으로 알려져 있습니다.

이 모든 것은 제가 욕망을 완전히 제거하는 것이 불가능하다는 결론에 쉽게 도달하도록 도와주었습니다. 그리고 설령 그것이 불가능하지 않다 해도 어느 정도의 욕망과 그것의 성취에 대한 노력은 건강한 것입니다. 중요한 것은 우리가 무엇을 위해 추구하고 있는가 하는 질문입니다.

인도에서 신화적인 왕자가 2,500년 전에 모든 욕망을 제거했다는 완전히 검증되지 않은 이야기가 있다고 해서 그것이 실제로 가능하다는 의미는 아닙니다. 실제로, 당신이 부처와 예수를 각각 불교와 기독교의 이상적인 모델로 삼는다면—이 두 사람 모두 실제 인물로 보이며, 삶에 대해 흥미로운 통찰과 의견을 가지고 있었던 사람들처럼 보입니다만—부처의 실존과 그가 그 모든 업적을 이루었다는 증거는 복음서의 이야기에 대한 증거만큼 희박합니다. 그럼에도 불구하고 많은 회의적인 사람들은 기독교 복음서가 문자 그대로 진실이라고는 생각하지 않으면서도, 우리가 살아서 호흡하는 인간의 삶을 살며 욕망을 완전히 제거할 수 있다고 상상하는 것을 좋아하지요.

더욱이, 설령 욕망을 전혀 원하지 않는 것이 가능하다고 해도, 왜 그런 경지를 원하겠습니까? 사실, 불교에 매료된 대부분의 사람들은 억지로 생각해 보라고 하면, 욕망과 열정, 다른 사람들에 대한 **배려심**에는 가치가 있다는 점을 인정할 것입니다. 마치 자살을 고려하는 사람들이 자신이 없어진 후 장례식에서 모두가 자신을 그리워하고 비로소 자신을 인정해 주는 모습을 상상하며 얼마나 멋질지 환상에 빠지는 것처럼—자신들은 그런 순간이 왔을 때 존재하지 않을 것이라는 사실은 잊고 말이죠—우리의 서양식 불교에 대한 사고는 욕망과 열정, 배려심이 없다면 사랑도, 성애도 없고(물론 스님들은 **금욕적인 삶**을 살게 되어 있지만), 우정조차도 지금 우리가 아는 방식으로는 존재할 수 없다는 점을 간과합니다. 우정은 좀 더 느슨한 형태의 욕망이지만, 진솔하고 친밀한 우정이 강렬한 이유는 그것은 동료애와 감사함에 대한 우리 욕망의 발로이기 때문입니다.

물론, 불교와 뉴에이지 종교에는 세속적이고 현실적이며 실질적으로 수행자들에게 유익한 요소들이 분명히 있습니다. 모든 욕망을 제거하겠다는 생각이 비현실적이고 바람직하지 않다고 해서, 우리가 제거하는 것이 더 나은 욕망들이 없다는 것은 아닙니다. 불교의 명상 기법은 그러한 비생산적인 욕망을 제거하고 더 건강한 집착을 기르는 데 도움을 줄 수 있는 도구 중 하나입니다.

인본주의자들에게는 욕망과 배려심을 가지는 것이 좋은 일입니다. 중요한 질문은, 무엇을 욕망하고 무엇에 배려심을 가지느냐는 것입니다. 인본주의의 메시지는 뚜렷합니다: 열정적으로 몰두할 **가치가 있는 것들**에 열정을 가져라.

그렇다면, 열정을 가질 만한 가장 가치 있는 것들은 무엇일까요? 기독교나 불교가 추구하는 목적이나, 인간은 아무런 목적 없이 살 수 있다는 거짓말까지 포함된 많은 목적의 대안 중에서 우리가 선택할 수 있는 것은 어떤 것일까요?

—

우리는 무엇을 위해서 추구하는가?

사랑만 있으면 돼

인간의 행동과 결정에 가장 많은 동기 부여를 마련해 주는 로맨틱한 사랑, 성적인 사랑, 그리고 다른 형태의 사랑에 대한 갈망에서 온다는 사실은 생물학적인 근거에 기반하고 있습니다. 인간은 본질적으로 사회적인 존재입니다. 인간은 커다란 두뇌를 커다란 두개골에 담아 좁은 산도를 통해 세상으로 나오기 위해 두뇌를 제외한 다른 신체 부위를 매우 연약한 상태로 태어나게 진화하였지요. 생애 첫 몇 년 동안 끊임없는 사랑과 보살핌이 없이는 생존할 가능성이 거의 없다는 뜻이지요. 이러한 이유로, 진화는 부모들은 장기간 지속되는 사랑의 유대감을 형성하도록 프로그래밍되었으며, 그 이유는 육아라는 길고도 고된 일을 함께 나누기 위해서입니다. 이런 진화 과정은 수백만 년에 걸쳐 계속되어 왔습니다. 우리는 사회적 연결에 대한 욕구나 성적, 로맨틱한 사랑에 대한 욕구를 선택한 것이 아닙니다. 그리고 모든 사랑이 불완전하고 모든 관계가 정확히 맞아떨어지지 않는 방식으로 진화하도록 선택하지도 않았습니다. 그러나 우리가 좋든 싫든 간에 이런 조건 아래에서 살고 있는 우리는 우리의 행동에 전적으로 책임을 져야 합니다.

종교 활동의 많은 부분이 이렇게 결코 완전할 수 없는 동료애에 대한 굶주림의 문제를 해결하는 데 노력을 기울여 왔습니다. 모든 주요 종교가 결혼, 성적 순결, 그리고 남녀 간의 접촉에 대해 엄격한 규율을 요구하고 있는 사실은 우연의 일치가 아니겠네요. 그리고 오늘날에도 모든 사회에서 이러한 규율을 따르거나, 반항하거나, 또 새로운 규율을 만들어 내기 위해 많은 시간과 에너지를 소비하고 있습니다. 각 사회는 자신들 나름의 방식으로 이러한 도전에 대응하고 있는데, 상이한 전통이 충돌할 때 갈등이 발생합니다. 고대의 예를 들자면, 지금은 불교가 중국 사회와 유교 개념과 잘 조화를 이루고 있지만 처음 인도로부터 중국으로 전파되었을 때 강한 저항을 받았는데 그 이유는 불교의 교리가 금욕적 생활 방식을 장려하여, 결혼, 출산 그리고 자녀 양육에 관한 유교 전통과 마찰을 일으켰기 때문입니다. 오늘날에도 많은 서양의 불교 신봉자들은 달라이 라마가 정통 티베트 불교 신자로서 동성 결혼에 반대한다는 사실을 잘 알지 못합니다.

조나단 하이트는 행복을 설명하는 "행복 공식"을 제시했는데, 이는 행복(H)이 생물학적 기준선(S)—우리의 뇌가 행복, 고양된 기분, 기뜸 등을 느낄 수 있도록 연결된 정도—, 삶의 조건(C), 그리고 자발적인 활동(V)의 합이라는 것입니다. H = S + C + V. 하이트는 사랑이 (일과 함께) 조건(C)의 가장 큰 요소라고 주장합니다. 어떤 종류의 수학 공식을 기대하고 있는 독자들을 위해 이를 쉽게 풀어 보자면, 사랑은 우리가 원한다고 해서 임의로 선택하거나 내려놓을 수 있는 선택적 활동이 아닙니다. 또한, 사랑은 우리의 행, 불행을 결정하거나 혹은 두 가지를 우리로 하여금 동시에 느끼도록 하는 유전자에 의해 고정된 생물학적 현실이 아닙니다. 우리가 느끼는 사랑의 정도는 우리가 갖고 있는 주택, 의복, 돈, 교육, 또는 석유 자원에 대한 접근 정도와 같은 인생의 기본 조건입니다.

다른 모든 삶의 기본 조건과 마찬가지로, 사랑이 없다면 노력으로 얻을 수 있으며, 사랑을 가졌다면 교만해서는 안 됩니다. 왜냐하면 언제든 잃을 수 있기 때문입니다. 소설가 다니엘 핸들러가 그의 소설 『부사(Adverbs)』에서 썼듯이, "사랑이 무형이라고 누가 감히 나한테 주둥이를 놀릴 건가? 그렇지 않다는 사실은 뻔한데 그런 말을 하는 사람들은 집을 소유한 사람들"[7]이라는 말처럼, 우리의 기본적인 물질적 욕구가 어느 정도라도 충족된 후에는 사랑을 찾고, 지키며, 또는 사랑이 어떻게 사라졌는지 고민하는 것만큼 우리의 시간과 에너지를 많이 차지하는 것은 없을 것입니다.

비틀즈가 제안한 가설에 답해 보시죠: 사랑, 사랑, 사랑이 전부일까요? 역사학자 스테파니 쿤츠(Stephanie Coontz)의 매혹적인 저서 『결혼, 그리고 그 역사』는 인간이 에로틱하고 로맨틱한 파트너십에서 항상 겪어 온 어려움들을 다루며 한 가지 난제에 초점을 맞춥니

다: 현대 서구 사회에서 새로운 표준이 만들어졌다는 주장을 다음과 같이 전개합니다.

"사람들은 이제 결혼이 그들의 심리적, 사회적 요구를 그 어느 때보다도 더 많이 충족시키기를 기대합니다. 결혼은 과거에 용인되었던 강압, 폭력, 성 불평등에서 벗어나야 하며, 사람들은 결혼이 대부분의 친밀감과 애정에 대한 욕구와 모든 성적 욕구를 충족시켜야 한다고 생각합니다. 역사상 어느 사회에서도 이러한 높은 기대가 현실적이거나 바람직하다고 여겨진 적은 없었습니다. 많은 유럽인들과 미국인들이 이러한 가치관을 중심으로 관계를 형성하면서 엄청난 기쁨을 발견했지만, 결혼에 대한 이러한 전례 없는 목표의 채택은 예기치 못한 혁명적 결과를 가져왔고, 이는 결국 전체 결혼 제도의 안정성을 위협하게 되었습니다."

쿤츠의 메시지는, 오늘날 우리가 대중문화에서 경험한 후 상상하는 완벽한 사랑을 현실에서 찾기란 거의 불가능하다는 것입니다. 그런데도 우리는 보편적이고 완벽한 구원을 원할 때 사용하는 뇌 부위를 동원하여 그 완벽한 사랑을 찾고 또 찾아 헤매고 있다는군요. 실제로 뇌의 쾌락 중추가 새로운 로맨틱한 사랑에 의해 자극될 때, 이는 헤로인과 코카인, 그리고 아마도 특정한 강렬한 신비적 경험에 의해 자극될 때와 같다고 합니다. 그러나 그러한 경험은 생리학적으로 오래 지속될 수 없기 때문에, 우리가 관계 초기에 느끼는 로맨틱하고 열정적인 사랑이 궁극적으로 더 차분하고 느리고 안정적이며 조금 덜 흥미로운 무언가로 전환해야 한다는 사실을 받아들이지 않는다면, 우리는 쉬지 않고 사라져 가는 "영원히 행복하게"라는 수평선을 좇으며 인생을 보내게 될 것입니다.

명석한 두뇌를 가진 사람이나, 적응력이 뛰어난 사람, 건강한 사람, 온전한 정신 상태를 지닌 (무신론을 따르는) 사람 할 것 없이 모두 이러한 함정에 빠지기 쉬운 이유는, 우리가 모두 사랑스런 동반자를 필요로 하기 때문입니다. 사랑은 우리가 평생 동안 따르며, 12단계 프로그램을 통해 완전히 자제할 수 있는 '약물'이 아니기 때문입니다. 그리고 우리가 이를 찾는 과정에서 자신에게 가하는 스트레스(결혼식 준비 및 커플 치료 비용은 물론이고) 때문에, 각자에게 완벽한 사랑이 기다리고 있다고 믿는 비교적 세속적인 신화는 우리가 하나님을 믿는 여러 버전만큼 비합리적이고 해로울 수 있습니다.

저는 결코 우리가 사랑하지 말아야 한다거나, 장기적이고 헌신적인 결혼 관계를 맺지 말아야 한다고 말하려는 것이 아닙니다. 인본주의는 방탕함을 조장하지도 않지만, 수도승과 같은 금욕주의를 권장하지도 않습니다. 사실, 인본주의적 커플들이 장기적이고 헌신적인 삶의 동반자로서 결혼식을 하는 것을 돕는 것은 제가 인본주의 목사로서 하는 일 중 가장 즐겨하는 부분입니다(궁금하시다면: 물론, 결혼 전에 함께 살아 보고 성관계를 가져야 한다고 생각합니다. 서로의 궁합이 맞는지 확인도 않고 평생의 동반자를 선택하는 일은 정말 끔찍한 일이니까요).

지금 제가 주장하는 것은 사랑을 찾지 말아야 한다는 것이 아니라, 오직 로맨틱한 사랑에만 목줄을 매어서는 안 된다는 것입니다. 오직 그런 사랑의 추구만이 우리 삶의 의미가 될 수 없다는 것이지요.

행복

행복은 인생의 목표로 삼기에 가장 명확한 가치 중 하나입니다. 누가 행복해지길 원하지 않겠습니까? 하지만 단지 행복해지고 싶다는 저 자신의 욕망만으로는 제가 타인의 행복을 존중한다는 의미는 아니겠네요. 만약 제가 행복의 추구를 제 삶의 의미로 선택한다면, 저는 정확히 이반 카라마조프의 윤리적 위치에 서게 됩니다. 왜냐하면 무엇이든 저를 행복하게 만든다고 주장할 수 있기 때문입니다: 문란한 성생활, 폭식과 약물 사용, 살인, 학대, 절도, 횡령, 과시적 소비, 혹은 무지(무지는 결국 축복이니까요).

설사 19세기 미국 인본주의 지도자인 로버트 잉거솔의 유익한 충고, "행복해지는 방법은 타인을 행복하게 하는 것"을 추가한다고 해도, 여전히 고민할 질문들이 남습니다. 어느 타인을 행복하게 해야 할까요? 특정한 이들, 예를 들어 친구나 사랑하는 사람들, 종교적 동료들, 혹은 동포들을 행복하게 하는 것으로 충분할까요, 아니면 모든 사람의 행복을 동등하게 취급하는 것이 저에게 지워진 의무일까요? 만약 저에게 가까운 사람들을 우선으로 삼기로 한다면, 저는 제 가족의 사랑을 잔뜩 받는 윤리적 도끼 살인자가 되는 길로 나아갈 수 있고, 반대로 모든 사람의 행복을 동등하게 취급하는 쪽을 선택하면, 저에게 가까운 분들에게 특혜를 베풀고 싶은 저의 본능적 성향과 싸워야 하고, 모든 사람들의 행복을 보장하는 것은 불가능하다는 사실을 인정해야 하며, 저의 가까운 주변을 먼저 배려하거나 완전히 무시해야 할지를 우선 결정해 두지 않는 해결법은 아무런 도움이 못 된다는 사실 때문에 저는 행동 마비 상태에 빠지게 될 것입니다. 간디나 마틴 루터 킹 주니어를 평가할 때, 우리는 그들이 대중을 기쁘게 해 준 이유로 칭찬해야 할까요, 아니면 그들의 자서전 외의 다른 출판물에서 밝혀진, 그들의 아내와 자녀와의 관계에 있었던 깊은 결함을 비판해야 할까요? 이는 이 두 지도자가 실패했다는 의미가 아니라, 행복을 의미 있는 삶의 기준으로 삼기에는 그것이 지나치게 자기중심적이거나 모호하다는 점을 지적하는 것입니다.

당신이 될 수 있는 모든 것이 되세요

저의 존경하는 인본주의자 지도자 에바 골드핑거(Eva Goldfinger)는 그녀의 저서 『세속적 인본주의적 유대교의 기본 개념』에서 이렇게 썼습니다. "비록 삶 전체를 지배하는 단일한 목적이 없다고 하더라도, 모든 인간의 자아실현(self-actualization)은 삶에 목적을 부여합니다. … [인본주의자들은] 모든 사람이 자신의 자아실현을 위해 애쓰고 다른 사람들도 이를 성취할 수 있도록 돕는 것이 인간 삶의 가장 중요한 목적이라고 믿습니다."9

이 입장은 모든 종류의 인본주의자들과 인간 중심 사상가들이 폭넓게 지지하고 있습니다. 예를 들면, 심리학자 에릭 에릭슨(Erik Erikson)은 인간의 삶을 여러 발달 단계로 나눈 심리학 모델을 만들었는데 각 단계에는 궁극적인 삶의 목표인 자아실현에 도달하기 전에 극복해야 하는 위기가 포함되어 있습니다. 미 육군은 이 아이디와 비슷하게 들리지만 훨씬 더 직설적인 메시지를 담은 광고 캠페인 —"Be All You Can Be"(네가 될 수 있는 모든 것이 되어라)—을 만들어 냈습니다.

그러나 이 나라의 모험주의 군사 행동의 정당성에 대한 정치적 논평을 제쳐 두더라도, 위의 틀 안에서 군인들이 이룰 수 있는 자아실현의 본보기는 문제가 될 수 있겠네요: 행복과 마찬가지로, 어떤 개인이 자신의 잠재력을 실현하는 과정에 다른 사람에게 악몽을 가져다줄 수 있으니까요. 우리가 자아실현에 성공한 사람들의 대단한 자기 절제, 재능, 자기 인식을 칭찬하더라도, 우리는 조셉 스탈린, 토니 소프라노(Tony Soprano), 또는 카뮈의 희곡 『칼리굴라』에서의 칼리굴라 황제에게 일어난 일들이 바로 이런 케이스가 아닐지 질문해 보아야 하지 않을까요? 스탈린 역시 최고의 전체주의 독재자가 되기 위해 깊은 내면에서 감정적, 지적, 신체적 힘을 끌어냈을 것입니다. 《소프라노즈》가 최고의 TV 쇼 중 하나로 평가받는 이유는, 토니 소프라노가 악하게 행동하는 데 얼마나 많은 노력을 기울였는지를 보여 주기 때문입니다. 매일 그는 윤리적 딜레마에 직면했습니다. 그가 그렇게도 애지중지했지만 마약에 중독되어 상황 판단을 잘못해 엄청난 실수만 만들어 내는 사촌 크리스토퍼의 생명을 제거해 버릴지, 미미한 자존심 문제로 많은 인명을 희생하며 다른 조직과 전쟁을 해야 할지, 아니면 이득금은 조금 줄어들지만 그 조직과 계속 작당하여 횡령과 협박을 계속할지를 결정해야 했습니다. 그가 내려야 했던 이런 결정들은 **리더십**을 필요로 하지만, 칸트가 승인할 만한 윤리적 나침반은 결핍된 리더십이군요. 카뮈는 『칼리굴라』에서 이러한 문제에 초점을 맞추고 있습니다. 칼리굴라는 죽은 여동생이자 애인이기도 했던 인물의 죽음에 자극받아 자신의 백성들에게 철학적 교훈을 가르치기 위해 악랄하고 살인적인 폭군으로 변신했고, 그의 가르침 중 하나는 사람들이 자신을 죽여야 한다는 것이었습니다. 이것이 본받아야 할 사례일까요?

자존감 자체가 목표로 설정될 수는 없습니다. 심리학자 로이 바우마이스터는 아이들의 폭력성과 잔인함의 주요 원인 중 하나가 비현실적이거나 나르시시즘적인 높은 자존감이라고 지적합니다. 특히 바우마이스터가 말하는 '도덕적 이상주의'와 결합될 때 문제가 더욱 심각해집니다. 우리가 스스로를 매우 가치 있고 존중받아야 할 존재로 여길 필요가 있다면, 현실과 충돌할 때, 특히 젊은 남성들은 자존심이 상처받았다고 느낄 때—이런 경우는 아무리 잠시 동안 나타나는 현상이라 해도 반드시 생깁니다—폭력적으로 반응할 가능성이 큽니다. 이는 전장에서뿐만 아니라 정치나 사랑에서도 볼 수 있는 현상입니다. 사랑을 잃었을 때, 또는 칭찬과 과장된 평가로 인해 실제 자신의 능력과는 상관없이 부풀려진 자아상이 타격을 입었을 때, 상처받은 이의 고통스럽고 분노에 찬 반응에서 이와 같은 양상을 목격할 수 있습니다.

사실, 자신뿐만 아니라 다른 이들의 자아실현을 도와야 한다는 골드핑거의 마지막 문구에서 제시된 문제들—제가 암시적 표현으로 유연하게 반대했던 문제들—도 행복이라는 개념과 동일한 문제를 가지고 있습니다. 우리는 누구를 도와야 할까요? 가까운 사람들만 도와야 하나요? 아니면 대승불교의 보살처럼 감각이 있는 모든 존재가 자아실현에 이르도록 돕는, 애초에 불가능한 임무를 떠안아야 하는 것일까요? 결국, 자아실현이라는 개념은 심리적으로 포장된 '행복'에 지나지 않으며, 이를 문자 그대로 심각하게 받아들일 경우, 자기중심적이고 위협적인 개념이 될 수 있습니다.

봉사하세요

삶의 목적으로 종교인 비종교인에게 꼭 같이 인기 있고 매력적인 또 다른 선택은 우리가 세상에 변화를 가져올 수 있다는 신념입니다: 동료 인간에게 봉사하고 인류의 복지를 위해서 일하는 것입니다. 『페스트』에서 의사 리외의 대답도 이것이 아니었을까요? 인류에 대한 그 자신의 헌신이 그렇게 분명했다면, 아마도 그것은 그가 자신의 존재의 목적으로 그것을 선택했기 때문일 것이며, 우리도 리외의 뒤를 따라야 하지 않을지 모르겠네요.

그러나 이 아이디어에는 딱 한 가지 문제가 있군요. 리외의 행동은 분명히 줄리어스 시저 같은 이기심에 대한 강력한 해결책으로 보이지만, **너무** 이타적일 수 있다는 사실입니다. 다른 사람을 돕는 것이 실제로 그렇게 좋은 일이라고 가정하더라도—물론 우리는 그렇게 믿습니다—, 전혀 자기 개인 이익을 고려하지 않고 자신의 삶의 의미를 선택하라는 것은 너무 많은 것을 요구하는 것처럼 보이는군요. 이는 공산주의와 사회주의가 실천한다고 알려진 행동들이지요. 그들은 개인에게 집단의 이익을 위해 일하고, 개인적 소유물, 여가, 혹은 특정 자유에 대한 욕망까지 희생하라고 요구합니다. 미래 세대에게 더 나은 세상을 물려주기 위한다는 명분을 내세우며 말입니다. 하지만 보부아르가 『모호성의 윤리』에서 질타하듯이, 개인이 아무것도 아니라면 사회 역시 아무것도 될 수 없습니다. "어느 한 세대가 다음 세대를 위해 끝없이 희생하는 것은 부조리가 아닐 수 없다."고 말입니다.

저의 미시간 대학교 영어 교수 랄프 윌리엄스가 들려주신 약간 소박하지만 현명한 조언에 잘 나타나 있습니다. 그는 "사람은 자신의 이익을 위해 절반은 이기적으로 살아야 한다. 더 많이 그러는 것은 좋지 않지만, 만약 누군가가 자신은 절반도 못 미치게 이기적이라고 생각한다면, 아마 그는 자신을 속이고 있는 것일 것이다."라고 말씀하셨습니다. 스탈린 치하의 러시아와 마오쩌둥 치하의 중국에서 '집단을 위한 봉사'라는 강압적인 수칙 아래 고통받은 작가들이 격분해서 쓴 무수히 많은 반공산주의 소설들이 있습니다. 이 작품들이 분명히 타인에게 **봉사하는** 아이디어를 근본적 개념으로 전폭 지지하는 작가들에 의해 쓰였다는 사실을 고려하면, 아무리 관대한 사람도 결국 자신의 개별적인 삶의 가치를 확인하는 목적을 선택한다는 사실을 우리에게 알려 준다고 보아야겠네요.

휴머니스트들이 자기희생적이 되면 안 된다는 말은 결코 아닙니다. 사실, 저는 인류의 복지를 위해 일하는 것이 삶의 매우 중요한 부분이라고 생각합니다. 타인을 위해 봉사하는 것은 매우 중요합니다. 실제로 공동체 봉사를 하는 사람들이 그렇지 않은 사람들보다 더 행복하다는 각종 통계 자료를 우리는 알고 있으며, 배우자에게 더 많이 베푸는 사람들이 배우자로부터 더 많이 받는 사람들보다 훨씬 더 오래, 그리고 더 건강하게 산다는 통계도 있습니다.

그러니 배우자 여러분, 누가 상대방을 더 많이 돕는지 말다툼을 시작해 보세요. 그러나 너무 은근히 비꼬는 태도나 언제나 자기 혼자만 순교자가 된다는 콤플렉스(martyr complex)가 달아오르기 전에, 비행기 객실 압력이 떨어지면 사랑하는 부모가 자녀를 돌보기 전에 먼저 자신의 산소 마스크를 착용해야 하는 것처럼, 우리가 다른 사람들에게 베풀고 도와주기 위해서는 반드시 우리 자신이 필요한 것을 먼저 챙기고 난 후에야 타인이 필요한 것을 걱정할 수 있음을 기억하십시오. 절대 그 반대는 아니겠지요.

—

존엄성

하나님, 물질주의, 반물질주의뿐만 아니라, 행복, 사랑, 자아실현, 자기희생이 하나님 없는 좋은 삶을 구축하기 위한 목적으로 적합하지 않다면, 무엇이 남아 있을까요? 아무것도 없나요? 휴머니스트가 솔직하게 따르며 살아갈 수 있는 목적은 없는 걸까요?

아무것도 없다는 것은 완전히 우울한 대답일 뿐만 아니라 진실하거나 정직한 대답이라고도 할 수 없습니다. 아리스토텔레스가 삶의 목적성을 정의한 이후로, 모든 사람은 의식적이든 무의식적이든 목적에 따라 산다는 것을 우리는 잘 알고 있습니다. 엘리엇 스피처는 자신이 정의의 실현을 위해 살고 있다고 생각했을지 모르지만, 그가 자신의 삶이 사랑, 성(性), 그리고 단순한 스릴에 의해 어느 정도 동기 부여를 받고 있다는 것을 인정했더라면 훨씬 다행이었을 가능성이 크군요. 제가 저의 학생들에게 "삶의 목적이 무엇인가?" 물어보면 그런 무례한 질문을 하는 사람이 어디 있느냐는 표정으로 정말 모르겠다고 대답하는 학생들이 부지기수입니다. 하지만 아이비리그에서는 대부분의 사람들이 성취와 성공을 위해 살아간다는 사실을 그들의 행동에서 금방 알 수 있습니다. 하지만, 삶의 궁극적인 목적이 그저 멋진 파티나 쾌락, 또는 일시적인 즐거움을 찾는 것 이외에는 없다고 의심하는 사람들도 상당히 많습니다. 제 말은, 제가 학문이나 다른 분야에서 이루는 성공이든, 또는 일시적인 즐거움의 추구이든 그것을 반대한다는 뜻은 아닙니다. 그러나 지속적인 삶의 동기로는 무언가 더 건강한 것이 있어야 하겠네요: 우리가 무엇을 진지하게 추구하고 있을 때, 우리가 될 수 있는 최선의 경지에 도달할 수 있는지를 이해할 수 있는 더 나은 방법입니다. 그 방법이 무엇인지 말씀드리고 싶지만, 그 전에 약간의 문제가 있네요. 이 **"더 나은 방법"**을 의미하며, 또 모든 사람이 동의할 수 있는 단어를 우리는 아직 찾지 못한 것 같군요. 카뮈조차도 그 단어를 찾느라 무척 애를 썼던 것 같고요.

『**페스트**』의 결말에서, 소설의 서술자는 몇 달 동안의 긴 죽음의 고통 끝에 서서히 삶의 기운을 되찾아가는 오랑이라는 도시를 묘사합니다. 배들은 다시 방문객과 물자를 실어 나르기 시작하고, 기차는 차가운 북아프리카의 풍경을 가로지르며 증기를 내뿜습니다. 죽음의 시기 동안 그토록 더디게 흘렀던 시간이 이제는 너무 **빠르게** 지나가고 있습니다.

소설의 서술자는 다시 회복된 인간관계와 영원히 깨져 버린 인간관계에 초점을 맞춥니다. 주로 사랑에 대한 이야기입니다. 랑베르와 그의 젊은 신부는 재회합니다. 그녀는 기관차 계단에서 뛰어 내려와 그의 품에 안깁니다. 그가 그렇게 오랫동안 보고 싶어 했던 그녀의 얼굴인지 확인하기 위해 그녀의 머리카락을 쓸어 올리기도 전에 그의 얼굴은 눈물로 뒤덮입니다. 그녀가 정말 그녀일까요? 아니면, 정말 **그가 그 자신일까요?** 그는 자신이 오직 그녀의 포옹만을 갈망하던 그 사람이 더 이상 될 수 없을까 봐 걱정합니다. 페스트 동안 그는 변했습니다. 우리 모두가 그렇지 않았나요? 결국, 페스트는 우리 모두가 겪는 일에 대한 은유인 것이지요. 우리는 모두 무고한 희생자일 뿐입니다.

마지막 고백에서 서술자는 자신이 바로 의사 베르나르 리외라고 밝힙니다. 그리고 서술자는 분명히 알베르 카뮈 자신이기도 하기에, 우리는 이미 알고 있던 사실을 확인할 수 있습니다. 리외는 카뮈이며, 자신들을 구원해 주는 신이 없는 상황에서 죽어 가는 인간들에 대한 의사의 지칠 줄 모르는 헌신은, 우리의 끊임없는 실패에도 불구하고, 인류에 대한 카뮈의 흔들리지 않는 연민에 기인했던 것 입니다.

카뮈는 책을 쓴 이유를 "침묵하는 사람들 중 하나가 되지 않기 위해, 페스트에 걸린 이들 편에 서서 증언하기 위해, 그들에게 가해진 부정과 모욕이 어떤 형태로든 기억되도록 하기 위해, 그리고 우리가 역병의 시기에 배우는 것—인간에게는 경멸할 것보다 존경할 것이 더 많다는 것을—을 생생히 말하기 위해서였다."[11]고 적고 있습니다. 우리의 모든 실패에도 불구하고 인간의 잠재력을 웅변적으로 증언하려는 카뮈의 도전적인 투쟁은 **인간의 존엄성을 위한 투쟁**으로 가장 잘 이해될 수 있습니다. 적어도 그것이 제 친구이자 스승인 셔윈 와인이 부를 명칭인 것 같군요.

이 글을 쓰고 있는 이 순간, 제가 명석하고 훌륭한 학자들과 하버드에서 수년을 보내는 동안, 저의 판단으로 알베르 카뮈와 지적으로 동등한 위치에 있을 수 있는 유일한 사람은 셔윈뿐이었음을 잊을 수가 없군요. 카뮈는 진지하고 열정적인 천재였고, 47세에 비극적으로 세상을 떠나기까지 서구 역사에서 가장 중요한 문학인 중 한 사람으로 자리 잡은 사람이었습니다.

셔윈 역시 우리가 "비극"이라고 부를 수 있는 모습으로 세상을 떠났습니다. 비극이 아닌 죽음이 이 세상에 있다는 암시는 절대 아니고요. 우리가 듣는 순간 숨이 멎는 기분이 되고, 또 우리가 사랑하는 사람들과 함께 나눈 소중한 작은 추억들에 감사함을 느끼게 하는 그런 이야기 말입니다.

모로코의 에소우이라에서 30년간 서로를 사랑하며 함께 세계를 여행한 두 남성이 저녁 식사 후 택시를 타고 호텔로 돌아가고 있었습니다. 셔윈은 제가 쓰고 있는 이 책과 비슷한 주제의 책 집필 작업 초기 단계에 있었습니다. 그 두 사람은 그런 커플들에게 주어질 수 있는 행복을 만끽하고 있었습니다. 리처드는 셔윈의 일중독에 오래전부터 익숙해져 있었으므로 그와 함께할 수 있는 이런 한가한 여행을 무척 즐겼습니다. 여행을 떠나기 전, 79세의 셔윈은 어린 시절 친구이며 종종 자신의 출판물 편집자로 일했던 낸시에게 자신이 갖고 있는 "집필 편집 20년 계획"을 열정적으로 설명했다는군요. 하지만, 그 계획에는 이들이 탄 택시를 들이받고, 셔윈과 택시 운전사, 그리고 택시에 타고 있던 다른 미국인 승객 한 명을 죽게 만든 음주 운전자 모로코 남성은 포함되어 있지 않았습니다. 물론, 이런 죽음은 어디선가 매일 일어나며, 이런 일이 생길 때마다 단지 신을 믿지 않을 뿐만 아니라, 기도도 의식적으로 하지 않는 우리 무신론자들조차도 "하나님의 은혜로 저는 거기로 갑니다."는 말을 하고 싶은 충동을 느끼게 되지요. 영어에는 아직 이런 상황에 걸맞은 감정을 표현할 수 있는 문구가 없는 것 같군요.

셔윈의 삶에 감화를 받았던 많은 사람들은 이 소식을 듣고 깊은 충격과 슬픔에 빠졌습니다. 그 누구도 그의 지도자로서의 능력과 동정심에 견줄 수 없었기 때문에, 초자연적 권위를 인정하지 않는 휴머니스트 운동권 안에서도 그가 없는 삶을 상상하는 것이 처음에는 어려웠습니다. 하지만 우리는 궁극적으로 인생의 비극을 어떻게 대해야 하는지 그가 우리에게 매우 분명하게 가르쳤음을 기억해 내었습니다. 바로 '존엄성의 함양'이 그의 가르침이더군요.

셔윈은 사랑, 우정, 이성, 정의, 자기 절제가 비슷한 배율로 섞인 배합물에 낙관주의 한 잔과 그보다 더 독한 도전 정신 한 잔을 쏟아부어 만든 뭉근한 스튜(stew)같이 오래 지속되지 못하는 특징의 존엄성을 새롭게 정의하느라 여러 해를 보냈습니다. 그는 이 특성을 네 가지로 정의했습니다. "첫 번째는 높은 자아의식, 즉 개인의 정체성과 개인적 현실에 대한 고조된 자각입니다. 두 번째는 자신의 삶에 대한 책임을 기꺼이 받아들이고, 그 책임을 다른 사람이나 제도적 기관에 맡기지 않는 것입니다. 세 번째는 자신의 정체성을 소유물에서 찾는 행위를 거부해야 합니다. 네 번째는 자신의 행동이 다른 사람들에게 모범이 될 가치가 있다는 감각을 지녀야 합니다."[12]

이 네 가지 존엄성의 특징과 함께, 이를 가치 있게 여기는 사람들에게 따라오는 세 가지 도덕적 의무가 있습니다. 즉, "첫째, 나의 삶을 철저히 지배하고 통제하는 노력에 대한 도덕적 의무, 둘째, 신뢰할 수 있고 믿을 만한 사람이 될 도덕적 의무, 셋째, 관대해야 할 도덕적 의무입니다."

약간 아이러니한 사실이지만, 제가 셔윈과 같은 존경받는 사람들이 실제로 이러한 존엄성의 정의에 따라 살고 있다는 것을 알았기 때문에 저는 오랜 기간 동안 존엄성에 대해 글을 쓰는 것이 너무 두려웠습니다. 셔윈은 모든 순간을 행복감이나 사랑에 빠져 살아가지 않는, 제가 알던 몇몇 사람 중 하나였는데, 그렇다고 자신을 하나님이나 다른 사람에게 내맡기는 것도 아니고 또 절대 자기중심적이지도 않았습니다. 그들은 강인함과 진정성을 겸비하고 있었고 아직도 꼭 같은 가치를 지니고 있습니다. 이러한 특성을 저는 저의 어머니, 몇몇 가까운 친구들, 그리고 손가락으로 꼽을 수 있을 숫자의 정치 및 사회 지도자들에게서 보았습니다. 버락 오바마의 자제력에는 분명히 이러한 존엄성이 포함되어 있는데, 이 이유 때문에 (조지 부시의 정책에 대조되는 그의 정책과 함께) 저는 그를 무척 존경하게 되었습니다.

유감스럽게도, 저는 그런 특성을 저 자신 속에서 찾을 수 있는지 확신이 서지 않았습니다. 저는 존엄성을 지닌 삶을 항상 살고 있었을까요? 제 행동은 언제나 다른 사람들에게 모범이 되었을까요? 과연 순간순간을 자의식을 잃지 않고 살았을까요? 가끔씩 제 삶의 목적을 특정된 소유나 성취의 대상과 동일시하지 않았을까요? 다른 사람들이 그들 자신의 삶의 '페스트'를 극복하도록 정말 제가 베풀 수 있는 최선의 관대함을 보여 주었을까요?

물론 그렇지 않았습니다. 그러나 이 문제 때문에 이 책의 집필이 더 진전되지 못하는 몇 달을 보내는 동안 저는 이 질문들과 씨름을 했습니다. 마침내 명확한 깨달음이 오는 순간이 찾아오더군요. (마사추세츠주) 난터켓(Nantucket)섬을 왕복하는 페리 선착장 옆, 조약돌이 박힌 패티오에 앉아 구름 한 점 없는 푸른 하늘 아래 펼쳐진 하이애니스 포트 바다 전경을 내려다보고 있는 순간이었습니다. 그곳에서 저는 존엄성은 휴머니스트가 되기 위해 도달해야 하는 상태가 아닐 뿐 아니라, 심지어 하나님 없이 선해지는 것에 관한 책을 쓰기 위해 끝까지 머물러 있어야 할 장소조차 아니라는 것을 깨달았습니다. 만약 그것이 사실이라면, 저는 단순히 그것을 묘사하는 것으로 여기서 책을 끝낼 수 있었을 것입니다. 그러나 저는 이 초기 단계에서 제가 존엄성—혹은 당신이 무엇이라고 부르고 싶든 간에—에 대해 더 논의하고 싶다는 염원을 갖고 있었습니다. 왜냐하면, 존엄성은 우리가 추구해야 할 목표이기 때문입니다. 그것은 우리가 나아갈 방향이며, 우리의 삶이 개선되고 있음을 확인하기 위해 주목해야 할 목표입니다.

존엄성을 위한 투쟁은 우리의 삶을 더 높은 곳으로 끌어갈 수 있는 목적 의식이지만, 처음 난관에 부딪치는 순간, 수없는 결함을 가진 우리가 위선적인 행동을 하고 있다고 스스로를 책망하며 포기한다면 우리는 아무 곳에도 도달하지 못할 것입니다. 따라서, 제가 존엄성의 완벽한 예가 되는 지점에 아직 도달하지 못했다고 솔직히 인정하지만, 이제 존엄성에 대해 더 편안한 자세로 이야기해 드릴 수 있습니다. 사실, 우리 중 누구도 그것에 완벽하게 도달할 사람은 없겠지요.

—

존엄성이란 무엇인가?

서원 와인은 하나님이나, 단순한 행복, 사랑 등에 대한 이해를 초월한 삶의 의미를 처음으로 소개한 사람이 아닙니다. 20세기의 위대한 휴머니스트 심리학자인 에리히 프롬은 이를 **인간성** 혹은 **완전히 인간이 되는 것**이라고 불렀습니다:

"도스토옙스키는 '하나님이 죽었다면 모든 것이 허용된다.'고 말한 적이 있다. 실제로 대부분의 사람들이 이 말을 믿는다. 단지 그들이 내리는 결론이 다를 뿐이다. 어떤 사람들은 도덕적 질서를 유지하기 위해 하나님과 교회가 살아 있어야 한다고 결론짓고, 또 다른 사람들은 모든 것이 허용되며, 타당한 도덕적 원칙은 없고, 편의주의가 삶의 유일한 규제 원칙이라는 주장을 받아들인다. … 이에 반해, 인본주의 윤리는 인간은 살아 있는 한 무엇이 허용되는지 안다는 입장을 취한다. 살아 있다는 것은 생산적이라는 뜻이며, 자신에게 주어진 힘을 인간을 초월하는 목적이 아니라, 자기 자신을 위해 사용하고, 자신의 존재 의미를 추구하고, 인간이 되는 것을 의미한다. 자신의 이상과 목적이 자기 외부―구름 위, 과거, 혹은 미래―에 있다고 믿는 사람은 자신이 찾고 있는 충족감이 발견될 수 없는 그 자신의 밖에서 그것을 찾으려 할 것이다. 그가 찾는 해법과 답이 있는 유일한 장소, 즉 자기 자신 속은 제외하고 다른 모든 곳을 헤매며….”[13]

프롬의 언어는 지나치게 인간 내부에만 집중하고 있는 듯합니다. 우리는 직관적으로 그의 주장이 완전하지 못함을 알 수 있겠네요. 행복한 삶을 위해 우리가 필요로 하는 모든 것을 우리 **자신 안에만 갖추고 있지 않으니까요**. 그것이 사실이라면, 우리는 각자 방에 들어가 혼자서도 **충분히 즐길 수** 있을 테니까요. 릭 워렌이 이 문제에 대해서는 정확히 보고 있는 것 같군요. 하지만 프롬의 휴머니즘에서 워렌의 복음주의로, 즉 극에서 극으로 달려가는 대신 우리는 프롬의 생각을 조나단 하이트의 접근법으로 조금 수정해 볼 수 있겠군요. 하이트가 의미를 말할 때 “행복”이라고 부르지만, 그의 정의는 매우 정교해서 에피쿠로스의 **유다이모니아**와 비슷한 점을 많이 공유하고 있습니다:

“행복은 당신이 직접적으로 찾거나 얻거나 혹은 성취할 수 있는 그런 것이 아니다. 당신은 그것에 필요한 조건을 올바르게 설정해 두고 기다려야 한다. 그 조건 중의 어떤 것들은 당신 안에 내재한다. 가령, 당신의 성격을 형성하는 속성들과 수준 사이의 일관성이나 정합성 같은 것들이다. 다른 조건들은 당신 외부에 존재하는 사물들과의 관계를 필요로 한다. 식물이 햇빛, 물, 좋은 토양을 필요로 하듯, 사람은 사랑, 일, 그리고 자신보다 더 큰 무언가와의 연계를 필요로 한다. 당신 자신과 타인 사이의 관계, 당신 자신과 일 사이의 관계, 당신 자신과 자신보다 더 큰 무엇과의 관계를 바르게 설정하기 위해 노력할 가치는 충분히 있다. 이 관계들이 올바르게 설정된다면, 의미와 목적에 대한 감각이 태어날 것이다."[14]

하지만 제가 말하는 존엄성의 실천이 가장 간결한 묘사는 기원후 2세기의 랍비 힐렐의 말에 나옵니다. 다시 말하지만, 우리 인본주의의 가치는 반드시 종교와 완전히 분리될 필요는 없습니다. 물론, 종교적인 사람들도 가치 있는 통찰을 가지고 있음을 보여 왔으며, 오늘날의 "종교적 가치"에는 많은 휴머니스트 사상이 들어 있습니다:

"내가 나 자신을 위해 존재하지 않는다면, 누가 나를 위해 존재할 것인가? 내가 나 자신만을 위해서 존재한다면, 나는 무엇인가? 그리고 지금 그렇지 않으면, 언제 그렇게 할 것인가?"

—

인간 관계는 존엄성에 필요 불가결하다

랍비 힐렐의 발언은 인간의 강인함이 어디에서 오는가에 대한 것입니다. 그것은 오직 하나님이 주는 선물일 뿐이라고 생각하는 사람들이 많습니다. 그들은 하나님 없이는 우리가 스스로 강해질 수 없으며, 우리가 고통을 참아 내고, 다른 사람들에게 사랑과 도움을 주기 위해서는 강인함을 주십사고 기도하는 것이 유일한 길이라고 믿습니다.

다른 사람들은 우리에게 필요한 모든 강인함이 우리 자신 속에 있다고 믿습니다. 그들은 하나님도, 다른 누구도 필요 없다고 생각합니다. 모든 것을 스스로 해결할 수 있다고 생각하는 것이지요. 그러나 하나님 없이 선함을 발견하는—휴머니스트가 되는—과정에서 결정적인 순간은 이 두 태도 모두가 잘못되었음을 깨닫는 것입니다. 우리는 천상에서 내려온 왕이나 여왕이 강인함, 지혜, 사랑의 축복을 가져다줄 때를 기다리는 타락하고, 무력하며, 나약한 존재가 아닙니다. 우리 속에는 강인함, 지혜, 사랑의 잠재력이 자리하고 있습니다. 그러나 우리 혼자서는 충분하지 않습니다. 우리는 자신을 넘어, 우리를 둘러싸고 지탱해 주는 세상, 특히 다른 사람들을 찾아 나설 필요가 있습니다.

이것이 존엄성입니다. 각각 다른 모습으로 나타나긴 했지만, 이는 모든 주요 종교에서 발견되어 온 깨달음입니다. 우리 모두는 "나는 한 인간이다."라는 것을 깨달을 때 찾아드는 느낌을 알고 있습니다. 하지만 "**당신도 똑같은** 한 인간이다."라는 것을 깨닫는 데는 조금 더 많은 인식이 필요합니다. 그리고 내가 당신이 더욱더 인간적인 사람이 되도록 도울때, 나 자신이 더 인간적인 사람이 된다는 것을 깨닫는 데는 훨씬 더 많은 인식이 필요합니다

내가 나 자신을 위해 존재하지 않는다면

캐나다 정치인이며 인권학자인 마이클 이그나티프의 소설 『반흔 조직(Scar Tissue)』은 어느 중년 철학 교수가 어머니가 앓고 있는 알츠하이머병과 싸우며, 언젠가는 자신도 심각한 질병에 걸릴 것이라는 우려에 대한 이야기를 담고 있습니다. 주인공의 의사 형제는 그를 모(Moe)라는 환자에게 소개합니다. 모는 '스티븐 호킹의 병'으로 더 잘 알려진 근위축성측삭경화증(ALS)을 앓고 있습니다. 모는 호흡관을 조작해 자신의 생각을 컴퓨터 화면에 타이핑하는 것만 빼고는 자신의 몸을 통제하는 능력을 잃어버려 완전히 침대에 갇힌 삶을 살고 있습니다. 하지만, 그는 삶을 즐깁니다. 그가 두뇌를 사용하면 할수록 신체적 고통은 더해지고 그의 신경계는 더 손상됨에도 불구하고, 그한테서 쏟아져 나오는 상념들은 감동과 영감을 불러일으킵니다. 이를 지켜본 대학 교수는 인간의 의지가 무한한 어려움을 극복할 수 있음을 고려하지 않을 수 없게 됩니다.

그러나 우리가 우리 자신을 알아볼 수 없을 정도로 병세가 악화되면 어떨까요? 모가 자신의 악화일로에 있는 병세 속에서도 존엄성을 지키고 있는 모습을 본 그 대학 교수는 자신의 어머니 역시, 비록 다른 형태지만 존엄성을 유지하고 있음을 깨닫게 됩니다. 어머니는 말

로써 이루어지는 소통이 불가능해졌음에도 불구하고, 투병 기간 내내 자신과 아들을 인식하고 연결을 맺기 위해 마지막 순간까지 싸우려는 의지를 보여 줍니다. 그녀의 용기는 아들에게 영감을 줄 뿐만 아니라 끝내는 **가치**를 만들어 아들에게 도덕적 롤 모델로 변신합니다. 그토록 공포심을 일으키는 어머니의 병을 물려받더라도 그의 어머니와 꼭 같이 존엄성을 갖고 죽음에 임할 수 있다는 감각을 얻게 되는 것이지요. 어려운 상황 속에서도 자신을 위해 살아가는 이러한 용감한 사람들은 그들이 상상할 수 있는 것 이상으로 다른 이들에게 더 큰 도움을 줍니다.

내가 나 자신만을 위해서 존재한다면: 타인에 대한 인식

톨스토이의 중편소설 『이반 일리치의 죽음』에서, 이반은 유행을 따르고 사회적 지위를 얻기 위해서는 무엇이나 하는 사람입니다. 그는 자기 목적에 부합한 직업을 갖게 되고, 꼭 같은 목적에 부합하는 사람과 결혼하여 큰 성공을 거두지만, 이 세상에서 자신에게 도움이 되는 것이나 자신에게 이익을 줄 수 있는 사람 외에는 아무것도 보지 못하게 됩니다. 이런 삶이 오랫동안 지속되다가, 결국 그는 진단이 불가능한 기이한 병에 걸려 자신이 죽어 가고 있다고 확신하게 됩니다. 죽음의 확실성을 눈앞에 두고 다른 무엇보다도 그가 원하는 것은 새끼 사슴 같은 돌봄을 받고, 모든 사람들로부터 흠모받고, 어린애같이 연민받는 것입니다. 그가 인식하는 것은 오직 자신이 필요로 하는 것이며, 점차 시간이 흐를수록 그의 고통스런 죽음을 재촉하는 것은—적어도 은유적으로는—다른 어떤 신체적 병이 아니고 그의 이러한 태도라는 것이 분명해집니다. 그의 숨이 멎기 직전, 수분 동안 그는 극심한 고통의 아우성을 쏟아 냅니다.

이반 일리치는 다른 사람들을 돌보고 아낌없이 그들을 돕는 법을 배우지 못했을 때 우리에게 초래되는 심각한 결과에 대한 경고입니다. 만약 우리가 다른 사람들의 고통을 진정으로 알아주지 못하면, 그들과 연결될 수 없습니다. 그리고 다른 사람들을 사랑하지 못하면 그들에게 친근감을 가질 수 없고, 따라서 물리적으로는 수십, 심지어 수백 명의 우리가 친구라고 부르는 사람들에 둘러싸여 있어도 완전히 혼자로 남을 수 있습니다. 과연 어떻게 수백, 수천만 명이 사는 도시에서, 아니 80억 명이 사는 세상에서 혼자라고 느낄 수 있을까요? 그것은 전혀 이해하기 힘드네요. 물론 고립감은 오직 사람들과 같이 있는지 없는지로 결정되는 일이 아닙니다. 고립감은 그들을 사랑할 수 있는지, 그리고 그들로부터 사랑받을 수 있는지에 따라 결정됩니다. 그리고 그것은 우리가 그들의 머릿속으로 들어가서 그들이 고통받을 때 약간이라도 그 아픔을 느껴 볼 수 없이는 불가능합니다.

셰익스피어의 『베니스의 상인』에 나오는 고통받는 샤일록은 동료 유대인들, 더 나아가 희생자를 인간 이하의 "다른 것"으로 취급하여 자신들의 잔혹함을 합리화했던 사람들에게서 육체와 정신적으로 피해를 입은 모든 사람들을 대신해 이렇게 묻습니다. "누군가가 우리를 찌르면, 우리는 피가 나지 않습니까?" 모든 정상적인 사람은 '당신이 나를 찌르면 나는 피를 흘리고, 당신이 나를 아프게 하면 나는 고통을 느낀다'는 사실을 알고 있겠지요. 우리는 모두 우리 자신의 고통과 기쁨을 느끼는 것이 무슨 뜻인지 잘 알고 있습니다. 이것을 자기 인식이라 하지요. 이것이 없으면 인간은 아무것도 아닙니다. 하지만, 자신이 찔리면 피가 난다는 것을 아는 어떤 두 살짜리 아이도 다른 사람도 꼭 같이 기쁨과 고통을 느낀다는 것을 충분히 이해하려면 훨씬 더 긴 시간을 필요로 합니다. 이 사실을 절대로 배우지 못하는 피조물은 우리가 가장 무서워해야 할 대상들입니다. 솔직히, 메리 셸리의 『프랑켄슈타인』이 다른 싸구려 할로윈 장식물보다 훨씬 더 고전적인 이야기로 자리매김한 이유는, 프랑켄슈타인의 괴물이 자신과 타인의 고통을 (2015년에 나온 동명 영화 속 주인공) 빅터 프랑켄슈타인보다 더 잘 이해한다는 점에 있습니다. 괴물은 자신이 "너무 추하게 생겼다"는 이유로 정상적인 사람들이 자신을 사랑하지 않음을 이해하며, 그가 찾고 있는 것은 단순한 동료애뿐입니다. 그가 이해심 많은 단 하나의 영혼에게 자신의 사랑을 바칠 수 있다면, 그 사랑의 어두운 면인 거대한 분노를 세상에 뿜어내지 않을 것이라고 말합니다. 그러나 (2015년의 영화 속의) 한심한 닥터 프랑켄슈타인은 자신이 만든 창조물을 살아 있는 존재로 취급하는 법을 배우지 못하고, 때를 놓쳐 버립니다. 그는 자신이 초래한 고통에 대해서는 무감각하고, 오직 자신이 당한 고통에 대해서만 슬퍼합니다. 그의 피조물인 괴물은 빅터 프랑켄슈타인의 무덤 앞에서 "그는 나의 아버지였다."고 통곡하며 분노를 내려놓습니다. 창조주가 가지지 못했던 인간성과 존엄성을 피조물이 보여 주는 장면입니다.[15]

뉴욕 타임즈 칼럼니스트 톰 프리드먼이 묘사한 자살 폭탄범 후보자들이 이 교훈을 마음속에 새겨 두었으면 좋겠군요. 한편으로는 서구 세계에 매력을 느끼면서도, 급진주의 이슬람 알라를 믿는 사람들을 **신(神) 버전 3.0** 세대로 프리드먼은 표현합니다(기독교는 2.0, 유대교는 1.0, 힌두교는 0.0 버전 신을 믿는 것이지요. 이 논리를 따르면 무신론이나 휴머니즘은 0 이하로 하락하게 되겠네요). 프리드먼은 이런 젊은 남녀들이 "돈의 빈곤이 아니고, 존엄성의 빈곤과 그것이 촉발하는 분노" 때문에 고통받고 있다고 쓰고 있습니다.[16]

프리드먼이 **"존엄성"**이라는 단어를 어떤 의미로 사용했는지는 확실하지 않지만, 우리가 여기서 사용하는 정의와 정확히 일치하는군요. 자살 폭탄범은 타락한 존엄성의 두 모습을 동시에 경험하고 있는 것이지요. 그는 서구 세계에 매혹되어 자아 상실증을 경험하고, 자신의 종교에 대한 굳은 믿음 때문에 자기 집단 밖의 사람들에 대한 공감 능력 결핍증에 시달리는 것이겠네요. 이렇게 격분 되고 고독해진 그는 (혹은 그녀는) 문자 그대로 분노 속에서 자폭을 마다하지 않는 것입니다.

—

정의상의 문제들

아마도 당신은 '존엄성'이라는 단어가 무신론자나 불가지론자에게도 "삶의 의미"를 설명하는 데 가장 적합한 단어라고 아직 확신하지 못할지도 모르겠군요. 단어 하나로 삶의 의미를 충분히 설명할 수 있다는 생각 자체가 조금은 의심스러울 수밖에 없으니까요.

'**존엄성**'이라는 용어에 대한 약간의 배경을 설명하겠습니다: 이 용어는 라틴어 '**dignitas**'에서 유래합니다. 오늘날 철학자나 신학자들이 사용하는 많은 용어들처럼, 존엄성도 본래는 오늘날과는 조금 다른 뜻을 지니고 있었습니다. 존엄성은 원래 다른 사람들에 의해 외부적으로 얼마나 가치 있게 여겨지는가의 의미를 가졌습니다. 예를 들어, 당신의 존엄성은 당신이 얼마나 비싼 값을 받을 수 있는지를 의미했습니다. 철학자 홉스는 전쟁 시에는 군인이 더 많은 존엄성을 가지며, 평화 시에는 정치인이 더 많은 존엄성을 가진다고 했습니다. 왜냐하면 존엄성은 특정 상황에서 한 사람이 얼마나 가치 있는지를 나타내는 것이었기 때문입니다. 오늘날 이러한 존엄성의 의미는 우리에게 확실히 혐오스럽게 들리겠지요.

하지만 오늘날 유엔 헌장에서 사용되는 또 다른 존엄성의 정의가 있습니다: "우리는 전 인류를 두 차례나 극심한 고통에 빠뜨렸던 전쟁의 재앙에서 미래 세대를 구하고, 기본적인 인권, 인간의 존엄성과 가치, 남녀 및 대소 국가의 동등한 권리를 재확인할 것을 결의합니다."

이러한 종류의 존엄성은 1948년 유엔 세계 인권 선언에서 표현된 것처럼, "인류 가족의 모든 구성원"에게 태어날 때부터 "내재적"으로 부여된 것입니다. 이것은 홉스의 존엄성 개념보다 훨씬 매력적인 비전이군요. 하지만 여기서 질문이 나오지 않을 수 없네요: 만약 존엄성이 모든 사람에게 내재되어 있다면, 그것을 노력해서 얻거나 그것에 따라 사는 것이 무엇을 의미하는 걸까요? 태어날 때부터 가지고 있는 것을 따라 사는 것이 왜 그렇게 대단한 성취로 취급되어야 할까요?

실존주의자들도 이 문제에 직면합니다. 사르트르는 자유를 우리가 모두 가지고 있고, 받아들여야만 하는 기본적이고 피할 수 없는 삶의 사실로 이야기합니다: "인간은 자유롭다, 인간은 자유 그 자체다."[17] 그러나 사르트르가 말하는 이런 필연적인 속성을 **홍보**하는 것은 마치 노화 과정을 홍보하거나, 에스키모에게 얼음을 팔려는 것과 비슷할 것입니다. 한편, 사르트르의 연인이었던 철학자 시몬 드 보부아르는 자유는 모든 인간이 자기 자신뿐만 아니라 다른 모든 사람을 위해서도 성취해야 할 가장 중요한 것이라고 이야기합니다: "자유의 원인은 다른 사람들의 것인 만큼 내 것이기도 하다: 자유의 인간적인 속성은 지극히 보편적이다. 노예가 자신의 종속 상태를 자각하기를 내가 원하는 것은 내가 폭군이 되고 싶지 않기 때문이며… 해방된 노예에게 새로운 가능성이 열리고, 그를 통해 모든 인간에게도 새로운 가능성이 열리기 때문이다."[18] 이 두 의견 사이에 있는 의미론적 차이가 두 사람이 잠자리에서 나누는 정다운 '베개 대화'의 화제로 올랐다면 꽤 흥미로웠을 것 같습니다.

이 의미론적 문제의 해결을 시도하는 프롬(Fromm)은 자유로운 사람은 우리가 태어날 때 모두에게 주어진 자유의 씨앗에서 자란 나무이고, 존엄성은 각자가 가진 존엄성의 잠재력에서 꽃이 피어나는 개인적 성취라고 주장하는 것 같습니다:

"우리가 씨앗 안에 나무가 잠재적으로 존재한다고 말할 때, 그것은 모든 씨앗에서 반드시 나무가 자라야 한다는 것을 의미하지 않습니다. 잠재력의 실현은 특정한 조건이 구비되어야 가능합니다. 예를 들어, 씨앗의 경우, 적절한 토양, 물, 햇빛이 필요합니다. 사실, 잠재력이라는 개념은 그것이 실현되기 위한 특정 조건과의 연결 없이는 의미가 없습니다. 씨앗 안에 잠재적으로 나무가 존재한다는 진술은 그 씨앗이 나무로 자라기 위해 필요한 **특정 조건이 주어졌을 때** 나무가 자랄 것이라는 의미로 구체화되어야 합니다."[19]

그러므로 존엄성의 잠재력을 가진 인간은 어느 정도의 운, 건강, 사랑, 양육, 그리고 스스로 쏟아붓는 **노력을 전제로 했을 때** 존엄성을 성취할 수 있을 것입니다.

아직도 '존엄성'이라는 단어에 별다른 흥분을 느끼지 못하실지도 모르겠네요. 그러시다면 당신은 스티븐 핑커처럼 존엄성이란 말이 종종 반동적인 목적을 가진 종교학자들에 의해 조작되는 방식을 우려하고 있기 때문입니다. 조지 W. 부시 대통령의 고문들이 백악관에서 개최한 생명윤리 포럼에서 실망스러운 경험을 한 후, 핑커는 이메일을 통해 이렇게 썼습니다: "오늘 나는 종교가 생명윤리 문제에 간섭하는 것은 매우 가톨릭적인 현상이라는 것을 배웠습니다. 특히 '존엄성'이라는 의미 없는 단어가 가톨릭 교리를 생명 연구를 억제하는 수단으로 사용되고 있더군요. 개신교도들은 요즘 '정의' 문제에 모든 관심을 쏟고 있어서 '존엄성'은 괘념치 않는 것 같군요."[20]

제가 말하고자 하는 요점은 단순히 하나의 개념을 식별하는 것입니다―그리고 여기서 '존엄성'이라는 단어는 말 그 자체보다 그것이 포함하고 있는 개념이 더 중요하므로, 단어에 얽매이지 말아야 합니다. 수백만 명의 사람들이 신 없이도 선하게 살 수 있도록 이끌 수 있는 깊고 풍부한 목적이라는 개념을 완벽하게 나타내는 영어 단어를 한 번도 우리가 가진 적이 없는 것 같군요. 그러니 그것을 '진실성'이라고 부르든, '번영'이라고 부르든, '**인간성**'이라고 부르든, 또는 그냥 'X'라고 부르든 상관없겠네요. 우리는 우리 자신 속에 있는 인간애를 인식하고, 타인 속의 인간애도 인식하며, 모든 인간이 공유하고 있는 인간애를 느낄 수 있는 상황에 처할 때가 있습니다. 또 다른 때는 우리 자신의 취약성과 피할 수 없는 죽음을 인식하는 상황도 있고, 그 인식은 당신이 힘과 굳건한 의지를 갖고 다른 사람들과 연결될 수 있도록 해 줍니다. 또 다른 때는 당신에게 치근거리며 매달리는 인간 관계도 없고 지나치게 고립된 단절도 없는 상황에서 자신과 남을 융합시키기도 합니다. 바로 이런 상황에 머무를 때 단기적으로나 장기적으로 무척 상쾌하게 느끼게 됩니다―. 우리에게 강력한 동기 부여를 가져다주는 그런 만족한 상태이겠네요. 그래서 우리의 목표는 그 상태에 도달하고 그 상태에 머물도록 노력하는 것입니다.

이 책을 쓰는 작업은 나에게는 심오한 시험이자, 존엄성이 가치 있는 목적이라는 저의 신념을 궁극적으로 확인하는 과정이었습니다. 사실 그만두고 싶다는 생각이 들 때도 있었지요. 너무 힘들게 느꼈거든요. 제가 말하고자 하는 메시지에 대한 믿음이 없었던 것은 아닙니다. 제가 이 메시지를 전달할 자격이 없다는 생각이 들었습니다. 때때로 저는 인본주의를 이야기하기엔 너무 젊다는 생각이 들었습니다. 더 많은 경험과 지식을 가진 나이 많은 사람들이 너무 많았습니다. 그런 생각이 들 때마다 저는 스스로에게 인본주의는 2,000년이 넘는 역사를 가지고 있으며, 여러 대륙을 아우른 전통이라고 제 자신에게 상기시키곤 했습니다. 인본주의적 사고는 그 기간 동안 우리의 과학적, 역사적, 문학적, 철학적 사고의 최정상에 자리매김해 왔습니다. 따라서 나이를 얼마나 먹었는지에 관계없이, 하나님 없는 선함을 이야기할 자격이 있다고 완전히 자신감을 가질 사람은 아무도 없을 것입니다. 저는 이 문제에 대한 충분한 훈련을 받았고, 평생 이 문제들에 대해 생각해 왔습니다. 그렇다면 제가 이런 책의 저자가 되면 안 될 이유가 있을까요?

그러나 우선 저는 실패가 두려웠습니다. 몇 달 동안 글을 쓰던 중, 저는 로스앤젤레스 NPR(미국 공영방송 래디오 네트워크) 계열 방송국 KCRW의 국장이자 저의 아버지의 사촌인 루스 시모어와 며칠을 보낸 적이 있습니다. 루스는 상대방에게 경외감과 두려움을 동시에 안기는 인물로, 지난 한 세대 동안 미국 공영 라디오 네트워크에서 엄청난 영향력을 발휘한 덕분에 그 분야에서 일하는 사람들은 KCRW 방송국이 속해 있는 NPR(National Public Radio)은 "National Public Ruth"의 약자라고 빈정대기도 했습니다. 루스와 저의 아버지는 어릴 때 대단히 가까운 사이였습니다. 그들은 같은 나이였고, 비슷한 재능을 가졌습니다. 하지만 저의 아버지는 루스가 이룬 것 같은 그런 류의 성공은 하지 못했습니다. 누구도 그가 정확히 어디에서 길을 잃었는지 몰랐지만, 아버지는 자신이 가장 관심을 가졌던 두 분야인 글쓰기와 종교적 신비주의에서 만족스러운 경력을 쌓지 못했습니다. 루스와 저는 제가 저의 인생에서 무엇을 하고 있는지, 인본주의에 대해, 그리고 제가 왜 이 책을 쓰고 싶었는지에 대해 이야기했습니다.

며칠 동안 제 이야기를 듣고 난 후, 그녀가 한 말이 제 마음을 크게 흔들었습니다. 저의 아버지에게 제가 지금 하고 있는 일을 할 수 있는 기회가 주어졌다면 아버지는 서슴지 않고 오른팔이라도 내놓았을 거라고. 그 말이 사실처럼 들렸습니다. 어쩌면 문자 그대로 아버지는 오른팔과 제가 갖고 있는 것과 같은 일생일대의 기회를 맞바꾸었을지도 모르겠군요. 폐암을 앓고 계시던 아버지는 단지 몇 년을 더 살기 위해 오른쪽 폐를 희생시키셨거든요. 그러니 아버지께서 찾지 못한 삶의 의미와 목적을 찾기 위해 오른팔의 희생도 마다하지 않으셨을까요? 그날 밤 저는 아버지를 위해 울었습니다. 암의 고통에 더하여, 분명한 삶의 사명감이 없을 때 찾아오는 또 다른 종류의 질병이 일으키는 참혹함과 싸워야 했던 아버지의 고통을 생각하며 오열했습니다.

그리고 저 자신을 위해서도 울었습니다. 서른 한 살에 저는 아버지가 59년 인생 기간에 이루지 못한 많은 것들—매력적인 커리어, 확고한 믿음, 세상을 변화시킬 기회, 그리고 집필 계약—을 손안에 쥐고 있음에도 불구하고 여전히 실패를 두려워하고 있는 저 자신에 대한 연민의 눈물이었습니다.

사람들이 저를 어떻게 생각할지, 그리고 저의 책에 대해 어떻게 생각할지 두려웠습니다. 이 책을 쓰는 작업이 너무 무겁고 어렵게 느껴졌고, 저는 그것을 해낼 수 없을 것 같았습니다. 저는 저의 상상 속에서 만들어진 실패로 인해 스스로 부끄러워하고 있었습니다. 저는 글쓰기를 시도한 것을 후회하기 시작했습니다. 자해를 하거나 다른 직업을 찾을 생각은 아니었지만, 아침에 침대에서 일어나기가 힘들었습니다. 저 스스로 저 자신을 우울하게 만들고 있었던 셈이지요.

하지만, 저는 그것을 극복하려고 노력했습니다. 어떤 사람들은 제가 열심히 일했다고 생각할지도 모르지만, 내심 저는 그것보다 더 열심히 할 수 있다는 것을 알고 있었습니다. 여름 내내 저는 글을 써 내려갔고, 제가 인본주의에 대해 표기한 몇 가지 아이디어에는 자부심까지 느꼈습니다. 하지만 매일 컴퓨터의 빈 화면을 마주하는 것만으로도 엄청난 노력이 필요했습니다. 마음속 깊은 곳에는 여전히 그만두고자 하는 생각이 자리하고 있었고, 제가 실패할 것이라고 하는 강박관념은 저를 떠나지 않았습니다. 저는 아버지를 실망시키는 것도 두려웠지만, 아버지가 실패한 분야에서 성공하는 것이 두려운 잠재의식도 어쩔 수 없었습니다. 아버지가 하지 못한 일을 제가 해서는 안 되는 것이 어쩌면 운명일지도 모를 일이니까요. 결국 여름이 끝나 갈 무렵 저는 마감일에 대한 불안이 커졌고, 케이프 카드의 작은 민박집(B&B)에서 일주일 동안 머물며 오직 글쓰기에만 몰두하기로 했습니다.

그 주는 꽤 잘 보냈지만, 시간이 빨리 흘렀습니다. 마지막 밤이 되었을 때 어느 정도 진전이 있었지만, 제가 기대했던 만큼은 아니었습니다. 그날 밤 저는 민박집 주인들과 함께 멋진 저녁 식사를 한 후, 맛있는 뉴잉글랜드 해산물로 채워진 배로 인한 피곤함 때문에 글 쓰는 일 대신 TV를 켰습니다. 첫 번째로 맞춘 채널에 등장한 프로그램이 고등학교 미식축구에 관한 영화였습니다. 《믿음의 승부(*Facing the Giants*)》는 제가 한 번도 들어 본 적이 없는 영화였습니다.

그날 밤 저의 기분에 딱 맞는 영화였군요. 왜냐하면 등장인물들이 저보다 더 운 없는 사람들로 보였기 때문입니다. 고등학교 미식축구 코치는 사랑스러운 패배자였습니다. 그의 팀 실력은 엉망이었고, 부모들은 그를 해고하려고 했습니다. 그의 사랑스러운 아내는 간절히 임신을 원했지만, 그의 정자 수는 그 목적을 위해서는 충분하지 않았습니다. 그의 자동차는 시동도 걸리지 않았고, 그의 집 부엌은 역한 냄새로 가득찼습니다. 한마디로, 그는 미국판 가난뱅이 인종 편견주의자 라스콜니코프―『죄와 벌』의 주인공―였던 것이지요. 그리고 그가 지도하는 선수들도 별반 다르지 않았습니다. 다른 학생들과 어울리지 못하는 부적응자, 불평분자 아니면 아직도 충분히 성장하지 못한 신입생들로 이루어진 팀이었습니다.

저는 스포츠 영화의 줄거리 구성에 익숙해 있었기 때문에 그 팀이 비현실적이지만 가슴을 뜨겁게 해 주는 탈바꿈을 통해 챔피언이 될 것을 일찌감치 예측할 수 있었습니다. 하지만 제가 그날 우연히 발견한 것은 그 영화가 기독교적 변화를 다루었을 뿐만 아니라, 릭 워렌의 『목적이 이끄는 삶』에서 영감을 받은 복음주의 영화였다는 사실이었습니다. 코치는 위태롭던 자신의 직장을 지켜 내고, 팀을 전혀 예기치 못한 정상에 올라서도록 동기 부여를 하고, 아내의 임신을 가능케 하고, 집 안에 냄새를 풍겼던 죽은 쥐를 찾아내 제거하는 일까지 해냈습니다. 그는 이 모든 것이 '자기 자신에 대한 것이 아니다'라는 사실을 깨닫게 되었습니다. 그는 자신에게 필요한 것에만 너무 집중하고 있어서 하나님이 무엇을 원하는지에 대해 생각하지 않았던 것입니다. 그는 고등학교 팀의 사명이 경기를 이기는 것이라고 은연중에 가정하고 축구를 가르치고 있었지만, 그 팀의 진정한 목적은 선수들과 코치들이 하나님께 영광을 돌리는 방법이었음을 깨닫지 못했던 것입니다.

아마도 이 모든 감정적인 요소가 영화 제작자들에 의해 꽤 잘 전달되었기 때문이거나, 아니면 제가 감동적인 영화를 좋아하는 사람이라서 그럴 수도 있지만, 저는 눈물을 흘렸습니다. 버지니아 대학교의 조나단 하이트와 그의 동료들은 "고양 도취감"이라는 인간 감정을 연구했습니다. 이는 극복할 수 없는 역경을 이겨 낸 개인적인 승리의 이야기를 들었을 때 느끼는 감정입니다. 하이트의 연구팀은 "고양 도취감"을 느낄 때 옥시토신 수치가 높아지면서 수유 중인 여성들이 더 많은 양의 젖을 분비한다는 사실도 밝혀내었다는군요. 저는 그 영화를 보면서 이 감정을 느꼈습니다. 이 영화는 기독교적인 메시지가 등장인물들의 삶을 탈바꿈시키는 모습을 보여 주었고, 이 사랑스러운 패배자들이 실패에 대한 두려움을 극복하기 위해 최선을 다하겠다고 결심하며 그 과정에서 고통받아도, 실패에 대한 두려움이 있어도 하나님을 섬긴다면 하나님이 그들에게 필요한 모든 것을 주리라 믿는 모습을 그렸습니다. 그들에게 필요한 것은 주 전체 챔피언십 우승이었고, 그들은 그것을 얻었습니다.

영화가 끝났을 때, 저는 인본주의자로서, 그리고 인본주의에 대해 글을 쓰는 작가로서 새로운 책임감과 깨달음을 느꼈습니다. 얼마나 많은 젊은이들이 워렌의 메시지를 통해 자신들의 불안감을 극복하며 이런 영화를 보고 있는지 알 수 있었습니다. 인본주의가 사람들에게 영향력을 미치려면 합리적이고 과학적이며 참되어야 할 뿐만 아니라 세상 사람들이 두려움을 극복하도록 영감을 줄 수 있는 메시지를 포함해야 한다고 저는 믿습니다. 그리고 저 자신에 대한 의심이 제가 쓰는 모든 문장에 50파운드짜리 무게 추처럼 무겁게 걸려 있다면, 제가 다른 사람들에게 용기를 주는 데 성공할 수 없다는 사실을 너무나 똑똑히 잘 알고 있었습니다.

저는 소파에서 일어나, 눈물 맺힌 저의 눈을 거울 속에서 본 후 생각했습니다. "전지전능한 하나님이 나를 돌봐 주지 않는다 해도, 이 침체 상태를 이겨 낼 방법을 찾아야 해. 그게 뭐지?" 그 순간 저는 실제로 저 스스로에게 물었습니다. 만약 하나님에게 인도해 달라고 기도하는 척만 한다면, 단지 심리적인 효과를 얻기 위해서라도, 내가 최고의 성과를 낼 수 있는 마음가짐을 가질 수 있을까? 저는 몇 초 동안 그 생각을 떠올렸지만, 곧 그것이 얼마나 어리석은 생각인지 깨달았습니다. 인본주의의 진실한 메시지를 담은 책을 쓰면서 상상 속의 하나님을 이용해서 저 자신을 도울 수는 없는 노릇이었지요.

저는 다시 저 자신에게 물었습니다. 동정녀에게서 태어나 우리 죄를 위해 죽었다가 다시 부활하셨다는 하나님에 관한 기독교의 초자연적인 이야기가 인간이 만들어 낸 신화라고 확신하고 있는 제가 사람들에게 하고 싶은 말을 찾는 것과 이 영화가 내포하는 기독교적 메시지에서 영감을 얻는 것을 왜 그토록 힘들어했는지.

다행히도, 저는 마침내 주의 깊은 독자들이 이미 몇 문단 위에서 알아차렸을 사실을 깨달았습니다. 제가 저의 일에 접근하는 방식을 두고 릭 워렌이 옳았다는 사실을. 그는 예수나 하나님, 천국, 지옥에 대해 옳지 않았습니다. 그는 동성 결혼, 낙태, 그리고 무신론자들이 기독교인보다 더 오만하다는 생각에 대해 완전히 잘못 생각하고 있었습니다. 하지만, 제가 저의 일을, 즉 이 책을 집필하는 것을 나 자신에 관한 것으로 간주하는 함정에 빠져 있다는 사실에 관한 한 그가 절대적으로 옳았습니다. 나는 내가 무엇을 말할지, 독자들이 나를 어떻게 생각할지에 대해 너무 많은 시간을 걱정하는 반면, 인본주의가 어떻게 진정으로 다른 사람들에게 도움이 될 수 있을지, 내 책이 사람들에게 지식과 도움이 될 수 있도록 어떻게 도울 수 있을지를 충분히 생각하지 않았던 것입니다. 저의 말을 오해하지 않으시면 좋겠네요. 이 깨달음 전까지 제가 100퍼센트 이기적이었다거나 독자들에게 도움을 주는 글을 전혀 쓰지 않았다는 말은 결코 아닙니다. 물론 저는 이기적이지 않았고 독자들에게 도움을 주는 글도 많이 썼습니다. 그러나 일이 어려워지고 피로감이 몰려오면, 저는 즉시 자신을 실패자로 여기고, 사람들이 저에게 실망할까 걱정하기 시작하는 습관을 길러 왔던 것입니다. 오직 최선을 다해, 인본주의의 메시지와 다른 사람들이 들을 필요가 있는 것을 생각하고, 앞으로 전진해 가는 방법을 제 마음속에서 훈련시켜야 옳았을 상황에서 저는 저 자신만 걱정했던 것이었네요.

갑자기, 이 책의 목적이 저의 경력을 더 화려하게 쌓아 가는 것보다 다른 사람들로 하여금 인본주의가 어떻게 그들의 삶을 발전시키고 두려움을 해결하는 도구가 될 수 있는지 이해하도록 돕는 것이라는 사실을 깨닫게 되자, 실패에 대한 저의 두려움은 무의미하게 희석되기 시작했습니다. 모든 사람들이 언젠가는 실패에 대한 두려움을 가끔씩 느낀다면 제가 당면하고 있던 두려움은 그리 큰 문제가 아님을 이해하게 되었지요. 더 중요한 것은, 단지 저 자신뿐만 아니라 제가 사랑하는 사람들, 또 더 많은 다른 사람들, 그리고 제가 축복받으며 살고 있는 세상 전체의 복지를 위하여 저의 두려움을 어떻게 대처하느냐 하는 것이었습니다.

저는 용기를 찾고 존엄성을 발견하는 것이 마치 줄타기를 하는 것과 같다는 것을 깨달았습니다. 물론 제가 서커스에서 일해 본 적은 없지만, 꽤 많은 고공 로프 코스를 경험해 보았습니다. 외줄을 걸을 때, 만약 당신이 계속 아래를 보고 당신이 얼굴을 먼저 바닥에 부딪힐 것이라고 생각한다면, 아마 그렇게 될 것입니다. 만약 당신이 너무 멀리 앞을 바라보고, 반대편에 도착하면 얼마나 멋질지를 생각하고 있다면, 공기와 아마도 흙도 꽤 많이 먹을 것입니다. 하지만 열심히 연습하고 한 발짝씩 앞으로 나아가는 데 집중한다면, 최소한 좋은 여행이 될 것입니다. 마찬가지로, 우리가 자신의 욕구에만 집착하게 되거나 완전히 포기하고 다른 사람들이 우리 위를 짓밟도록 내버려두면 언제든지 얼굴을 먼저 부딪히게 됩니다. 우리가 너무 불안해져서 자신의 두려움 때문에 다른 사람들의 두려움을 인식하지 못하고 그들을 향해 손을 내밀지 못할 때나, 우리가 너무 오만해져서 우리 의견에 동의하지 않는 사람이나 그룹에게서 깊은 교훈을 배울 수 없을 때마다 우리는 넘어지게 됩니다.

매 순간 힐렐의 조언을 마음에 새기고, 우리가 어쩔 수 없이 집중력을 잃을 때마다 그의 메시지에 다시 집중하는 연습을 한다면, 그리고 자기 인식과 관대함, 우리 자신이 소유하는 것과 우리 자신들의 세계 밖에서 살아가고 있는 사람들에 대한 관심을 균형 있게 유지하는 법을 배운다면, 우리는 잘 해낼 수 있을 것입니다. 우리가 스스로 설정한 모든 목표를 이루지는 못할 수도 있습니다. 뭐, 우리의 축구팀이 주 챔피언십에서 우승하지 못할 수도 있고, 우리의 책이 성경 이후 가장 많이 팔리는 베스트셀러가 되지 않을 수도 있습니다. 아마도 우리는 100퍼센트 항상 행복하지도 않을 것입니다. 왜냐하면 우리는 여전히 이 지구 위에서 살고 있을 테니까요. 이곳에서는 때때로 우리가 결코 웃어넘길 수 없는 끔찍한 일이 일어납니다. 그러나 우리가 우리 자신을 넘어서서 진정으로 값지고 인간적이며 이 세속 세계를 위한 가치 있는 일에 공헌할 것을 약속한다면, 그 과정에서 느끼게 될 감정—그것을 존엄성, 진실성, 은총, 자유 또는 당신이 좋아하는 어떤 단어로 부르든—은 리외가 가졌던 바로 그 감정일 것입니다. 리외는 천국에서의 보상에 대한 희망이 없었음에도 불구하고 모든 역병 환자들을 돕기 위해 계속 동기를 부여받았습니다. 그것은 다푸르나 아이티에서 어려운, 보람 없는, 위험한 임무를 수행하는 국경 없는 의사들의 실제 삶에서 나오는 바로 그 감정일 것입니다. 그것은 셔윈 와인이 무자비한 비판에도 굴하지 않고 굳건히 서서 인본주의자들의 집회와 활동 모임을 세우고 봉사하기 위해 지칠 줄 모르고 일할 때 느꼈던 바로 그 감정일 것입니다. 서로에 대한 관심과 인간 관계의 존엄성, 그리고 인류의 최고의 이상을 위한 봉사를 통한 자기실현의 존엄성은 하나님 없이도 선하게 살아가는 충분한 이유가 될 것입니다.

4

하나님 없는 선함
: 휴머니즘의 윤리 지침서

세속적이고 인본주의적이며 현대적인 도덕이란 무엇일까요? 시간이 갈수록 우리가 살고 있는 시대적 조건들이 우리 인간 속에 내재한 참되고 순수한 본성으로부터 우리를 소외시키고 있지 않나 하는 두려움 때문에 이 질문은 점점 더 절실해지고, 그 답은 더욱 불확실해집니다. 우리는 자신들에게 온갖 스모그, 네온 광고, 기름진 칼로리, 나쁜 TV 프로그램, 인터넷 포르노 때문에 너무 스트레스를 받는다고 말합니다. 우리는 과학과 세속주의 영향으로 우주에 대한 신비로움과 신성함을 상실해 버린 현대적인 삶을 살아가며 우리는 어르신들에 대한 존경심을 잃게 되었고, 성적으로 문란해졌다고 상상하기를 좋아합니다. 간단히 말해, 사람들이 듣기 좋아하는 이야기는 현대성 때문에 도덕이 무너지고 있다는 것입니다. 좋은 삶이 허물어지는 이유도, 심지어 세상의 모든 것이 망가지는 이유도 여기에 기인한다는 주장이군요.

하지만 진실은, 우리는 "**현대성**(modernity)"이라는 단어를 우리 어휘에 포함하기 훨씬 전부터 도덕, 스트레스, 소외, 충격에 대한 문제를 다뤄 왔다는 것입니다. 고대 그리스와 근동의 기록물에 "오늘날의 젊은이들"이 타락하고 부도덕하다는 내용의 인용문이 너무 많아서 학자들 사이에서도 실제로 그 말을 처음 한 사람이 누구였는지 추적하기 어려울 정도입니다. 하지만 이 문제를 체계적으로 진단한 최초의 사람은 약 26세기 전, 인도에 살았던 것 같습니다. 부처님에게 인류의 문제는 분명히 현대성도, 심지어 어려운 외부 환경도 아니었습니다. 문제는 인간의 유한성 자체였습니다. 그래서 그는 특정된 사회악을 해결하는 것보다 모든 인간이 직면하는 가장 기본적인 세 가지 어려움—질병, 노화, 죽음—에 직접적으로 초점을 맞춘 도덕 체계를 개척했습니다. 여기에 제가 각색한 그분에 관한 이야기가 있습니다.

그 젊은 남자의 이름은 싯다르타였습니다. 그는 소왕국의 왕자 신분이었지요. 그는 약 2천5백 년 전 인도의 한 마을에서 부유하고 권력 있는 아버지에게 태어났습니다. 싯다르타가 태어난 곳의 기후는 화창하고 온화했으며, 식량도 풍부했습니다. 건강하고 향기롭고 아름답게 단장한 여자들이 싯다르타의 고귀한 지위, 잘생긴 외모, 그리고 타고난 매력에 이끌려 그의 관심을 끌고 싶어 했습니다. 수많은 하인들이 그가 필요한 모든 것을 준비해 시중 들었습니다. 싯다르타를 애지중지했던 아버지는 자신이 재산을 모으며 겪었던 고난을 왕자가 겪지 않도록 하기 위해 어떤 비용도 아끼지 않았습니다.

한마디로, 싯다르타의 삶은 완벽했습니다. 그래서 그는 젊은 성인으로 성장했을 즈음에는 지루한 생활에 미칠 지경이 되었습니다. 갈

등이 없는 인간의 삶은 참을 수 없이 지루해지는 법이지요.

어느 날, 싯다르타는 단조로움을 깨기 위해 하인 몇 명과 준비물을 싣고 난생처음으로 가족의 저택을 빠져나와 성문 밖으로 외출을 떠났습니다. 아버지의 명령을 어기고 몰래 떠난 것이지요. 그의 부모들은 그가 세상 밖으로 홀로 나가면 고통받을까 무척 두려워하고 있었거든요. 하지만 그가 집을 빠져나올 때 그의 가슴은 미지의 세계가 가져다줄 기쁨과 아름다움에 대한 기대로 벅차 있었습니다.

출발한 지 얼마 되지 않아 싯다르타 일행은 그가 한 번도 경험해 본 적 없는 상황에 처해 있는 여인을 만났습니다. 그 여인의 피부는 창백하고 얼룩져 있었고, 이마는 땀으로 젖어 있었지만 마치 추위에 떨고 있는 사람처럼 몸을 떨고 있었습니다. 그 여인은 싯다르타가 매일 하는 명상 "옴"에 나오는 것 같은 소리를 힘없이 내뱉고 있었습니다. 하지만 그 소리는 그녀의 불안에 떨고 있는 표정과 힘없는 목소리로 때문에 "옴"에 나오는 "오 오 오… 오 오 오…."가 곁들어진 낭랑한 소리는 절대 아니었습니다. 싯다르타는 그녀에게 무슨 일이 일어났는지 물었고, 사람들은 그녀가 병들었다고 말해 주었습니다. "병들었다고?" 싯다르타가 의아한 듯이 물었습니다. 그들은 그에게 그렇다고 대답했습니다. 어떻게 싯다르타가 그 말을 몰랐을까요? 사람은 누구나 언젠가는 병에 걸리게 되는데 말입니다.

그 여인을 향한 '동정심 어린 고통'―그가 여태까지 삶을 살아오는 동안 한 번도 느껴 보지 못했던 고통―을 느끼기 시작한 싯다르타에게 약간의 걱정이 찾아오기 시작했습니다. 그러나 아직도 볼 것을 많이 남겨 둔 일행은 다시 여행길에 나섰습니다.

다음으로 그들은 싯다르타가 한 번도 본 적이 없는 신체 상태에 있는 남자들을 만났습니다. 그들의 피부는 주름으로 가득하고 누렇게 변해 있었으며, 머리카락은 거의 없거나 흰색이었습니다. 이빨은 썩었고, 몸은 여위고 연약했습니다. 그들은 싯다르타의 작은 행렬과 마주친 도로를 따라 움직이는 데 큰 어려움을 겪고 있었습니다. "이건 무엇입니까?"라는 그의 질문에 '그 남자들은 늙었다.'는 대답이 돌아왔습니다. "늙었다고?" 그는 추상적으로는 이 개념에 익숙해 있었습니다. 그의 부모는 그보다 나이가 많았고, 그 결과로 그들 사이에 약간의 신체적 차이가 있었지요. 그러나 싯다르타의 부모는 그가 지금 느끼고 있는 바로 이 심정—언젠가는 그도 이 사람들처럼 보이고 느끼게 될 것이라는 걱정—으로부터 왕자를 보호하기 위해 심하게 나이 든 사람들과 접촉하지 않도록 세심하게 신경을 써 왔었습니다. 너무나 다른 무언가를 경험할 수 있다는 사실은 처음에는 무척 흥미로웠습니다. 하지만 자신의 탄력 있는 피부와 부드러운 머리카락 그리고 탄탄한 신체와 재빠른 몸동작에 자부심을 느끼도록 배워 온 싯다르타에게는 그러한 것들이 영구히 상실되는 노화의 개념은 갑자기 그의 마음에 부담이 되었고, 그는 재빨리 그 노인들로부터 벗어나고 싶다고 말했습니다.

마침내 주인과 하인들 일행은 지금까지 본 것 중 가장 기이한 광경을 마주했습니다. 길 위에 누워 있는 한 남자와 여자는 매우 고통스러운 수면을 취하고 있는 것처럼 보였습니다. 그들의 얼굴은 병든 여자의 얼굴처럼 고통스러워 보였고, 그들의 피부는 노인들의 피부처럼 창백했습니다. 그들의 몸에 열린 상처 위로 파리와 다른 곤

충들이 무리 지어 붙어 있었지만, 그 사람들은 그것들을 쫓아낼 힘조차 없어 보였습니다. 가장 최악은 그들이 풍기는 끔찍한 냄새였는데, 싯다르타는 그들에게 다가가 무슨 문제가 있는지 알아보기가 어려울 정도였습니다. 싯다르타는 '그 여행자들은 죽었다'고 들었습니다. "죽었다?" 그렇습니다. 죽었다는 것은 그들이 결코 다시 깨어나지 않을 것이며, 두 번 다시 즐거움도 못 느끼고, 다시는 부모를 보거나 망고를 맛보거나 또 다른 어떤 경험도 하지 못할 것이라는 의미라는 대답이 돌아왔습니다. 싯다르타의 충격은 이만저만한 것이 아니었습니다.

이 모든 것에 대해 무엇을 해야 하지? 얼마 지나지 않아 그는 앉은 자세로 성찰하기 시작했습니다. 인간의 질병, 노화, 죽음에 대한 이 새로운 지식은 그에게 응답을 요구하고 있었지요. 자신뿐만 아니라 그가 사랑하는 모든 사람들이 그러한 무서운 운명에 취약하다는 것을 깨달은 그에게 삶은 결코 이전과 같을 수 없었습니다.

이 온실에서 키워진 화초 같았던 청년은 나중에 부처님으로 알려지게 되었으며, 그가 길에서 본 이 이상한 새로운 광경들은 그의 개인적인 삶뿐만 아니라 궁극적으로는 한 문명의 토대를 흔들어 놓는 엄청난 고통이 되었습니다.

저는 2,500년의 역사를 가진 불교의 토대에 관한 이야기를 압축하기 위해 여기에서 약간의 세부 사항에 맛을 곁들이는 실례를 범했습니다. 부처님의 이야기는 그가 살았다고 전해지는 시기까지도 확신할 수 있는 역사적 문서가 거의 없기 때문에 이 정도의 융통성은 허용된다고 느꼈습니다. 예수님의 일생처럼 부처님의 삶 역시 역사적 사실보다는 신화가 더 많을 가능성이 큽니다. 그러나 신화가 종교를 믿지 않는 사람들에게 항상 더러운 단어가 될 수는 없겠지요. 많은 고사들은 그 내용이 어리석거나 사악하기 때문에 보존되는 것이 아니고, 오히려 그 속에 들어 있는 참된 통찰력과 가치 있는 지혜 때문에 보존되니까요.

부처님의 이야기는 가장 기본적인 인간의 딜레마, 즉 삶의 유한성에 대한 전형적인 설명입니다. 우리와 주변의 모든 사람들이 (운이 좋으면) 나이를 먹고, 병들고, 결국 죽어 가는 현실에 직면해야만 합니다. 조만간에 우리 모두는 쓰디쓴 현실과 얼굴을 맞대게 마련이지요: 불의, 비통함, 새하얗게 돋아나는 귀밑머리 등등. 요컨대, 삶은 고통의 지뢰밭이며, 아무도 무사히 빠져나갈 수 없습니다. 공포로 가득 찬 앞길로 보일 수도 있겠네요. 그러나 일반적으로 부처에게 귀속되는 윤리 체계는 삶의 필연적인 도전에 대응하는 하나의 방식일 뿐입니다. 그것은 욕망을 억제하고 이 세상을 초월하는 것에 초점을 맞춥니다.

인본주의가 맞추는 근본적인 초점은 다른 곳에 있습니다. 인본주의 정신은 적극적으로 삶에 참여하는 것이며, 우리가 지금 갖고 있는 시간, 건강, 그리고 삶에 최대한 감사하는 법을 배우기 위해 나이 들고, 병들고, 죽는 현실과 기타 문제들을 수용하는 것입니다.

지난 장에서는 하나님 없이도 왜 우리가 선한 윤리적 삶을 향해 가끔씩 끔찍해지기까지 하는 현실을 무거운 발걸음으로 헤쳐 나가야 하는지에 대해 다루었습니다. 우리는 두려움과 허무주의에 굴복하지 않기 위해 우리 자신들에게 동기 부여를 하는 다양한 방법을 탐구했습니다. 그리고 인본주의자들이 갖고 있는 최고의 동기 부여는 '삶의 의미'에 대한 이해라는 결론에 도달했습니다. 이는 특정한 정신적 상태, 즉 존엄성, 인간성, 번영, 자유, 반항 등으로 부를 수 있는 상태에 도달하려는 시도입니다. 이 상태에서 우리가 우리 자신뿐만 아니라 다른 사람들을 위해 최선을 다했다는 확신에서 나오는 일종의 성실함과 안전함을 느낍니다. 우리가 추구하는 이 상태에 이르렀을 때, 우리의 관대함이 곧 우리가 갖고 있는 힘이라는 사실을 인식하게 되는 것이지요.

의미와 목적을 달성하는 것은 중요한 통찰입니다. 그러나 이것은 저같이 책을 쓰는 사람이 단순히 "당신의 삶의 의미는 존엄성을 달성하기 위해 노력하는 것에 있습니다."라고 말해 주는 것만으로 여러분이 갑자기 깨달음을 얻고 문제가 해결될 수 있는 것이 아닙니다. 왜냐하면 비록 여러분이 존엄성을 달성하고자 하는 목표를 세웠다 하더라도, 그 방법에 대한 질문이 남아 있기 때문입니다. 그 질문은 그랜드 캐년만큼 넓고 깊습니다. 어떻게 해야 할까요?

인본주의자와 비종교적인 사람들이 부처님이 직면했던 종류의 문제들에 부닥쳤을 때 어떻게 반응해야 할까요? 암으로 죽어 가며 존엄성을 지킨다는 것은 무엇을 의미할까요? 제3세계의 전쟁 지역에 있는 어린이 난민 캠프에서 '번창한' 삶을 사는 것이 가능할까요? 그토록 엄청난 불의로 가득 찬 세상에서 제한된 시간과 힘을 가지고 '자유'를 달성하는 구체적인 방법은 무엇일까요? 요컨대, 우리는 이제 하나님 없이도 선할 수 있다는 것을 알고 있으며, 왜 그렇게 하고 싶은지에 대해서도 알고 있지만, 여전히 하나님 없이 선하게 살기 위해 어떻게 해야 하는지, 또는 하나님 없이 선하게 산다는 것이 구체적으로 무엇을 의미하는지에 대한 질문에 답해야 합니다.

—

윤리적 선함은 무엇인가?

선함은 인간과 인간 사이에서만 존재합니다. 우리는 선한 행성, 태양, 또는 달에 대해 이야기할 수 없습니다. 인간에게 영향을 미치지 않는 한, "선한" 개구리나 "악한" 나비도 없습니다. 인간에게 기쁨이나 고통, 이익이나 해를 주는 것 외에는 "악한" 가로등이나 "선한" 오토바이도 없습니다. 좋은 약은 사람을 치료하는 약입니다. 좋은 환경 정책은 인간과 다른 생명체들이 지구에서 살 수 있게 만들어 주는 정책입니다. 그리고 선한 하나님도, 이론상으로는, 인간에게 선한 일을 하는 하나님이어야만 합니다. 인간에게 도움되는 행동을 조금도 하지 않거나 베풀지 않는 하나님을 선하다고 부르는 것이 지적인 개념으로라도 가능하다고 보시나요? 선하다고 불리려면 최소한 어떤 사람이 속해 있는 특정 집단에게만이라도 도움을 주어야지요. 그 정도에도 미치지 못하는 하나님은 심지어 종교인들에게까지도 부조리하게 보이겠네요. 물론 지적으로 세련된 사상가들은 하나님은 신비로운 방식으로 일하며, 하나님이 인간에게 자유를 허용해야 한다고 말하기도 하지만, 결국 이러한 설명들도 하나님의 **궁극적인 장기** 계획이 우리의 이익을 위함이라는 것으로 귀결됩니다. 이러한 종교적 설명은 우리가 천국에 갈 것이라고 확신시키려 합니다.

결국 선한 자들은 보상을 받게 되고, 악한 자들은 벌을 받게 된다는 주장이지요.

기독교는 이 점을 분명히 하고 있습니다. 대부분의 사람들은 단테의 저서 『**신곡**』(혹은 최소한 그 책의 요약집 클리프 노트라도)을 읽거나 읽지 않았음에 관계없이, 이 세상에서 기독교가 확실히 제공하지 못하는 보상과 벌을 보완하려고 사후의 낙원, 연옥 또는 지옥을 약속하고 있다는 사실을 잘 알고 있습니다. 그리고 큰 영향력을 가진 적어도 몇 개의 이슬람 교파들도 지상에서 불운한 삶을 살아야 했던 사람들에게 천국을 영원한 보상으로 강조하고 있다는 사실을 모르는 사람이 어디 있겠습니까? 우리는 자살 폭탄범들이 72명의 처녀들이나 72개의 흰 건포도*로 둔갑한 신의 은총을 좇아 목숨을 바치는 암울한 환영을 수없이 접해 왔습니다.[1] (참고로 여성 자살 폭탄범들이 사후 세계에서 72명의 총각 남성으로 "보상"받는지에 대한 질문이 제기된 적이 있습니까? 정말 잔인한 일이죠. 생명의 희생을 치르고도 영원히 지속되는 출산과 육아의 책임을 져야 하는 신세를 보상이라고 부르다니!)

하지만 대부분의 서구인들은 세상의 주요 종교 대다수가 신적인 존재나 힘이 자연의 법칙으로 다스려지는 이 세상에서는 감지될 수

---

*   역주: 쿠란에서는 이슬람의 적과 싸우는 지하드에 목숨을 바친 순교자는 천국으로 들어가 72명의 처녀(hur)들을 얻는다고 적혀 있다고 한다. 그런데 룩센 버그 박사라는 가명을 사용한 한 학자는 옛 이슬람 종교지도자들이 이 hur를 처녀로 잘못 해석했는데 실제로 아람어로는 흰 포도 72송이를 뜻한다고 했다.

없고, 오직 초자연적 영역에서만 통하는 정의로움을 약속할 수 있다는 원칙하에 설립되었다는 사실을 충분히 알지 못하거나 아예 모릅니다. 예를 들어, 대부분의 현대 미국 유대인들은 유대교가 그런 초자연적인 정의 개념에 관심이 없으며, 유대교는 믿음이 아닌 행동에 초점을 맞춘다고 굳게 믿고 있습니다. 자신들의 현대식 랍비들에게서 반복적으로 들은 이 말을 그대로 암송하는 현대 유대인들을 저는 잘 이해합니다. 그들에게 그렇게 말해 준 랍비들은 자신들이 설교할 때 부활 같은 수천 년 동안 이어 온 유대교 신학의 중심 개념에 대해 말하면, 그런 구닥다리 같은 소리를 싫어하는 회중들 때문에 자신의 밥줄이 끊어질 것이라는 점을 잘 알고 있는 것이지요.

그렇습니다. 젊은 유대인을 끌어들이기 위한 지금 세대의 시나고그 마케팅 계획에 포함되지 않을 수도 있지만, 전통 유대교에서는 영원한 보상과 처벌이 중요한 요소입니다. 그 생각은 성경 속 인물 욥으로부터 기원한 것으로 보입니다. 욥은 하나님을 따르는 의로운 사람으로, **하나님과 사탄 사이의 내기**의 대상이 됩니다(다시 말해, 자유주의 유대인이나 기독교인들이 하나님과 사탄의 내기 같은 주제를 언급하는 것을 얼마나 자주 들어 본 적 있습니까? 우리는 복음주의나 보수적인 기독교인들이 악마에 대해 믿고 깊이 생각한다는 것을 매우 잘 알고 있지만, 자유주의 성직자들이 이를 정중히 무시하는 법을 배웠기 때문에 이것이 모든 유대교와 기독교의 기초 전통의 핵심 요소라는 사실을 잊어버리곤 합니다). 아무튼 하나님은 욥의 헌신에 자부심을 느끼지만, 사탄은 욥이 땅에서 번영을 누리고 있기 때문에 하나님을 사랑한다고 주장합니다: 좋은 가정, 직업 등

등. 사탄은 욥이 더 큰 고통을 겪으면 다른 신을 경멸하는 불경한 인간들처럼 하나님을 저주할 것이라고 확신합니다. 그래서 내기는 시작되었고, 욥은 신학적 게임의 말판에서 말이 됩니다.

물론, 그의 아내와 자식들이 죽임을 당하고 그가 강렬한 육체적 고통을 겪은 후, 욥은 결국 자신의 경건함을 포기하고 하나님의 선함을 의심하게 됩니다. 처음에 하나님은 회오리바람 속에서 화난 설교로 응답하지만, 결국 자신의 선함을 보여 주기 위해 욥에게 보상을 하려고 노력합니다. 하지만 이상하게도 욥은 자신의 아내와 자식들을 다시 살아나게 하지 않고, 새로운 가족을 맞이합니다. 이 새로운 가족은 최소한 그에게는 약간 어색했을 것입니다(참고로, 성경 학자들 사이에서는 이 다소 행복한 결말이 원래 이야기의 일부였는지, 아니면 후대의 성경 편집자들이 신학적 메시지를 약간 완화시키기 위해 추가한 것인지에 대해 의견이 나뉩니다. 결말이 원래 덜 "행복했다"고 생각하는 학자들은 이 책이 원래 하나님이 사랑과 정의를 모두 갖추고 있다는 개념에 대한 회의적인, 어쩌면 심지어 초기 인본주의적 유대인 비판을 담은 세속적 문학적 우화였을 가능성이 있다고 추측합니다). 그리고 이 주제가 성경이나 고대 유대교에만 국한된 것이라고 생각하는 사람들을 위해, "테치아트 하 메팀(Techiat ha metim)", 즉 죽은 자의 부활은 모든 정통파와 보수파, 그리고 대부분의 개혁파 유대인들이 기도할 때마다 반복하는 기도의 중요한 부분이라는 점을 기억해야 합니다.

한편 동양 종교에서도 현생에서 인간이 받는 부적절하고 비합리적인 분배를 보상하기 위해 미래의 삶에서 선한 것과 나쁜 것이 적절히 분배되어야 한다는 아이디어에서 자유롭지 못합니다. 결국, 니르바나는 자격을 구비한 사람들이 불멸의 완전함에 도달할 수 있다는 약속이 아닙니까? 더구나 공산주의자들이 거의 근절시킬 때까지 중국 불교에서 가장 큰 운동이었던 "정토불교"는 죽음 후에 찾아오는 요술같이 신비로운 구원을 약속하는데, 이는 부처님을 믿고 그에게 특별한 기도를 올리는 사람들에게만 해당되는 약속이었습니다. 사실, 근대 이전까지 중국에서 가장 인기 있었던 종교적 관습은 그저 "아미타불(Amitabha)", 즉 부처님의 이름을 경건한 외침으로 반복하여 이 고통과 고난의 세계에서 벗어나 기독교 천국과 매우 유사한 "정토"로 가고자 하는 것이었습니다.

다른 불교 종파들도 자신들만의 천국과 지옥의 개념을 가지고 있으며, 나쁜 사람들은 죽으면 "굶주린 유령"으로 환생하고, 선한 사람들은 다음 생에서 신과 같은 존재가 된다고 여깁니다. 하지만 현재 달라이 라마의 연설이나 책, 또는 서구 출신의 어느 불교 구루가 『오, 더 오프라 매거진(O, The Oprah Magazine)』에 쓴 글에서는 이런 이야기를 거의 들어 볼 수 없습니다. 이는 역사적으로 불교의 중요한 부분일 수 있지만, 그들이 오늘날 전도 목표로 공략하고 있는 미국 시장이 듣고자 하는 것은 아닙니다.

힌두교는, 잘 알려진 대로, 카르마와 환생의 개념을 포함하고 있는데, 이것은 천국이나 지옥과 유사한 초자연적인 장려금(incentive) 인 것이지요. 카르마의 개념은 당신의 행동에 따라 브라만과 같은 특권층으로 다시 태어나거나 천민으로 다시 태어날 수 있다는 것을 의미하며, 이는 지위의 분배가 이 생에서는 자의적일 수 있지만, 다음 생에서는 모든 사람이 각자의 공로에 맞는 대가를 받게 될 것이라는 생각입니다.

물론, 천국과 지옥을 강조하지 않는 여러 종교의 자유주의적 버전들도 있습니다. 그러나 이들 또한 과거에는 주류 그룹에서 격리되어 있었지만, 현대 신자들에게 더 매력적으로 보이기 때문에 지금 더 주목받고 있을 뿐입니다(예를 들어, 몇십 년 전만 해도 이러한 자유주의적 개념을 제시했던 사람들은 저주받거나 심지어 추방되었을 조상들과 달리, 오늘날에는 많은 사람들이 신에 대한 스피노자의 정의를 받아들이는 것처럼). 또는 이들은 자신들의 고대 전통과의 연관성을 과대포장한 현대적 발명품들입니다(예를 들어, 『비종교인을 위한 예수』의 저자인 주교 존 쉘비 스퐁의 성공회 신학은 성 아우구스티누스나 아퀴나스보다는 인본주의에 훨씬 더 많은 영향을 받았습니다).

이러한 다양한 전통들을 살펴보고 천국과 지옥에 대한 다양한 주장들에 우리가 주목하는 이유는, '선'에 대한 개념을 제시하는 모든 전통은 궁극적으로 인간에게 무엇이 선인지에 대해 이야기하고 있다는 점 때문입니다. 우리는 이 단어에 대해 덜 인간 중심적인 정의를 내리려 애쓸 수 있지만, 전통적인 시스템 내에서도 우리가 선하다고 부르는 모든 것들은 결국 우리 인간에게로 돌아옵니다. 그렇다고 그것이 문제가 될 수는 없겠네요. 인간이 살아가기 좋은 세상을 만드는 것에 대해 우리가 신경 쓴다고 해서 우리 자신이 이기적이거나 인간에게만 신경 쓴다는 뜻은 아니니까요.

따라서, 우리가 가진 질문은 간단해지는군요. 인간에게 무엇이 선인가에 대한 개념들 중에서 어느 것을 선호하십니까? 하나님이나 초자연적 힘이 원하고 명령하는 것이 선이라는 전통적인 종교적 개념입니까? 아니면 우리의 욕구를 평가하고 그것을 충족시키기 위한 최선의 방법을 우리 자신이 스스로 결정할 수 있게 해 주는 세속적인 시스템입니까? 모든 세속적인 세계관이 인본주의적인 것은 아니라는 점을 기억하면서, 아래에서 인본주의자들이 그들이 가졌던 선의 비전을 어떻게 개념화하고 옹호하려고 하는지에 대해 간단히 설명해 보겠습니다.

—

황금률

정치적 시위가 벌어지고 있는 뉴욕시의 한 부산한 거리 부근의 계단에 앉아 커피를 마시고 있던 어느 아이비리그 대학 철학 교수 이야기가 있습니다. 경찰관 한 분이 다가와서 그 계단에 앉아 있으면 안 된다고 말했다는군요. 그 교수님이 그 건물의 출입로를 막고 있어 보행자들의 교통을 방해한다는 설명이었지요. 그 철학 교수님은 자신의 좌우를 훑어본 후, 과장된 동작으로 눈썹을 치켜세워 "제가 막고 있는 사람은 아무도 안 보이는데요!"라는 표정을 지었습니다. 이 도전적 반응에 언짢아진 경찰관은 근처의 시위대를 가리키며 물었습니다. "만약 모두가 당신처럼 행동한다면 어떻게 될까요?" 교수님은 어리둥절한 채 경찰관의 얼굴에 바짝 대고 중얼거렸습니다. "당신이 칸트라도 되나요?"

몇 시간 동안 유치장 신세를 지고 나서야 교수님은 겨우 경찰관에게 자신이 지독한 욕설을 한 것이 아니라 철학자 임마누엘 칸트와 그의 가장 유명한 사상인 '정언명령'을 언급한 것이라고 설명하는 데 성공했습니다. 정언명령이란 어떤 행동이 도덕적으로 간주될 수 있으려면 그 행동이 다른 모든 사람에게도 모방될 수 있어야 하고, 그 모방 결과가 선해야 한다는 것입니다.

칸트의 정언명령이 (너무 재미있어서 모든 독자가 한자리에서 읽어 치우는!) 그의 저서 『도덕 형이상학』을 다 읽지 못한 사람에게도 익숙하게 들리는 이유는 이 개념이 인류의 지적 역사 전반에 걸쳐, 특히 종교에서 자주 등장하는 '황금률'과 매우 유사하기 때문일 것입니다.

많은 자존심 강한 세속 지식인들에게 '황금률'이라는 개념은 약간의 긴장감이나 불안감까지도 안겨 줄 수 있겠네요. 아마도 옛날 주일학교에서 들었던 짜증스런 강의나, 짧은 소매 셔츠에 핀으로 꽂은 넥타이를 목에 걸고 등장하는 모르몬 교인들의 TV 광고를 떠올릴 수도 있고, 더 나아가 이 개념은 도덕적 설교로 느껴질 수 있습니다. 하버드 법대의 철학 교수인 제 친구 스콧 브루어는 가끔씩 이 말을 즐겨합니다. "도덕주의가 가는 곳에는 반드시 위선이 뒤따르게 되어 있다." (그는 자신이 니체의 재치 있는 격언 만드는 솜씨에 따라가려면 아직도 멀었다고 인정하지만, 그의 주장은 적절합니다.) 우리는 위선에 대한 정당한 거부감을 가지고 있으며, 이는 조지 버나드 쇼가 "황금률이란 황금률이 없다는 것이다."라고 말한 이유이기도 합니다.

꼭 모든 진실을 회의적인 안목으로 보아야 한다는 견해가 아니더라도, 사실 거의 모든 종교에서 반복적으로 등장하는 "황금"이라는 별명에 어울릴 만한 선행의 개념이 있습니다. 로이드와 메리 모레인은 『다음 단계로서의 휴머니즘(Humanism as the Next Step)』이라는 책에서 이렇게 지적합니다.

"오랜 세월 동안 다양한 종류의 종교들은 공통된 정신을 품어 왔습니다. 우리는 그들의 경전 일부에서 이러한 공통된 정신을 볼 수 있습니다."

브라만교에서는: "의무의 요체는 이것이다: 너에게 고통스러운 일을 남에게 하지 마라." – 마하바라타 5, 1517.

불교에서는: "네 자신에게 해롭다고 생각하는 일을 남에게 하지 마라." – 우다나-바르가 5, 18.

기독교에서는: "무엇이든지 남에게 대접을 받고자 하는 대로 너희도 남을 대접하라. 이것이 율법이요 선지자이니라." – 마태복음 7, 12.

유교에서는: "평생 지켜야 할 금언이 하나 있다면, 그것은 바로 인(仁)일 것이다: 자신이 원하지 않는 일을 남에게 하지 마라." – 논어 15, 23.

이슬람에서는: "너희 중 누구도 자기 형제에게 바라는 것을 자신에게 바라는 것처럼 바라지 않는 한 믿음이 온전치 못하리라." – 수나.

유대교에서는: "네가 싫어하는 것을 다른 사람에게 하지 마라. 그것이 율법의 전부이니 나머지는 모두 주석이다."-탈무드. 샤밧 31d.

도교에서는: "이웃의 이득을 네 자신의 이득으로, 이웃의 손실을 네 자신의 손실로 간주하라."-태상감응편.

자이나교 경전에서는: "바른 행동의 본질은 누구에게도 해를 끼치지 않는 것이다."[2]

그러나 수많은 종교적 관행과 다양한 신학적 신념은 이 공통된 윤리적 기초 위에 세워졌고 그것과 연계되어 왔습니다.

이 선행의 개념은 명백하기도 하지만 우리들의 가슴을 저미게 하거나 창피할 정도로 심각하기도 합니다: 좋은 사람이 되기 위해 우리가 가장 먼저 해야 할 일은 우리 내면을 들여다보고, 우리가 무엇을 사랑하고 미워하는지 이해한 후, 이를 바탕으로 타인을 어떻게 대할지 결정하는 것입니다. 제가 이 포인트를 가슴이 저미도록 심각하다고 묘사하는 이유는 사람들이 얼마나 자주 우리를 옆으로 밀어붙이거나, 무시하거나, 화를 내거나 우리를 잘못 대하는지를 생각할 때마다 우리 마음이 깊은 상처를 입기 때문입니다. 그들은 우리를 인간으로 대하는 대신 그저 그들의 길을 가로막고 있는 핑크색과 갈색 장애물 이상으로 생각하지 않기 때문입니다. 그들은 자신들이 우리에게 하고 있는 그런 대우를 직접 받고 견뎌야 한다면 어떻게 느낄지 생각하지 않고 행동하고 있는 것이지요. 그리고 황금률이 창피할 정도로 심각한 이유는 우리는 너무 자주 우리 자식들, 배우자, 가장 친한 친구들을 눈앞에 두고도 산만한 태도로 무시해 버리는데, 그 이유는 우리 자신에게 중요한 그날의 목표나 환상에만 집중하여 그 사람들 또한 우리와 꼭 같이 일상적인 사소한 문제들뿐만 아니라 노화, 병, 죽음에 대한 두려움과 싸우고 있다는 사실을 잊어버리기 때문입니다. 우리의 존엄성은 우리가 그들의 존재와 그들의 고군분투를 인정하는 능력을 한순간이라도 놓칠 때 우리 자신에게서 빠져나가기 시작합니다.

모든 종교에 황금률이 등장하는 이유는 1장에서 논의했듯이, 종교가 거의 모든 사회에서 중요한 역할을 해 왔기 때문입니다. 우리는 크리슈나나 예수, 부처가 없이도 사회를 만들 수 있습니다. 하루에 여러 번의 기도 시간, 동지(winter solstice) 기간 동안 주고받는 선물 관습, 금요일 저녁마다 촛불을 켜는 의식을 없애도 세상은 알아서 잘 돌아갈 것입니다.

하지만 황금률의 원칙이 없는 사회는 어떨까요? 그때는 정말로 모든 지옥이 시작되겠지요. 그때는 사회가 존재하지 않는 것입니다. 혼란만이 남을 뿐입니다.

캄보디아와 르완다에서 대량 학살이 일어났던 죽음의 들판에 종교가 없었던 것은 아니었지만, 황금률을 찾기는 죽음으로부터의 탈출만큼이나 어려웠습니다. 사람들은 오로지 자신의 고통과 자신의 욕망만을 생각하고 있었고, 다른 사람들의 고통과 욕망, 다른 사람들의 삶은 그 나라 전체를 뒤덮어 버린 인분과 피의 언덕보다도 가치 없게 된 것이지요. 일단 사람들이 서로를 찌르거나 총을 쏘기 시작하면 대개의 경우 황금률을 걱정하는 사람을 찾기 어렵게 됩니다. 팔레스타인 자살 폭탄범이 이스라엘 민간인을 생각할 때 황금률은 염두에 두지 않습니다. 이스라엘 정착민이 굶주린 팔레스타인 마을 주변의 올리브 나무를 불도저로 밀어 버리려고 할 때, 그는 보통 칸트, 〈조상들의 윤리〉, 혹은 『논어』를 생각하지 않습니다.

인본주의도 그렇고, 저도 그렇고, 새로운 것을 제시하는 것이 아닙니다.

하지만 황금률이 단순하지만 그것을 따르는 것은 어렵습니다. 종교적인 사람이나 세속적인 사람 모두 이 원칙에서 자주 실패하고, 그럴 때 우리는 왜 우리의 삶과 우리가 살고 있는 나라가 이렇게 엉망이 돼 버렸는지 궁금해합니다. 그리고 종교가 이처럼 과학적이고 합리적인 시대에도 여전히 강력한 끌림을 가진 이유 중 하나는 종교 지도자들이 여전히 아이러니나 부끄러움 없이 이런 짜증날 정도로 단순하지만 가슴이 미어지고 창피할 정도로 중요한 메시지를 전달할 수 있는 유일한 힘 중 하나라는 점 때문입니다.

우리는 록 가수와 래퍼들을 그들의 냉담하고 반항적인 태도 때문에 우상화하지만, 그들이 우리와 마주 앉아, 왜 우리가 어머니에게 짜증 내지 말아야 하는지 설명해 주는 일은 드뭅니다. 우리는 철학자나 공공 지식인들(public intellectuals)로부터 큰 아이디어를 배우지요. 하지만, 그들이 우리에게 더 사랑스러운 남편과 아내가 될 수 있는 힘을 주는 경우는 얼마나 자주 있을까요? 심리학자나 치료사는 우리 문제에 대해 이야기해 주지만, 따뜻하고 힘을 북돋아 주는 포옹을 해 주지는 않습니다. 때로는 우리가 원할 때조차도 판단을 내려 주지 않으며, 우리와 함께 우리의 공동체 속으로 들어가서 다른 사람들과 긍정적이고 건강하게 어울리는 방법을 제시해 주지 않습니다. 성직자는 우리 사회에서 다른 영웅이나 안내자들이 하지 않거나 할 수 없는 이런 일들을 해야 할 직업적 책임을 가지는 몇 안 되는 소중한 사람들 중 하나입니다. 좋은 사제나 목사, 랍비는 우리가 원치 않더라도 황금률의 길로 나아가도록 자극하고 재촉하는 방법을 찾는 것을 직업적 책임으로 여깁니다.

그렇습니다. "남에게 대접받고 싶은 대로 대하라."(혹은 더 나은 표현은 랍비 힐렐이 말한 "너에게 싫은 일을 남에게 하지 말라. 나머지는 주석일 뿐이다.")는 본질적으로 어떤 종교도 놓치지 않는 개념입니다. 그러나 이 **황금률의 어떤 버전도 하나님을 필요로 하지는 않습니다.**

우리의 나쁜 행동에 대해 하나님이 우리를 결국 용서한다고 상상할 수 있습니다. 종교적 보수주의자와 자유주의자 꼭 같이 갖가지 죄에 대한 용서를 구합니다. 빌 클린턴의 유명한 "나는 죄를 지었다는 말을 아름답게 장식할 수 있다고 생각하지 않는다."는 말에서부터 TV 전도사 지미 스웨거트의 조금은 장식된 듯한 "주님, 저는 당신을 대적해 죄를 지었나이다. 당신의 소중한 피가 하나님의 용서의 바다에 이르기까지 저의 모든 오점을 씻고 말끔히 지워 주시기를 간청합니다."라는 말까지. 이런 수사학적 몸치장만으로 영원히 지옥에 떨어져야 할 죄를 용서받을 수 있다고 믿는 순진한 사람이 있을까요? 그럼에도 불구하고 이러한 빈말뿐인 사과는 기독교 윤리의 실천에서 반복적으로 나타납니다. 모든 기독교 이론에 부합하지 않는

데도 말이죠. 이 패턴은 아마도 약간의 부도덕한 행동에서 오는 스릴을 위해 큰 위험을 감수하는 일부 사람들에게 용기를 줄 것입니다. 그들은 결국 발각되면, 심지어는 발각되기도 전에, 충분히 예의 바르게 용서를 구하기만 하면, 그들의 주님이 용서할 것이라고 믿기 때문입니다. 뭔가 나쁜 짓을 하고 싶다면, 그 짓을 할 것이고, 전 세계의 어떤 신학도 그 행동을 막을 수 없습니다.

대개의 경우, 사람들은 우리가 용서를 받을 자격을 얻지 않으면 용서해 주지 않습니다. 우리가 용서를 받아야 하는 일이 그렇게 많은데, 우리 사회 전체가 그 용서를 얻는 데 더 많은 에너지를 쏟아부어야 한다고 상상해 보세요. 우리가 학교에서 하는 기도에 대해 논쟁하는 데 쓰는 시간, "하나님께서 미국을 축복하소서." 또는 "하나님 아래 한 국가"라고 말하는 데 쓰는 시간, 그리고 어느 종교가 옳은지를 놓고 다투는 시간 대신에, 전 나라가 따르는 황금률의 날을 만들고, 우리가 우리 동료 인간들에게 더 많은 사랑과 연민으로 다가가는 방법을 배우기 위해 종교학자 캐런 암스트롱이 **"자비 헌장"** 프로젝트에서 제안한 내용입니다. 이 프로젝트는 암스트롱이 자비로움의 핵심에 자리하고 있다고 믿는 황금률과 자비를 홍보하는 노력의 일환으로 휴머니즘과 무신론을 포함한 모든 종교적, 윤리적 인물들이 남긴 전통을 찾는 노력입니다. 암스트롱은 휴머니스트들이 존경하고 도울 가치가 있는 사상가이며, 저는 우리의 많은 동료들이 이 노력에 동참하기를 바랍니다. 이 프로젝트는 홀마크 카드(Hallmark-card)가 풍기는 싸구려 정서를 가져다줄지도 모르겠군요. 아마도 암스트롱이 모든 전통적인 종교의 핵심은 초자연적인 것에서 오는 위안과 정의보다는 자비로움에 더 있다고 너무 낙관적으로 믿기 때문일 것입니다. 그리고 비록 이 자비 홍보 프로젝트가 대규모로 발전하여 합리적으로 시행된다 하더라도 우리는 여전히 목표를 놓칠 수도 있습니다. 그러나 이런 몇 가지 덜 긍정적인 면이 있긴 하지만, 우리 사회는 지금보다는 더 나아지지 않을까요?

물론, 사람들로 하여금 이 선함의 간결한 해석에 조금 더 집중하고 종교의 복잡한 부분에 덜 집중하도록 우리가 설득할 수 있더라도, 우리는 그들에게 한 가지 이상의 윤리적 지침을 제공해야 합니다. 때때로 사람들은 참으로 더 많은 윤리적 지침을 필요로 하거든요. 그러므로 랍비 힐렐이 말한 것처럼 "나머지는 주석일 뿐"이지만, 우리가 윤리적 규칙과 가치를 다루는 인본주의 주석을 살펴보는 것이 좋을 것 같네요. 결국, 랍비 힐렐의 말은 미슈나—탈무드 문학의 초기 기초 책—에서 오고, 탈무드에 적혀 있는 텍스트는 작은 도서관을 가득 채울 수 있을 만큼 방대한 주석으로 이루어져 있습니다.

—

황금률을 넘어서:
규칙, 규정, 그리고 제안들

거의 모든 주요 종교를 정의하는 요인 중의 하나는 일련의 도덕적 규칙, 규제 및 권고 사항입니다. 유대교에는 할라카(Halacha)가 있으며, 이는 삶의 거의 모든 측면을 규제하거나 언급하며, 끊임없이 발전하고 확장되는 법률 체계입니다. 하지만 현대 유대인의 소수만

이 실제로 이러한 법률에 많은 관심을 기울이고 있습니다. 이슬람교에는 샤리아가 있는데, 이는 할라카와 종종 비교되며, 일상생활을 규제하는 복잡하고 포괄적인 종교 법률 및 지침 체계입니다. 가톨릭교에는 교회법이 있습니다. 복음주의자와 다른 보수적인 기독교인들은 종종 십계명을 말하지만, 사실 그들의 전통은 혼합 무도회에서 〈테리 쉬아보의 삶(the life of Terry Schiavo)〉에서부터 다른 나라와의 무력 충돌이 "정당한 전쟁"이란 종교적 깃발 아래 허용되는지에 이르기까지 모든 것을 규제하려는 보다 광범위하고 덜 명확한 기독교 윤리체계를 사용해 왔습니다.

종교 법률과 지도 원칙은 서구의 전유물이 아닙니다. 불교의 창립 요소 중 하나는 팔정도였으며, 유교는 가족과 국가의 모든 구성원이 서로에게 기대하는 엄격한 계층 구조로 시작되었습니다. 그리고 이것들은 2천 년 전 아시아 종교인들에게 열려 있던 여러 선택지 중 두 가지에 불과했습니다.

이 모든 법은 우리가 황금률을 해석하려 시도하면서 도덕적 혼란에 빠지지 않도록, 또는 그것을 완전히 무시하거나 어기지 않도록 하기 위해 제정되었습니다. 이 법들은 우리가 잘 발달된 세속법을 가지기 이전에 만들어졌습니다. 로마 민주주의는 당신이 시저의 친척이라면 좋았을 수 있지만, 만약 당신이 검투사 투기장으로 던져지는 상황에 처하면 그리 좋지 않은 법이었습니다. 그것은 합리적인 배심원을 선출하거나, 합리적인 법적 선례를 검토하는 것과 같은 방법이 없었던 시절에 실제로 시급한 인간 문제를 해결해 주었습니다. 그리고 우리는 오늘날에도 우리의 법률 및 사법 시스템이 고통스러울 정도로 결함이 많다는 것을 알고 있습니다. 가장 간단한 해결책은 우리가 사용하는 동전에서 '하나님'이라는 단어를 없애거나 충성 서약에서 **빼는** 것이라고 말하는 세속주의자나 무신론자는 아마도 망상에 젖어 있을지도 모르겠네요.

그러나 다행히도 대부분의 세속주의자들, 인본주의자들, 그리고 비종교적인 사람들은 모든 법적, 도덕적 질문에 대한 간단한 답을 주장하지 않는 것 같습니다. 우리는 인간들이 선포한 성서로운 계명들이 우리의 삶을 절대적으로 지배해야 한다는 생각을 거부합니다. 그리고 우리는 법률과 윤리적 원칙이 인간의 이성과 동정심에서 나와야 한다고 믿습니다. 종교적 법률을 두고 우리가 투표권을 행사할 수는 있지만, 그 법률이 우리에게 거부권을 가질 수는 없습니다. 특정 종교적 교리가 좋은 삶과 좋은 사회를 만드는 데 도움을 줄 수 있다면, 우리는 그것을 채택할 수 있습니다. 그러나 우리는 과거의 문제를 해결하기 위해 만들어진, 이제는 시대에 맞지 않는 가치 시스템에 따라 만들어진 법률에 특별한 충성을 느끼지 않습니다. 양모와 면, 우유와 고기를 섞지 않아야 할 필요는 더 이상 없으며, 남성과 여성, 이성애자와 동성애자가 직장이나 예배 장소, 또는 결혼에서 평등하게 합해질 수 없다는 율법은 용납될 수 없습니다.

이런 율법이 어떤 모습으로 실천되고 있는지 알아보겠습니다. 킹 제임스 성경 버전의 십계명부터 시작하여 그 영어를 현대 영어로 번역하고, 마지막으로 각 계명에 대한 인본주의적 해석을 살펴보도록 하지요.

십계명: 인본주의와의 비교³

킹 제임스 버전	현대적 번역	인본주의 버전
1 나는 너를 이집트 땅, 종살이하던 집에서 인도해 낸 여호와 네 하나님이다. 너는 나 외에 다른 신을 두지 말라.	다른 신을 숭배하지 말라.	스스로와 다른 사람들 안에서 최선을 추구하고, 세상에 긍정적인 변화를 만들 수 있는 자신의 능력을 믿어라.
2 너는 너를 위하여 어떤 새긴 형상이나, 하늘 위에 있는 것이나, 땅 아래에 있는 것이나, 물속에 있는 어떤 형상이든지 만들지 말고 그것들에 절하거나 섬기지 말라. 나 여호와 네 하나님은 질투하는 하나님이라, 나를 미워하는 자들의 삼사 대 자손에게까지 아버지의 죄를 물을 것이며, 나를 사랑하고 내 계명을 지키는 자들에게는 수천 대까지 은혜를 베풀리라.	우상을 만들거나 하나님을 형상화하여 숭배하지 말라.	진실과 정직을 추구하고, 권력, 지위, 소유물이 도덕적 용기, 존엄성, 선함을 대체하지 않도록 주의하라.
3 너는 네 하나님 여호와의 이름을 망령되게 부르지 말라. 여호와는 그의 이름을 망령되게 부르는 자를 죄 없다고 하지 않을 것이다.	하나님의 이름을 남용하지 말라.	부정적이고 무례한 태도보다는 긍정적이고 건설적인 태도를 가지라.
4 안식일을 기억하여 거룩히 지키라. 여섯 동안 일하고 네 모든 일을 행하라. 그러나 일곱째 날은 너의 하나님 여호와의 안식일이라. 그날에는 네 아들이나 딸, 남종이나 여종, 네 가축이나 네 성안에 있는 이방인이라도 아무 일도 하지 말라. 여호와는 여섯 동안 하늘과 땅, 바다와 그 안에 있는 모든 것을 창조하고 일곱째 날에 쉬었으므로 여호와가 안식일을 복되게 하여 그 날을 거룩하게 하였느니라.	안식일을 거룩하게 지켜라. 매주 그날에는 쉬어라.	건강을 유지하려면 일, 놀이, 휴식을 균형 있게 해야 한다.
5 네 아버지와 어머니를 공경하라. 그리하면 네 하나님 여호와가 네게 준 땅에서 네 날이 길리라.	부모님을 공경하라.	가족 구성원 모두가 서로를 존중해야 한다.
6 살인하지 말라.	살인하지 말라.	같음.

7 간음하지 말라.	배우자에게 불충실하지 말라.	같음.
8 도둑질하지 말라.	도둑질하지 말라.	같음.
9 이웃에 대하여 거짓 증언하지 말라.	다른 사람들에 대해 나쁜 말을 하지 말라.	같음.
10 네 이웃의 집을 탐내지 말라. 네 이웃의 아내, 남종, 여종, 소나 나귀나, 네 이웃의 어떤 것도 탐내지 말라.	다른 사람들을 질투하지 말고, 그들의 배우자나 집, 혹은 그들이 가진 어떤 것도 욕심내지 말라.	다른 사람들이 가진 좋은 것들을 볼 때, 나쁜 감정의 원천이 아니라 영감으로 삼아라. 원하는 것이 있다면, 그것을 얻기 위해 노력하라.

첫 번째와 두 번째 계명:
보편적 품위는 생각만큼 흔하지 않다, 윤리적 탁월함

제가 가장 좋아하는 셔윈 와인의 재치 있는 한마디는 "때때로 하나님에 대해 할 수 있는 가장 친절한 말은 그가 존재하지 않는다는 것이다."라는 것입니다. 셔윈이 이 말을 악의적으로 한 것은 아니었습니다. 그는 왜 선한 사람들에게 나쁜 일이 일어나는지에 대한 변명과 신학적 논증을 양심상 받아들일 수 없었고, 그가 살아가면서 그러한 논증들을 수도 없이 들었기 때문입니다. 셔윈은 홀로코스트가 자신의 주변에서 일어나는 것을 목격했고, 평생 역사를 공부하는 동안 수백만 명의 무고한 아이들이 참혹하게 죽어 가는 인위적, 자연적 재앙에도 주목했습니다. 하나님이 이 모든 무의미한 죽음이 일어나는 세상을 창조했다면, 아무리 그럴듯한 이유로 설명해도 그런 하나님을 숭배할 이유는 없다고 생각했습니다. 그래서 셔윈은 하나님을 허구적 인물로 간주하는 것이 하나님에게 할 수 있는 가장 친절한 일이라고 진정으로 믿었습니다. 저 또한 그렇게 생각하고 있습니다.

마찬가지로, 성경의 첫 번째와 두 번째 계명에 대해 가장 친절하게 할 수 있는 말은 그 계명들이 처음부터 진지하게 받아들여지지 않게 되어 있었다는 것입니다. 만일 당신이 모든 창조물의 하나님이고, 무한하고 계속 확장되는 우주의 모든 마지막 구석까지 창조한 하나님이며, 모든 국가뿐만 아니라 우리가 살고 있는 지구와 다른 모든 행성에 존재했던 기어다니는 동물, 헤엄치는 동물, 뱀처럼 미끄럽게 스물거리는 동물 모두를 창조한 하나님이라면, 당신의 입에서 나오는 첫 번째 윤리적 발언이 "몇천 년 전에 내가 너희에게 들려준 이야기 기억나니? 내가 유일한 신이고 너희 중 특정 집단은 나의 다른 창조물들보다 더 특별하다는 이야기 말이야. 그 이야기는 사막을 건너는 대규모 여정을 포함하고 있어(고고학적 증거는 없지만). 모든 인간이 나를 열받게 하지 않도록 주의해야 할 이유는 바로 그거야. 나의 경쟁자를 숭배하거나 그들을 부르는 명칭으로 나를 부르지 마."이겠는지요?[4]

저는 종교를 가진 사람들과의 우정을 소중히 여기기 때문에 이 책의 내용을 통해 그들을 불쾌하거나 마음 상하게 만들 의도는 아예 처음부터 없었고 지금도 갖고 있지 않습니다. 그러나 첫 번째와 두 번째 계명은 대부분의 진보적 종교인들이 자신들의 선한 삶을 살아가며 그저 예의상 무시하는 사항들입니다. 아이들을 건강하게 키우고 평화롭고 정의로운 사회를 구현하는 일에 집중하는 저희들에게는, 법원 건물이나 공공장소에 전시하고자 법정 투쟁까지 마다하는 그 중요한 윤리적 선언의 서두에서 평화, 정의, 사랑, 자비 혹은 이웃 같은 단어는 찾을 수 없고 대신 "나를 격식에 맞게 숭배해라. 그렇지 않으면…."이라는 위협적인 내용이 담겨 있다는 것이 도저히 이해되지 않기 때문이거든요.

물론, 이러한 구절을 다른 방식으로 해석할 수도 있습니다. 2천 년 동안 성경을 해석해 오면서, 고귀한 의도를 가진 분들이 이 계명에 대해서 저의 것보다 더 관대한 해석을 내놓지 않았다고 생각하는 것은 매우 비합리적이겠지요. 사실, 저는 문화적 소양의 함양을 위해서라도 몇 개의 다른 해석들을 기꺼이 추천하고 싶군요. 현대 종교 지식인들이 성경을 인상 깊게 해석한 것을 읽고 싶다면, 짐 월리스(Jim Wallis), N. T. 라이트(N. T. Wright), 카렌 암스트롱(Karen Armstrong), 토니 캄폴로(Tony Campolo), 피터 고메스(Peter Gomes), 세린 존스(Serene Jones), 마이클 러너(Michael Lerner), 조너선 색스(Jonathan Sacks), 주디스 플라스코(Judith Plaskow) 등의 작품을 읽어 보십시오. 저는 그들의 저서를 읽는 사이에 감명 깊은 지혜를 많이 찾을 수 있었습니다.

하지만 아무도 이 두 계명이 저의 자녀들에게 가르쳐야 할 10가지 가장 중요한 계명의 서두에 어울리는 것이라고 설득할 수는 없습니다.

그렇다면 인본주의자들은 아이들에게 이렇게 중대한 교훈을 어떻게 가르칠까요? 위에서 언급한 표는 인본주의 일요학교 수업 자료의 일부입니다. 그 답을 좀 더 자세히 찾아보는 것이 좋겠군요.

자신과 타인 안에서 최상의 것을 찾고, 세상을 긍정적으로 변화시킬 수 있는 너 자신의 능력을 믿어라.

모든 일에 있어서 진실과 정직을 추구하라. 권력, 지위, 또는 소유물이 도덕적 용기, 존엄성, 그리고 선함의 대체물로 탈바꿈하는 것을 경계하라.

인본주의자들이 아이들에게 가장 먼저 가르치는 것은, 아마도 많은 종교인들이 가르치고자 하는 것과 동일합니다: "네가 찾을 수 있는 것 중에서 최상의 가치와 의미를 갖는 것을 추구하라." 단지 우리는 그 '최상의 것'이 무엇인지에 대해 정직하게 다른 의견을 가졌을 뿐입니다. 우리는 '자신을' 찾는 것이 아니라, **자신 안에서 최상의 것을** 찾는 것입니다. 자신과 자신의 안에서 최상의 것과의 차이, 이것이 가장 중요한 포인트입니다. 우리가 우리 자신의 존엄성을 추구할 때, 그 존엄성을 얻는 최선의 방법은 타인들이 그들 자신의 존엄성을 성취하도록 돕는 것이란 사실을 잊지 말아야 합니다.

만약 오직 자신만을 찾으려 한다면, 그 결과는 고작해야 혼란스러운 모습일 뿐입니다. 어떤 날은 거울 속에서 자신감 있는 자신을 보게 되고, 다른 날은 불안해하는 자신을 보겠지요. 어떤 날은 친절하고 사랑이 가득한 기분으로 가득 차 있고, 또 다른 날은 "오늘 내가 친절하고 사랑이 가득했던 적이 있었는가?"라는 질문이 떠오르면 아무런 대답을 할 수 없게 되는 날도 있습니다. 하지만, 부처님이 그의 여정에서 그랬듯이, 우리의 하루하루는 우리가 우리 자신의 최선을 보여 줄 기회도 찾아오고 최악을 보여 줄 기회도 맞이하게 됩니다. 우리는 아픈 사람들, 나이 들어 가는 사람들, 죽어 가는 사람들, 혹은 사랑하는 사람들을 잃고 슬퍼하고 있는 사람들로 둘러싸여 있습니다. 우리가 얼마나 불공평한 세상에 살고 있는지를 나타내는 증거이겠지요. 이 모습을 본 싯다르타는, 인간적인 본성을 따라, 자신과 다른 사람들이 당하고 있는 고통을 치유해 주고 싶었지만 그럴 수 없음을 깨닫게 되자 엄청난 정신적 충격을 받았습니다. 그래서 그는 자신의 욕망을 제거하는 방편으로 자신의 내면으로 눈을 돌렸습니다(물론 많은 사람들이 그 방법이 도움이 된다는 사실을 알아내었지요. 그들 역시 끝없는 끔찍함과 혐오스러움의 악순환이 끝나기를 바랐으니까요).

인본주의는 사뭇 다른 답을 제시합니다. 사람들이 죽었을 때, 우리는 그들의 삶과 정신적 유산을 기억할 최선의 방법을 찾습니다. 만약 그들이 생의 대부분 동안 선하고 사랑받는 사람들이었다면, 우리는 그들이 했던 선한 일을 본받으려 최선을 다합니다. 만약 그들이 사랑하는 능력이 부족했던 사람들이었다면, 우리는 그들이 만든 실수로부터 배우려 최선을 다합니다. 이제 그들이 사라졌다고 해서 단순히 그들을 미워하고 원망하지 않는다는 말입니다. 만약 그들이 선악을 구별할 수 없을 정도로 어린 나이에 죽었다면, 그들의 새 생명 속에 싹트고 있던 희망의 상실에 대해 고통과 분노를 표합니다. 우리는 "이 어린 생명들은 이제 하나님의 품에 안겼다."라는 말로 깊은 상처를 덮으려 하지 않습니다. 우리는 서로를 위로하고, 포옹, 키스, 함께하는 시간, 인내, 그리고 잠시나마 동반자의 역할 같은 것을 지원하기도 하지요. 우리는 이 모든 것을 필요로 하는데, 초자연적인 힘은 이러한 것을 제공할 수 없으니까요. 비록 결과가 미미하더라도 우리는 우리가 긍정적인 변화를 만들 수 있다고 우리 자신에게 다짐합니다. 필요한 경우 그 다짐은 끝없이 반복되어야 하는데, 그런 경우는 반드시 찾아오게 마련입니다. 우리가 끈 이론(string theory)이나 우주의 사이즈에 대한 철학적 이야기들을 하며 우리들이 만드는 변화가 새 발의 피처럼 왜소하게 보일 때도, 고통을 당하고 있는 사랑하는 사람의 얼굴을 쓰다듬어 주는 부드러운 손길 하나로 우리가 엄청난 차이를 만든다는 사실을 우리 자신에게 되새기곤 합니다.

예후다 아미카이의 시를 읽어 보세요.

로시, 로시— 내가 문에 머리를 찧었을 때,
내가 문에 머리를 찧었을 때, 나는 비명을 질렀죠.
"내 머리, 내 머리" 다시 비명을 질렀죠, "문, 문"
나는 "엄마"라고 울부짖지도 않았고 "하나님"이라고 부르짖
지도 않았죠.
나는 종말의 날에는 머리도 문도 없는 세상이 오기를 예언하
지도 않았죠.

당신이 내 머리를 쓰다듬었을 때, 나는 속삭였죠.
"내 머리, 내 머리" 다시 나는 속삭였죠, "당신의 손, 당신의 손"
나는 "엄마"나 "하나님"이라고 속삭이지 않았죠.
하늘이 활짝 두 쪽으로 열렸을 때

머리를 쓰다듬어 주는 손의 기적적인 환상을 보지 못했죠.
내가 비명을 지르거나 말하거나 속삭이는 모든 것은
오로지 나 자신을 달래기 위한 것이더군요: 내 머리, 내 머리.
문, 문. 당신의 손, 당신의 손. [5]

이 시는 인본주의자인 저에게 독실한 기독교인이 주기도문을 암송할 때 느끼는 감정과 가장 유사한 느낌을 가져다줍니다. 저는 이 시를 일종의 예배문으로 간주하고 있습니다. 사실 이 시를 전통적인 기도문에 대한 인본주의적 대안으로 제6장에 포함해도 괜찮겠지요. 지금 이 장에서는 인본주의는 우리의 인간적인 경험을 있는 그대로 받아들이고 있으며, 우리의 일상 경험을 그 이상이나 그 이하로 만들 필요가 없다는 점을 강조하는 인본주의의 가장 중요한 통찰의 예로 제시해 드립니다.

우리가 고통을 느낄 때, 그것은 환상도 아니고 하늘에서 내려온 신호도 아닙니다. 그것은 하나님의 행동도, 악마의 소행도 아닙니다. 그것은 그저 고통이고, 슬픔이며, 그리움입니다. 그 고통을 부정하고 피하려고 하는 것은 우리에게 아무런 도움이 되지 않습니다. 하지만 우리가 그 고통을 인정하러 멈춰 서면 많은 경우 거의 마법과 같은 일이 일어나지요. 우리는 더 쉽게 고통을 내려놓고 사소한 즐거움에 집착할 수 있게 되는 것이지요.

최근 몇 년 동안, 20세기 중반의 인본주의 심리학의 직접적인 후예인 긍정심리학(Positive Psychology)은 우리 자신 속에서 최상의 것을 찾는 데 도움을 주는 구체적인 도구를 고안했습니다. 심리학자

마틴 셀리그만(Martin Seligman)과 크리스 피터슨(Chris Peterson)은 '강점 목록(inventory of strengths)'이라는 개념을 개발했는데, 이 목록은 인간이 가질 수 있는 긍정적인 성격 특성들을 포괄적으로 조직화시켜 두었습니다. 이 목록의 장점 중 하나는 심리학이 우리 안에서 잘못된 점들에만 집중한다는 시각에 대한 대안을 제시하고 있다는 사실입니다. 오랫동안 임상심리학 치료는 '정신질환 진단 및 통계 편람(DSM)'이라는 책에 지배되어 왔으며, 이는 우리 마음에서 잘못될 수 있는 크고 작은 모든 것들을 나열한 방대한 카탈로그이지요. 물론, 실제 심리적 문제를 이해하고 치료하는 것이 중요할 수 있지만, 우리가 우리의 수없는 부족함에 너무 집중하다 보면 하나님 같은 전지전능한 존재가 내려와서 우리를 구해 줘야만 할 것처럼 느끼게 될 수 있습니다. 우리 인간들에 관한 진실은 우리가 생각하는 것보다 훨씬 더 균형 잡혀 있다는 사실입니다.

셀리그먼과 피터슨은 주요 종교의 경전에서부터 보이스카우트 서약('신뢰할 수 있고, 충성스러우며, 도움이 되고, 친절해짐')에 이르기까지 그들이 접할 수 있는 모든 인간 미덕에 대한 설명을 검토했습니다.[6] (이 과정과 그들이 이 작업을 시작한 이유에 대해 더 알고 싶다면 조나단 하이트의 저서 『행복 가설』에 나오는 "미덕의 행복"이라는 장을 읽어 보세요.) 셀리그먼과 피터슨은 여러 가지 다양한 출처에서 반복적으로 나타나는 여섯 가지 넓은 범주의 미덕, 또는 미덕군을 도출했습니다. 그들은 이러한 방식으로 여섯 가지 미덕의 범주를 확인했습니다: 지혜, 용기, 인간애, 정의, 절제, 초월.

어떤 긍정적 자질이 목록에 포함되어야 했는지, 또는 그 미덕의 범주가 다르게 분류되어야 했는지에 대한 논쟁이 있을 수 있겠지요. 하지만 중요한 점은, 해이트도 암시하고 있듯이, 우리 인본주의자들은 우리가 갖고 있지 않은 자질을 두고 자신이나 주변 사람들을 질책하는 것을 피해야 한다는 것입니다. 우리는 용기와 결단력을 가진 랜스 암스트롱 같은 사람이 동시에 느긋하고 평온한 성격을 가지지 못했다고 불평하거나 트집 잡지 않습니다. 사실, 유명하면서도 느긋하고 평화로운 사람의 예는 찾기 힘들지요. 왜냐하면 매우 느긋한 사람들은 명성을 얻기 위해 필요한 추진력과 강렬함이 거의 없기 때문입니다. 그리고 그것의 결핍이 결코 문제가 될 수 없지요!

우리 누구도 모든 사람에게 모든 것이 될 수 없으며, 심지어 우리 자신에게도 그렇게 될 수 없습니다. 하지만 우리는 우리가 특별히 강점이 있는 영역을 파악하고, 그러한 재능을 키워 갈 수 있습니다. 그들 자신들이 갖고 있는 강점으로 우리를 보완해 줄 수 있는 친구, 사랑하는 사람, 동료들에게 둘러싸여서 말입니다.

여기에서, 페터슨과 셀리그만이 그들의 목록에 있는 자질들에 대해 토론하고 논의할 것을 권장하고 있으므로, 그들의 목록에 정직성이나 진실성이 포함되지 않았다는 점을 언급해야 하겠군요. 인본주의자들에게 정직성은 핵심적인, 그리고 필수적인 덕목입니다. 이는 다른 사람들에게 진실을 말하는 것이 어려울 때에도 그것을 밝혀야 한다는 의미에서 진실을 추구하는 것이 중요하다는 뜻입니다(우리는 선의로 하는 하찮은 거짓말에 목을 매달지는 않지만, 꼭 그렇게 해야 할 경우에도 더 나은 방식으로 진실을 말하는 것이 더 바람직합니다. 예를 들어, "고맙습니다, 생각해 볼게요."라고 말하는 것이, 명백히 거짓인 "고맙습니다, 정말 좋은 생각이네요!"라 말하는 것보다 낫습니다). 진실의 추구가 중요한 또 다른 이유는 우리 자신들이 진실을 다룰 수 있다는 확신을 갖고, 또 세상일에 대해 우리가 정직할 수 있다는 생각으로 현실을 직면할 수 있기 때문입니다. 이것은 너무나 중요하고 성취하기 어렵기 때문에, 제가 인본주의를 기꺼이 신념이라 부르는 가장 큰 이유 중의 하나입니다.

정직성과 진실성을 덕목으로 삼는 인본주의자들은 성경에 나오는 인물 아브라함을 존경합니다. 그는 자신의 아버지 우상으로부터 시작해 거짓 신들의 우상까지 모두 파괴했습니다. 우리는 낡은 지식과 잘못된 가설의 압제에서 벗어나도록 우리를 돕는 과학자들을 우상 파괴자로 간주하고 있습니다. 심리치료사들은 우리 자신에 대해 가지고 있는 비합리적인 두려움, 즉 우리가 무능하다거나 항상 최고가 되어야 한다는 생각을 극복하도록 돕는 우상 파괴자입니다. 그리고 우리는 무분별한 소비만능주의와 그것이 가져다주는 메시지, 즉 금전적 부와 과시적 소비가 행복의 첨경이라는 우상숭배에 굴복하지 않음으로써 우상 파괴자가 될 수 있습니다. 이 문제는 나중에 더 검토해 보도록 하지요.

아브라함의 이야기는 오늘날까지 우리에게 영감을 줄 수 있는 훌륭한 성서적 주제입니다. 그러나 우리는 아브라함이 했던 것보다 한 발 더 나아가, 하나님조차도 우리가 잘 살기 위해서나 우리의 삶에서 의미를 찾는 데 반드시 필요하지 않다는 아이디어도 파괴해야 한다고 봅니다. 우리는 아브라함과 비슷한 영감을 성경이 아닌 다른 출처에서도 많이 찾을 수 있고, 성경에 기술된 이야기가 때때로 자기모순적이라는 사실을 잘 알고 있습니다. 이 존경스러운 아브라함도 종국에는 사랑하는 아들을 하나님을 기쁘게 한다는 명목으로 기꺼이 제물로 바치려 했거든요. 이는 셀리그만과 페터슨의 어떤 덕목 목록에서도 발견될 가능성이 없는 덕목이지요.

세 번째 계명:
승자는 벌하지 않는다, 또는 착한 사람이 먼저 승리한다
아래의 두 문구를 비교해 보실래요?

> *"너는 네 하나님의 이름을 망령되이 일컫지 말라. 망령되이 일컫는 자를 죄 없다 하지 아니하리라."*
> *"부정적이고 불손한 태도 대신 긍정적이고 건설적인 자세를 취하라."*

오늘의 역사적 관점에서 볼 때, 성서의 세 번째 계명의 첫 번째 부분은 안타깝긴 해도 진지하게 다룰 필요가 없습니다. 수천 년 전, 사람들이 서로 경쟁하는 보이지 않는 신들이 갑자기 화를 내어 자연재해나 다른 불행을 보낸다고 믿었을 때, 신의 이름을 헛되이 부르지 말라는 경고는 중요했을 것입니다. 하지만 오늘날 우리는, "매우 종교적인 이 나라"에서 사람들이 이 계명을 진지하게 받아들였을 때 침실 대화가 어떻게 변해야 할지 생각해 보면 소름이 돋는군요. 기독교를 충실히 믿는 미국인들에게는 완전히 새로운 침실 어휘가 필요해질 테니까요. 제가 워싱턴 포스트/뉴스위크(*Washington Post/*

Newsweek) 블로그 온페이스(*On Faith*)에 해군사관학교에서 하는 식사 전 기도 의무를 없애자는 글을 쓴 적이 있는데, 진심으로 독실한 병사 한 분이 "만약 우리 병영 식당에서 취사 시간에 온갖 쌍소리와 섞여 나오는 '예수님'이란 단어를 금해 준다면 나는 기꺼이 공공장소에서의 기도 금지 정책을 받아들이겠습니다."라고 댓글을 쓴 적이 있습니다.

세 번째 계명의 후반부에서 주님은 위에서 논의한 경미한 위반을 저지른 모든 사람을 처벌하겠다고 약속하십니다. 만약 하나님이 실제로 자신의 이름을 헛되이 부르는 모든 사람을 처벌한다면 천국이 얼마나 황량하게 될지에 대한 유머는 잠시 제쳐 두겠습니다. 이 부분은 루이스 블랙이나 고인이 된 위대한 무신론자 코미디언 조지 칼린에게 맡기겠습니다. 그저 하나님의 전략이 무엇인지 주목해 보세요: 의심스러울 때는 악한 자를 처벌하라. 잠시 시간을 내어 자신에게 물어보세요. "내가 언제 내 삶에서 이 전략을 채택했는가?" 그 결과는 어땠습니까?

최근 하버드의 제 동료 몇 사람이 사회과학 연구에서 자주 사용되는 고전적인 "죄수의 딜레마" 게임을 하는 수백 명의 사람들을 관찰하여 사람들의 처벌 패턴을 연구하는 기발한 실험을 수행했습니다. 이 시뮬레이션 게임의 규칙은 간단합니다: 두 "죄수"는 서로 협력하여 "탈출"을 시도하거나, 아니면 더 이기적인 승자 독식 전략을 따를 수 있습니다. 협력은 탈출을 위한 더 효과적인 방법이지만, 동료 공범자가 당신을 두고 배신하지 않을 것이라는 신뢰가 필요합니다. 연구자들은 반복적으로 배신당한 플레이어들의 행동을 조사했습니

다: 그들이 배신한 사람들에게 보복할 기회가 주어졌을 때, 그들은 보복을 선택했을까요?

　연구의 결과는 고무적이었고, 성경과는 거리가 먼 메시지를 전달했습니다. 연구 결과에 따르면, 배신에 대한 응답으로 상대를 처벌하려고 애쓰는 플레이어들은 장기적으로 손해를 보았습니다. 연구 제목에서도 언급했듯이, 결국 **"승자는 벌하지 않는다"**는 사실이네요.[7] 착한 사람이 먼저 승리하며, 승자는 억울해하지 않고, 억울해하거나 원통해하는 사람은 승자가 아닙니다. 이 메시지는 우리가 아이들에게뿐만 아니라 우리 서로에게 가르쳐야 할 진정으로 가치 있는 교훈입니다. 누군가가 당신의 뺨을 때릴 때, 다른 뺨을 내밀어 또 한 번 맞아야 할 필요는 없지만, 그렇다고 바로 되갚아 주어서도 안 된다는 셈이지요. 그 자리를 떠나실 수 있겠네요. 당신에게 고통을 주는 사람들이 당신이 받은 고통을 꼭 같이 당하도록 당신의 소중한 에너지를 낭비하지 말고, 사태 해결을 위해 노력할 수 있겠네요. 그 충동을 내려놓으세요.

　마셜 플랜이 베르사유 조약보다 훨씬 더 나은 결과를 낳았다는 점을 상기해 보세요. 우리가 독일과 일본과의 끔찍한 2차 세계 대전을 마무리했을 때, 우리는 무엇을 했습니까? 우리는 패배한 적에게 많은 돈과 지원을 제공했습니다. 그들을 도왔습니다! 그리고 결과는 상대적으로 긍정적이었습니다. 반면, 베르사유 조약은 참담한 결과를 낳았습니다. 1차 세계 대전에서 독일을 패배시킨 후, 우리는 그들에게 굴욕적인 조건을 강요했고, 이는 결국 더 큰 분노와 공격성을 유발해 우리는 다시 싸우게 되었습니다. 이 원칙은 이스라엘과 팔레스타인 관계에도 적용할 수 있습니다. 이 두 나라는 수십 년 동안 서로에게 잘못을 교환하며 처벌해 왔지만, 아무 소용이 없었습니다. 또한, 우리는 50년 동안 쿠바를 공산주의라는 죄목으로 처벌해 왔습니다. 만약 그들을 충분히 벌하면 정신을 차릴 것이라는 생각이었지만, 그들은 아직 그렇게 하지 않았습니다. 반세기가 지났는데도 말입니다.

이 원칙은 중동 전체를 대하는 방식에도 적용됩니다. 이스라엘의 억만장자 큰손 사업가이자 자선가인 스테프 베르트하이머는 수년 동안 자신의 조국뿐만 아니라 미국, 팔레스타인, 그리고 자신의 말에 귀를 귀울이는 모든 사람들에게 "중동을 위한 마셜 플랜"이 필요하다는 주장을 해 왔습니다. 베르트하이머의 아이디어는 단순하지만 아름답습니다. 중동 국가들 중에서 평균 수입을 가진 사람들이 빈곤을 넘어 지속 가능한 생활 수준을 누릴 수 있는 나라는 거의 없습니다. 모든 테러리스트가 빈곤한 배경에서 나온 것은 아닙니다. 하지만, 중동에서 너무 많은 사람들이 빈곤에 시달리지 않았다면 서구를 향한 증오의 불씨가 덜했을 것이라는 점은 부정할 수 없는 사실입니다. 우리가 이러한 국가들이 지속 가능하고 평화적인 산업, 그린 에너지 원천 확보 같은 프로젝트를 할 수 있도록 돕는다면, (부패한 정부가 손쉽게 뒤로 빼돌릴 수 있는 석유 수익금 올려 주기를 계속하는 것보다) 그들이 우리로부터 독립할 수 있도록 도우면서 우리 자신도 그들로부터 독립할 수 있게 된다면, 이는 어떤 '정밀 폭탄'보다도 더 효과적으로 테러의 물결을 되돌리는 데 기여할 것입니다.

긍정적이고 건설적인 접근법은 정치 분야에만 적용되는 것이 아

닙니다. 우리의 개인적인 삶에서도 우리가 믿지 못할 정도로 유용해
집니다. 종교적이든 아니든, 우리가 우리의 사랑하는 사람들에게도
끊임없이 "마셜 플랜" 접근법을 택해야 한다는 사실을 상기해야 합
니다. 이것이 바로 뉴욕 타임스의 "모던 러브" 칼럼에서 "샤무가 나
에게 가르쳐 준 행복한 결혼 생활(What Shamu Taught Me About a
Happy Marriage)"이란 제목의 에세이가 2006년 여름 내내 그 신문의
"가장 많이 이메일로 전송된" 목록에서 1위를 차지했던 이유이기도
합니다.

이 에세이에서, 작가 에이미 서덜랜드는 남편 스콧과의 사랑하는
결혼 생활이 불륜이나 큰 불화 때문이 아니라 쉬지 않고 쌓이는 작
은 상처와 약 오르게 하는 성가심들로 인해 천천히 무너지고 있었
다고 솔직하게 고백합니다. 그러던 중 그녀에게 주어진 동물 조련
사에 대한 기사 작성 과제가 그녀에게 다른 시각을 깨닫게 해 주었
습니다.

"이 이국적인 동물의 조련사들에게 배운 가장 중요한 교훈은
내가 좋아하는 행동에 대해 보상을 하고, 그렇지 않은 행동은
무시해야 한다는 것입니다. 잔소리를 해서 바다사자가 코끝에
공을 올리는 균형을 잡게 할 수는 없거든요. 미국 남편들도 똑
같습니다."

"메인주로 돌아온 후 남편 스캇이 더러운 셔츠 한 장을 빨래
통에 넣을 때마다 나는 그에게 감사의 인사를 건넸습니다. 빨
랫감 두 개라도 넣는 날에는 그에게 키스까지 해 주었죠. 그러

면서, 저는 그가 침실 바닥에 던져 둔 더러운 옷은 아무 말 없이 밟고 지나쳤고, 가끔씩 발로 침대 밑으로 차 넣기도 했습니다. 스캇이 나의 칭찬을 고맙게 생각하기 시작할 때가 되니 바닥에 쌓인 옷더미가 점차 줄어들기 시작하더군요."[8]

물론 이 접근 방식은 하나님을 믿든 믿지 않든 상관없이 채택할 수 있습니다. 사실, 서덜랜드가 자신이 인본주의자라고 스스로 생각하는지는 잘 모르겠지만, 그 진실 여부는 저한테 중요하지 않습니다. 왜냐하면 인본주의의 핵심은 단순히 작은 사실이나, 우리가 무엇을 해야 하고 누가 그렇게 말했는지에 관한 큰 의미 없는 사소한 지식을 수집하는 것이 아니기 때문입니다. 단순히 자기계발서를 읽거나 성경 구절을 읽는 것만으로 지혜를 쌓기 힘들 테니까요. 중요한 것은 우리가 이러한 아이디어를 우리의 일상생활에서 실천에 옮기기 위해 구체적인 단계를 밟아야 한다는 것입니다. 그리고 주변 사람들에게 이러한 과정을 도와 달라고 요청하는 것도 중요합니다.

그래서 하버드 인본주의 공동체에서는 기독교 근본주의자와 무신론 철학자 간의 논쟁, '지적 설계론' 같은 문제에 대한 강연이나 심포지엄을 개최하는 데 시간을 덜 할애하려고 합니다. 대신, 마샬 로젠버그가 설명한 '비폭력 대화' 같은 주제를 성인 교육 세미나에서 공부합니다. 이는 다른 사람들이나 우리 자신과 더 직접적이고 공감하는 방식으로 대화하는 법을 배우는 기술입니다. 우리는 오늘날 우리 사회에서 종교가 얼마나 지나치게 많은 힘을 가지고 있는지 불평하기보다는, 애초에 사람들을 종교에 의지하게 만드는 인생의 여러 문제들, 즉 노화, 고통, 죽음, 그리고 그 사이의 수많은 스트레스들에 대응하기 위한 우리 자신의 힘을 기르는 법을 공부하려고 합니다. 인본주의자들은 물을 포도주로 바꾸는 것을 믿지 않지만, 레몬을 레모네이드로 바꾸는 것은 굳게 믿습니다.

네 번째 계명: 삶의 균형

다시 아래의 두 문구를 비교해 보실래요?

> *"안식일을 기억하여 거룩히 지키라. 여섯 날 동안 네 모든 일을 하여라. 그러나 일곱째 날은 네 하나님 여호와의 안식일이다. 그날에는 네 아들이나 딸, 남종이나 여종, 가축, 혹은 네 성문 안에 머무는 이방인도 일을 해서는 안 된다. 여호와는 여섯 날 동안 하늘과 땅과 바다, 그 안의 모든 것을 창조하고 일곱째 날에 쉬셨으므로 그 날을 복되게 하여 거룩하게 하셨다."*
>
> *"건강을 위해서는 일, 놀이, 휴식을 균형 있게 해야 한다."*

우리는 분명 종교적인 미국인들인데, 안식일에 관한 계명을 충실히 따르지 않는 것처럼 보이지 않나요? 미국인은 평균 1년에 고작 2~3주간의 유급 휴가를 받을 수 있으면 행운이니까요. 훨씬 더 세속적인 파리지앵들에게 이 사실을 어떻게 생각하는지 물어보세요. 물론 8월에 물어보시면 헛일이겠네요. 그때는 거의 모든 사람들이 1년 7~8주의 유급 휴가 중에서 몇 주를 할애하여 리비에라 해안가 어디에서 쉬고 있을 테니까요. 프랑스 사람들은 휴가를 문자 그대로

"종교적으로" 지킵니다. 그런데 우리 미국인이 항상 이렇게 일벌레들이었던 것은 아닙니다. 1960년대까지만 해도 유럽인들이 더 많은 시간을 일하고 더 적은 휴가를 보냈습니다. 그러나 노조 협상, 세금 정책, 그리고 문화적 차이(어떤 경제 이론을 믿는가에 따라 달라지겠지만)로 인해 유럽은 전통적인 네 번째 계명의 정신을 (문자 그대로는 아닐지라도) 우리보다 더 잘 지키게 되었습니다.[9] 정말 궁금해지지 않을 수 없네요: 혹시, 우리는 최근 몇십 년 동안 우리가 우리 자신에게 스스로 씌운 과도한 노동의 굴레에서 구원해 주십사고 하나님에게 소원해 온 것이 아닐까요?

일중독자에 대해 이야기해 보시죠. 12단계 프로그램에 나오는 '더 높은 힘'이라는 개념에 집중하는 것이 불편하거나 흥미를 느끼지 못하는 일중독자가 계신다면 훌륭한 세속적 대안이 있습니다. 그것은 인본주의자들이 설계한 SMART Recovery(SMART는 Self-Management and Recovery Training의 약자)입니다. 중독과 회복에 대한 방대한 경험 과학적 증거 자료에 근거해 이 대안을 설계한 의사와 심리학자들은 성공적인 중독 회복의 주요 요소 중 하나로 '삶의 균형'을 꼽습니다.

중독에서의 회복이란 맥락에서 보면 삶의 균형은 우리가 약물, 알코올, 도박 또는 기타 부정적인 행동에 중독되지 않는 것을 의미합니다(물론 그런 중독 대상물이 단기적인 혜택을 가져다줄 때를 제외하고). 그래서, 사람들은 자신이 억제당하고 있다는 감정을 줄이고 사회적 불안감을 피하기 위해 과음하기 시작할 수 있습니다. 그러나 결국에는 많은 알코올 중독자들은 술병을 애인, 가장 친한 친구 혹은 진정한 동반자라고 부르기 시작하지요. 음주를 하는 동안은 쾌락을 느끼거나, 적어도 매우 고통스러운 감정을 피할 수 있는 유일한 시간이 되는 것이지요. 이러한 맥락에서 보면, 성공적으로 금주를 한다는 것은 단순히 술을 마시지 않는 것 이상의 의미를 가집니다. 장기적인 회복은 건강하고 지속 가능한 방식으로 기분을 좋게 하고, 스트레스를 해소하며, 삶을 즐기는 방법을 찾는 것을 필요로 합니다. 놀랍게도 SMART 회복 프로그램에 참가하는 환자와 고객들은 단지 금주한 날자를 세고 술집을 멀리하는 것뿐만 아니라, 새로운 취미, 스포츠, 친구 관계를 찾아 나서며, 일하는 시간과 휴식 및 가족과 함께하는 시간 사이의 균형을 맞추도록 권장받고 있더군요.

하버드 의대 명예 교수이자 SMART Recovery의 창립자 중 한 명인 거스타인(Dr. Joe Gerstein)이 언급했듯이, "모든 중독 또는 집착에서 회복하는 근본적인 방정식은 즉석에서 느끼는 만족감과 장기간 지속되는 만족감 사이의 균형을 맞추는 것입니다. 예를 들어, 나의 직장이나 커리어를 위해 나의 가족이나 친구와의 인간관계를 얼마나 희생해야 할까요?"[10] 거스타인은 계속해서 말합니다.

"어떠한 형태든 중독된 삶은 분명히 균형을 잃습니다. 단기적인 문제와 장기적인 문제뿐만 아니라 일상의 시간 사용 측면에서도 그렇습니다. 코카인이나 헤로인 중독은 약물 구매 계획과 구매 행동, 약물에 대한 생각, 구매 자금 마련, 그리고 실제로 효과를 즐겨야 하는 환각 상태 등을 위해 매우 많은 시간이 필요해집니다. 이 활동이 중단되면 채워야 할 엄청난 시간 공백이 생기기 마련이고, 이 공백은 취미 활동, 집중을 요하지 않는 오락 활동 혹은 인간관계(잘못된 관계 회복일 가능성도 크겠지만) 등으로 채워야 합니다. 다시 삶의 균형을 잡아야 하는 시간인 것이죠. 제가 지도하고 있는 그룹에 있는 한 남성은 도박 중독으로 인해 지금 당장 균형을 맞출 수 없는 상태에 있습니다. 그는 수없는 빚쟁이들에게 진 빚을 갚기 위해 하루 14~16시간씩, 일주일에 7일을 일하고 있으니 그럴 수밖에 없지요. 재정이 안정되면 삶의 다른 부분에도 신경을 써야 한다는 것을 그는 잘 알고 있습니다. 이와 마찬가지로, SR에 참가하고 있는 많은 사람들 중에는 에너지가 넘치고 유능했던 전문직 종사자들과 사업가들도 계십니다. 그들은 '은퇴하고 나면 그저 모든 일이 스스로 알아서 잘 풀리겠지.' 하고 안일한 태도로 은퇴한 후 시간을 채울 만한 적당한 활동이나 취미 생활을 찾지 못해 점점 더 많은 술을 마시게 된 분들입니다."[11]

SMART 모임에 참석하면서 저는 많은 것을 배웠습니다. 개인적으로 약물 남용 문제를 겪어 본 적이 없어, 단지 이 책을 쓰기 위한 준비 작업의 일환으로 참석했을 뿐이지만, 이 모임을 통해, 많은 사람들이 빠지는 일중독이나 인터넷 중독에 대해 깊은 통찰을 얻었습니다. 오늘날 우리는 컴퓨터 화면과 너무 오랜 시간을 보내고 있습니다. 저는 제 학생들 중 절반은 사람들과 직접 대면 소통이 아닌 온라인으로만 소통하고 있는 자신들의 행동을 치료받기 위해 중독자 자조 모임(support group)이 필요할지도 모른다는 생각이 들곤 합니다. 만약 그들이 중독되지 않았다면, 왜 그들은 하루만 이메일을 사용하지 못해도 손바닥에 땀이 배는 걸까요?

저에게 늘 슬프기도 하고 또 조금은 부조리하다고 생각되는 점이 하나 있네요. 한편으로는 우리가 유대교−기독교적 종교 원칙에 대한 약속을 너무나 피상적으로 지키고 있어서, 미국의 대다수 기독교인과 유대인들이 7일에 하루씩 휴식하라는 성경 명령에 전혀 신경을 쓰지 않습니다. 하지만 다른 한편으로는, 우리의 종교적 가치를 내세우고 인간주의적 가치 체계를 인정하는 것을 두려워하여, 성경 속 조상들이 일과 휴식의 균형에 대한 중요한 통찰을 가지고 있었다는 점을 거의 인정하지 않는다는 것입니다!

우리가 이 빠른 속도로 발달하고 있는 첨단 기술 사회에서 어떻게 휴식을 취해야 하는지 알아내는 것이 급선무인데, 기껏 일요일 아침 늦게까지 잠을 즐기라고 말하는 것만으로는 문제가 해결될 수 없지요. 이 문제를 잘 해결하려면 진정한 노력과 솔직한 대화가 필요할 줄 믿습니다. 어떤 사람들은 인본주의적 도덕관에 대한 거부감을 갖는데, 이는 1장에서 논의했듯이 인본주의가 이 문제나 다른 문제들에 관해서 오직 자기 이익만을 추구하는 도덕체계로 보기 때문입니다. 그러나 거스타인이 지적하듯이, 인본주의는 당신이 자신의 이익을 챙겨야 한다고 말합니다. 이는 자신의 "장기적인 이익"의 추구를 말합니다. 이것이 핵심인 것이지요.

다섯 번째 계명: 인본주의 가족 가치관, 동성 결혼 등등

다음 두 문구도 기독교 계명과 인본주의 해석을 비교하고 있습니다.

"네 부모를 공경하라. 그리하면 네가 네 하나님 여호와가 네

게 준 땅에서 오래 살리라."

"*가족 구성원 모두는 서로를 존중해야 한다.*"

미국의 우파가 "전통적인 가족 가치관"이라고 부르는 것은 사실 고대 농업 사회의 맥락에서는 나름의 의미가 있습니다. 우리는 인간이 거의 1만 년 전까지 농업을 시작하지 못했다는 사실을 종종 잊곤 하지요. 즉, 인간이 지구 위를 걸어 다닌 대부분의 시간 동안 사냥과 채집을 통해서만 칼로리를 확보해 왔고 그런 상황에서는 하루 먹고 하루 사는 삶을 살 수밖에 없었습니다. 거의 모든 사람들이 가장 기본적인 생존 방편에 의존하고 있었던 것이지요. 이 상황이 서서히 바뀌기 시작한 것은 우리가 식량을 생산하는 기술을 배우기 시작하면서부터입니다. 농업은 우리가 몇 달, 몇 년 미리 어떤 장소에서, 어떤 기간 동안 생존하고 번영할 수 있는지를 예측할 수 있게 해 주었습니다. 하지만 농업은, 농업 기술에 대한 지식을 전달하기 위한 교육의 증가와 함께, 더 많은 육체 노동을 필요로 했습니다. 밭에서 일할 남성 노동력을 충분히 확보되기 위해서는 다산을 가능케 하는 생식력(fertility)이 그 어느 때보다도 가치 있게 취급되어야 했습니다. 의존할 수 있는 일손이 절실히 필요해진 농경 사회에서 이성애가 귀중한 상품으로 만들진 것이지요. 정자를 낭비하는 것은 금기시되었습니다. 아기를 죽이거나 태아를 유산시키는 것은 가장 큰 죄악으로 간주되었겠지요. 가족 구성원들은 자신이 가족이란 유기적인 체제에서 자신이 속한 위치를 알아야 했는데, 그 이유는 농업이란 안정성과 예측 가능성 위에서 번영하기 때문입니다.

비옥한 초승달 지대(Fertile Crescent)*와 또 다른 초기 농업 사회에서 발생한 이러한 도덕 체계는 반드시 모든 곳에서 사람들이 공감하는 것은 아니어서 때때로 심각한 갈등을 일으키기도 했습니다. 이미 기술한 바와 같이, 농업경제 시대의 도덕 체계인 중국의 유교 전통은, 승려들에게 금욕주의와 금식을 강조하는 반농업경제적인 요인을 띤 인도 불교가 들어왔을 때, 초기에는 완강히 저항했습니다. 반대로 농업적 윤리는 상대적으로 더 비옥한 농토를 갖고 있던 유럽과 북미 지역에 적응하여 오랜 세월 동안 기독교와 함께 서구에서 지배적인 윤리로 자리 잡았습니다. 그러나 세속적인 혁명이 농업적 가치관의 지배력을 위협하기 시작하면서 이 윤리는 변화하기 시작했습니다. 한때 기독교 농지가 자리 잡았던 곳에 등장한 현대의 세속적 도시에서는 도덕적 변화가 필요에 의해서 자연 발생적으로 일어나기도 했지만, 많은 경우 사람들이 의도적으로 받아들이기도 했습니다. 좁고 과밀한 공동체 속에서 무제한의 자녀를 가지는 것은 당사자들에게 큰 경제적 이득이 될 수 없었을 테니까요. 새로운 지식과 기술에 대한 수요가 끊임없이 이어지는 상황에서, 신분과 상관없이 그 기술을 제공할 수 있는 사람이 더 가치 있게 여겨지는 시대에는 자신의 위치를 아는 것이 더 이상 필요한 도덕적 요구가 되지 않겠

* 역주: 미국 역사학자 제임스 헨리 브레스테드(1865~1935)가 중동 아시아 고대 문명 발생지를 지칭하여 지은 이름. 페르시아만에서 티그리스강과 유프라테스강을 따라 북상하여 아르메니아, 시리아, 이스라엘, 팔레스타인 평원으로 내려와 이집트의 나일강으로 연결되는 지역으로, 이곳에서 인류 역사 초기에 번창했던 농경문화와 유목문화가 인류 고대 문명의 발생지의 근간이 되었다는 이론에 근거한다.

지요. 기술과 새로운 지식이 필요할 때 사회적 지위에 상관없이 누구나 인정받을 수 있는 세상이 되었기 때문입니다.

인본주의는 세속화되고, 도시화되고, 상호 연결된 새로운 세계의 도덕 체계를 포용하며, 그 모든 불확실성에도 불구하고 이를 받아들입니다. 우리는 모든 사람들이 어떤 형태로 자신들의 가족생활을 구성할 때 기본적인 선택을 할 수 있어야 한다는 현대적 제안을 열정적으로 수용합니다. 누구를 사랑할지, 아이를 가질지, 가족을 어떻게 구성할 것인지의 문제를 두고 선택의 자유가 주어져야 한다는 것입니다. 또한 강인함이나 양육이 특정 성별이나 한 사람에게만 한정되지 않아야 한다는 것을 인식합니다. 인본주의자들은 진보주의자이며, 경제, 안보, 사회 정책에 대해 선의로 의견이 다를 수는 있지만, 우리가 물려받은 세상보다 더 공정하고 정의로우며 서로 간의 차이를 더 사랑하고 받아들이는 세상을 만들어 나갈 기회와 책임이 우리에게 있다고 믿습니다.

진보주의자인 제가 인본주의 공동체로 하여금 더 강력하고 두드러지게 다루길 원하는 첫 번째 과제 중 하나는 종교적 우파가 우리에게서 훔쳐 간 '가족 가치관'입니다. 그들의 왜곡된 소망은 낡은 도덕적 기준으로 돌아가려는 것으로, 이는 뿌리 깊은 동성애 혐오, 여성의 신체 통제에 대한 집착, 그리고 많은 경우 위선적이고 잔인한 규율을 포함합니다. 우리는 다양한 가족의 형태를 더 잘 이해하고, 더 받아들이고, 더 따뜻한 삶의 방식을 적극적으로 찬양하여 빼앗긴 그 '가족 가치관'을 되찾아야 합니다!

노르웨이의 기독교 민주당 아동 및 가족부 장관인 발가드 하우글

란드(Valgard Haugland)는 "미국인들은 가족 가치에 대해 탁상공론하는 것을 좋아합니다. 우리는 단지 말의 경지를 넘어서서 행동으로 실천하기로 결정했습니다. 우리는 가족 가치의 실현을 위해 세수입을 지출합니다."라고 말했습니다.[12] 인본주의자들 사이에서 세금을 어떻게 사용할 것인지에 대해 이견이 있을 수 있지만, 우리도 노르웨이인들처럼 건강한 가족을 만드는 일을 말로만 하지 않습니다. 우리는 실제로 그 진지로 직접 뛰어들어 팔을 걷어 올리고 일을 합니다.

나를 사랑해 줘: 사랑하는 행동

개인적 차원에서 인본주의적 가족생활은 **사랑하는 행동**이라는 기초 위에 세워집니다. 여기서 중요한 단어는 바로 **행동**입니다. 인본주의를 지지하는 사람들과 비판자들 모두 인본주의가 엄격하게 고착된 남녀의 역할을 반대한다는 점은 잘 알고 있습니다. 하지만 인본주의자나 반인본주의자 할 것 없이 우리가 대안으로 제시하는 것이 단지 비틀즈가 노래한 〈Love Me Do〉 같은 사랑, 할리우드가 끊임없이 찍어 내는 싸구려 영화에서 다루는 로맨틱한 사랑에만 기반한다고 생각합니다. 그들은 그런 사랑이 인본주의 방정식의 극히 작은 한 부분이라는 사실을 이해하지 못합니다. 아마도 이 점이 우리의 보수적인 적들이 우리를 그토록 싫어하는 이유일 뿐만 아니라, 우리의 많은 결혼 생활이 어려움을 겪고 깨지기까지 하는 이유일지도 모르겠네요. 우리의 가족생활 전체를, 더욱이 가족 단위에 기반해서 형성된 우리 사회 전체를, 그토록 자주 변하고, 금방 나타났다가 순식간에 사라지는 감정에 목을 매는 것은 진정 위험한 일이거든요. 마치도 우리가 그리니치 빌리지(뉴욕 시티에 있는 예술인들의 천국)에서 사랑을 꽉 움켜잡고, 그것이 도대체 무엇인지, 그것이 사라질 때는 어디로 가는지를 설명해 보려고 애쓰는 예술가, 소설가, 음악가들 모두에게 일자리를 줄 수 있다고 믿는 만큼 위험한 생각이겠군요.

당신 자신이 종교에 대해 얼마나 '이성적'이라고 생각하고 있는지는 잘 모르겠지만, 남녀 누구든지 상관없이 만일 당신이 어떤 사람에게서 열정적인 사랑의 감정을 발견한 후, 오직 그 "감정"만으로 아이를 낳고, 필요한 유아기부터 성숙한 성인으로 키우고, 때때로 유희적이고 짜릿하기도 한 성생활도 왕성하게 하면서, 잡초 한 포기 없이 잘 손질된 잔디밭이 있는 아름다운 집을 꾸미고, 지출보다 수입이 더 큰 가계부와 성공적인 경력, 유행에 걸맞은 신발까지 모두 가지시길 기대한다면, 이는 평범한 '하나님에 대한 믿음'보다 훨씬 강한 망상의 힘에 기대고 있을 가능성이 크겠지요.

감정은 변하기 마련이고, 그 바뀌는 감정을 우리는 마음대로 통제할 수 없습니다. 한 사람에 대한 감정을 평생 동안 꼭 같이 유지할 수도 없습니다. 새로운 것, 신비로운 것, 다양한 것들이 항상 유혹적으로 다가오니까요. 이건 끔찍한 소식이겠지요. 하지만 좋은 소식은 동반자, 터치, 연민, 그리고 신뢰는 우리가 변함없이 필요로 한다는 사실입니다. 이러한 것들은 두 사람 사이의 관계가 장기적으로 유지될 때 가장 잘 누릴 수 있는 감정과 행동입니다. 우리는 함께 있을 때 흥분되고 설레는 감정 때문에 상대를 선택하지만, 이 감정이 마법적이지 않다는 것, 그리고 다른 여러 사람에게도 느낄 수 있는 감정이라는 것을 인식합니다. 그래서 우리는 현명한 선택을 합니다. 모든 요구를 충족시킬 수 있는 사람을 선택하는 것이 아니라—물론 그런 사람은 있지도 않겠지만—단기적으로나 장기적으로 우리를 보완할 수 있는 사람을 선택하고, 열정이 있을 때뿐만 아니라 그것을 느끼기 어려운 때에도 그 관계를 지속적으로 키워 나가기로 결심합니다. 열정은 마법도 하나님이 주는 것도 아닙니다. 때로는 사라진 것처럼 보일지라도 우리가 허락한다면 다시 돌아올 수 있습니다. 그것이 비록 동화 속에서 나오는 환상적인 이야기와는 다를지 모르지만, 그 열정은 진실입니다. 그리고 나는 그것을 "진정한 사랑"이라고 부릅니다.

동성애자, 양성애자, 트랜스젠더, 그리고 다른 비전통적 가족들

굳이 필요도 없는 말을 다시 한다고 들리겠지만, 인본주의는 동성 결혼과 동성애자들의 부모 역할을 전적으로 지지합니다. 여기서 동성애 인본주의 부모들을 위한 특별 섹션을 추가할까 고민했지만, 저는 이 주제에 대한 전문가가 아닐뿐더러, 인본주의자들이 동성애자 가족을 이성애자 가족과 100% 동등하게 취급한다는 것이 핵심 메시지이기 때문에 따로 언급할 필요가 없다고 판단했습니다. 그들은 더 낫지도 더 나쁘지도 않습니다. 그저 인간일 뿐입니다.

우리가 이 문제에서 혼자가 아니라는 것도 알고 있습니다. 예를 들어 북미에서는 자유주의 교회와 회당이 성소수자 공동체에게 문을 열고 그들의 신학적 해석을 폭넓게 적용해 왔는데, 이는 매우 긍정적인 일입니다. 또한 제가 아는 많은 동성애자 커플들이 부모나 조부모 세대가 속했던 종교로부터 그들의 결혼을 인정받고 싶어 하는 이유도 이해합니다. 교회 밖의 사회에서 자신이 어떤 사람들을 매혹적으로 생각하는지와 같은 아주 근본적인 문제 때문에 아직도 당연한 듯이 이방인 취급을 받는 상황에서는 하나님과 그의 예언자, 혹은 성직자들로부터 자신들의 결합을 승인받는 것이 큰 위안이 될 수 있기 때문입니다.

어떻게 동성애자들이 종교를 믿을 수 있느냐고 궁금해하는 사람들이 있습니다. 서구에서 지난 수 세기 동안 보수적 종교가 동성애를 대해 온 방식을 고려하면, 대부분의 성소수자들이 자신들을 무신론자나 불가지론자로 자처해야 옳지 않겠느냐고 생각할 수도 있습니다. 그러나 이것은 현실성이 없는 생각처럼 보입니다. 앞서 말했듯이, 진화론적 관점에서 볼 때 하나님을 믿는 것은 동성애자나 이성애자 모두에게 영향을 미치는 현상입니다. 두 그룹 사이의 뇌 구조에 약간의 차이가 있을 수는 있지만, 지금까지 그러한 차이가 존재한다는 증거는 없습니다.

하지만, 동성 배우자와 부모, 그리고 한부모 가정, 다문화나 다인종 부부, 아니면 각각 다른 종교를 믿는 부부 등 사랑에 넘치는 인간 가족생활을 위해 최선을 다하는 사람들에게 동등한 존중과 배려를 하는 인본주의가 소수의 견해나 최근의 현상이 아니라 거의 보편적으로 받아들여지는 관점이고 정책이라는 사실에 대해 잠시라도 저에게 자부심을 갖도록 허용해 주실지 모르겠네요. 가족생활은 쉬운 일이 아닙니다. 사실 저는 항상 사회 보수주의자들이 한 우스갯소리에 나오는 태도를 채택하지 않는 이유가 궁금했습니다. 어떤 우익 기독교인이 친구에게 자신이 동성 결혼을 지지한다고 발표합니다. 친구가 왜 그러느냐고 놀라며 묻자, 그가 대답합니다. '왜, 우리만 고통을 감수하란 법이 어디 있어?' 우스갯소리를 떠나서, 우리의 목표는 가족과 지역사회의 유대를 강화하여 가족생활의 가장 좋은 부분을 서로 즐길 수 있도록 돕는 것입니다. 그것이 어디에 있든 간에 말이죠.

마지막으로, '가족 구성원들이 서로를 존중해야 한다'는 것은 부모와 자녀 사이의 차이를 간과하라는 의미가 아닙니다. 자녀들이 원하는 것을 모두 허락하거나 하고 싶은 일을 마음대로 하게 하라는 뜻도 아닙니다. 이는 부모가 인간으로서 실수할 수 있는 존재임을 인정하고, 자녀의 장기적인 이익을 위해 '아니오'라는 말을 주의 깊게 가려서 사용하며 일관된 배려와 돌봄을 제공할 때 자녀의 존경을 받을 수 있다는 것을 의미합니다. 이러한 모델을 채택한 부모와 자녀는 시간이 지남에 따라 더욱더 가까워지고 심지어 베스트 프렌드가 되기도 합니다. 더 많은 내용은 데일 맥고완(Dale McGowan)이라는 작가가 쓴 『믿음을 넘어선 육아(Parenting Beyond Belief)』라는 책과 웹사이트를 참조하시기 바랍니다. 그는 인본주의자, 무신론자, 불가지론자, 비종교인을 위한 부모 교육 전문가로 잘 알려져 있습니다.

여섯째, 일곱째, 여덟째, 아홉째 계명: 잘못에서 옳음을 배운다

"살인하지 말라."

"간음하지 말라."

"도둑질하지 말라."

"이웃에게 거짓 증언하지 말라."

20세기의 저명한 인본주의 철학자 코를리스 러몬트(Corliss Lamont)는 "우리는 모든 삶의 영역에서 꾸밈없는 전통적인 정직함의 중요성을 아무리 강조해도 지나치지 않다."고 썼습니다.[13] 인본주의는 위의 네 가지 계명을 본래 모습 그대로 받아들입니다. 이 사실은 인본주의자와 비종교인이 믿는 것과 전통적인 종교의 믿음 사이의 관계에 대해 중요한 의미를 말해 주는 것 같군요. 우리는 열 가지 계명 중 절반에 가까운 계명에 동의하고 있으니까요. 하지만, 저의 이런 일반화시키는 관찰이 옳은지는 잘 모르겠고, 설령 옳다고 하더라도 그 의미가 확실치는 않군요. 어쨌든 야구를 사랑하는 사람으로서 10번 시도해서 4번 성공하는 것은 단순히 훌륭한 정도가 아니라 최고의 성과로 간주된다는 것은 잘 알고 있습니다.

비종교인들이 종교인들과 똑같이 살인, 간통, 도둑질, 거짓말 등을 악으로 인식하고 있다는 사실은 더 설명할 필요도 없다고 생각합니다. 다만, 인본주의자들이 어떤 행동을 비난과 처벌의 대상이 되어야 하는지 논의해 보는 것은 우리에게 유익하겠군요. 우리는 선과 악을 결정하는 방법이 있는지를 두고 나타나는 지겨운 질문에 대해 이미 논의한 바 있습니다. 선은 인간의 존엄성과 우리의 삶을 지켜 주는 자연환경의 건강을 촉진하는 것이고, 악 또는 나쁜 것은 인간에게 불필요한 고통을 야기하는 것입니다. 이 문제는 무엇이 인간 존엄과 건강에 해당하는지, 그리고 무엇이 불필요한 고통인지를 토론하는, 어렵지만 가치 있는 과제를 저희들에게 안겨 줍니다. 에리히 프롬(Erich Fromm)의 말처럼, "선은 인간에게 좋은 것과 동의어로, 악은 인간에게 나쁜 것과 동의어로 간주하고 있는 인본주의 윤리는 '**무엇이** 인간에게 좋은지 알기 위해서는 인간 본성을 이해해야 한다'고 제안하고 있다. **인본주의 윤리는 인간에 관한 이론적 과학인 '삶의 예술'을 응용화시킨 과학이다.**"[14] 무지, 두려움, 혹은 노골적인 증오심 때문에 인본주의자들과 비종교인을 악마로 만드는 사람들의 생각과는 달리, 우리는 살인, 간통, 도둑질, 거짓말이 나쁘다는 것을 판단하는 데 큰 어려움을 겪지 않습니다. 우리는 이러한 행동이 사람들에게 미치는 영향을 빤히 볼 수 있기 때문이기도 하지만, 우리의 종교적 믿음의 유무에 불구하고 그러한 행동의 잘못을 식별하는 능력을 아마도 오랜 진화 과정 동안 길러 왔기 때문일 수도 있습니다.

오늘날 심리학, 철학, 그리고 자연 과학을 통합하여 도덕성의 진화를 연구하는 새로운 분야가 등장했습니다. 이 연구는 흥미로운 정보를 제공하고 있으며, 스티븐 핑커(Steven Pinker), 마크 하우저(Marc Hauser), 자슈아 그린(Joshua Greene) 등 수십 명의 인지 과학자들이 인간이 어떻게 도덕과 윤리에 관한 믿음과 직관을 갖게 되었는지 연구하고 있습니다. 지금으로서는 두 가지 요점을 염두에 두는 것이 중요합니다.

첫째, 기본적인 도덕적 질문에 대한 우리의 이론적 판단이 생각보다 훨씬 더 복잡한 경우가 많지만, 그러한 판단에 기본적인 유형은 있습니다. 이는 철학자 필리파 푸트(Philippa Foot)와 주디스 자비스 톰슨(Judith Jarvis Thomson)이 고안한 "트롤리 딜레마"라는 실험을 통해 가장 잘 이해할 수 있습니다. 트롤리 한 대가 통제 불능 상태로 선로를 따라 달려가고 있는데, 그런 위험 상황을 전혀 모르는 다섯 명의 근로자들이 선로 저쪽에서 일하고 있다고 상상해 보세요. 기관사는 의식을 잃었습니다. 근로자들은 다가오는 트롤리 위험에 반응할 시간이 없습니다. 그리고 당신이 트롤리의 선로를 변경할 수 있는 스위치 옆에 서 있다고 가정합시다. 그런데 한 가지 문제가 있습니다. 트롤리를 다른 선로로 돌리면 그쪽 선로에 서 있는 다른 한 명의 근로자가 죽게 된다는 것입니다. 이 상황에서 당신은 스위치를 당기겠습니까? 대부분의 사람들은 그렇게 하겠다고 대답합니다. 하지만 스위치 대신 당신이 트롤리의 선로 위를 가로지르는 다리 위에 서 있고, 무거운 물체를 트롤리가 오고 있는 선로에 던지면 트롤리를 멈출 수 있다고 가정하면 어떨까요? 그리고 그 무거운 물체가 바로 당신 옆에 서 있는 몸집이 크고 뚱뚱한 남자라면? 대부분의 사람들은 두 번째 행동을 하지 않겠다고 답합니다. 결과는 첫 번째와 똑같이 한 사람을 죽여 다섯 명을 살리는 것인데도 말이죠.

둘째, 트롤리 딜레마와 같은 상황에 대해 인간은 종교적 신념이나 소속 여부와 상관없이 비슷하게 반응하는 경향이 있다는 압도적인 데이터가 있습니다. 스티븐 핑커(Steven Pinker)가 뉴욕 타임스 매

거진에서 언급했듯이: 심리학자들이 "대부분의 사람들"이라고 말할 때, 보통은 "맥줏값 몇 푼을 받으려 설문지를 작성한 스물 대여섯 명의 대학 2년생"을 의미합니다. 하지만 이 연구는 심리학자 파이어리 쿠시먼(Fiery Cushman)과 리안 영(Liane Young), 생물학자 마크 하우저(Marc Hauser)가 웹 사이트를 이용하여 100개국에서 200,000명을 차출하여 그들의 직감적 판단을 알아보았군요. 유럽, 아시아, 북미 및 남미 출신의 응답자들, 남녀, 흑인과 백인, 십 대와 팔십 대 노인, 힌두교, 이슬람교, 불교, 기독교, 유대교 신자와 무신론자 등에서 스위치 당기기와 남자 밀기의 차이가 발견되었고, 그들이 자신의 선택을 정당화시키지 못한다는 사실도 모든 응답자들에게서 밝혀졌습니다. 초등학교 교육을 받은 사람들과 박사 학위를 가진 사람들 사이에서도 마찬가지 결과가 나왔다는군요.[15]

이 탁월한 실험이 보여 주는 것은, 우리 중 많은 사람들이 이미 알고 있던 사실입니다. 즉, 종교적이든 비종교적이든, 우리가 살인과 같은 도덕적 질문에 대해 어떻게 답하는지에 있어서 큰 차이가 없다는 것입니다.

이 새로운 도덕 과학이 인권에 어떤 영향을 미칠지 지켜보는 것도 흥미로울 것입니다. 1948년 유엔 인권선언 계획이 세워졌을 때부터, 아니 사실상 근대 시대가 시작된 이후로, 학자들과 정치, 사회 지도자들은 인권 개념의 출처에 대해 논의해 왔습니다. 이러한 권리가 하나님에 의해 주어진 것이며, 그것이 인권의 존재를 설명할 수 있는 유일한 방법일까요? 아니면 하나님 없이도 인권을 이해할 수 있는 세속적인 방식이 있어야만 우리가 인권을 하나님이 준 것만큼이나 진지하게 받아들일 수 있을까요? 이 질문에 대해 법학 교수 앨런 더쇼위츠(Alan Dershowitz)는 확신에 찬 어조로 긍정적인 답을 내놓았습니다. 리처드 도킨스(Richard Dawkins)와 크리스토퍼 히친스(Christopher Hitchens)를 자랑스럽게 만들어 줄 법한 답을 제시하고 있군요. "맙소사, 권리가 신성한 존재의 손으로 직접 기록되었다는 주장은 우리가 절박하게 매달리고 있는 창조 신화 중 하나다. 이는 시내산에서 모세에게 돌판(Tablet)을 주었다는 이야기, 무함마드에게 쿠란을 불러 주었다는 이야기, 조셉 스미스가 황금판을 발견했다는 이야기와 그 맥락을 같이한다."[16]

더쇼위츠는 『Rights from Wrongs』라는 설득력 있는 책에서 아리스토텔레스의 주장을 거부합니다. 아리스토텔레스는 우리가 어떤 삶을 살아야 하는지 알지 못하면 어떤 권리를 가지고 있는지 알 수 없다고 주장했지만, 더쇼위츠는 우리는 자유주의자나 복지국가 옹호자 중 어느 것이 더 나은지에 대해 쉽게 의견을 같이할 수 없을지라도, 홀로코스트나 그 비슷한 대량 학살의 재발을 원하지 않는다는 점에 대해서는 동의할 수 있다고 말합니다. 이와 비슷하게, 우리 인본주의자들이 스스로를 "인본주의자"라고 부를지 다른 이름으로 부를지, 혹은 인류의 존엄성이 어떤 모습이어야 하는지에 대해 항상 동의하기 어렵겠지만, 인간이 겪는 불필요한 고통을 줄이고 싶다는 염원에는 모두가 동의할 수 있을 것입니다.

더쇼위츠는 인권학자들 사이에서 권리를 세속적으로 이해하려는 유일한 사람이 아닙니다. 또한 다른 사고의 영역에서 논란의 대상이 전혀 되지 않는 인물도 아닙니다. 그럼에도 불구하고, 『Rights from

Wrongs』는 우리가 인본주의를 신봉하는 세속인으로 이러한 문제를 어떻게 생각하고 있는지를 가장 체계적으로 설명하는 비전을 제시하기 때문에 읽을 가치가 있습니다. 그가 요약하고 있듯이: 권리는 하나님에게서 오지 않습니다. 왜냐하면 하나님은 인간에게 한목소리로 말하지 않으며, 권리는 하나님이 없어도 존재해야 하기 때문입니다.

"권리는 자연에서 오지 않습니다. 자연은 '가치 중립적'이기 때문입니다.

권리는 논리에서 오지 않습니다. 권리를 추론할 수 있는 선험적 전제에 대해 거의 합의가 없기 때문입니다.

권리는 법에서만 오지 않습니다. 그렇다면 특정 법 체계를 판단할 근거가 없기 때문입니다.

권리는 인간 경험에서 옵니다. 특히 불의에 대한 경험에서 말이죠. 우리는 역사의 실수로부터 배웁니다. 권리 기반 시스템과 표현의 자유, 종교와 종교로부터의 자유, 법 앞의 평등 보호, 적법 절차, 참여 민주주의와 같은 특정 기본적 권리가 과거의 중대한 불의를 반복하지 않기 위해 필수적이라는 것을 배우는 것입니다. 한마디로, **권리는 잘못이나 옳지 않은 것으로부터 옵니다.**"[17]

열 번째 계명

"네 이웃의 집을 탐내지 말라, 네 이웃의 아내를 탐내지 말라, 그의 남종이나 여종이나 그의 소나 나귀나 네 이웃의 모든

소유를 탐내지 말라.ˮ

"다른 사람들이 가진 멋진 것들을 볼 때, 그것들을 나쁜 감정의 원천으로 삼기보다는 영감으로 삼아라. 원하는 것이 있으면, 그것을 얻기 위해 열심히 노력해라.ˮ

"네 이웃의 아내ˮ라는 구절은 참으로 이 계명을 이해하는 데 큰 도움이 되지 않는군요. 여기서 다루는 주제는 우리가 이미 일곱 번째 계명에서 규탄하기로 한 간음이 아니라, 그보다 더 넓은 개념, 즉 탐욕이니까요. 성경 속에 나오는 탐욕에 대한 태도는 신약에서 발견되는 예수의 발언과 함께 읽을 때 더욱 완전히 이해할 수 있습니다.

"나는 너희에게 이르노니, 여자를 보고 음욕을 품는 자마다 마음에 이미 간음하였느니라. 만일 네 오른쪽 눈이 너를 실족하게 하거든 그것을 빼어 내버리라. 네 지체 중 하나가 없어지고 온몸이 지옥에 던져지지 않는 것이 유익하느니라.ˮ(마태복음 5:28-30)

톨스토이는 중편 소설 『이반 일리치의 죽음』에서 젊은 귀족인 예브게니라는 인물에 대해 이야기합니다. 그는 독신 시절 이미 혼인한 시골 농촌 여인 스테파니다와 몇 차례 정사를 가졌지만 별생각 없이 그 관계를 접습니다. 스테파니다의 결혼 생활은 이미 위기에 처해 있고, 그녀는 예브게니 외의 다른 사람들과도 정사를 하고 있습니다. 1년 후 예브게니는 자신이 매우 존경하는 여성과 결혼하게 됩니다. 그러나 결혼한 지 얼마 지나지 않아, 예브게니는 임신한 아내를 두고 다시 스테파니다와 만나게 되고, 이내 그녀에 대한 그리움에서 빠져나오지 못하는 자신을 발견하게 됩니다. 그는 아직도 젊고 많은 책임을 짊어진 남성으로서 자신의 환상이 자연스러운 것이라는 사실을 인식하는 대신, 스테파니다와의 관계를 꿈꾸는 것만으로도 이미 간음한 것이며 자신이 끔찍한 죄인이라는 죄의식에서 벗어나지 못합니다. 예브게니는 마태복음 5장의 도덕적 가르침대로 자신은 이미 죄를 범했고, 그래서 죄인이 되었다는 식으로 그 상황을 해석합니다. 그가 결혼한 남자로서 스테파니다를 그리워하고 있는 사이에 그녀의 몸에 손 한번 대지 않았지만, 자신의 환상이 실제로 행동한 것만큼 나쁘다는 확신과 부정행위를 범했다는 집착에 빠져 그는 자신의 인생이 예기치 못할 비극으로 끝나게 허용하고 맙니다.

오늘날에도 많은 사람들이 여전히 예브게니와 같은 집착에 시달리고 있습니다. 우리는 우리의 인간적인 욕망, 우리의 순간적인 생각을 우리들이 해 둔 엄숙한 약속과 동일한 공간에 가두어 두지 못한 것에 대해 스스로를 용서할 줄 모릅니다. 따라서, 우리는 우리 자신의 상상력이 가져다주는 생동감도 고마워하지 못하고, 우리 속에서 생겨나는 자연스럽지만 현실성이 희박한 상념들이 어처구니없게도 행동으로 이어지는 것을 막는 훈련에는 신경 쓰지 않고, 우리 자신과 주변 사람들에게 그런 일이 일어날 때 실망만 하게 됩니다.

탐욕 그 자체는 죄가 아닙니다. 진리를 존중하기보다는 그것을 조작하는 데 심혈을 기울이는 현대 정치 캠페인에서 흔히 하는 말 돌리기와 논점 흩트리기와 다를 바 없어진 "신학적 해석"은 이제 그만두고 단 한 번만이라도 현실을 그대로 인정할 수 없을까요? 예수는 강력한 문화적 상징일 수 있습니다. 그는 다양한 문제에 대한 통찰을 가졌던 실존 인물이었을 수도 있습니다. 그러나 이 문제에 관해서 예수는 옳지 않았습니다. 우리가 원하는 것을 바라보는 것이 마치도 우리가 행동으로 "죄를 짓고" 있는 것처럼 다른 사람에게 보인다고 해서 눈을 뽑을 필요는 없습니다. 우리는 우리의 "행동"에 주목하고, 우리가 원하는 것이 현실적으로 타당한지 혹은 정말 얻을 만한 가치가 있는지를 고민해야 합니다.

—

새로운 계명?

지금 우리가 하고 있는 전통적인 종교 텍스트와 그것에 대한 인본주의적 응답에 대한 연구는 저희들에게 즐거움과 깨달음을 갖게 해 주지요. 하지만, 오늘날의 윤리적 규범을 찾기 위해 단순히 십계명에 대한 응답을 고안해 내는 것으로 충분하다고 생각해서는 안 되겠네요. 우리가 그런 고안만으로 만족하면 결국 초기 유대교와 기독교가 윤리적 우선순위를 올바르게 설정했다고 암시하게 될 테니까요. 사실은 그렇지도 않은데 말입니다. 2천 년 전의 랍비나 사제들에게 최상으로 보였던 윤리적 비전이 오늘날 우리에게 가장 긴급한 윤리적인 문제들을 해결하는 데 최종적인 결정권을 갖게 할 수는 없거든요. 지금까지 다룬 문제들이 모두 중요할 수 있지만, 그것들이 인생에서 기억해야 할 가장 중요한 "탑 10"은 반드시 아닐 수도 있겠으니까요.

인본주의가 신봉하는 10가지 원칙은 무엇이 되어야 할까요? 우리가 꼭 놓칠 수 없는 몇 가지를 나열해 보겠습니다.

험프티 덤프티와 성장하는 정원

인본주의는 여러 면에서 단 하나의 책, 아주 오래된 한 권의 책에 대한 반응입니다. 이 책은 도덕적 메시지를 담고 있다고 주장하며, 실제로 수많은 인류에게 영향을 미쳐 왔습니다. 하지만 그 메시지는 잘못되었고, 솔직히 해롭습니다. 이 책이 우리의 삶을 잘못된 방식으로 살게 하고, 사회를 잘못된 방식으로 세우도록 만들기 때문에 우리는 이 책에 대해 분노해야 합니다. 그 책의 저자나 혹은 자신들이 무엇을 하고 있는지 이해하지 못한 채 맹목적으로 그 책을 읽는 독자들을 향해서는 아니더라도, 분명히 그 책 자체에 대한 분노는 적절합니다. 우리는 그 메시지에 맞서 싸워야 하며, 그 메시지가 패배할 때까지 싸워야 합니다. 여러분 모두 제가 어떤 책을 말하는지 알고 있죠, 그렇지 않나요?

『험프티 덤프티』. 맞습니다, 『험프티 덤프티』입니다. 그 이야기를 아시죠? "험프티 덤프티가 담벽 위에 앉아 있었어요. 험프티 덤프티는 크게 떨어졌죠. 왕의 모든 말들과 모든 신하들이 험프티를 다시 되붙일 수는 없었지요." 끝.

험프티 덤프티 사고방식이란 세상—그것이 우리의 개인적인 삶, 사회 전체, 아니면 다른 어떤 형태의 세상을 막론하고—이 고쳐져야 한다는 사고방식입니다. 모든 것이 한때 달걀처럼 완벽하고 동그랗고 밝고 반짝였지만, 떨어져서 산산조각이 났고 이제 우리가 그 조각들을 다시 맞추어야 한다는 것입니다.

그러나 이 사고방식이 갖고 있는 유일한 문제는, 글쎄요, 모든 것이 문제라는 사실이네요. 우리 인생이나 인류 역사의 어느 시점에도 산산조각이 날 수 있었던 완벽한 선함의 "달걀"이 존재한 적이 단 한 번도 없었습니다. 왜 그런 완벽함이 있어야 했을까요? 140억 년 동안 무작위적이고 목적 없는 진화 과정에서 물질은 떠돌아다니며 별을 형성했고, 그 별들은 빛을 내며 사라졌습니다. 그 별들이 결국 당신과 저, 도마뱀, 쓰레기장, 그리고 강제 수용소를 만든 물질을 형성한 것입니다. 그런 조건에서 어떻게 우리가 완벽을 기대해야 할까요?

물론 당신은 '은유법을 조금 쓴다고 그리 큰 해가 되겠어?'라고 말할지도 모릅니다. 티쿤(Tikkun) 잡지사에서 일하는 사람들은 이 점을 잘 이해할 것 같군요. 재능 있는 랍비 마이클 러너가 창간한 티쿤은 무척 잘나가는 진보적인 유대인 잡지입니다. 이 잡지는 많은 양질의 사회 비평문을 싣고 있으며, 이 잡지사와 연관된 사회 공동체는 수많은 가치 있는 사회 정의 활동에 참여하고 있습니다. 그들은 '티쿤 올람(망가진 세상을 고치는 것)'이라는 히브리어 구절에서 제목을 따왔는데, 그 말은 30여 년 전에 아브라함 조슈아 헤셸과 다른 사람들이 사용하기 시작한 후 주류 유대어 어휘에 등장했습니다. 이 잡지의 편집 목표는 하나님, 토라, 기도에 대해 매우 다양한 신념과 지식을 가진 현대 유대인들을 결집시키는 것이었는데 그들 중에는 특별한 신념이나 지식이 없는 사람들도 포함되었습니다. 티쿤 올람은 현대 유대인들이 신학적 잡동사니들을 받아들이지 않고도 진정한 유대인이 될 수 있음을 보여 주기 위해 만들어졌습니다. 우리의 삶을 위해 선을 행하려는 다양한 사람들을 하나로 묶고자 하는 아이디어는 언제나 존중받을 만한 것이지요.

그러나 '티쿤', 즉 '수리'라는 은유는 근본적으로 잘못되었습니다.

그리고 은유는 매우 중요할 수 있습니다. 지금, 우리는 환경을 보호하고, 테러리즘을 조장하는 석유 중독을 극복하기 위해 지속 가능한 에너지로 무제한 주행이 가능한 무공해 자동차를 절실히 필요로 하고 있습니다. 그런데 제가 그 차를 '수리해야 한다'고 말한다면, 여러분은 저를 머리 셋 가진 사람으로 의심하시겠지요. 존재한 적이 없는 그런 차를 어떻게 "수리"할 수 있겠습니까? 우리는 그것을 **만들어야** 하겠지요. 이 두 접근법의 차이가 단순한 의미론의 차이라고 말하는 것은 글로벌 온난화의 원인은 알 필요도 없고 우리가 해야 할 일은 그냥 그것을 고치는 방법만 찾으면 된다고 말하는 세라 페일린의 발언과 같습니다. 그 심각한 문제가 "어떻게" 그리고 "왜" 생겼는지 알려지지 않은 혼란 상태에서 그 문제의 해결법을 어떻게 찾을 수 있다는 말일까요?

우리를 과거에 얽매어 두는 생각에서 벗어나는 것의 의미를 이해하면 우리는 하나님이나 종교에 대한 믿음의 멈춤이 얼마나 의미 있고 가치 있는 일인지 알게 됩니다. 우리는 앞을 보며 살아갑니다. 어제 우리를 상처 입힌 사람이나 우리를 망친 사람에게 초점을 맞추지 않고, 내일 우리가 할 수 있는 일, 우리가 만들 수 있는 것, 우리가 성장할 수 있는 방법에 집중하여 우리의 연애 생활이나 정치 생활, 또는 삶의 다른 모든 면을 더 나아지게 만들고자 합니다.

저에게는 사라라는 친구가 있는데, 몇 년 전 다낭성 난소 증후군이라는 병을 진단받았습니다. 오늘날 가장 능력 있는 의사들도 여전히 치료법을 찾아 애쓰고 있는 질병 중 하나입니다. 사라는 그 분야에서 잘 알려진 전문의들을 찾아갔지만, 그들의 말은 한결같이 위험

부담이 높은 호르몬 치료 없이는 이 질환이 그녀의 임신과 출산 능력을 틀림없이 앗아 갈 것이라는 것이었습니다. 만약 여러분이 사라를 만나 본다면, 두 가지를 눈치채게 될 겁니다. 첫째, 그녀는 따뜻하고 매우 다정다감한 여성—그녀는 아이들을 사랑해서 교육학 석사 학위를 취득했으며 항상 자신이 낳은 아이들 몇을 가지고 싶어 했습니다—이라는 것, 둘째, 그녀는 무척 결단력 있는 사람이라는 것입니다. 그래서 의사들이 권장한 호르몬 치료를 받은 후 지독한 후유증이 나타났을 때, 그녀는 자신이 아이를 낳을 수 없을 것이라는 의사들의 예후를 받아들이지 않았습니다.

대신 그녀는 대체 요법에 관한 리서치를 시작했습니다. 사라는 삶의 방식을 모두 바꾸었습니다. 그녀의 목으로 넘어가는 단 한술의 음식을 준비할 때도 건강과 영양가를 따졌습니다. 매일 명상하고 정기적으로 침을 맞으며, 운동은 물론이고 요가 마스터보다 더 열심히 요가를 했습니다. 그리고 그녀는 스스로를 치유했습니다. 1년 후, 그녀는 어떻게 된 영문인지 몰라 어리둥절해하는 전문가들 팀에게서 건강에 이상이 없다는 진단을 받았습니다.

하지만 이 이야기의 요점은 그녀의 치유가 아닙니다. 그것이 요점이라면, 제가 그냥 이 이야기를 지어낼 수도 있었을 것입니다. 혹은 독자들께서 당연히 '다른 병을 치유하려고 열심히 노력했지만 실패한 사람들은 어떻게 되는가?'라고 물을 수도 있겠지요.

말하고자 하는 요점은 사라가 건강을 회복하기 위해 공부하고 열심히 노력하며 자아를 발견한 후, 자신의 가족이 경영하는 농장에서 '다르마 하비스트'라는 비영리 단체를 설립하기로 결심했다는 것입니다. 이 프로젝트는 어려운 환경에 처한 아이들에게 농업 기술을 가르치고, 그들을 농장에 데려와 일하게 한 후 그들의 노력의 결실, 즉 지속 가능하고, 유기농으로 길러진 맛있는 지역 농산물을 생산하여 공립학교에 공급하는 사업이었지요. 어느 날 사라는 중병이나 장애를 유발하는 병을 앓고 있는 환자들이 영양 개선, 운동, 명상 등을 통해 스스로 치유할 수 있는 특별한 정원을 농장에 추가하는 꿈을 저에게 이야기해 주더군요. 그녀는 그것을 '치유 정원'이라고 부를까 생각했지만, 어쩐지 그 이름이 마음에 쏙 들지 않는다는 말을 덧붙이며.

저는 사라의 아이디어가 마음에 들었지만, 그녀에게 그것을 '**치유 정원**(Healing Garden)' 대신 '**성장하는 정원**(Growing Garden)'이라고 부르라고 조언했습니다. 그녀의 방문자 중에는 그녀처럼 회복되지 못하는 사람들이 있을지도 모릅니다. 하지만 우리가 살아 있는 한, 우리는 항상 성장하고 있습니다. 사라는 이 정원이 지역 사회 누구에게나 정직하고 건강한 장소가 되기를 원했습니다. 만약 불치병을 앓고 있는 사람이 그녀에게 왔다면, 그 사람을 치유할 수 있다고 암시하는 것은 정직하지 않을 수도 있지 않을까요? 그녀는 기적을 일으키는 사람이 아니니까요. 제가 그녀에게 말했죠. "그 사람이 죽을 운명이라면, 아무리 명상을 하고 레이키(Reiki)를 하거나 침을 맞아도 그들을 살릴 수는 없어. 만약 네가 하는 일이 단순히 치유라면, 그 불치병에 걸린 사람에게 네가 제공하는 것은 가치가 없을 거야. 그리고 사실, 우리 모두는 불치병을 앓고 있지 않겠어? 그 병명은 '인간적'이라는 것이겠지. 우리 모두 결국 죽게 되거든. 아무도 그걸 바꿀 수 없어. 그래서 만약 의학과 우리의 선행이 단지 치유하는 것에 불과하다면, 그것은 정말로 큰 상처에 조그만 일회용 반창고를 붙이는 것과 다를 바 없겠지. 그게 그렇게 중요한 일일까? 그렇지 않다고 생각해."

그러면서 제가 사라에게 말했습니다. "하지만 우리가 살아 있는 한, 우리는 여전히 '**성장**'할 수 있어. 우리의 인생이 일 년, 한 주, 아니면 단 한 '**시간**'밖에 남지 않았다고 하더라도, 그 시간을 건설적으로 사용할 수 있어."

제 아버지는 저에게 '사랑한다'는 말을 하지 않으시고 돌아가셨습니다. 아버지가 저를 사랑하셨다는 것은 알고 있지요. 그분이 해 주신 많은 일을 통해서 그 사랑을 보여 주셨으니까요. 하지만 저는 아버지가 그 말을 하는 것을 몹시 듣고 싶었습니다. 듣지 못했다는 것이 아쉽습니다. 아버지가 그 말을 하지 못한 이유는 두려움 때문일 것이라고 저는 거의 확신합니다. 그 세대의 많은 남성들처럼, 아버지께서도 연약함이나 부드러움을 표현하는 남성 역할 모델을 거의 본 적이 없었기 때문에, 그런 것을 표현하면 무언가 끔찍한 일이 일어날 것처럼 느끼셨을 겁니다. 저는 저 자신의 감정만 생각하며 아버지가 돌아가시기 전에 심경의 변화를 일으켜 제게 그 말을 하기를 바라고 있었던 것이지요. 하지만 그 고통스러운 바람을 받아들이는 과정에 또 하나 제가 배운 사실은 아버지가 자기 자신을 위해서라도 그렇게 하셨으면 하는 염원도 저의 바람 속에 포함되어 있었다는 것입니다. 아버지가 방어 본능을 내려놓고 사랑을 자유롭게 표현할 때 찾아드는 안도감을 가지고 떠나실 수 있도록 말이죠. 그것이 우리

관계의 모든 것을 바꾸지는 않았을 수도 있지만, 그것은 우리 둘에게 새로운 긍정적인 변화를 가져올 수도 있었을 겁니다. 비록 아버지는 그때쯤 거의 성장을 마무리하실 단계이시겠지만 우리는 아직도 **"함께"** 성장할 수 있는 여지가 있었다는 말이겠네요. 만약 당신이 "우리는 태어나자마자 죽기 시작한다."는 말을 한 번이라도 의심하고 싶은 유혹을 가져 본 적이 있었다면, 인본주의의 대답은 이렇습니다: 우리가 어떤 방식으로든 계속 성장하고 있는 한, 우리는 살고 있는 것입니다. 죽는 것이 아닙니다.

우리는 누구도 인간 조건에서 완전히 회복되거나 치유되지 않을 것입니다. 세상을 고치는 어떤 노력도 실제로 그것을 고칠 수는 없습니다. 하지만 우리는 이해하고, 사랑과 애정을 느끼고 나누며, 공감하는 능력을 기반으로 엄청나게 성장할 수 있습니다. 우리는 우리 주변과 이웃의 성장을 쌓아 올리고 더 나은 세상도 만들 수 있습니다. 이게 바로 인본주의의 핵심입니다. 마법과 현실의 차이를 인식하고, 사람들을 모아 서로가 성장하고 건설할 수 있도록 돕는 것입니다. 반드시 잘못된 것을 고친다고 생각하기보다는 우리가 새로이 건설하는 것이 필요하다는 생각은 우리 삶의 모든 측면을 지배할 수 있습니다. 그러나 특별한 주의가 필요한 두 가지 영역은 우리가 우리들의 종교적 선조들이 상상할 수 있었던 것과는 근본적으로 다른 세상을 구축했기 때문에 새롭게 나타난 개인적, 사회적 윤리적 문제들입니다. 현대 생활은 고대 종교가 예상하지 못했던 새로운 도전을 제시하며, 이러한 도전에 대한 통찰력은 고대 종교보다 성찰적이고 진지한 인본주의에서 더 잘 찾을 수 있습니다.

자발적 단순성

원시인들이 해결해야 할 문제는 많았습니다. 하지만 그들에게 풍수는 그들이 걱정하는 문제 중의 하나가 아니었습니다. 오늘날 우리가 살고 있는 복잡한 사회는 새로운 종류의 해결책을 필요로 하는 새로운 문제들로 가득 차 있습니다. 옛날은 어떤 면에서 훨씬 단순한 시기였습니다. 하지만, 과거로 돌아간다는 말은 단지 "블랙베리 지옥(BlackBerry Hell)*" 같은 첨단 기술의 횡포로부터 벗어나는 것 이상을 의미한다는 사실을 우리는 자주 망각합니다. 그것은 우리가 그토록 힘들게 극복한 인종차별, 성차별, 출산 사망 같은 고통으로 다시 돌아가는 것을 의미하지요. 그러나 우리가 지금 전진하고 있는 방식으로 계속 나갈 수는 없습니다. 개발에 비례하여 치솟은 기대치 때문에 우리들의 우울증 수준이 1900년보다 10배나 높아졌다는 사실을 무시하는 어리석음을 범할 수는 없겠지요. 그것보다 더한 어리석음은 (냉전 시대에 유행하던 오랜 발언을 인용하자면) 인간이 3차 세계대전을 핵무기로 싸우고 나면 4차 세계대전은 분명히 막대기와 돌로 싸울 것이라는 사실을 잊어버리는 것이겠네요.

하버드 인본주의 커뮤니티에서는 최근 자발적 단순성(Voluntary Simplicity)이란 세미나를 열어 이 문제를 다루기 시작했습니다. 자

---

* 역주: BlackBerry는 iPhone과 Android Phone이 대중화되기 전에 인기를 끌었던 휴대용 전화의 브랜드 네임이다. 비싼 가격, 제한된 네트워크 시스템, 독자적으로 운영하는 메일 서버 등으로 인한 잦은 불통으로 많은 사용자들에게 좌절감을 일으켰고, 증권 시장이나 금융활동에 전례 없는 손실을 초래하기도 했다. "블랙베리 지옥"은 기술문명의 편리함에 의존도가 깊어진 상태에서 겪는 피해가 편리함의 크기에 비례하여 증폭되는 현상을 뜻한다.

발적 단순성이란 21세기 세상에서 단순함의 가치를 인식하며 선한 삶을 사는 사람들이 시작한 전 세계적인 운동입니다. 그러나 그것은 단순히 우리가 쇼핑을 중단하거나, 전기 사용을 멈추거나, 물을 남용하는 목욕을 포기해야 한다는 의미는 아닙니다. 자발적 단순성은 우리가 선택 행위를 신중하게 하면 더 적은 소유물로도 행복해질 수 있음을 인식하는 노력입니다. 우리가 진정으로 필요한 몇 가지 소유물에 더 많은 에너지를 집중하도록 "선택"하고 나머지를 포기할 수 있습니다. 이 개념은 간디의 제자인 리처드 그레그가 1936년에 다음과 같이 쓴 것에서 비롯되었습니다:

"자발적 단순성은 내적, 외적 조건 모두를 포함합니다. 내면적으로는 목적, 진정성, 그리고 정직함이 하나임을 뜻하고, 외부적으로는 인생의 주된 목적과 관련이 없는 많은 소유물에서 비롯되는 혼돈 상태를 피하는 것을 의미합니다. 그것은 우리의 에너지와 욕망을 질서 있게 정리하고, 삶의 한 분야에서 약간의 절제를 실천하여 다른 분야에서 더 큰 삶의 풍요로움을 얻는 것을 의미합니다. 그것은 목적을 위해 삶을 의도적으로 정리정돈한다는 말이 되겠네요. 물론 사람마다 인생의 목적이 다르기 때문에 한 사람의 삶의 목표에 유의미한 것이 다른 사람에게는 전혀 관련이 없을 수 있습니다. … 단순화의 정도는 각 개인이 스스로 결정해야 할 문제입니다."[18]

지속 불가능한 상업적 관행—당신이 진정으로 필요하지 않은 소비제품을 당신이 실제 갖고 있지 않은 돈으로 유혹하여 소비행위를 촉진하는 소비경제 체제(수치심도 없이 스스로를 자본주의자 혹은 "진보적 자본주의자"라고 부르는 저의 입에서 이런 말이 나오다니!)—이 야기한 심각한 경제적 문제들이 누적되어 가는 세계에서 우리가 할 수 있는 최소한의 행동은 교통수단 변경, 인간에게 합당한 규모의 생활 방식 도입, 기능적 환경 조성, 절약, 재활용, 지속 가능한 식단 개발, 전반적인 소비 절감을 위해 노력하며 인간과 인간 사이의 소통, 협력, 여가 활동 수준을 높여 자발적 단순성의 실천에 진지하고 지속적으로 관심을 기울이는 것입니다.

이것은 가난한 삶을 살자는 것이나 경제적 발전에 반대하자는 것이 아닙니다. 시골 생활을 낭만적으로 이상화하는 것도 아니며, 현대 생활이 가져다줄 수 있는 아름다운 것과 경험을 외면하자는 것도 아닙니다. 자발적 단순성 운동의 한 지도자가 말했듯이, "'땅으로 돌아가는(back to the land)' 운동이라기보다는, '당신이 있는 곳에서 최대한 잘 살아가는(make the most of wherever you are)' 운동"이라고 묘사하는 것이 더 정확합니다.[19]

지속 가능성

불행히도, '현재 있는 곳을 최대한 활용하는 것'이 중요하긴 하지만, 그것만으로는 충분하지 않을 것입니다. 인본주의 윤리는 더 많은 것을 요구합니다. 왜냐하면 인간의 무분별함이 우리의 생존 자체를 위협했기 때문입니다. 자발적 단순성 외에도, 인본주의자들과 비종교인들은 지속 가능한 방식으로 삶을 살아가는 방법을 배울 수밖에 없습니다. 우리는 기후 변화, 핵 및 화학 무기의 확산, 그리고 우리가 경제 시스템을 너무 과도하게 확장하지 않았나 하는 두려움으로 인해 발생한 최근의 글로벌 금융 위기를 외면할 수 없습니다.

종교인과 비종교인 모두 지속 불가능한 습관 위에 현대 세계를 세웠습니다. 그리고 우리에게 주어진 시간은 얼마 남지 않았습니다. 앨 고어가 우리에게 상기시켜 주듯이, 인류의 생존은 여태껏 한 번도 경험한 적이 없는 결정을 내릴 수 있는가에 달려 있습니다. 가족, 부족, 도시, 국가, 혹은 국가 연합이 아니라, 인류(human species) 전체가 함께 결정을 내려야 합니다. 우리 모두가 함께 생존하기로 결심해야 합니다.

물론, 모든 비종교인이 환경 문제를 제대로 인식하고 있는 것은 아닙니다. 그리고 환경 오염 위험을 인식한 인본주의자들이 그 문제를 인식한 유일한 사람들도 아닙니다. 많은 기독교인들, 심지어 일부 복음주의자들까지도 하나님의 창조물을 잘 관리해야 한다고 말하기 시작했습니다. 하지만 나는 세속적인 사람들이, 비록 우리가 상대적으로 약한 조직력을 가지고 있더라도, 이 문제에서 주도권을 잡아야 한다고 믿습니다. 나의 옛 교수였던 신학자 고든 카우프먼이 쓴 것처럼, "이 [생태학적 위기]는 그 어떤 종교(또는 그 어떤 인간)도 직면한 적이 없는 새로운 문제이며, 인간을 삶의 모든 악에서 구원하는 전능한 구세주로 여겨지는 하나님을 계속 숭배하는 것은 그 위기의 깊이와 의미를 명확하게 이해하는 능력을 방해할 수도 있습니다. … 지금 필요한 것은 전 세계적으로 인류의 삶 전체를 생태적으로 지속 가능한 방식으로 재조직하는 것입니다―이는 우리 위대한 종교적 (또는 세속적) 전통 중 그 어느 것도 상상해 본 적이 없는 것입니다―." [20]

다시 말하지만, 과거로 돌아가자는 이야기―에덴 동산과 같은 사고방식으로 돌아가자는 이야기―는 여기서 아무런 도움이 되지 않습니다. 우리가 정말로 도로가 없고, 화장실이 없고, 뜨거운 샤워를 할 수 없고, 사랑하는 사람들과 떨어져 있을 때 소통할 수 없고, 난방이나 에어컨을 사용할 수 없고, 안전하게 대서양을 건너거나 미국을 가로질러 갈 수 없는 삶을 원할 수 있겠습니까? 이러한 새로운 현실을 창조한 과학자들과 혁신가들을 비난하거나 후회하는 것은 범죄에 버금갈 정도로 어리석은 일일 것입니다. 하지만, 우리는 이제 앞으로 우리가 진행시킬 모든 개발 프로젝트에 신중한 **"계획"**이 없이 다시는 참여할 수 없습니다. 하늘에서 번개처럼 오는 신의 인도가 아니라, 인간의 지혜가 필요합니다. 그 지혜는 체계적이고 의도적으로 키워지고 발전되어야 합니다. 우리는 이제 더 이상 단순히 도시 계획가들이 이 도로를 어디에 둘지, 신호등이 얼마나 오래 깜박여야 할지, 공원에 또 다른 벤치나 분수대가 필요한지를 묻는 것만으로는 충분하지 않습니다. 우리는 더 나은 폐기물 이용 방법과 재생 가능 자원으로부터 에너지를 얻는 방법을 계획해야 합니다. 그리고 전국의 젊은이들이 이미 시작한 것처럼, 누가 더 짧은 샤워를 할 수 있는지, 누가 더 철저하게 퇴비화를 할 수 있는지를 두고 경쟁해야 합니다. 돈키호테의 시대 이후 처음으로, 풍차와 함께 일하는 것이 최고의 영적 수행 행위가 될 수 있습니다.

맨해튼 남부의 고등학교에 다니던 십 대 시절, 제가 가장 좋아하던 풍경은 세계 무역 센터가 허드슨강을 따라 이어진 공원과 만나는 곳이었습니다. 허드슨 강가에 서서 반짝이는 강물을 내려다보며 〈아름다운 미국〉의 노래 가사를 떠올릴 수 있었고, 뒤돌아보면 큰 빨간색의 젠 파고다(선불교 탑), DNA에서 영감을 받은 조각 정원과 이국적인 나무들을 볼 수 있었습니다. 마지막으로 누군가의 신이 손을 내밀면 마주하려는 듯 하늘을 향해 뻗어 오르는 두 개의 매혹적인 타워가 바로 올려다보였습니다. "불가능의 타워"가 2001년 9월에 가능하기를 그치게 되었죠. 자연과 인간의 창의력의 조합으로 많은 경외감을 갖게 해 주었던 그 쌍둥이 타워는 이제 사라지고 없군요.

그러나 매 시즌마다 자유의 여신상을 폭파하는 재난 영화가 세 편씩 나오기 훨씬 전에 원조 클래식 《혹성탈출》이 있었습니다. 이 영화에서 찰턴 헤스턴은 용감하지만 원한을 품은 미국 우주비행사로 신비한 행성에 도착하게 되는데, 그곳이 실제는 지구라는 사실을 인지하지 못합니다. 2000년 후의 미래, 인간들이 스스로를 파멸로 몰아넣은 뒤 그 행성은 지능 높은 유인원들이 지배하고 있습니다. 여러 가지 이유로 헤스턴을 두려워하는 유인원들은 조금씩 헤스턴에게 그가 어디에 있으며, 그의 문명이 어떻게 사라지게 되었는지를 밝혀 줍니다. '인간보다 더 나은 무언가'를 찾아 우주로 떠났던 이 우주비행사는 모든 진실을 알게 된 후 오열하며 인간에게 외칩니다.

'결국 우리가 정말 일을 내고 말았구나! … 이 미치광이들! 너희들이 그걸 폭파해 버렸어! 아, 젠장! 지옥으로 가라!'

저는 모든 인류가 저처럼 천국도 지옥도 없다고 믿으라는 요구까지 하고 싶지는 않습니다. 그러나 우리가 영토, 성도덕, 기타 신학적 사소함에 대한 조그마한 차이점 때문에 이 영화 속의 끔찍한 장면이 언젠가 현실이 되도록 내버려두는 것이야말로 엄청난 윤리적 실패임을 이해하지 못하는 것은 진정 죄가 되겠네요.

5

종교적 다원주의
: 하나님과 함께 선해질 수 있을까요?

많은 사람들이 "신무신론"이라고 부르고 있는 현상을 두고 우리는 어떻게 반응해야 할까요? 리처드 도킨스는 그의 저서 『만들어진 신』에서 어린이를 대상으로 한 종교 교육이 아동 학대의 한 형태일지 모른다고 주장합니다. 크리스토퍼 히친스는 『신은 위대하지 않다: 종교가 모든 것을 망치는 이유』에서 도킨스의 논리를 한 발짝 더 비약시켜, 이제 종교적 "적"을 알아내고 "싸울 준비를 해야 한다"고 경고합니다. 이런 발언을 단순히 수사적 과잉 표현이나 말장난으로 돌리고 싶지만, 히친스가 그토록 참혹한 현실을 만든 조지 W. 부시의 이라크 전쟁을 가장 설득력 있게 옹호한 인물 중 하나였다는 점은 지적해야 하겠네요. 샘 해리스는 『믿음의 종말』에서 "과학이 종교를 말살시켜야 한다."고 기술한 후, 종교적 온건파조차도 단순히 "실패한 극단주의자"로 간주되어 이 말살 계획에서 제외되어서는 안 된다고 주장합니다. 가장 최근에는 잘 알려진 코미디언이며 토크쇼 진행자인 빌 마가 영화 《신은 없다(원제 "Religulous": "religious(종교적인)"와 "ridiculous(어불성설 같은)"를 섞어 만든 합성어)》에서 "인류가 살기 위해서는 종교가 죽어야 한다."고 설파하면서, 이런 언어전쟁을 한층 더 격화시켰습니다.

—

대부분의 비종교인들은
반(反)종교적이지 않습니다!

인본주의는 이런 자극적 발언보다 훨씬 고귀한 가치를 추구하고 있다고 아무리 강조해도 충분치 않겠네요. 앞장에서 인본주의 윤리에 관해 기술한 대로, 인본주의자로 자처하는 모든 사람이 항상 윤리적으로 행동한다고 저는 주장하지 않습니다. 마찬가지로, 종교인이 항상 비윤리적이라고 주장하는 것도 아닙니다. 제 주장은 단지 우리 인본주의자들은 우리대로의 방식과 목표를 갖고 있고, 그것들은 다른 사람들의 것만큼이나 선하다는 것입니다. 당신이 자신과 의견이 다른 사람에 대해 긍정적으로 말을 하거나 생각할 준비가 되어 있다면, 이 시점에서 인본주의에 대해서도 충분히 긍정적인 말을 할 수 있으시겠지요. 하지만, 만약 당신이 신학적으로 자신과 의견이 다른 사람에 대해 긍정적인 것을 말하거나 믿을 준비가 되어 있지 **않다면** 우리는 당신과 싸워야 할지도 모르지만, 1800년과 2008년 미국 대선에서 본 것처럼 우리 편에서 같이 싸워 주는 많은 종교적 협력자들이 있을 것입니다.

종교인들이 하나님의 이름으로 너무나 많은 인간의 생명을 앗아

간 것은 의문의 여지가 없습니다. 그러나 세속적인 사람들도 때로는 자신들의 믿음 때문에 살인을 저지른 것도 사실입니다. 물론, 거의 모든 세속주의자(신무신론자들과 그 열렬한 지지자들을 포함하여)는 오늘날 자신의 신념을 평화롭게 실천하고 있습니다. 만일, 제가 종교인들을 기분 좋게 만들어 주려고 인본주의자들도 탈레반과 조금도 다름없이 살인을 범하고 있다는 주장을 펴면 지극히 반도덕적인 행위가 되겠지요. 비록, 인본주의자 중에 그런 사람의 비율이 높기는 하지만, 우리 주위에는 평화롭고, 열린 마음을 갖고, 증오의 대상이 될 수 없는 종교인들이 여전히 엄청나게 많이 있습니다. 우리가 이 사람들과 전쟁을 벌여야 하겠습니까? 그들을 없애 버리라고요? 그들이 독인가요? 그들이 망상에 젖어 있기나 한가요?

우리는 종교와 전쟁을 벌일 필요가 없습니다. 물리적으로든, 언쟁으로든 말입니다. 전쟁이 아니라면 종교인들과 비종교인들 사이의 관계는 어떠해야 할까요? 한마디로 할 수 있는 답이 있네요: **다원주의**. 이는 서로 간의 모든 차이나, 심지어 경쟁의 종식을 의미하지 않습니다. 이는 경쟁이 쿠란의 표현처럼 "선한 일들에서 서로 경쟁하는"(쿠란 5:48) 것을 의미합니다.

저는 기억하기 힘든 어린 시절부터 다원주의에 대해 생각해 왔습니다. 제가 "지구상에서 가장 다양한 도시, 그중에서도 가장 다양한 지역구, 그곳에서도 가장 다양한 동네"[1]로 뉴욕 타임즈가 꼽은 뉴욕 플러싱에서 자랐기 때문이지요. 플러싱은 신세계에서 종교 간 수용이 처음으로 승리한 장소 중 하나입니다. 농부 존 바운은 퀘이커 집회를 주최했다는 이유로 1662년에 뉴암스테르담에서 추방되었습니다. 비록 자신은 퀘이커 교도는 아니었지만 퀘이커 신자들이 피터 스타이베선트의 비관용적인 체제로부터 벗어나서 보호를 받을 자격이 있다고 믿었습니다. 그래서 바운은 (구)암스테르담으로 바로 떠났습니다. 자신을 변호하기 위해서가 아니라 퀘이커 신자들을 변호하기 위해서였습니다. 그는 이 재판에서 승리했고, 이 승리는 곧 다른 종교적인 믿음에 대한 관용의 승리이기도 했습니다.

이 일화가 있기 전인 17세기 초엽에 퀘이커를 변호하기 위해 제출된 탄원서에서 또 다른 시민은 이렇게 썼습니다. "우리는 나중에 우리가 꼭 같은 판단을 받지 않을 수 있도록, 지금 우리 손에 주어진 이 케이스에 대한 판결을 원하지 않고, 또 우리 자신도 꼭 같이 유죄 판결을 받지 않도록, 유죄 선고를 내리기를 원하지 않습니다. 모든 사람들의 흥망이 각기 자신이 섬기는 믿음의 주인의 뜻에 따라 결정되게 하소서."[2] 이 일이 있은 뒤 300년이 넘는 세월이 흐르는 동안, 저희들이 사는 동네는 종교, 인종, 그리고 다른 뜻으로 정의되는 다양함으로 넘쳐나게 되었지요. 초등학교 2학년이었던 제 친구 타리와 저는 우리의 공통점과 차이점에 대한 발표를 하는 숙제를 받았는데, 그 발표에는 우리가 금발 머리와 검은 머리, 큰 귀(물론 제 귀)와 작은 귀, 그의 스포츠 재능과 저의 미술 재능에 대한 말은 포함되어 있었지만 우리 두 사람 중 한 명은 흑인이고 다른 한 명은 백인이라는 사실은 전혀 언급되어 있지 않았습니다.

하지만, 여기서 저의 의도는 제가 플러싱 출신이라거나 관용에만 방점을 찍는 것이 아닙니다. **다원주의**는 우리 나라의 초기 역사부터 내려온 우리들의 유산입니다. 조지 워싱턴 대통령이 남긴 가장 위대한 행동 중 하나는 그가 투로 시내가그(Touro Synagogue)에 보낸 편지에 다음과 같은 말을 포함시킨 것이었습니다: "이제 더 이상 관용이라는 말은 어떤 계급에 속한 사람들이 다른 계급의 사람들에게 국가가 정해 준 권리를 행사하도록 허가해 준다는 뜻이 아닙니다. 왜냐하면, 어떤 편견 행위도 보호해 주지 않고 어떤 박해 행위도 도와주지 않는 미국 정부는 기쁜 마음으로 오직 어떤 상황에서나 효과적인 정부의 보호 아래 있는 사람들만이 훌륭한 시민이 되는 수모를 받아들일 것을 요구하고 있기 때문입니다." 유대인과 모든 종교적 소수자들은 미국에서 단순히 **관용의 대상**으로 머무르지 않고, **완전한 평등**을 누려야 한다는 말이지요.

하지만, 쿠란도, 존 바운도, 조지 워싱턴도 오늘날 우리가 직면하고 있는 정확한 질문에 답할 위치에 있지는 않았습니다: 종교인과 비종교인은 서로 어떤 관계를 가져야 하는가? 우리가 적을 사랑해야 한다고 주장하는 신약성경과 마틴 루터 킹 주니어가 이 질문의 답을 찾는 데 어떤 공헌을 할 수 있을 것 같네요.

제가 말하려는 것은 우리가 손을 잡고 함께 둘러앉아 〈쿰바야(Kum Ba Yah)〉를 부르자는 것이 아닙니다. 구스타프 니부어가 그의 책 『관용을 넘어서(Beyond Tolerance)』에서 화합을 위해 노력하는 사람들을 조롱할 때 어김없이 등장한다고 설득력 있게 말했던 그 노래 말입니다. 그의 말에 의하면, 1960년대에 남부 경찰과 클랜스맨—흰 두건을 쓴 KKK 단원들—의 무자비한 탄압에 저항하던 사람들이 이 노래를 부르며 손을 잡았을 것이고, 그 후 이 노래는 종교 간의 화합을 위한 모임에 등장하는 대신, 주로 기독교 청소년 그룹 모임과 여름

캠프에 넘쳐흘렀다는군요.³

사랑과 다원주의에 대한 명상

제 말은 우리 무신론자와 불가지론자가 우리의 삶에 강요되어 온 종교에 대해 비폭력적으로 저항하면서도, 종교적인 이웃들을 사랑하고, 그들에게 우정과 확고부동함을 제공하며, 우리는 이런 태도를 그들이 우리를 경멸하는 순간에도 유지해야 한다는 것입니다. 우리는 우리가 믿고 있는 인간성에 대한 개념을 묘사한 어떤 부문이—자신들은 하나님의 자식이라는 믿음에 묶여 있는—일부 신앙인들에게 자신들의 인간성이 의문시된다는 느낌을 줄 수 있음을 인정할 수 있겠네요. 우리는 이렇게 말할 수 있지요. "어떤 일이 있어도 우리는 당신을 증오하지 않을 것입니다. 하지만, 우리는 우리 이외의 존재가 될 수 없지요. 당당히 그리고 자랑스럽게 말씀드립니다." 마틴 루터 킹 주니어가 1967년 그의 「평화에 관한 크리스마스 설교」에서 말한대로, "우리는 빠져나갈 수 없는 상호 관계의 네트워크에 묶여 있고, 운명이란 외투 속에 한 몸으로 갇혀 있다. 한 사람에 대한 직접적인 영향은 우리 모두에게 간접적으로 돌아온다."는 이유로도 다원주의를 선택해야 되겠지요.

물론, 도발이 비일비재하지요. 이 세상 대부분의 장소에서 당신은 어떤 남자의 눈 속을 응시하며 그가 믿고 있는 신, 그가 지지하는 정당의 강령, 또는 그가 가장 소중히 여기는 그의 남성 배우자와 결혼

할 권리를 믿지 않는다고 말할 자유가 있습니다. 그런 말을 하는 당신을 사람들은 공감할 수 없는 사람으로 생각하면서도 여전히 품위를 지키는 사람으로 간주할 것입니다. 하지만, 그들에게 당신은 어떤 형태의 신도 믿지 않는다고 말해 보세요. 당신이 중시하는 가치 개념에 어떤 미사여구를 부연해도 많은 분들이 당신을 품위 없고 부적격한 사람으로 판단할 것입니다. 마틴 루터 킹과 간디도 현실적인 도발에 직면했습니다.

　인본주의 운동을 하고 있는 우리가 우리 자신에게 거짓말까지 해 가며 우리 자신을 킹 목사나 간디의 지위에 올려야 한다는 말은 절대 아닙니다. 그들이 남긴 위대함과 중요성에 오를 수 있는 사람은 아무도 없으며, 어쩌면 그들 자신조차도 그런 지위에 오르지 못했다고 느낄지도 모릅니다. 하지만, 그들은 분명히 어떤 경지에 도달했었고, 우리도 그곳에 도달할 수 있도록 노력해야 한다는 점은 분명합니다. 사라 보웰이 말한 대로 "타자기로 '비폭력'이라는 단어를 쳐본 사람을 찾기 힘든 이 시대"[4]에, 우리는 무신론과 인본주의를 가장 맹렬히 반대하는 지역—미국 남부 깊숙한 지역, 아랍 이슬람 세계 같은—으로 들어가, 우리 자신의 모습을 당당하고 자랑스럽게—하지만 사랑과 비폭력인 태도로—보여 주는 것을 진지하게 고려하여야 합니다. 물론 사회공동체를 위한 봉사 활동도 잊어서는 안 되겠지요. 자신감에 찬 인본주의자나 무신론자의 존재를 용납하지 못하는 극소수의 사람들과 마주칠 가능성이 있는 마을에 들어가는 것이 위험할까요? 물론 위험할 수 있습니다. 그러나 우리의 메시지를 전파하는 과정에 소규모 폭력의 가능성조차 감수하지 않는다면, 어떻게 변화를 기대할 수 있겠습니까? 저는 우리가 이 도전에 대응하기에 충분한 용기를 가지고 있다고 믿습니다.

앞서 말한 킹 박사의 「평화에 관한 크리스마스 설교」에서, 그는 그리스어로 출판된 신약성경에는 *사랑*을 표현하는 세 가지 단어가 있다고 말했습니다. 그는 우리가 적을 따뜻한 애정을 가지고 하는 뜻으로 사랑해야 한다는 의무―혹은, 그런 능력―가 아니라, 우리가 "모든 인간에 대한 이해심 깊고, 창의적이며, 구원을 찾는 선의", *아가페*(agape)를 함양해야 한다고 말했습니다. 이러한 형태의 사랑을 통해 "우리는 우리 자신을 위한 자유만 얻는 것이 아니고, 당신의 마음과 양심에 호소하는 과정을 통해 당신의 마음을 얻게 되면 우리의 승리는 양쪽 모두의 승리가 될 것입니다." 이 언어가 무척 아름답다고 느끼지만, 제가 비슷한 말을 사용하면 문제가 생기지 않을까 두렵네요. 그런 말은 어차피 저 자신을 승산 없는 상황에 빠지게 만들것이란 느낌이 들거든요. 왜냐하면 동료 무신론자들은 이러한 감정을 지나치게 기독교적이라고 볼 수밖에 없고, 반대로 대부분의 기독교인들은 적으로서 그들을 사랑하는 저의 태도가 자신들에게 결코 도움이 된다고 생각하지 않을 것이기 때문입니다.

인본주의나 무신론을 좋아하지 않고, 저를 차별하거나 제게 편견을 가진 사람들을 좋아하기는 **어렵습니다.** 우주의 본질에 대한 저의 믿음 때문에 저에게 투표하지 않는 사람들을 좋아하기는 어렵습니다. 그리고 세금을 남용해 가며 수만 명의 군인들을 대상으로 선교하는 헌법 훼손 행위를 하는 사람들을 좋아하기는 어렵습니다. 제 권리뿐만 아니라, 제가 친구, 동료 시민, 혹은 단순히 인간으로서 존중하는 많은 사람들의 권리를—오로지 그들이 동성애자, 비기독교, 혹은, 어떤 이유로든 전통적이지 않다는 구실로—침해하려는 사람들을 좋아하기는 어렵습니다. 하지만 저는 이런 사람들을 증오하고 싶지 않습니다. 그들에게 등을 돌려 의절하며, 저한테는 마치 그들이 존재하지 않거나 죽은 사람인 척하고 싶지 않습니다. 제가 거울 앞에 섰을 때, 그런 사람들을 완전히 잘못되고 가치 없는 놈으로, 그리고 무시무시한 적으로 만들어 머릿속에 주입시킨 제 자신을 보고 싶지 않거든요. 저에게 저 자신이 혐오스럽게 느껴질 정도의 행동을 다른 사람들에게 하고 싶지 않다는 말이겠네요.

저는 이 삶에서 제 가슴과 마음에 담을 수 있는 감정이 한정되어 있다는 것을 매일 그리고 매년 느끼고 있습니다. 제가 키워 나가기로 선택한 감정이 증오, 무관심, 또는 억울함이면, 그 감정이 바로 저를 만들게 됩니다. 적이라고 간주되는 사람들이 그런 조소를 받을 짓을 했다고 해도 별 차이가 없겠네요. 제가 그런 감정의 노예가 되는 순간, 저 역시 그 감정에 즉시 굴복하기 때문입니다. 그래서 저는 그들에게 다른 감정을 느끼고 싶습니다. 그들을 좋아하고 싶다는 것은 아닙니다. 그들의 의지에 굴복하고 싶은 것도 아닙니다. 그들에게 설득당하고 싶거나 그들의 절친이 되고 싶거나 그들에게 어떤 호의를 받고 싶은 것도 아닙니다. 하지만 그들에게 느끼고 싶은 감정이 하나 있습니다. 저는 단순히 그들과 정치적인 협상을 하고 싶지 않습니다. 정치적 협상이 그 감정에만 의존하면 이루어지지 않습니다.

예를 들어, 우리는 이스라엘-팔레스타인 갈등의 올바른 해결책이 무엇인지 모두 알고 있습니다. 그래서 저는 친이스라엘이면서도 친팔레스타인 것을 자랑스럽게 생각하고 있습니다. 두 나라가 예루살렘을 공동 수도로 지정하여 나란히 어깨를 겨누고 살아가는 평화 과정을 통해 정의로운 해결책을 추구하는 것이야말로 가장 시온주의적 것이기 때문입니다. 우리는 그것이 아니면 파멸이라는 사실을 모두 인지하고 있습니다. 이 두 나라가 가야 할 위치는 이미 알려져 있지만, 적들과의 협상을 반대하는 쪽의 감정이 협상을 원하는 사람들의 감정보다 더 뜨겁기 때문에 어느 한쪽도 앞으로 나아갈 수 없습니다. 우리 자신이 감정적인 존재임을 솔직히 인정할 때 우리는 가장 완전한 자신이 됩니다. 잘못하면 쉽게 부서지는 우리의 이성에 의지하여 최선을 다하며 살아가는 우리의 삶의 과정에서, 끊임없이 끓어오르는 무수한 감정을 우리가 어떻게 적절한 행동으로 표현할 수 있는가에 따라 우리의 정체성이 정의됩니다.

그래서 저는 저의 적을 사랑하고 싶어지는 것입니다. 그것이 아가페의 엄격한 의미로도 아니고, 그들에게 자선을 베푸는 것이 아니어도, 또 킹 박사가 말한 기독교적인 사랑의 의미가 아니더라도 말입니다. 사랑은 기독교보다 더 오래 우리와 함께해 왔고, 저는 기독교가 조만간에 사라지지도 않을 것이라는 점을 인정합니다. 그러나 사랑은 기독교보다 오래 지속될 것입니다. 저는 지금 배려심의 발로라는 의미에서의 사랑을 이야기하고 있습니다. **배려심**(Caring)： 저는 이것이 사랑에 대한 정의로 다른 어떤 뜻에도 뒤떨어지지 않는다고 생각합니다. 그리고 저는 저를 차별하고 편견을 가진 사람들에게도 그것을 안겨 드리고 싶습니다. 저는 제가 항상 그들을 걱정하고,

그들을 사랑한다고 말하고 싶습니다. 그리고 저는 그들을 증오하느니 차라리 죽는 것이 낫다고 생각합니다. 고맙게도, 이미 이 땅에서 살아가며 일하고 죽어 간 많은 종교적 혹은 세속적 순교자들 덕분에 제가 증오와 죽음 두 가지 중 하나를 선택하지 않아도 될 희망을 갖게 되었군요. 저는 당신에 대한 사랑이 가득 찬 존경심을 찾아내고 그것을 이야기하며 살아가고 싶습니다. 그리고 킹 박사가 선포했듯이, 당신도 변화를 겪게 되어 우리가 **두 배의 승리**를 수확하는 것을 보고 싶습니다.

하지만 이제 이 주제에 대한 제 느낌을 말씀드렸으니, 제가 위에서 약속했던 종교적 다원주의의 정의로부터 시작해 훨씬 더 구체적인 문제들을 검토해 보도록 하겠습니다.

〈종교 간 청소년 연합(Interfaith Youth Core)〉의 디렉터인 이부 파텔(Eboo Patel) 박사에 의하면,

종교적 다원주의는 단순한 공존도 아니고 강요된 합의도 아닙니다. 이것은 무미건조하거나 너무 뻔한 생각만을 확언하는 빛바랜 공통 신념도 아니며, 다른 사람들의 무지와 편견을 모른 척해 두는 보기 드문 관용도 아닙니다. 종교적 다원주의는 개개 종교가 포용하고 있는 전통과 공동체의 독특한 정체성을 확인하고, 각 종교의 웰빙이 전체의 건강에 달려 있음을 인식하는 **"활발한 참여"**입니다. 종교적 다원주의는 다양성을 기리고 신앙의 목소리를 대중이 모여드는 광장으로 초대합니다. 물론 그 목소리에 도전하는 다른 주장들도 꼭 같이 인정하면서. 또한 다원

주의적 민주주의에서는 서로 다른 주장이 모든 동료 시민들—
신자와 비신자를 막론하고—이 이해할 수 있는 도덕적 언어로
번역되고, 경청하는 시민들이 그 주장이 제안하는 혜택에 대해
충분히 납득할 수 있어야 한다는 점을 인식합니다.[5]

이것은 제가 확언하고자 하는 정의이자 개념입니다. 그러나 다원
주의가 수반하는 모든 것에 우리 모두가 평등한 권리를 갖고 있다는
점을 이해해야 합니다. 왜냐하면, 세속주의를 종교의 공통된 적으
로 묘사하는 인용구들에서 보았듯이, 지금까지는 이 점이 분명하지
않았거든요. 일부 무신론자들이 다원주의의 이 개념을 거부할까요?
물론 하겠지요. 하지만 많은 기독교인들 또한 이 개념을 거부합니
다. 그렇다고 해서 기독교인을 제외하고 종교 간 회의를 연다는 것
은 상상하기 어렵겠지요.

우리가 신과 함께하든 없이 하든, 서로 선하게 살아가기 위해 우
리가 다루어야 할, 종교적 다원주의와 연관된 세 개의 구체적인 문
제가 있습니다. **종교적 문해력, 종교 간 협력,** 그리고 **종교적 다원주
의의 포괄**성입니다.

종교적 문해력(Religious Literacy)

"우리는 중대한 시민사회로서의 한 가지 문제를 갖고 있습니다."
보스턴 대학교의 종교학자 스티븐 프로테로(Stephen Prothero)의 말
이군요. 그의 베스트셀러 『종교적 문해력(Religious Literacy)』에서 프
로테로는 미국 사회에 팽배해 있는 종교적 문맹 상태가 테러리즘이

나 과학 연구에 대한 투자의 필요성 같은 중요한 사회 문제를 해결할 수 있는 우리의 능력을 위험에 빠뜨리고 있기 때문에 미국의 공립학교에서 종교를 가르쳐야 한다고 주장합니다. 그의 주장은 타당하게 들리는군요. 그는 심지어 공적 논의에서 종교를 제거한 것이 세속주의자들의 책임이라는 깊은 오해도 문제 삼습니다. "미국 종교 역사상 가장 큰 아이러니 중 하나는, 가장 열정적인 신앙인들이 우리를 종교 문맹의 나락으로 몰아갔다는 사실입니다."[6]

저는 프로테로의 메시지를 열렬히 지지하고 싶네요. 하지만, 그의 훌륭한 책(그리고 그와 유사한 많은 책들도 마찬가지이지만)은 무신론과 인본주의에 관한 한 수정이 필요하군요. 프로테로는 무신론과 인본주의에 대해 아주 짧은 몇 단락만 할애하고 있으며, 비신론을 미국 내 다양한 종교 전통에 대한 더 크고 중요한 논의에 딸려 있는 각주 정도로 취급하고 있군요. 예를 들어, 그는 인본주의가 "인간이 신 없이도 잘 지낼 수 있다"는 믿음임을 정확히 이해하고 있지만, 인본주의는 우리가 만들어 낸 자기 지칭이 아니고 "종교 우파가 만든 욕설"[7]이라고 부르며 평가절하합니다.

이런 접근법은 흔히 사용되어 왔지요. 그러나 더는 적절하지 않습니다. 사람들이 스스로를 인본주의자로 지칭하지 않는 이유는 인본주의, 세속주의, 무신론에 대한 연구가 거의 부재하거나 미흡한 상태에 있고, 또 학자들과 대중 매체 모두에 의해 무시되었기 때문입니다. 현재 미국에서 젊은이 5명 중 1명이 자신을 비종교적이라고 간주한다는 사실을 기억해 주세요. 전 세계적으로는 5억에서 10억 명의 사람들이 이 범주에 들어간다는 사실도 감안하시고요. 많은 영감을 일으키는 프로테로의 비교 종교 강좌에 비신자들에 대한 묘사가 어찌나 짧은지 독자가 기침 한 번 하면 빠뜨리고 갈 정도이군요. 인본주의와 무신론에 대한 단독 단원이나 장이 포함되어야 할 것 같군요. 다니엘 데닛(Daniel Dennett)도 그의 저서 『주문 깨기(Breaking the Spell)』에서 입에서 불을 뿜는 듯한 열정으로 새로운 무신론자의 모습을 제시하며 비슷한 아이디어를 펼쳐 냅니다(직접 이분을 만나 뵈면 그는 생긴 모습도 그러하지만, 그분이 진정한 학문적 산타클로스라고 느끼게 될 것입니다). 그는 더 많은 종교 교육—더 적게가 아니고—의 필요성을 강조합니다. "우리는 아이들에게 종교 교리, 관습, 금지 사항, 제례 의식, 경전 구절, 그리고 음악을 가르쳐야 합니다. 종교의 역사를 다룰 때는 긍정적인 면과 부정적인 면 모두를 포함해야 합니다."[8]

그리고 혹시 우리들 중에 종교인들이 인본주의와 무신론에 대해 가르치는 예의를 갖지 못하고 있지 않을까 걱정하시는 분들이 계시면 미국 태생의 이슬람 지도자인 셰이크 함자 유수프(Hamza Yusuf)를 상기하시기 바랍니다. 그는 2007년 종교간 청년 연합(Interfaith Youth Core) 전국 회의의 괄목할 만한 기조 연설에서 500명의 종교적 청중에게 리처드 도킨스의 『만들어진 신(The God Delusion)』을 읽어 보도록 권유했습니다. 그는 이 책의 훌륭한 가치를 묘사한 후, 우리가 모든 종교적 관점을 이해하려면 우리 자신에게 도전할 필요가 있다고 말했습니다. 제가 연설이 끝난 후 그의 도량 넓은 제스처에 대한 감사의 말을 전하려 그에게 다가갔을 때, 유수프는 도킨스가 그를 공개석상에서 **"명백한 멍청이"**라 불렀던 일화를 겸손한 미소를 머금고 저한테 들려주었습니다. 실제로 함자 유수프는 분명히 매우 지혜로운 사람이며, 우리가 그의 종교적 접근 방식에서 배울 것이 많을 뿐 아니라, 우리 무신론자들도 종교적 문해력을 넓혀야 합니다.

주요 이슈들에 관한 종교 간의 협력

21세기에 등장하는 정치, 사회적으로 중요한 도전들은 단일 그룹의 노력만으로 해결될 수 없습니다. 원하신다면, 종교가 사라지는 세상을 꿈꾸어 보세요. 아무도 그런 꿈을 막을 수는 없겠지요. 하지만, 우리의 이성은 종교가 계속 존재할 것임을 우리가 인정하도록 요구하고 있습니다. 또한, 우리가 기후 변화에 맞서 싸우고, 테러리즘의 파괴적 희망이 실현되기 전에 막아 내고, 경제 변화와 희망의 좌절로 인해 민주주의가 무너지는 것을 막기 위해 필요로 하는 집단 도덕적 동기(collective moral motivation)를 찾지 못한다면 인류의 생존은 계속되지 못할 수 있다는 사실도 인정해야겠지요. 제가 희망하는 바로는 앞으로 수십 년 동안 인본주의자들이 아래에 나열된 이슈들 중 일부에서나마 어떤 중재자 역할을 하는 것 입니다. 우리가 결코 가장 거대하거나 부유한 집단은 아니지만, 마거릿 미드의 "사려 깊고 헌신적인 시민들의 작은 그룹만이 세상을 바꾸었다"는 통찰을 명심한다면, 전 세계의 종교 공동체들이 한자리에 모여 세계가 절실히 필요로 하는 성공적인 계획과 정책을 마련하는 데 가장 영향력 있는 그룹으로 발전할 수 있을지도 모르겠네요.

기후 변화:
지구 온난화는 우리가 신에 대해 무엇을 믿는지 신경 쓰지 않으므로

두 차례나 퓰리처상을 수상한 사회생물학자이자 헌신적인 인본주의자이며 종종 "새로운 다윈"이라고 불리는 에드워드 윌슨(Edward Wilson)은 이 세상의 창조에 대해 서로 다른 견해를 가진 인본주의자 과학자들과 보수적 기독교인들 간의 연합을 구축하기 위해 끊임없이 노력해 왔습니다. 알라바마주 버밍햄에 있는 샘포드 대학교(남침례교 연맹의 아이비리그로 손꼽히는)에서 열린 2007년 뉴 휴머니즘(New Humanism) 회의에 있었던 윌슨의 자연계를 위한 호소를 듣기 위해 모인 수천 명의 복음주의자들과 다른 사람들을 대상으로 저는 위성 중계 연설을 할 기회를 가졌습니다. 그들은 하버드에서 모임을 갖고 있던 천여 명의 인본주의자들과 무신론자들과의 대화 창구를 열고 가능한 한 공통점을 찾기를 원하고 있었지요. 이 경험을 통해 저는 윌슨이 직접 방문할 수 있는 회의장은 제한되어 있어서, 그가 직접 참석하지 못하는 모임이 부지기수일 수 있다는 사실을 알게 되었습니다. 우리 모두는 우리 공동체와 지구를 위한 대사가 되어야 합니다. 저는 에드워드 윌슨을 이 목적을 위해 싸우는 배트맨에 비유하며, 제가 그를 돕는 로빈 같은 조수 중 하나가 될 수 있으면 큰 영광일 것이라고, 농담 반 진담 반으로 말한 적이 있습니다.

교회와 국가의 분리:
성공적인 실현을 위한 타협과 연합의 필요성

교회와 국가의 분리 문제에 대해 길게 설명할 자리는 아니지만,

인본주의자들과 대다수의 비종교인들이 세속법의 가치와 중요성을 인정한다는 점은 강조하고 싶군요. 교회와 국가의 분리는 절대적이어야 합니다. 토마스 제퍼슨의 비전에서 볼 수 있듯이, 그러한 분리는 신앙에 관계없이 모든 사람에게 유익한 것입니다. 세속적인 정부 구조 속에서 우리 인본주의자들은 도덕적 또는 윤리적 문제에 대한 독특한 시각을 제공할 수 있겠네요. 예를 들어, 현실의 본질을 찾아내는 과정에서 계시보다는 과학이 훨씬 나은 방법이라는 믿음 때문에 우리는 공립학교 과학 수업에서 진화론을 가르치는 것을 지지하며, 비과학적인 '지적 설계(intelligent design)'를 가르치는 것을 거부합니다.

그러나 우리 인본주의자들은 우리의 견해를 세속적인 도덕과 법 시스템에 강요하려 들지 않습니다. 우리는 우리의 견해가 세속법으로 채택되어야 할 때 다른 사람들의 견해보다 더 우수하거나 열등하다고 보지 않습니다. 모든 사람을 위한 해결책을 찾기 위해 다른 그룹들과 협력하여 합의를 구축할 필요가 절실하기 때문이지요. 그리고 이것은 바로 우리가 과거에 해 왔던 일과 꼭 같은 것입니다. 진화론의 예만 보더라도, 대부분의 종교인들이 이 문제에서 인본주의자의 입장을 지지한다는 점을, 종교 문제로 대립하고 있는 양측이 고려하려 하지 않는다는 사실입니다. 세계에서 가장 큰 종교 단체인 가톨릭교회는 진화론의 진실성을 공식적으로 확인했습니다. 대부분의 주류 개신교 교단, 대부분의 조직화된 유대교 단체, 그리고 다른 많은 종교 단체들도 진화론을 받아들였습니다. 심지어 많은 복음주의자들도 진화론에 대해 문제를 제기하지 않으며 오히려 방송이나 출판물을 통해 다윈에 대한 통렬한 공격을 퍼붓는 자신들의 동료들을 참아 내지 못합니다. 그렇습니다. 이 문제에 관한 한 우리는 많은 동맹을 갖고 있습니다. 이에 대한 추가 정보를 원하신다면, "교회와 국가 분리를 위한 미국인들(Americans United for the Separation of Church and State)"의 사무총장이자 기독교 목사로 안수받은 배리 린(Barry Lynn) 목사를 찾아보세요.

군비 축소, 빈곤, 인신 고문 등은 인본주의자들이 진보적 입장을 견지하고 있는 이슈들인데, 이 때문에 수많은 종교적 진보주의자들과 협력할 수 있고 반드시 협력해야 합니다. 실제로 저는 '고문 반대 전국 종교인 캠페인(National Religious Campaign Against Torture, NRCAT)'에 참여한 것을 매우 자랑스럽게 생각합니다. 무신론자, 불가지론자, 비종교인들 모두 고문을 도덕적 문제로 규정하고, 우리가 절대 용납해서는 안 될 악으로 정의하는 NRCAT와 그들의 노력을 지원하시기를 권장합니다. 다만, NRCAT는 유신론자와 무신론자가 고문 문제에 대해 공동으로 노력한다는 사실을 공개적으로 인정하는 것을 꺼리고 있음을 알고 있습니다. 우리는 모두 이와 같은 진정한 도덕적 대의를 위해 협력하는 태도를 가져야 합니다.

종교 간 협력에서의 완전한 참여

인본주의자와 무신론자가 전 세계의 종교 간 협력 활동에 초대되고, 왜 그들 자신의 선택에 의해 참여해야 하는지에 대한 이유를 이해하기 전에, **종교 간 협력**이 무슨 뜻인지 물어봐야 하겠군요. 구스타프 니버는 그의 책 『관용을 넘어서(Beyond Tolerance)』에서 이렇게 말합니다. "종교 간 협력의 핵심은 민초(民草, grassroots)적 교육 과정이며, 그 목표는 개인과 그들의 신념에 대한 지식을 습득하여 서로 간에 있을 수 있는 두려움을 줄이는 것입니다. 이는 전 세계적으로나 역사적으로 완전히 새로운 현상입니다. 이것은 또한 사회적 선이자 희망의 기반이며, 우리가 육성하고 발전시켜야 할 성향입니다."[9]

종교 간 협력은 한 진영이 다른 진영을 말살시키는 것이 해결책이 아니라는 이유만으로도 모델이 되어야 합니다. 다행히도 종교 간 협력을 조성하는 방법은 앨런 긴즈버그가 "앨리 쌔미(Allee Samee)"*라고 불렀던—서로에게 속이 뻔히 보이는 상투적인 말의 성찬을 베풀어 사람들을 결집시키려 하는—"최소 공통분모" 찾기가 아닙니다. 예를 들어 "인본주의자와 무슬림은 사실 같은 사람들입니다."로 시작하는 문장은 어떤 방식으로 끝나든 결코 좋은 문장이 될 수 없습니다. 아무리 점잖고 고결한 의도를 가지고 시작한다 해도 말입니다. 조너선 색스의 『차이의 존엄성(The Dignity of Difference)』이라는 책 제목이 암시하듯, 우리가 우리들 사이의 차이를 존중하는 것이 중요합니다.

---

*   역주: 앨리 쌔미는 동남 아시아에 상륙한 서구 상인들이 중국말을 하는 사람들의 얼굴 모습이나 이해할 수 없는 그들의 말을 두고 "모두 꼭 같이 보이고 들린다(You all look and sound alike)"는 경멸적인 표현을 사용한 사실을 풍자적으로 조롱한 것이라는 속설이 있다. 옥스포드 영어 사전에 의하면 이 표현이 1640년대에 등장했고, 개인이나 집단 사이의 차이점을 무시하고 그들 사이의 피상적인 공통점을 지나치게 강조하는 '과잉 단순화' 현상을 지칭한다고 알려져 있다.

에부 파텔과 그가 이끄는 종교 간 청년 연합(*Interfaith Youth Core, IFYC*)의 재능 많은 스태프들은 다원주의에 대한 그들의 생각을 인상 깊게 행동으로 잘 실천하고 있군요. IFYC는 최근 몇 년간 인본주의자와 무신론자를 적극적으로 참여시키기 위해 발군의 노력을 했는데요, 에부는 그가 처음에 이 단체를 설립할 때 이러한 의도를 갖지 않았음을 솔직히 인정하고 있습니다. 진보적 무슬림인 파텔의 주된 목표는 다양한 배경을 가진 젊은이들을 함께 모아, 알 카에다와 같은 극단주의 종교 단체가 길러 내는 지도자들의 대안이 될 수 있는 지도자 양성이었습니다. 매년 수만 명의 젊은이들이 이 단체와 함께 봉사 활동 및 교육 프로젝트에 참여하고 있으며, 당신이 IFYC의 영상을 보시거나 그들의 지역 활동에 직접 참여할 기회가 있으면, 그들이 하는 놀라운 일을 확인할 수 있습니다.

하지만 처음에 에부는 자신이 그저 종교인을 위한 단체를 세운다고 생각했습니다. 그런데 그의 배우고 싶어 하는 의지 덕분에 그의 말대로 "미국의 실용주의 전통을 이어받아 그냥 이런 일이 일어난 것 같네요." 무신론자와 인본주의자들이 그의 핵심 구성원 중 하나가 되었다는군요. 하지만, 저의 어머니가 항상 말씀하셨듯이 "이 세상에는 그냥 일어나는 일은 아무것도 없는" 법이지요. 몇 년 사이에 **IFYC** 행사에 참여하는 젊은이 5명 중 1명이 비종교인이 되었고, 그것은 이를 인식하고 존중하는 이 단체의 무척 개방적인 태도 때문이었습니다.

휴머니스트와 무신론자의 공공 종교 간 협력에서의 완전한 포용

민주당은 2008년 그들의 전당대회를 "성직자들의 종교 간 모임"으로 시작하여 역사적인 걸음을 떼었습니다. 민주당은 혁신적인 사상가들인 복음주의자 짐 월리스와 랍비 마이클 러너 같은 종교계의 좌파 지도자들로부터 많은 것을 배웠던 것이지요. 이들은 가난, 환경, 교육이 지극히 도덕적이고 영적인 문제임을 강조하며, 민주당은 결코 편협하고, 청교도적인 도덕심에 젖어, 성 문제에 위선적인 집착을 드러내는 반대 당에게 종교인 유권자들을 넘겨주어서는 안 된다고 주장합니다. 9·11 참사가 났던 7년 전에—70년 전은 말할 필요도 없겠고—미국의 주요 정당이 흑인에게 영광을 수여하는 전당대회에서 무슬림 여성 성직자와 정통파 랍비 등 다양한 미국 공동체의 대표들을 내세우는 모습을 예견할 수 있었던 사람이 얼마나 될까요? 당신이 아무리 지독한 세속주의자일지라도, 이 행사가 이 나라의 넓어진 시야를 보여 주는 감동적인 순간이라고 느끼지 못하신다면 심장이 정상인지 점검해 보셔야겠네요.

그러나 이러한 역사적인 순간들은 휴머니스트와 그들의 가치를 동등하게 인정하지 않고 종교 단체들에게만 문을 여는 경우, 종국에는 더 많은 편견을 만드는 사례가 되겠군요. "믿음"이 기껏 종교적인 미국인과 세속적인 미국인을 갈라놓는 이유로 전락해 버려야 할까요? 신, 기적, 초자연적인 것에 대한 믿음이 은유적으로 표현되는 집단과 이성, 경험적 증거, 그리고 현세적인 윤리로 점철되는 집단을 갈라 두는 이유 말입니다. 우리는 더 나은 방안을 찾아 나설 수 있습니다.

다음과 같은 방식으로 포용을 실천에 옮길 수 있다고 생각합니다:

"신 없이도 선해질 수 있습니까?"라는 질문을 하지 마세요.

우리가 선을 행하려 하는 동기가 무엇이며 왜 협력하려 하는지 물어보세요.

종교 간 대화에서 무신론자에게 개종시키려는 언동을 하지 마세요.

무신론자, 세속주의자, 휴머니스트 단체를 찾아 나서고 적극적으로 그들의 참여를 간청하세요.

종교 간 행사를 오직 종교인만을 위한 것으로나, 혹은 각 단체 사이의 신학적인 차이를 넘어서서 신에 대한 믿음을 중심으로 모두가 단결하는 방식으로 홍보하지 마세요.

모든 종교뿐만 아니라 무신론자, 불가지론자, 휴머니스트, 그리고 비종교인들을 포함하는 종교적 다원주의로 홍보하세요. 시간과 지면이 제한된 짧은 광고에서 이 모든 단어를 포함시킬 필요는 없겠네요. 적절하다고 생각되는 한두 개만 선택하세요. 하지만 여러 종교 단체의 명칭을 언급할 공간이 있다면, 우리를 묘사하는 내용도 좀 더 늘릴 수 있는지 고려해 보세요. 또한 "모든 종교와 윤리의 안목을 환영합니다."라고 말하거나, 유럽에서 자주 쓰이는 "모든 종교와 *삶의 입장*(lifestances)"을 환영한다고 말할 수도 있겠지요.

다음은 휴머니스트와 무신론자가 종교간 협의체에 더 적극적으로 참여하도록 돕기 위한 세 가지 제안(명령이 아니라)입

니다:

1. 포용적인 언어 사용: 위에서 말한 전통적인 전단지, 포스터, 이메일 홍보물에 우리를 포함시키는 것 외에도, **종교 간 연합**에는 비종교인도 포함된다는 점을 강조하는 특별한 포스터나 이메일을 시도해 보세요. 너무 많은 우호적인 무신론자들로 인해 부담스러워지면 이 관행을 중단할 수 있겠지만, 유대인, 무슬림, 감리교인 등 다른 종교인과 비슷한 수의 비종교인을 참여시킬 수 있다면 목적이 달성된 것입니다.

2. 프로그램에 우리를 포함시키세요: 여러분의 모임에서 회원들이 서로의 종교 관습을 배울 수 있도록 다양한 교회나 예배 장소를 방문합니까? 다양한 전통에 대해 이야기할 수 있는 강연자를 초청하시나요? 그렇다면 적어도 1년에 한 번은 지역, 혹은 전국적인 휴머니스트 또는 세속 단체에 연락해 강연자를 초청하거나, 현지 지부와 연계해 방문 일정을 잡아 보세요. 만약 여러분이 속한 단체가 다른 종교에 속한 지도자들에게 기도나 축복을 요청하는 단체라면, 휴머니스트 목사, 랍비, 사제, 또는 평신도 지도자를 초대해 주세요. 저는 이런 요청을 자주 받으며, 다양한 공동체를 만날 수 있는 이런 기회를 매우 즐기고 있습니다. 만약 방문 일정을 잡을 수 있는 기회가 생겼는데 무엇을 해야 할지 모르시겠다면, 서로 이야기를 나누며 현장에서 직접 함께 할 수 있는 지역사회 봉사 프로젝트를 기획해 보세요.

3. 우리 자신에 대해 배우고 가르치는 것을 계속해 나가세요:
   종교인으로서, 비종교인에 대해 유연한 태도와 확신감이
   잘 조화된 가르침을 보여 줄 때, 진정한 종교 간 대화의 대
   사가 될 수 있습니다. 누군가가 "고맙지만 저는 사양하겠
   습니다. 정말 멋지긴 한데, 저는 종교인이 아니라서 관심
   없어요."라고 말하면 그분이 말하는 '비종교인'이 무엇을
   의미하는지 물어보세요. 만약 그들이 무신론자, 세속주의
   자, 또는 휴머니스트라면, 그들이 생각하고 있는 그 정체성
   에 대해 더 알고 싶은 생각을 해 본 적이 있는지 물어보세
   요. 휴머니즘과 무신론의 기원이 얼마나 오래되었는지, 그
   리고 전 세계에 얼마나 많은 사람들이 전통을 이어받았는
   지 이야기해 주세요. 그러고 난 후, 이 책의 부록에 나오는
   단체 웹사이트 중 하나 이상을 소개해 주고, 그 단체에 연
   락하도록 격려해 보세요. 이미 종교적이지 않기로 한 사람
   에게 더 깊이 자신의 믿음에 헌신하도록 격려하는 것은 아
   무런 해를 끼치지 않으며, 우리처럼 휴머니스트 운동권 안
   에서 일하는 사람들은 당신의 관대함에 영원히―'영원히'
   가 아니면 최소한도 '오랫동안'―깊이 감사할 것입니다.

신과 함께하거나 없이도 선할 수 있다: 종교 간 국가에서의 인본주의자들

1994년 네바다주 상원의원 재선에 출마했던 세속 연합(Secular Coalition for America)의 전 이사인 로리 립먼 브라운이 네바다주 상원의 기독교 기도에 참여하지 않았다는 이유로 상대 후보인 캐시 어거스틴에게 공격을 받은 적이 있습니다. 어거스틴과 일부 공화당 지도자들은 브라운이 기도에 반대하고 입법 회기 동안 국기에 대한 맹세에 참여하지 않았다는 거짓 주장을 퍼뜨리며 브라운을 비기독교적일 뿐만 아니라 비애국적인 인물이라고 매도하는 언론 캠페인을 벌였던 것이지요. 지역 신문에 브라운을 비애국자로, 어거스틴을 "활발한 교회 활동가이며 자랑스럽게 국기에 대한 맹세를 하는 애국자"로 주장하는 광고가 실렸고, 이 공격이 선거에 영향을 미쳐 브라운은 패배하게 됩니다.

하지만 몇 년 후, 어거스틴은 자신이 주 윤리법을 의도적으로 위반했음을 인정하지 않을 수 없게 되었습니다. 브라운은 주 상원 여당 원내 의장 및 부의장과 유권자들을 오도했음을 인정하는 공동사과문도 발표해야 했습니다. 어거스틴이 사과문에 기재한 대로, 브라운은 "제가 알고 있는 한 우리나라의 국기와 퇴역 군인에 대해 절대적인 존경심을 지니고 있었습니다." 하지만 피해는 이미 발생한 후였군요.

브라운은 2007년, 전 미국 세속 연합(Secular Coalition for America)

을 대표하여 미국 최대의 시민 권리 로비 단체인 민권 리더십 회의(Leadership Conference on Civil Rights, LCCR)에 가입하며, 자신의 옛 경험을 깊은 만족감을 갖고 회고했습니다. LCCR은 아프리카계 미국인 노동 및 민권 지도자이자 인본주의자인 A. 필립 랜돌프가 창설한 단체로, 1957년 민권법, 1964년 민권법, 1965년 투표권법, 1968년 공정주택법의 통과를 위해 로비를 벌였고, 20세기를 정의하는 사건 중 하나인 1963년 워싱턴 행진을 조직하는 데 도움을 주었습니다. 오늘날 LCCR은 아프리카계 미국인뿐만 아니라 "유색인종, 여성, 어린이, 노동조합, 장애인, 노인, 주요 종교 단체, 성소수자" 등 모든 사람을 위해 싸우고 있습니다. 이제 SCA가 합류하면서 비종교인들에 대한 차별도 시민 평등권 문제로 간주될 수 있음이 공인되었고, 인본주의자 후보자들이 기독교인과 동등한 자격으로 서게 될 것입니다.[12] 브라운이나 그녀와 비슷한 분들이 남긴 공헌 때문에 이 책을 읽고 있는, 재능 있고 시민 의식이 강한 많은 젊은이들이, 개방적이며 자긍심 많은 인본주의자로서 정계 고위직에 출마하고, 오직 그들의 실력과 결단력에 이끌린 종교인들과 비종교인 투표자들이 그들에게 승리를 안겨 줄 날이 올 것입니다.

다른 시민 평등권 투쟁과 마찬가지로, 때때로 우리의 궁극적인 목표를 향해 가는 도중에 예상치 못한 방식으로 진전을 이룰 수 있습니다. 2008년 여름 필라델피아에서 도로변에 세워진 광고판(billboards)을 두고 일어난 충돌이 종교 간 협의체에 대한 이해와 협력의 순간으로 발전했던 것도 그런 경우였습니다.

그해 초, "필라델피아 이성 연합(Philadelphia Coalition of Reason,

PhillyCoR)"이라 이름 지어진 그룹이 필라델피아의 수많은 인본주의, 세속주의, 무신론 단체들을 하나로 통일하고 이 지역에서 비종교인의 인지도를 높이려는 목적으로 한자리에 모였습니다. 이를 위해 이 그룹은 I-95 고속도로의 붐비는 구간에 "신을 믿지 않으세요? 당신은 혼자가 아닙니다."라는 메시지를 담은 광고판을 빌렸던 것이지요. 하지만 같은 고속도로 구간에 위치한 지역 교회인 "옥스퍼드 밸리 등대 교회(Light Houses of Oxford Valley)"도 비슷한 광고판을 내걸었다는군요. 이 두 옥외 광고판은 푸른 하늘에 흰 구름이 떠 있는 비슷한 그림을 배경으로 하여 고속도로 운전자들에게 "신을 경험"하도록 독려하고 있었던 것이지요. 서로의 엇갈린 노력을 알게 된 이 두 그룹은 비록 문자 그대로 피는 흘리지 않겠지만 재정적인 출혈이 상당할지도 모르는 광고 전쟁에 대비해야 하는 형국이 된 셈이지요. 하지만, 그들은 곧 훨씬 나은 해결책을 알아내게 됩니다.

「필라델피아 시티 페이퍼」 신문에 게재된 "종교적 한 방 날리기! (사실은 그렇지 않지만)"라는 제목으로 필라델피아 지역 기자 보이스 업홀트는 교회 신도들이 경쟁 상대를 발견한 후 자신들이 믿는 "하나님이 게임의 질을 높일 것을 요구한다"는 사실을 알아내었다고 익살스런 기사를 실었습니다.[13] 우선, 교회의 웹사이트에서 **밥 존스** 목사는 이렇게 도전장을 내밀었지요. "저는 당신에게 하나님을 믿으라고 요구하지 않습니다. 단지 눈과 마음을 열면 더 많은 것을 볼 수 있게 되는지 알아보세요." 이 블로그를 읽은 필라델피아 이성 연합의 조정관이며 인본주의 활동가인 나의 친구 마사 녹스는 등대 교회에 접촉해 구호만 내거는 대신에 두 단체가 모여 하루 동안 봉사 활동을 하자고 제안했습니다. 마사는 "우리와 다른 의견을 가진 사람들이 우리도 그들과 꼭 같은 세속적 가치를 공유하고 있음을 이해하길 바랐습니다. 자선 행위는 세속적이고 인간적인 가치이지, [종교적인 가치만이] 아니거든요."라고 말했습니다.

업홀트는 봉사 활동을 하러 온 그들의 모임을 이렇게 묘사했군요.

"그렇게 하여, 나는 토요일에 필라델피아 북부의 **필라번던스**(Philabundance) 창고에서 각자의 소속을 표시하는 티셔츠를 입은, 각각 20여 명의 기독교인과 무신론자 두 그룹에 동석했습니다.

처음에는 모두 조용하더군요. 주차장에서 만난 두 그룹은 누군가가 나서기를 바라며 서로 어울리고 있었습니다. 제가 가장 중립적인 위치에 있다고 보였는지, 저에게 단체 사진을 찍는 임무를 맡기더군요. 초등학교 클래스 사진 속의 소년, 소녀들처럼 어색한 표정으로 무신론자들과 기독교인들이 피크닉 테이블을 빙 둘러싸고 섰지요. 그 순간 그들의 차이를 구분하기가 어렵게 되더군요. 두 그룹 모두 아이들과 예의 바른 젊은이들을 데리고 온 착한 가족들로 이루어져 있었기 때문이었지요. 심지어 그들이 입고 있던, 가슴에 희미한 파란색 로고가 새겨진 흰색 티셔츠도 비슷해 보였습니다. 단지 몇 가지 작은 차이가 그들을 구분해 주고 있긴 했어요: 한쪽은 〈Spirit in the Sky〉를 전화벨 소리로 사용하고 있었고, 다른 한쪽에서는 녹스의 짧고 발랄한 머리 스타일이 눈에 띄었습니다."

그렇게 두 그룹은 노숙자 쉼터에 보낼 개인 용품과 의료 공급품을 함께 포장하며 매우 잘 어울렸습니다. 누구도 무례한 태도는 보이지 않았고, 특히 양측의 십 대 청소년들은 자신들 사이에서 많은 공통점을 발견했습니다. 훌륭한 기삿거리를 얻었다고 확신하고 있는 기자를 본 녹스는 기자가 신학에 대한 논쟁이 벌어지길 기다리고 있다고 느끼고 있었습니다. 하지만, 그런 일은 일어나지 않았습니다. 한 무신론자 어머니는 "당신의 가슴속에서 옳다고 여겨지는 것은 진정코 당신의 가슴이 옳다고 생각하는 것이죠."라고 말했습니다. 하이디 버터워스 목사는 "사람들은 삶을 살아가며 다른 위치에 있을 뿐입니다. 여러분, 당신들은 우리 공동체속의 다른 사람들입니다. 우리는 여러분을 사랑하고, 하나님도 여러분을 사랑합니다. 아주 간단해요."라고 말했습니다.

인본주의자들과 무신론자들은 이 경험을 통해 말보다 행동에 집중하는 법을 배운 것이지요. 필라델피아 이성 연합은 그 후로 매달 공동 봉사 활동을 지속하고 있다는군요. 가끔 우리는 우리가 하나님이 있든 없든 선할 수 있는지를 두고 논쟁하는 것을 넘어, 그저 함께 선을 행할 수 있다는 것을 기억할 필요가 있습니다.

6

공동체 속에서 숨 쉬는 선함
: 휴머니즘의 심장

  그 일은 단지 시간문제일 뿐이었지, 처음으로 미국에서 언젠가
는 일어나게 되어 있었습니다. 오늘날의 휴머니즘은 사회 운동, 삶
의 철학이나 세계관, 혹은 제가 선호하는 유럽식 표현 "삶의 입장
(lifestance)"으로 분류될 수 있습니다. 이는 복합적인 철학 개념과 세
계적 전통, 그리고 윤리적·사회적 헌신의 실천이 혼합된 것입니
다. 아무튼, 다행인지 불행인지 모르겠지만─사실은 둘 다일 가능성도
있겠네요─현대의 조직화된 휴머니즘은 창립자들의 마음속에서는 하
나님 없는 종교 그 이상도 이하도 아닌 것으로 출발했습니다.

  20세기 초반에 들어설 때, 인간 세계는 각종 혁명─과학, 기술, 산
업 혁명뿐 아니라 미국과 프랑스 혁명이 가져다준 민주화의 여진으로 노예
해방, 여성 참정권, 사회주의, 자본주의 운동─이 서로 경쟁하듯 일어나
고 있었습니다. 성경 비평, 인류학, 심리학, 사회학은 우리의 종교
역사를 다시 쓰게 되었습니다. 최신 지식에 근거하여 교육을 받으려
는 사람들에게는 과거라는 신체 부위에서 사지가 떨어져 나가는 꼴

이 된 것이지요. 따라서, 미국을 "교회의 영혼을 가진 국가"라고 불렀던 G. K. 체스터턴이 옳다면, 이런 각종 변화들은 미국의 영혼에 특출한 영향을 미치지 않을 수 없었겠지요.

오늘날 우리가 쉽게 잊어버리는 사실이지만, 1600년대 매사추세츠 베이 식민지에 도착한 초기 영국인 이민자들—하버드 대학과 그 주변을 미국 최초의 "언덕 위의 도시"로 세운 창립자들—은 유럽에서 **지나치게 종교적**이라는 이유로 박해를 받았습니다. 그러나 종교적 자유를 추구하며 살았던 그들의 신학적, 사회적 스타일을 현대 영어로는 "근본주의자"로 묘사할 수밖에 없군요. 물론, 그들 그룹에서 곧바로 자유주의적 반대자들도 나타나기 시작했고, 성직자들을 길러 내려고 세워진 하버드에서 **"유니테리어니즘"**이라는 이단—예수는 인간이며 인간 정신의 신성함을 강조하는—의 초기 버전을 설교하게 되었지요. 토머스 제퍼슨은 유니테리어니즘이 남부를 휩쓸 것이라고 예언하기도 했습니다.

실제로, 유니테리어니즘과 다른 자유주의적 기독교 교파들이 하버드에서 유지하고 있던 지배력을 미국의 북동부 지역 대부분과 서부로 휩쓸고 나갔습니다. 세기가 바뀔 때쯤에는 적어도 부분적으로 진화론을 받아들였고, 자연과학, 사회과학에 등장하는 새로운 아이디어에 개방적인 목사와 신도들을 포용하는 교회가 수천 개에 달했습니다. 1915년 전후에 워싱턴주 스포캐인의 한 유니테리언 교회에서, 두뇌가 뛰어나고 매력적인 젊은 목사 존 디트리히(1878~1957)는 **"인본주의적**(humanistic)"이란 단어를 처음 듣게 되는데, 그는 자신이 구상해 온 급진적인 아이디어가 이 단어로 가장 적절히 표현될 수 있음을 알게 되었군요. 디트리히는 불과 4년 전에 그의 고향인 펜실베이니아의 개혁 교회에서 이단죄로 기소되어 강단에서 제명당했는데, 그는 그 교회의 회원 수를 최근에 두 배로 늘렸음에도 불구하고 그런 수모를 겪었던 것이지요. 워싱턴주로 옮겨 온 후, 그는 교회 참석자를 60명에서 1,500명으로 늘리고, 진화론, 성경의 절대성, 예수의 동정녀 탄생, 그리고 예수의 신성함의 부정을 초월하는 자유주의적 교리를 발전시키게 됩니다.

디트리히는 하나님과 초자연적 개념을 떠나, 과학과 인문학에 근거한 인간의 지식과 윤리를 추구하고 심화하는 공동체를 표현할 수 있는 새로운 언어를 찾고 있었습니다. 그는 **"휴머니즘"**이라는 단어를 유럽 르네상스 시대의 휴머니스트들의 목소리를 반향시킨다는 이유로 좋아했는데, 그 시대의 휴머니스트들은 기독교를 하늘에 계신 하나님의 엄격한 교리에서 독립시켜 현세의 삶을 포용하도록 인도했던 것이지요. 그래서 두려움을 모르는 지도자 디트리히는 휴머니즘을 자신의 종교 이름으로 채택하고 이를 설교하기 시작했습니다.

디트리히는 위대한 달변가였음에도 불구하고, 책은 한 권도 쓰지 않았고 성직자 생활의 전성기에 은퇴한 연유로, 그가 일했던 교회 밖에서는 휴머니즘에 대한 개인적인 공헌이 크지는 않았습니다. 그러나 자신의 새로운 이념을 묘사하며 '휴머니즘'이라는 용어를 사용하여 자신과 비슷한 생각을 가진 두 젊은 유니테리언 목사, 커티스 리스와 찰스 포터에게 지대한 영향을 미쳤습니다. 리스와 포터는 각각 자신의 이념을 "민주주의 종교"와 "인격주의(혹은 개성주의, personalism)"라고 불러왔습니다. 디트리히는 신이 없는 미국 교회라는 아이디어를 처음으로 선명하게 각인 시킨 인물로, "종교적 휴머니즘의 아버지"로 종종 불리고 있지요. 하지만, 리스와 포터가 이 개념을 조직화시키고 전국적으로 전파하는 데 더 많은 기여를 한 것은 사실입니다. 이 세 사람은 1910년대 후반에 서로 친분을 쌓았고, 1930년대 초까지 저명한 학자와 지식인, 그리고 많은 유니테리언 성직자를 주축으로 한 지지자 모임을 이끌었습니다. 1941년, 이 초기 모임에 속했던 많은 분들이 미국 휴머니즘 협회(American Humanist Association)의 설립자로 가담했으며, 이 협회는 현재까지 미국에서 휴머니즘 활동을 이끄는 주요 단체로 활약하고 있습니다.

어떤 목적을 위해 사람들이 모일 때면 항상 그러하겠지만, 이 협회의 초기 시절에도 이념적 분열은 비일비재했군요. "두 명의 유대인이 모이면 세 가지 이견이 생긴다."는 오래된 농담이 휴머니스트들(하긴, 모든 사람들)에게 적용될 수 있겠네요. 초창기부터 신도 없고 교리적 권위도 없는 휴머니즘은 종교로 불릴 필요가 없다는 주장을 반대하는 사람들이 있었습니다(현재는 대부분의 휴머니스트들이 아마 이 의견에 동의할 것 같군요). 또한 스타일과 다원주의를 놓고 초창기부터 많은 다툼이 있어 왔습니다. 휴머니즘 역사가 메이슨 올즈는 1950년대에 어느 휴머니즘 모임의 참석자가 공격적으로 나오는 반유신론적 동료에게 "무신론자가 되기 위해 다른 사람을 증오할 필요는 없습니다."라고 말한 일화를 기술하고 있습니다.[1]

하지만, 이러한 내부적 이견보다 더 중요한 사실은 초창기 휴머니스트들이 다른 자유주의적 종교 동맹과 함께 시민적 자유, 여성의 권리, 과학, 그리고 모든 형태의 진보적 가치를 옹호하기 위해 격렬한 이념적 투쟁을 벌였다는 것입니다. 미국 휴머니즘 협회의 "올해의 휴머니스트" 명단에 오른 20세기 휴머니스트의 위인들은 그 시대 진보적 영웅들의 다양한 '명사록(Who's Who)'처럼 들리는군요: 마거릿 생어, 아브라함 매즐로, 칼 로저스, 테드 터너, 아이작 아시모프, 앨리스 워커, 커트 보네거트, 존 케네스 갤브레이스, 칼 세이건, 그리고 베티 프리단 등.

   당시의 시대를 선도하는 정신적 지도자들을 끌어들이는 데 성공하고, 또 사회적 보수주의에 맞서 싸우려는 많은 휴머니스트들의 열정적인 헌신 때문에 휴머니스트들은 종교적 보수 진영 사이에 굉장한 분노를 일으켰지요. 이에 따른 종교적 우파의 반응은 실제로 휴머니스트들이 지금까지 회원이나 자금 모집에서 거둔 성공의 비례를 훨씬 넘어서는 수준이었습니다. 지난 수십 년 동안, 보수 우익 기독교인들은 휴머니즘을 악마화하는 데 엄청난 에너지와 다른 자원을 쏟아부어 왔고, 그들의 노력은 1970년대와 1980년대를 통해 "도덕적 다수(Moral Majority)"의 대표적인 지도자들(제리 팔웰, 팻 로버트슨, 팀 라헤이 등)의 맹렬한 비난으로 정상에 오르게 됩니다. 그들은 "자유주의자와 휴머니스트들이 공립학교 시스템에 비도덕적이고 도착적인 성교육 자료를 잠입시키고 있다."[2]고 주장하며, "1억 7천 5백만명이 넘는 애국적인 미국인이 투표를 통해 사회주의를 신봉하며 자신들의 견해를 대표하지 않는 600명의 휴머니스트 공직자를 퇴출시켜야 할 때가 왔다."고 선동했습니다.[3]

   실제로, 20세기 중반을 지나면서도 휴머니즘은 세계적으로 상승세에 있는 듯 보였습니다. 위대한 이야기가 열리고 있는 것처럼 보였던 것이지요. 그렇습니다. 가장 영향력 있는 사회 철학자들은 이성에 근거한 자연주의가 훌륭한 삶으로 가는 유일한 품위 있는 길이라는 데 이미 오래전에 동의하고 있었지요. 하지만, 휴머니즘의 영향은 살롱이나 카페 같은 엘리트의 영역을 훨씬 넘어서, 1966년 4월 8일 **타임(TIME)** 지가 **"신은 죽었는가?"**라는 질문의 표지 기사를 실을 정도로 일반 사회로 뻗어 가고 있었습니다.

  몇몇 제국이 쇠퇴하고 붕괴하는 사이, 종교와 국가의 분리를 성취하려는 휴머니스트 세속주의자들에 의해 터키, 인도, 파키스탄, 이스라엘 같은 새로운 국가들이 태어났습니다. 국가 단위와 문화권 간의 격차를 해소하기 위해 국제연합이 설립되었으며, 대담하고 (우연이 아닌) 도전적일 정도로 세속적인 **세계인권선언**을 준비했습니다. 유엔 교육과학문화기구(UNESCO)는 헌신적인 휴머니스트 운동가 줄리안 헉슬리의 주도로 헌장화되고 창립된 후, 파리와 런던뿐만 아니라 뉴델리와 아부다비에서도 "동서양의 휴머니즘과 교육"과 같은 주제로 각 분야의 권위자 회의를 개최했습니다.[4]

  사회과학 분야에서도 "세속화 이론"에 대한 신뢰가 확장되고 있었지요. 지식인들은 세계가 점점 더 종교의 영향에서 벗어날 것이라고 예측했으며, 대부분의 주류 학자들에게 모든 종교가 사라질 날이 멀지 않아 보였습니다. 이러한 경향을 대표하는 주장은 하비 콕스의 1966년 기념비적인 저서 『세속 도시(The Secular City)』에서 찾을 수 있습니다.

  요컨대, 막대한 잠재력을 가진 새로운 조직적 운동의 서광이 비추고 있는 듯 했습니다. 1933년에는 "현대 세계의 종교적 신념에서 일

어나는 **급진적인 변화를 광범위하게 인식할 때**가 왔다."고 주장하는
『휴머니스트 선언(Humanist Manifesto)』이 디트리히, 포터, 리스를
포함한 34명의 미국 종교 및 철학 지도자들에 의해 출판되었지요.
이 모든 사태의 진전은 수백만 명의 사람들이 그들을 위한 휴머니즘
의 시대가 도래했음을 믿게 할 근거를 마련해 주었습니다.

　오늘날, 학문적으로 추앙받는 어떤 사회과학자도 신의 죽음을 선
언하지 않으며, 오히려 세속화 이론의 붕괴를 선언합니다. 대학 캠
퍼스에서 유행하는 종교에 관한 강연 주제가 "종교의 세계적 부활"
로 오래전에 바뀌었지요.[5] 이러한 경향은 9·11 무역 센터 공격, 오
순절주의(Pentecostalism) 세계적 부흥, 이스라엘과 팔레스타인 평화
협상에서 유대 및 무슬림 극단주의자들 보여 준 치명적 방해 공작,
미국 종교 우파의 성가신 끈질김, 덴마크 신문 만평 사태, 그리고
종교적 갈등과 무력 충돌로 인한 수많은 글로벌 분쟁 지점—카슈미
르, 티베트, 다르푸르, 보스니아, 스리랑카, 르완다—등에서 분명히 드
러났습니다.

—

도대체 무슨 일이 벌어진 것일까요?

　지금까지 휴머니즘이 기대 충족에 실패한 요인은 적지 않겠군요.
어느 정도까지는, 휴머니즘 운동이 사회 전반에 간접적으로 끼친 영
향의 성공 때문에 자신의 발목이 잡혔다고도 할 수 있습니다. 지난
한 세기 동안, 세계적으로 전통 종교를 믿고 있던 사람들 중 상당수

가 100년 전만 해도 무신론자와 불가지론자들만 공통적으로 갖고 있던 믿음—진화론의 수용, 초자연적 이야기보다는 현세적 윤리에 대한 집중—으로 옮아 왔었거든요.

하지만, 다른 문제들도 많이 있었습니다. 너무 많은 휴머니스트, 무신론자, 세속주의 사상가들과 지도자들이 세속화 이론을 너무 지나치게 강조하여, "역사"가 그들의 일을 대신해 줄 것이라는 잘못된 믿음을 갖게 되었습니다. 옥스퍼드의 무신론 비평가 앨리스터 맥그래스의 지적에 의하면, 휴머니스트와 무신론 비평가들은 유신론(theism)이 "움직이는 표적"이라는 사실을 잊고 있었다는군요.[6] 아이러니하게도, 종교는 신이 아니라 **인간의 창조물이기 때문에**, 그리고 **인간을 인간답게 만드는 능력인 적응력 때문에**, 비판을 직면하는 종교 기관은 순진하게 무너지는 것이 아니라, 오히려 이에 대응하여 번창할 새로운 길을 항상 찾아왔습니다. 따라서, 종교가 언젠가는 순순히 사라질 것이라고 무신론자들이 상상하는 매 순간마다, 마틴 루터 킹 주니어가 "지금 이 순간의 긴박감(fierce urgency of now)"이라고 부른 것이 휴머니즘에서 빠져나가고 있었습니다. 그 긴박성은 인본주의라는 제도를 건설하는 어려운 작업에 필요 불가결한 요소였는데도 말입니다.

또한, 우리는 그 당시 미국에 팽배해 있던 휴머니즘과 무신론이 사회주의와 공산주의에 연관된다는 인식이 인본주의 운동에 끼친 부정적인 영향도 인정해야 합니다. 상원의원 조셉 매카시의 혐오스런 앞잡이들은 냉전 시대를 악용하고, 무신론을 미국의 종교적 다양성 증가를 막는 쐐기로 사용하여 "신 없는 공산주의자"를 제2차 세계 대전 이후 미국인들이 가장 무서워하는 대상으로 만드는 데 성공했습니다. 윌 허버그(Will Herberg)의 고전적인 저서『프로테스탄트, 가톨릭, 유대인』에 잘 나타나 있듯이, 개신교에 대한 믿음이 더 이상 진정한 미국인의 정체성 기준이 될 수 없게 되었을 때, 신에 대한 믿음 자체가 미국인을 통합시키는 주제로 등장했지요.

그러나 인본주의 운동 초기에는 일부 휴머니스트와 무신론자 지도자들이 사회주의는 물론이고, 심지어 공산주의까지 인간이 추구하는 가장 고귀한 이상의 표현으로 보았던 것도 사실입니다. 힘들고 두려움이 팽배했던 대공황 초창기 시절에는 이것이 어쩌면 이해될 수도 있었겠지만, 불행히도 일부 휴머니스트들은 스탈린주의와 마오주의 정권이 초래한 고통스러운 현실을 인정하지 않을 수 없게 될 때까지 특정 마르크스주의 학파에 대한 신념을 버리지 못하고 있었던 것이지요.

과거 많은 미국의 기독교인들과 유대인들이 가졌던 마르크스주의에 대한 동정심이 그러했듯이, 휴머니스트들이 마르크스주의를 지지하는 시대는 오래전에 사라졌습니다. 실제로, 위에서 언급한 모든 문제들은 교량 밑의 물처럼 흘러가 버렸다고 해야겠네요. 근래에 태어난 전 세계의 수많은 젊은이들—무신론자, 불가지론자, 그리고 비종교인으로 성장할 것임이 분명한—에게는 위에 언급된 문제들 중 그 어떤 것도 중요하지 않습니다. 이들 대다수—아마도 여러분도 그들 중에 속할지도 모르지만—는 **인본주의라는 조직화된 운동**에 전혀 관심이 없습니다. 그것에 대해 들어 본 적이 없거나, 현재의 휴머니즘이 그들의 삶과 관련이 없기 때문입니다. 왜 관련이 없을까요? 지금까지 현대의 조직화된 무신론과 휴머니즘의 가장 큰 약점은 종교적 우파, 급진적 이슬람, 세속화 이론, 공산주의가 아니었습니다. 그들의 약점은 바로 종교적 믿음에 초점을 맞추는 경향에서 비롯되었습니다. 종교를 이해하는 데 가장 중요한 실마리는 무엇을 생각하고 믿는지에 있지 않고, 사람들이 실제로 어떻게 행동 하고 실천을 하는가에 있음을 간과하고 있었던 것이지요.

삶 자체도 그러하지만, 그리고 특히 종교 생활은 단순히 "나는 믿는다" 또는 "나는 무신론자다"라고 결정하는 것 이상으로 복잡합니다. 오늘날 하나님이란 존재는 우리가 원하는 무엇으로도 정의될 수 있기 때문에, 신앙인과 무신론자의 의미도 매우 광범위한 범주에 속하게 되었고, 표현의 수단으로도 무척 불분명하고 부정확하게 되었습니다. 따라서 신앙인과 무신론자가 갖는 의미론적 차이는 무모한 정당 정치 논쟁에서 분열의 화젯거리만 될 뿐입니다. 여러분이 종교적이든 아니든, 종교와의 관계는 단순히 인구조사나 TV 토크쇼에서 어떤 신을 예배하거나 부정한다고 말하는 것으로 결정되지 않습니다. 그 관계는 우리가 매일매일의 삶을 어떻게 살아가고, 또 예측하거나 준비할 수 없는 수많은 상황에 어떻게 반응하느냐에 따라 결정되는 것이니까요.

요컨대, 우리는 종교의 "머리"에는 성공적으로 대응했지요. 하지만, "가슴"에는 답하지 못했군요. 우리가 이성에 치우친 무신론을 만들어 낸 것은 결코 우연이 아닙니다. 제가 진정코 믿는 것은 휴머니즘의 가슴입니다.

가슴이 무너지면 어떻게 하시겠습니까? 단순히 로맨틱한 측면만 보지 마시고, 소중한 사람이나, 원하고 필요하며 갈망하던 무언가를 잃었을 때를 생각해 보세요. 혹은 간절한 희망과 기대가 산산조각이 났을 때는? 몹시 억울하고, 너무 쓰려 울고 싶거나 아주 작은 소원 하나라도 받아 주십사 하고 빌고 싶어 할지도 모르겠네요. 하지만, 반드시 정통적인 신에게 빌 필요는 없습니다. 그 기도는 **"별님, 반짝이는 별님, 오늘 밤 제가 본 첫 별님, 저의 소원은, 저의 염원은…."**이 될 수도 있겠네요. 우리는 의식(儀式)에 의지하고 싶어지고, 무엇인가에 기대고 싶어집니다.

—

노래하고 건설하는 것

위에 간략하게 묘사된 현대 휴머니즘 역사는 이렇게 귀결될 수 있습니다: 지난 세기 동안 휴머니스트, 무신론자, 세속주의자들이 가장 철저히 배운 두 가지가 있는데 그것은 말하고 논쟁하는 일입니다. 우리는 몇 가지 중요한 이슈들에 대한 우리의 입장을 명확하게 표현하고, 우리에게 불공정한 공격으로부터 우리 자신을 적절히 방어해 왔습니다. 그러나 이제 우리는 노래하고 건설해 나가야 합니다. 비종교적 사람으로서 하나님이나 기적이 필요하지 않을 수 있지만, 우리도 인간으로서 종교가 제공하는 체험적 요소들—가슴이 느끼는 것—을 필요로 합니다. 의식(儀式), 문화, 공동체 같은 것 말입니다.

실제로, 최초의 휴머니스트 목사였던 디트리히는 하나님 없는 의식이라는 아이디어를 탐구한 최초의 휴머니스트 중 한 명이기도 했습니다. 그리고 그가 만들어 둔 모델은 놀랍게도 거의 한 세기 동안이나 미국의 휴머니스트와 무신론자 모임에서 가장 흔히 볼 수 있는 의식 형태로 살아 있습니다. 디트리히는 전통 교회 예배에서 자신이 이념적으로 동의하지 않는 모든 부분—예배의 거의 모든 부문—을 없애고 설교만 남겨 두었습니다. 그는 교회를 사람들이 평생 교육을 받을 수 있는 기회로 취급했던 것이지요. 대부분의 사람들이 다른 곳에서 새로운 정보나 오락의 공급처를 구할 수 없었던 1915년에는 이것이 좋은 아이디어였을지도 모릅니다. 하지만 지금은 강연을 어디에서나 들을 수 있게 되었지요. 그리고 특히 제가 확실히 말씀드릴 수 있는 사실은 대학 공동체에서는 강연의 역할이 중요하긴 하지만, 그것만으로는 대학이 살아남지 못한다는 것입니다.

제가 이 장을 집필하고 있는 동안, 방년 19세인 하버드 대학생 피터가 아름다운 가을의 토요일 아침에 세상을 뒤로했습니다. 피터는 찰스강에서 열리는 연례 리버 런(River Run) 경주에 참가하고 있었습니다. 그의 사망 원인은 누구도 예상치 않았던 심장 합병증이었습니다. 조금 전까지도 밝은 미래를 앞에 두고, 가족을 자랑스럽게 만들어 주던 명석한 젊은이가 눈 깜짝할 사이에 심정지를 당하게 된 것이지요. 그가 갑작스레 푹 쓰러지자, 옆에서 함께 뛰던 수십 명의 학생들은 무슨 일이 일어나는지 알지 못한 채 한 사람씩 멈춰 서기 시작했습니다.

급히 달려온 구급대원들이 피터를 소생시키기 위해 노력하는 동안 기다림이 시작되었습니다. 그의 친구들과 기숙사 동료들이 원을 그리며 모여들었습니다. 누군가가 함께 기도하자고 제안했고요. 그들은 서로의 어깨에 팔을 두르고 기도하기 시작했습니다. 그들 중 아무도 피터의 종교적 신념이나 소속이 무엇인지도 알지 못했습니다. 하지만, 그 즉석 모임을 주도하고 있던 학생은 기독교식 기도로 시작했습니다. "예수님, 지금 이 순간 피터를 도와주시고, 주님께서 피터와 그의 가족과 함께해 주십시오." 제 학생 중 한 명도 그 자리에 있었군요. 2세대째 무신자인 켈리는 처음에 예수의 이름이 들먹여졌을 때 순간적으로 긴장되고 방어적인 기분에 휩싸였습니다. 그러나 기도를 계속 듣고 있는 사이에 그녀는 이 의식(儀式)과 그 순간의 동료애가 가져다주는 위안을 느끼기 시작했습니다. 예수가 듣고 치유한다는 말을 그녀는 문자 그대로 믿을 수도 없었고 믿지도 않았습니다. 실제로, 그날 하루 종일 피터의 가족과 친구들이 한 어떤 기도도 그를 회생시키지는 못했습니다. 그러나 켈리는 꼭 기적을 바라서가 아니더라도 충격 속에 서 있는 사람들을 위해 그 순간 함께 안정된 말을 나누는 것이 필요하다는 사실은 믿었습니다. 혼자 있었다면 그녀는 무슨 말을 해야 할지 몰랐겠지요. 그녀 역시 열아홉 살에 불과했으며, 그 즉흥 서클을 주도하고 있던 기독교 젊은이와 달리, 그녀는 어떤 의식에 참여하거나 이를 이끄는 것에 익숙하지 않았던 것입니다. 며칠 후 이 이야기를 저에게 들려줄 때, 켈리는 기도에 참여한 것이 기쁘기도 했지만, 자신이 믿거나 지지하지 않는 행위에서 위안을 얻은 것에 대해 죄책감을 느끼고 있었다고 말하더군요.

종교와 휴머니즘에서, 의식(儀式)을 넘어서서 더 큰 안목으로 볼 때, 문화는 무슨 역할을 하고 있는 것일까요? 하나님에 대한 믿음과 종교적 소속감의 관계를 어떻게 이해해야 할까요? 우리는 하나님에 대한 믿음에 반대하는 설득력 있는 주장을 많이 보았습니다. 하지만 대부분의 사람들에게 종교적 소속감의 상실은 그들의 고유한 조상, 유산, 기억, 정체성과의 연결 고리의 상실로 이어집니다. 그런 희생이 가치가 있을까요?

대학원생 시절, 저는 고(故) 새뮤얼 헌팅턴 교수와 한 학기 동안 공부할 기회를 가졌습니다. 저는 헌팅턴 교수와 그의 **문명의 충돌(Clash of Civilizations)** 이론에 대해 열띤 토론을 벌이곤 했습니다. 그 열띤 논쟁이 때로는 공개석상에서 벌어지곤 했는데, 내성적이거나 충돌을 피하고 싶어 하는 동료 학생들은 저의 태도를 몹시 달가워하지 않았지요. 헌팅턴 교수는 그의 저서 『우리는 누구인가(Who Are We?)』에서, 미국 정체성이 과거에는 네 가지 요소—신조(creed), 문화(culture), 인종(race), 민족(ethnicity)—로 구성되었다고 지적했습니다. 그는 민족성과 인종이—특히 백인들 사이에서—국가 정체성의 표시(marker)로서 중요성을 잃어 가는 현시점에, 신조와 철학에만 근거한 정체성의 허약함을 강조하며, 미국인들에게 문화에 초점을 다시 맞추라고 주장했습니다.

20세기 말, 신조는 대부분의 미국인들에게 국가 정체성의 주요 원천이었습니다. 두 가지 요인이 그것의 중요성을 더욱 승격시켰네요. 첫째, 민족성과 인종의 중요성이 희석되고 앵글로-프로테스탄트 중심 문화가 심각한 공격을 받으면서, 신조가 역사적으로 미국 정체성의 네 가지 구성 요소 중 유일하게 도전받지 않은 생존자가 되었습니다. 둘째, 신조는 미국 독립혁명 시대 수준의 새로운 지위에 오르며, 독일, 일본, 소련과 같은 적들과는 다른 미국의 이념을 정의하는 특성으로 자리 잡았습니다. 따라서 많은 미국인들은 미국이 다인종적, 다민족적인 특질을 유지하고, 뚜렷한 문화적 핵심 없이도, 신조만으로 정의될 수 있는 '일관된 정체성을 가진 국가(coherent nation)'가 될 수 있다고 믿게 되었습니다. 그러나 이것이 정말로 가능한 일일까요? 국가가 단순히 정치적 이념만으로 정의될 수 있을까요? 많은 것을 고려해 보면, 대답은 "아니오"이군요. 신조만으로는 국가를 만들 수 없습니다.[7]

문화는 기독교적 배경을 가진 미국인들에게만 중요한 것이 아닙니다. 신학자 앨리스터 맥그래스는 그의 최근 저서 『**무신론의 황혼**(*The Twilight of Atheism*)』에서(이 제목이 결코 샘 해리스의 『*신앙의 종말*(*The End of Faith*)』보다 더 완벽한 예언이 아니라는 점은 분명하지만) 종교가 서구 사회에서 특정 집단, 특히 이민자 집단에게 거의 문화와 동의어가 되었다고 주장합니다:

"공동체의 정체성을 형성하고 유지하는 데 있어 종교의 역할은 오래전부터 알려져 왔으며, 1965년경부터 그 중요성이 점점 더 커지고 있습니다. 종교의 지속적인 중요성을 보여 주는 가장 뚜렷한 지표 중 하나는 이민자 공동체가 스스로를 종교적 용어로 정의하는, 잘 입증된 경향입니다. … 영국의 도시에서 형성된 [이민자] 공동체들은 국가적 기준보다는 종교적 기준을 사용하여 스스로를 정의하며, 예배 장소를 공동체 센터로 사용합

니다. 영국 언론은 **영국 내 '인도' 공동체**라고 부르는 대신, 시크
교, 힌두교, 이슬람교 공동체라고 불러야 한다는 사실을 배웠
고, 이들 공동체의 정체성이 지역 굿와라(gudwara: 시크교 공동
체), 사원, 혹은 모스크를 중심으로 형성된다는 점을 인식하게
되었습니다. 비슷한 패턴이 프랑스에서도 나타나고 있습니다.
… 파리와 마르세유의 모스크는 프랑스의 500만 무슬림들의 정
체성을 유지하는 중심 역할을 하고 있습니다."[8]

비서구권 출신으로 미국이나 유럽으로 이민을 가는 것은 어려운
일입니다. 저는 어머니가 쿠바에서 난민으로 건너올 때의 여정에 대
해 배우며 그 고충을 조금이나마 알게 되었습니다. 떠나온 조국에
대한 지나친 애국심을 새로운 나라로 옮겨 올 수 없다는 사실은 누
구나 알고 있지요. 새로운 나라에서 자신이 완전히 받아질 확률이
낮은 상황에서도 이민자는 새로운 조국에 대한 충성을 위해 선의의
노력을 해야 하니까요. 따라서 예배 장소는 공동체와 정체성을 쉽
게 찾을 수 있는 공간이 될 수 있습니다. 새로운 환경에 적응하는 과
정에 밀려오는, 가차 없고 비현실적인 압박에서 벗어날 수 있는 피
난처가 되는 것이지요. 이런 상황에 있는 사람들에게 그들의 종교가
단지 사악한 헛소리일 뿐이라고 말하는 것이 과연 우리가 보일 수
있는 최선의 태도일까요?

의식(儀式)과 문화 외에도, 종교는 대부분의 사람들이 휴머니즘이
나 무신론과 관계가 없다고 생각하는 공동체 속의 인간적 유대를 제
공합니다. 맥그래스는 미국 기독교의 상황을 이렇게 묘사합니다:

"기독교 교회는 오랫동안 서구에서 공동체 생활의 중심 역할을 해 왔습니다. 최근 기업적인 성격을 띤 어떤 미국 교회들은 빠르게 변화하는 문화 속에서 교회를 공동체 안정성의 오아시스로 간주하며 이 역할을 더욱 발전시키기 시작했습니다. 기독교 예배와 삶에서 급진적이고 혁신적인 접근법이 채택되면서 … 이러한 교회의 성공은 공동체 정체성 형성의 중요성을 인식한 데 있습니다. 사람들은 단지 믿고 싶어 하는 것이 아니라, 어딘가에 속하고 싶어 합니다. 이러한 교회들은 스스로를 '흐르는 개울 속의 섬들'로 간주하며, 삶이라는 여정에서 여행자들에게 안전과 공동체를 제공합니다. *정체성은 어딘가에 속하는 것에 관한 것입니다. 그리고 공동체 교회들은 회원들이 속할 수 있는 장소를 제공한다고 봅니다.*"[9]

기독교인만이 아니라 모든 사람은 어딘가에 속하고 싶어 합니다. 인간이 제도적 기관에 속해 있을 때 흔히 생기는 실질적 부작용에 관해 우리는 무수히 배워 왔지만 인간 본성은 변하지 않았습니다. 우리가 아무리 우리의 창의성과 개인으로 생각할 수 있는 능력을 중요하게 여길지라도—물론, 우리는 그 창의성과 개인적인 사고 능력에 큰 가치를 부여해야 하겠지만—아직까지 아무도 섬처럼 홀로 살 수 있는 인간을 만들어 내지는 못했습니다. 물론 그런 인간이 만들어질 가능성은 우리 같은 비순응주의자들조차 오싹하게 만들기에 충분하지요. 닥터 프랑켄슈타인이 자신이 만들어 낸 괴물에 전율할 수밖에 없었듯이 말입니다.

우리가 기뻐해야 할 소식은, 하나님 없이도 우리에게 종교적 의식, 문화적 정체성, 공동체에 대한 좋은 대안들이 있다는 것입니다. 우리는 단지 그것을 발견하고 발전시키면 됩니다. 다음은 그 방법입니다.

—

휴머니스트도 기도할까요?

기도는 종교가 갖고 있는 여러 면모 중에서 가장 중요한 것의 하나입니다. 따라서, 우리는 그것을 단순히 어리석은 짓으로 일축하지 말고 의미 있는 대안을 제시해야 합니다. 좀 더 깊은 이해를 하시려면, 전쟁터 "참호 속에 무신론자는 없다."는 오래된 농담—그 내용은 사실도 아니고 또 그렇게 우습지도 않지만—의 저변에 깔려 있는 심각한 메시지를 생각해 보세요. 그 메시지는 이렇습니다. 평소에는 별 종교적이지 않던 병사가 총알이 날아드는 참호 속에서는 보이 지않는 하나님에게 기도하고 싶은 충동을 억제할 수 없게 되어 "저를 도와주세요. 저를 지켜 주세요. 총알과 폭탄의 잔혹한 운명에서 구해 주세요." 하고 기도한다는 말이네요. 그리고 물론, 이 농담은 단순히 은유일 뿐입니다. 위기에 빠지고 위험과 대처해야 할 때, 혹은 무엇인가를 절실히 원할 때도 그저 눈을 감고 기도하고 싶은 마음이 들지 않는 무신론자가 없다는 사실에 대한 은유이겠지요.

모든 인간은 두려움에 대한 반응으로 기도하는 법을 배우게 됩니다. 말을 배우기 전일 가능성도 있겠네요. 어른이 되면 우리는 그렇게 받은 기도 훈련을 기억하지 못합니다. 하지만 우리가 어릴 때는 무력한 존재로서 "배고파.", "안아 줘.", "화장실 가야 해." 같은 말을 만들 능력도, 심지어 그런 생각도 할 능력이 없습니다. 그럼에도, 우리는 이러한 욕구를 스스로 해결할 능력을 갖지 못해("화장실" 경우만 제외하고), 도움을 받지 못하면 금방 죽음에 직면합니다.

그래서 우리가 태어난 후 가장 먼저 배우는 것 중 하나는 우리 주위에서 전능해 보이는 존재들—우리의 부모, 다른 핏줄, 혹은 대리 가족—에게 울부짖는 행위입니다. "도와주세요!"라는 뜻의 가장 투박하고 원시적인 표현인 **와아아**를 외치게 되는 것이지요. 어느 정도 시간이 흐르면, 어떤 특정 방식의 울부짖음이 도움을 받을 가능성을 높이거나 낮출 수 있다는 것을 알게 되고, 우리의 요청을 수정하거나 조절하기 시작합니다. 하지만 우리가 간절히 바라는 도움을 받을 것이라는 확신은 결코 가질 수 없겠네요. 이러한 감정은 우리가 언어를 배우고 신학적 훈련을 받게 되면, 형식을 갖춘 청원 기도로 발전하는 것입니다.

어른이 되면 우리의 언어는 더 세련되어집니다. 하지만, 우리가 표현하고자 하는 문제도 꼭 같이 복잡해집니다. 우리는 이성이나 과학을 사용해 일부 문제를 해결하는 법을 배우지만, 성공적으로 풀린 한 문제는 또 새로운 불확실성을 가져오기 마련 입니다. 불확실함과 두려움에 울부짖던 그 아이는 결코 우리한테서 완전히 떠나지 않고 우리 내면 깊숙이 자리 잡고 있습니다. 바로 이 이유 때문에 기도는 인간이 스트레스에 대처하고 권력감의 고취를 위해 만들어 낸 가장 다재다능한 도구의 하나입니다. 기도는 혼자 있거나, '외딴 섬'에 고립되어 살아남기 위해서는 온 정신을 집중하여 공포심과 싸워야 하는 상황에서도, 우리가 스스로를 다스릴 수 있는 방법입니다. 거의 아무것도 가진 것이 없는 상황에서도 우리가 의식만 있다면, 기도는 우리에게 남아 있는 선택입니다. 기도는 유대인 애도가들이 드리는 카디쉬처럼 셰익스피어의 소네트가 부럽지 않을 정도의 리드미컬한 시적 구성을 바탕으로 할 수 있지만, 반드시 고정된 텍스트나 약속해 둔 시간을 필요로 하는 것은 아닙니다. 기도는 혼자서도, 사람들이 지켜보는 가운데서도, 심지어 다른 일을 하는 척하면서도 할 수 있습니다. 녹초가 된 상황에서 위안이 필요할 때는 부드럽고 느리게 할 수 있습니다. 반대로 우울함에 빠져 에너지가 필요하다면, 기독교 헤비메탈 밴드의 폭발할 듯한 힘을 담아 열성적인 기도를 할 수도 있습니다.

신경과학자 앤드류 뉴버그는 우리가 규칙적인 의식에 참여하면, 우리 신체의 경계를 추적하고 우리 주변 공간을 그려 내는 역할을 하는 뇌 부위가 혼란스럽게 되어, 우리의 자아의식이 차단되는 사이에 신비적 경험을 할 가능성을 높여 주는 "공명 패턴"이 우리 뇌에서 만들어진다고 설명합니다.[10] 그리고 자아의식이 차단되지 않는 경우, 예배의식은 사람들이 어려운 문제를 해결하는 데 집중하도록 도울 수 있습니다. 위기의 순간에 무릎을 꿇고 머리를 숙이며 "사랑하는 하나님, 제가 주님을 필요로 합니다."라고 속삭이는 행위는 단순히 신이나 신의 중재에 관한 일이라고 보일 수 있지만, 사실은 우리 스스로를 다스리고 평소에는 모르고 있었거나 활용하지 못했던 우리 내부 자원을 불러내는 기회를 제공합니다.

요컨대, 기도란 실제로 다목적의 유용성을 갖고, 언제나 이용할 수 있으며, 합법적이고 공짜이며, 신체에 아무런 해독을 끼치지 않으면서도, 중독과 취한 기분을 유발하는 약물과 동등한 실체라는 말입니다.

—

합리적 정서 행동 치료(REBT)와
스마트 회복(SMART Recovery)

저는 스마트 회복 훈련(Self-Management and Recovery Training) 모임에 앉아 있는 동안, 청원 기도의 세속적이고 휴머니즘적인 대안을 보고 있다는 것을 깨달았습니다(스마트 회복은 중독에 관한 과학적 연구와 20세기 심리학자이자 휴머니스트인 앨버트 엘리스가 설계한 합리적 정서 행동 치료(Relational Emotive Behavior Therapy)에 기반한 중독 회복 훈련 방법입니다). 스마트 회복은 자기 통제, 완벽주의 성향 극복, 불안감 관리 전략을 참가자들에게 가르칩니다. 여기에는 제가 개인적으로 좋아하는 형태의 불안, 즉 **불안에 대한 불안**을 다루는 것도 포함되어 있습니다. 스마트 회복 프로그램은 우리 자신 속에서 정신력과 평정을 찾기 위해 더 높은 힘에 의존하는 대신, 아래의REBT "대처 진술 문구"를 검토해 보도록 추천하고 있습니다:

- 나는 어떤 일에 대해서도 나 자신을 불안하게 만들 필요가 없으며,

혹시 어리석고 바보같이 불안해졌더라도 나 자신을 깎아내릴 필요는 없다.

- 나는 불안감을 견딜 수 있고, 불안감을 참아 낼 수 있으며, 불안감은 나를 죽이지 못한다.
- 세상이 내가 불안감을 쉽게 다룰 수 있도록 만들어 줄 필요는 없다.
- 불안한 순간을 내가 완벽하게 통제할 필요는 없다.
- 불안감을 통제해야 한다고 나 자신에게 요구할수록 증상은 급격히 증가한다.
- 이 우주 전체에서 항상 편안함을 느끼는 그 한 사람이 내가 되어야 할 필요가 없다.[11]

읽을 때마다 마지막 문구는 어김없이 저를 감동시킵니다.

물론, 앨버트 엘리스는 위대한 심리학자로 널리 평가받으며, 수백만 명의 사람들이 그의 기법으로부터 많은 혜택을 입었지만, 휴머니즘의 본질은 어떤 기법이 일부에게 효과가 있다고 해서 모두에게 효과가 있다고 가정하도록 허용하지 않는군요. 엘리스의 접근법은 생각과 감정—REBT의 "합리적 정서적"이란 표현에 나타나 있듯이—두 가지 모두를 검토하도록 요구합니다. 하지만, 어떤 분들은 이 접근법에서 이성이 지나치게 강조된다는 사실을 발견했습니다. 특히 감정이 극단적으로 고조되어 신경계 전체가 화재 경보처럼 들리는 순간에는 더욱 그렇습니다. 이러한 순간을 위해 제가 위 문구에 덧붙이고 싶은 것은, 위의 대처 진술 문구를 반복하면서 당신이 온종일 울어야 할 상황이라면 그렇게 해도 괜찮다는 것입니다. 당신 자신이 감정을 경험할 수 있도록 내버려두시라는 말이겠네요! 이 충고는 남성과 여성 모두에게 해당됩니다.

이 점을 염두에 두고, REBT/SMART에서 제안하는 간단한 정신 운동을 시도해 보세요. 이것은 기도에 대한 놀라운 인본주의적 대안으로 어디에서든지, 언제든지, 혼자서나 또는 사람들 속에서도 사용할 수 있습니다. 이는 술이나 약물에 대한 갈망과 싸우기 위해서만이 아니라, 과거에 중독 문제가 있었든 없었든 상관없이 활용할 수 있는 방법입니다. 이 정신 운동은 아래에 기술된 대로 "ABCD"라고 불리는데, 거의 어떤 부정적인 감정이나 고통스러운 상황에 대처하는 데 도움이 됩니다. 이 기법의 핵심 아이디어는 우리의 감정과 행동이 우리의 생각과 깊이 연결되어 있어서, 현재의 생각을 바꿈으로써 미래의 생각과 행동에 긍정적인 영향을 미칠 수 있다는 것입니다.

A는 *activating event*(감정 활성화 사건)이나 adversity(역경)을 뜻합니다.[12] 우리에게 일어나는 불쾌한 일들은 우리로 하여금 반응하게 만들지요. 우리가 A를 통제하지 못할 수도 있겠네요. SMART 훈련 전문가 조나단 본 브레튼의 말대로, 지진이나 악천후를 마음대로 바꿔 보려는 시도를 해 보시면 아실 수 있겠지요. A는 사랑하는 사람의 죽음, 오랫동안 사귄 연인과의 이별 같은 심각한 사건일 수도 있고, 펑크 난 타이어나 회의에 늦는 것처럼 사소하지만 신경을 긁어 놓는 일일 수도 있습니다. 직장에서 해고당했다고 상상해 보세요. 이런 종류의 활성화 사건에 대해 "오늘 바빠서 이런 일이 일어나면 안 돼. 여기서 멈춰."라고 말할 수는 없습니다. 직장을 잃는 것은 기분을 상하게 하거나 두려움을 가져다주는 합당한 이유이긴 하지만, 과도

한 음주와 같은 부정적인 대처 행동이 정당화될 수 있는 상황은 아니지요. 그렇다고, 도움을 구하기 위해 기도해야 한다는 의미도 아닙니다.

B는 당신이 **A**에 대해 갖는 *belief*(믿음)입니다. A가 일으킨 상황에 대해 합리적이고 현실적인 견해를 가지고 계시나요, 아니면 비합리적인 상상 속에서 자신에게 찾아드는 고통을 더 심화시키고 계신가요? 예를 들어, 해고당했을 때 "내가 전혀 쓸모없는 사람이라서 그렇겠지."라고 믿는 길을 걸어 내려갈 수 있겠네요. 현실과는 전혀 상관없이, 이런 일이 항상 당신에게 일어나며 앞으로도 계속 그럴 것이라고 믿게 되기 시작하시는 거죠.

C는 당신이 **A**에 대해 가졌던 믿음의 *consequences*(결과)입니다. 이 결과는 감정적 결과와 행동적 결과 두 가지를 포함합니다. 다른 말로 바꾸면, 직장에서 해고당한 일이 당신은 아무런 가치가 없다는 증거라고 믿기 시작하면, 그 믿음은 당신의 삶에 구체적인 결과를 가져옵니다. 우울함, 좌절감, 불안감을 느낄 수 있고, 불안을 해소하고 싶은 심정으로 과도한 술잔을 비울 수도 있겠네요. 아니면, 배우자에게 소리를 지를 수도 있습니다. 당신이 삶을 살아오며 부정적인 경험에 대해 당신 자신이 만들어 낸 믿음이 초래한 결과를 기억하실 수 있으신지요?

D는 당신의 비이성적인 믿음을 *disputing*(반론 제기)하여 긍정적인 결과를 가져오게 하는 노력입니다. 부정적인 생각―"나는 쓸모없는 인간이라 해고당한 거야.", "이런 일은 나에게 항상 일어나니까…."―이 끊임없이 지속되도록 내버려두는 대신 이 상황의 다른 측면을 보

려고 노력하는 것이지요. 예를 들어, 많은 사람들이 인생을 살아가며 해고를 당한다는 점을 상기합니다. 혹은, 이번 일은 새로운 직업 훈련이나 전혀 다른 커리어를 시도할 기회로 삼을 수도 있다고 생각하는 것이지요. 지금은 정말 슬프고 괴로운 기분이 드는 것이 당연하지만, 이 감정은 극복될 수 있고 영속적으로 남아 있지 않을 것이라고 자신에게 말해 줄 수 있습니다. 스마트 회복 웹사이트(smartrecovery.org)나 다른 좋은 상담자의 도움을 받아, 지금의 감정을 제거하려고 술이나 다른 오락 활동에 빠지는 대신, 그것을 긍정적으로 받아들이는 것이 더 빨리 나아질 수 있다는 점을 깨달을 수 있겠네요.

특히 중요한 것은 "나는 가치 없는 인간이다." 또는 "항상 이런 일이 나에게 일어난다."와 같은 흑백 사고만은 반드시 반박해야 한다는 점입니다. 이번 직장에서 실적이 부족했을 수도 있겠지요. 심각한 실수를 저질렀거나, 할당된 분야에서의 재능이 충분치 않았을 수도 있습니다. 하지만 이런 일이 당신을 모든 분야에서 부족한 사람으로 만들 가능성은 지극히 낮겠네요. 우리 머리에서 일어나는 생각에 너무 집착하면 우리는 이런 결론에 쉽게 빠지게 되지요. 당신의 삶에서 결과가 그렇게 나쁘지 않게 나타나는 다른 영역은 반드시 있습니다. 그것은 무엇인가요? 지나치게 자기 칭찬이나 자기 비난을 하지 않고 자신에게 정직해지는 연습은 내면의 강인함을 개발하는 데 중요한 요인으로 등장합니다.

이것이 바로 E, 즉 effective new beliefs(효과적인 새로운 믿음)입니다. 비이성적인 믿음에 이의를 제기함으로써, 다시 단계 B로 돌아

갈 수 있습니다―통제할 수 있을 수도 있고 없을 수도 있는 삶의 도전적
인 사건에 대응하여 새롭고 더 건강한 믿음을 만들 수 있습니다. 삶의 나쁜
상황이 자신의 가장 나쁜 측면을 믿게 만들고, 그 부정적인 믿음이 자신을
더욱 비참하게 느끼게 하는 대신, 자신의 자기 파괴적인 생각에 이의를 제
기함으로써 더 건강하고 지속 가능한 삶의 이해를 가질 수 있겠군요. 이 과
정을 거치는 사이에 우리는 지금 해고당한 것에 대해 슬프고 불안하고 화
가 날 수 있지만, 아무도 완벽하지 않으며, 실수는 인간적이고, 슬픔과 불
안과 분노는 삶의 일부이며, 결국에는 지나갈 것이라는 것을 인식하게 됩
니다―. 특히 새로운 훈련을 어떻게 받을 수 있을지 계획하기 시작하
고, 자신의 강점과 관심사를 발전시키고, 궁극적으로 새로운 일자
리로 연결될 수 있는 새로운 인맥을 만들 준비가 되어 있다면 더욱
그렇겠지요.

물론, REBT가 기도의 대안으로서 유일한 선택지는 아닙니다. 어
떤 경우에는 특정한 영적 또는 심리적 자기계발 기술보다도 자기 파
괴적인 충동과 습관에 관해서 도움을 줄 수 있는 또 다른 사람을 필
요로 합니다. 하지만 다른 사람을 찾거나 우리의 청원에 응답하는
신이 선택지가 아닌 순간들도 있습니다. 우리 모두는 때때로 내면을
바라보며 도움을 구해야 하는 것이지요. 그리고 그러한 순간에 우리
의 감정을 먼저 이해하고 받아들이며 이성을 다스릴 수 있다면, 좋
은 결과들이 일어날 것입니다.

명상과 이완 반응

불안감, 우울감, 그리고 스트레스를 다루기 위한 다양하고 개별적이며 세속적인 기법들이 있습니다. 여기서 통상적인 약물(예를 들면, 신경안정제 프로작)과 물리 치료와 같은 방법은 논의하지 않겠습니다. 정신과 의사나 심리치료사가 아닌 저로서는 개인의 상황을 논의하고 가장 적합한 해결책을 찾는 것은 면허가 있는 전문가에게 맡기는 것이 최선이겠네요. 그러나 저는 가끔씩 매우 지성적이고 표현력이 뛰어난 사람들조차 삶에서 큰 문제가 발생했을 때, 이별, 사망, 질병, 직장이나 학교에서의 예기치 않은 실패와 같은 일로 상담사를 찾기 전에 많은 격려가 필요하다는 사실에 놀라곤 한다는 말씀을 드리고 싶군요. 아무리 오랫동안 자존감에 대해 배워 오신 분들이라도 심리치료 상담자 예약 전화를 거는 것이 성 문제나 약물 중독에 대해 친구와 나누는 대화보다 더 심한 금기처럼 느껴질 수 있습니다. 이런 주저스러움은 아마도 뛰어난 재능을 가진 사람들에게는 성공이 나 자신을 정의하며, 내가 항상 강함을 유지하고, 나 자신을 통제하고, 언제나 **"정상적"**으로 남아 있어야 한다는 느낌이 따라오기 때문이겠네요. 그러나 이것은 강인함도 아니고, 휴머니즘도 아닙니다. 어쩌면 이것은 로봇주의일지도 모르겠군요.

제 어머니의 "부러진 팔 테스트"를 한번 적용해 보시겠어요? 사람들은 항상 뼈를 부러뜨립니다. 그리고 우리들 모두 부러진 뼈는 몇 주 혹은 몇 달이나 걸려 치유되며, 그것이 많이 아프고 상당히 불편

할 수 있다는 것도 압니다. 그러나 뼈가 결코 치유되지 않을 거라고 걱정하거나, 골절이 자신의 개인적인 수치라고 간주하지 않습니다. 그럼에도 불구하고, 당신은 "아, 이거 별거 아니야. 괜찮아질 거야. 깁스는 필요 없어. 의사에게 간다고 대수가 생기는 것도 아니고. 최악의 경우에는, 팔 하나 더 있는데, 뭘!"이라고 절대 생각하시지 않겠지요. 당신이 심리적으로 부러진 팔에 해당하는 상태—삶에서 무언가가 큰 고통을 주고 일상적인 활동을 방해하지만, 생명에는 위협이 되지 않고 몇 주나 몇 달쯤 참으면 낫거나 없어질 상태—가 있다고 생각된다면, 그 순간은 단지 기도로 도움을 구할 때가 아닙니다. 그리고, 자신 혼자서 문제를 해결하려는 대책(self-help)만 고려하고 있을 필요가 없습니다. 전화를 하시거나 온라인에서 전문적인 도움을 찾아보세요. 다시 말씀드리지만, **전문적인 도움**이라는 단어가 너무 위압적으로 들린다면, 손목 골절 같은 사소한 문제로 "전문가"인 의사를 찾아가기에는 너무나 "용감하다"고 주장하는 친구의 어리석음을 생각해 보세요.

기도에 대한 세속적 대안으로 사람들이 가장 쉽게 떠올리는 것은 명상입니다. 물론, 명상이라는 것이 존재한다는 사실을 제가 말씀드릴 필요도 없고 또 명상에 대한 추천을 받기 위해 제가 꼭 필요한 것도 아니겠지요. 요즘 어디서든 쉽게 접할 수 있으니까요. 실제로 현대 대중문화와 미디어의 특정 영역을 따르다 보면, 명상이 암과 심장병부터 영적 권태감에 이르기까지 모든 것을 해결하는 만병통치약인 것처럼 믿게 되기 쉽습니다.

우리가 어떤 종류의 명상을 실천하고 싶은지 잘 생각해 보고 하신다면, 명상은 휴머니즘의 일부가 될 수 있습니다. 신에 대한 믿음이나 기도에 관심이 없으시다면, 특정 불교 신이나 다른 신의 이름 암송에 초점을 맞추는 테크닉보다는 단순히 호흡을 들이쉬고 내쉬는 방식의 세속적 형태의 명상이 일관성을 위해 더 나은 선택일 수 있겠군요. 이 두 가지 방법의 효과에 차이가 있다는 과학적 증거는 없으므로, 이런 선택은 오히려 취향의 문제일 것 같습니다. 하지만 무엇보다 더 중요한 것은, 자신에게 하는 질문입니다. "내가 명상을 통해 얻고자 하는 것은 무엇인가?" 많은 사람들은 명상이 세상을 **"초월"**하거나—초월 명상(*Transcendental Meditation*)은 서구에서 가장 공격적으로 마케팅된 명상 기법 중 하나이지요—더 행복해지기 위한 방법이라고 생각합니다. 3장에서 논의했듯이, 일상적인 걱정과 고민에서 가끔씩 자신을 벗어나게 하는 의미의 "초월 행위"는 용납될 수 있겠지요. 하지만, 궁극적으로 우리는 세상사에 대한 참여(engagement)도 절실히 필요합니다. 사랑, 돈독한 우정, 사회 정의를 뒷받침하는 열정은 모두 세상사와의 연계의식에서 나오는 것이지요. 명상이 행복의 생성을 보장할 수 있었다면, 사람들은 하루 종일 자나 깨나 명상만 하게 되어 세계 경제는 이미 오래전에 멈췄을 것입니다. 종교적이든 세속적이든 완전한 행복을 가져다주는 마법적인 공식은 없습니다. 하지만 과학적 관점에서, 어떤 형태의 명상이 입증한 긍정적인 효과 중 하나는 "이완 반응(relaxation response)"이라고 불리는 것입니다. 이는 통상적으로 말하는 "휴식"이나 "긴장 해소"와 약간 다른 개념입니다. 이 효과는 인간이 본능적으로 보이는 싸움 혹은 도피(fight-or-flight) 반응을 상쇄하는 것으로 알려져 있습니다.

『*이완 반응*』은 하버드 의대 교수 허버트 벤슨이 1975년에 처음 발표한 베스트셀러 책 제목입니다. 벤슨과 그의 동료들은 오랫동안 명상을 경험한 사람들을 대상으로 한 신뢰할 만한 과학적 연구에 최초로 착수하여 비슷한 연구 결과를 찾아내기 시작했습니다.

우리가 즉각 해결하지 못하거나 대처 방법을 모르는 문제에 직면하면, 매우 구체적이고 잘 알려진 생물학적 반응이 우리 내면에서 일어납니다. 이는 "싸움 혹은 도피" 메커니즘으로 불리며, 초기 인간의 조상들이 잠재적 포식자나 기타 위험에 직면했을 때 본능적으로 싸우거나 도망쳤기 때문입니다. 이 본능은 초기 인간에게는 매우 효과적인 전략이었지요. 특히 자신들의 원수 집단, 사자, 천둥, 폭풍과 같은 문제에 직면했을 때 즉각적인 공격이나 방어 태세에 필요한 아드레날린 분비를 위해서 말입니다.

하지만 현대를 살아가는 저희들에게 생기는 스트레스 요인—예를 들어 세무 사찰관과의 약속—들에게는 싸우거나 도망치는 것이 적합한 선택권이 아닙니다. 인간 사회는 엄청난 발전을 해 왔지만 인간의 두뇌 화학 구조는 수천 년 전의 그것에 고스란히 포로로 잡혀 있군요. 이로 인해 하루에도 몇 번 씩이나 싸움 혹은 도피 본능이 작동될 수 있습니다. 매번 그 본능이 작동할 때마다 우리의 몸은 높은 혈압, 빠른 호흡, 근육으로의 혈류 증가, 심박수 상승 등으로 이어지는 에너지를 몸 밖으로 방출할 기회를 갖지 못합니다. 시간이 흐를수록, 우리의 정상적인 혈압, 심장 박동, 그리고 다른 신체 기능은 건강에 해로운 수준으로 올라가게 마련이지요.

그러나 여러 종교 제도와 세속적 기관들은 이 문제를 다루기 위한 방법을 고안해 냈습니다. 이는 생리학적으로 말하자면 싸움 혹은 도피 반응과는 정반대인 또 다른 신체 반응을 불러일으키는 것이지요. 벤슨은 이러한 종교적, 세속적 테크닉 사이에 있는 공통점을 찾아냈습니다. 여기에는 아브라함 계통 종교—유대교, 기독교, 이슬람교의 통칭—식의 기도로부터 불교와 힌두교 명상, 요가 자세, 많은 종교적 암송과 독경, 아프리카 민속신앙의 트랜스, 그리고 워즈워스가 자연에서 얻을 수 있다고 주장했고 테니슨이나 에밀리 브론테 같은 시인들도 묘사했던 "지혜로운 수동성"이나 "행복한 마음의 고요함" 등이 포함됩니다.[13] 벤슨은 이 테크닉들이 이끌어 내는 신체적 상태를 "이완 반응"이라고 불렀습니다. 인간이 신체적으로 긴장 상태와 이완 상태에 동시에 머무를수 없다는 사실을 이용하는 것이지요.

휴머니스트, 무신론자, 불가지론자로서 명상에 관심을 가지고 계셨거나 최근에 스트레스로 인한 부정적인 영향을 경험하셨다면, 하루에 한 번씩 일주일 정도 이완 반응을 시도해 보시고, 도움이 된다고 느껴진다면 필요한 만큼 계속해 보세요. 벤슨이 제시한 이완 반응 실행 단계는 다음과 같습니다.

1. 자신의 믿음 체계에 깊은 뿌리를 둔 초점 단어(focus word), 짧은 구절, 혹은 기도를 선택하세요.
2. 조용히 편안한 자세로 앉으세요.
3. 눈을 감으세요.
4. 발부터 종아리, 허벅지, 복부, 어깨, 머리, 그리고 목으로 옮겨 가며 근육을 이완하세요.

5. 천천히 그리고 자연스럽게 호흡하시되, 숨을 내쉴 때 초점 단어나, 소리, 구절, 혹은 기도를 소리 없이 암송하세요.

6. 수동적인 태도를 가지세요. 얼마나 잘하고 있는지 걱정하지 마세요. 다른 잡념이 찾아들면 "괜찮아, 그럴 수도 있지."라고 되뇌며 조심스레 암송으로 돌아가세요.

7. 10~20분간 계속하세요.

8. 급작스레 일어나지 마세요. 다른 생각이 떠오르도록 1분 정도 조용히 앉아 있다가 눈을 뜨고, 다시 1분 정도 앉아 있다가 일어나세요.

9. 하루에 한두 번 이 기술을 실천하세요. 아침 식사 전이나 저녁 식사 전에 하면 좋습니다.[14]

주의 말씀 한마디: 허버트 벤슨의 『**이완 반응**』이 처음 출간된 이후 몇 년 동안, 벤슨은 종교적 믿음에 대해 더 큰 관심을 보이며 하나님이나 다른 초자연적인 존재에 대한 믿음이 이완 반응의 전체적인 효과를 이끌어 내는 데 도움이 될 수 있다는 주장이 담긴 몇 개의 저서를 출간했지요. 하지만 이러한 주장은 엇갈린 과학적 평가를 받아 왔습니다. 이완 반응 자체는 여러 실험을 통해 긍정적인 결과를 가져오는 것으로 계속 입증되고 있습니다. 일부 연구에서는 이완 반응의 효과가 플라시보 효과와 유사하다고 지적하기도 했지만, 이 주장은 핵심을 놓치고 있는 것 같군요. 플라시보 효과는 본질적으로 자신이 유익한 치료를 받고 있다는 믿음에서 수동적이고 의도치 않게 얻는 신체적 혜택입니다. 반면, 이완 반응은 자신의 건강과 정신적 안녕에 긍정적인 영향을 미치기 위해 적극적이고 의도적으로 사용하는 방법입니다. 이는 휴머니즘이 실제로 효과가 있다는 훌륭한 증

거로 볼 수 있습니다. 매일 조용히 앉아 혼자 혹은 다른 사람들과 함께, 신 없이 자신에게 유익한 것에 집중하는 것입니다.[15]

—

예술, 자연, 그리고 두 겹의 삶을 살고 있는 느낌

기도에 대한 또 다른 중요한 휴머니즘적 대안—굳이 제가 말씀드릴 필요도 없지만 하지 않을 수 없군요—은 자연과 예술에 대한 감상과 감사함을 갖는 것입니다. 배려심과 황금률의 중요성을 자주 상기하는 것이 우리에게 큰 도움이 되는 것처럼(4장 참고), 예술과 자연계가 항상 우리를 기다리고 있다는 사실을 되도록이면 자주 일깨워 주는 것이 우리 세속인들에게 중요합니다. 심리학자인 저의 친구는 매주 일요일마다 "푸른 돔의 교회"에 참석한다고 말하곤 합니다. 또는 8세기 중국 시인 이백이 그의 친구이자 동료 두보에게 했던 말을 떠올릴 수도 있겠군요. "자네의 새로운 시를 읽을 수 있게 해 줘서 고맙네. 마치 삶을 두 겹 으로 살고 있는 느낌이야."[16]

예술을 창작하거나 감상한다는 것이란 결국 우리가 세상에서 발견하는 것들—자연의 장관이 발산하는 찬란함, 독이 서린 추악함, 사랑과 증오, 열정과 모순 감정, 분노와 유머—을 더 아름답고 가치 있는 것으로 변모시키는 과정이 아닐까요? 우리는 이런 감정을 위대한 예술가들과 예술을 사랑하는 휴머니스트들 사이에서 끊임없이 발견합니다. 『**내이션**(*Nation*)』 잡지에서 종교적 우파가 "무신론자 우두머리"로 낙인찍은 카타 폴리트(Katha Pollitt)는 모든 신과 초자연 현상을 부인하는 무신론은 인간의 심연에 내재하는 연결과 영감에 대한 목마름을 충족시킬 수 없지만, "예술은 무신론이 갈 수 없는 곳까지 갈 수 있다."고 감성 깊게 쓴 적이 있습니다. 그리고 음악 이론가 다니엘 레비틴(Daniel Levitin)도 그의 책『**여섯 곡의 노래로 보는 세상: 음악적인 두뇌가 어떻게 인간의 본성을 창조했는가**(*The World in Six Songs: How the Musical Brain Created Human Nature*)』의 "위안"이라는 아름다운 장에서 비슷한 생각을 표현했습니다. 이 장의 부제는 조니 미첼(Joni Mitchell)의 열렬한 팬이 레비틴과 미첼이 저녁을 먹고 있는 테이블로 다가와 미첼에게 고마움을 표하며 한 말에서 따왔습니다. 그녀의 팬은 조니 미첼의 노래가 1970년대에 힘든 시간을 갖고 있던 자신에게 큰 힘이 되었다며 이렇게 말했다는군요. "프로작(Prozac)이 나오기 전에, 나에겐 당신이 있었지요."

레비틴의 이야기를 하니 제가 몇 년간 노래했던 록 밴드를 그만두고 휴머니즘과 종교를 공부하기 위해 대학원에 진학한다고 발표한 자리에서 어떤 팬과 나눴던 대화가 생각나는군요. **"종교라고요?"** 그는 분명히 실망한 목소리로 믿을 수 없다는 듯 물었습니다. "하지만, 음악이 바로 종교인데요!" 그 순간 제가 제대로 된 답을 생각해 내지 못한 것은 분명하군요(모욕감에 휩싸인 음악 팬이 쏟아 내는 분노는 지옥 불보다 더 무섭다는데 말입니다). 지금 다시 생각해 보면 저는 여전히 음악을 사랑한다고 말할 수 있습니다. 그러나 음악을 세속적 종교로 여기는 데에는 문제가 있는 것이, 콘서트는 공동체가 아니기 때문입니다. 현대 음악 팬덤이 "컬트적"으로 느껴질 수는 있지만, 이런 팬덤이 공동체로 발전해 서로를 지원하거나 세상을 더 나은 곳으로 만드는 경우는 드문 것 같습니다.

종교학자 미르치아 엘리에이드(Mircea Eliade)는 현대를 살아가는 세속인들이 성스러운 순간과 의식(儀式)을 경험하지만, 그것이 거의 전적으로 사적인(private) 감정이라는 점을 설명했습니다. "어떤 개인의 출생지, 첫사랑의 장면, 젊은 시절 방문했던 첫 번째 외국 도시의 특정 장소…. 이것들은 마치 일상적 삶에서 벗어난 또 다른 현실을 경험하게 한 것처럼 그 자신만의 우주에 자리 잡고 있는 '성지'입니다."[17] 조나단 하이트(Jonathan Haidt)는 엘리에이드가 내린 이 진단을 읽고 이렇게 반응하였지요: "이 글을 읽는 순간 저는 숨이 막히는 기분이었습니다. 엘리에이드는 저의 나약한 영적 세계(spirituality)를, 비록 제한적이긴 하지만, 저에게 고취감과 일깨움의 순간을 갖게 했던 장소, 책, 인물, 그리고 사건에 고착시켜 주었네요. 믿어질지 모르겠지만, 무신론자들도 사랑에 빠지거나 자연 속에 있을 때 은근히 전해지는 성스러움을 느낍니다. 단지 우리는 하나님이 그 감정을 일으켰다고 추론하지 않을 뿐이지요."[18]

사랑, 자연, 예술이 하나같이 우리 삶에 중요한 이유는 그것들이 우리에게 가져다주는 추억의 순간들은 무엇보다도 값지기 때문입니다. 제가 조직화된 휴머니즘 활동에 관여하기 시작했을 때, 제가 방문한 단체들이 하나님의 존재에 대한 토론을 주최하거나 잡지, 학술지, 뉴스레터를 발간하는 데 에너지를 쏟으면서, 시 낭송회나 콘서트를 열거나 하이킹 같은 활동을 함께하지 않는 모습에 저는 큰 충격을 받았습니다. 우리의 미래 활동에서는 이러한 패턴에 변화가 오길 바라는 마음이 간절하군요. 왜냐하면, 예술과 자연에 대한 경험은 우리 혼자서나, 혹은 소규모의 친밀한 그룹과 함께 쉽게 할 수 있지만, 더 넓은 공동체 속에서 다른 사람들과 함께 그런 경험을 가지며 그 사람들의 삶의 특별한 순간을 인식할 기회를 갖지 못한다면 우리는 스스로 우리의 잠재력을 제한하게 될 것이니까요.

다음은 휴머니스트와 비종교적인 사람들이 의식적 공유를 통해 "자연적 연금술(natural alchemy)"을 경험할 수 있는 몇 가지 방법입니다. 물론 신비롭고 마법 같은 개념에 대한 믿음 없이 말입니다.

삶의 주기

대다수의 인본주의자 및 비종교인들은 출생(세례, 작명식, 할례와 같은 말의 대안을 생각해 보길), 성인식(견진성사, 바르/바밋츠바), 결혼, 죽음(결혼식과 장례식)과 같은 인생의 주요 전환점을 기념하는 "삶의 주기" 의식에 대한 세속적인 버전이 존재한다는 사실을 잘 알지 못합니다. 이러한 단순한 지식 결핍 외에도, 어떤 사람들은 이러한 제례의식을 고안하거나 실행하는 것이 종교와 너무 비슷하다고 주장하기도 합니다. 저는 창의성과 독창성이 결여된 이러한 태도가 무척 충격적이라고 생각합니다.

보이지 않는 존재에 대한 믿음을 포기한다고 해서, 우리의 가족과 전통, 역사를 기리며 인간이 가진 최상의 가치로 묶인 공동체를 함께 만들고, 우리의 중요한 순간들을 축하하는 것을 포기해야 한다고 생각하는 것은 터무니없는 생각입니다. 결혼식, 장례식, 출생과 같은 의식은 현존하는 어떤 주요 세계 종교들보다 훨씬 이전에 생겨났을 뿐만 아니라, 조직적인 종교 자체보다도 오래되었을 가능성이 큽니다. 그리고 오늘날 북미, 유럽, 호주 및 다른 지역에서 사람들이 인본주의 방식으로 삶을 기릴 수 있도록 돕는 조직들이 많이 있습니다.

아기 이름 짓기 의식

"아기를 갖는 것은 매우 개인적인 일이라고 항상 생각하고 있었어요. 하지만 제가 틀렸다는 것을 알게 되었죠."라고 어느 엄마가 그녀의 아들을 위해 제가 인본주의적인 이름 짓기 의식을 거행한 날 아침에 말했습니다. "얼마나 많은 도움을 필요로 하는지, 그리고 그 경험을 다른 사람들과 얼마나 나누고 싶어지는지 몰랐어요."

가정을 시작하는 일은 매우 공개적인 일입니다. 그리고 당신을 아끼는 사람들은 도움을 주고 싶어 하지만, 종종 어떻게 해야 할지 모릅니다. 출산 의식은 그들에게 사랑하고 시간을 함께 보내는 방법을 보여 줄 수 있는 기회입니다. 또한 결혼식 이후 처음으로 두 가족이 함께 모여 어떻게 성공적으로 화합될 수 있을지 진지하게 고민할 수 있는 중요한 기회가 될 수 있습니다. 물론 양육 과정에서 부모가 무엇을 제공해야 하며 또한 무엇을 얻고 싶은지 고려할 기회이기도 합니다.

인본주의적인 이름 짓기 의식에서 셔윈 와인은 종종 이렇게 말했습니다: "아이가 태어날 때 희망이 태어납니다. 아이는 우리들로 하여금 기대와 흥분으로 가득 찬 미래를 바라보게 만듭니다. 아이는 과거와 미래를 연결하는 고리입니다. 아이는 우리가 미래로 손을 내밀어 모든 가능성과 기회를 맞이하게 해 줍니다. 아이들은 우리 속에 내재하는 사랑과 창의력을 발휘할 수 있는 힘을 외부로 분출하게 만들고, 인간의 삶을 양육하기 위해 얼마나 많은 것이 필요한지를 발견하게 해 줍니다. 우리가 다른 인간에게 생명의 선물을 주면, 우리는 우리 자신의 삶에 생명을 불어넣게 되는 것입니다. 우리는 희망으로 살아 있게 됩니다."[19]

희망과 함께 벅찬 양육의 책임이 부모들 앞에 기다리고 있습니다. 그들이 섣불리 표현은 하지 않지만 그들은 두려움에 휩싸입니다: 나는 그것을 할 수 있는 충분한 힘이 없다, 나는 잘 해낼 수 없을 것이다, 나는 내 아이들에게 무엇을 가르쳐야 할지 모른다, 어떻게 부모 역할과 직장 일, 그리고 내 삶의 모든 것들 사이의 균형을 잡아야 하지? 우리는 이름 짓기 의식을 치르는 동안 이러한 두려움을 정면으로 맞게 됩니다. 와인은 계속해서 이렇게 말했습니다: "아이를 사랑하는 것은 삶을 사랑하는 것입니다. 아이를 양육하는 것은 희망을 표현하는 것입니다. 아이들은 우리의 힘을 소진하지 않습니다. 그들은 우리가 우리 자신의 한계를 초월하여 우리의 창조적 재능의 힘을 발견하도록 합니다. 어머니와 아버지가 되는 것은 어떤 전문 직업보다 더 힘든 일입니다. 그것은 사회적 부름 그 이상입니다. 그것은 우리가 인생에 필요로 하는 것 중에 가장 깊은 것을 성취하는 것입니다. 우리의 미래를 만져 보고 그 미래가 살아날 수 있게 해야 하는 필요성 말입니다."

어떤 가족들은 이름 짓기보다는 (아기의 태생을 축하하는) "환영식"을 선택하지만, 저는 이름 짓기 의식을 좋아합니다. 왜냐고요?

첫째로, 이름은 매우 중요하기 때문입니다. 인간이 평생 동안 지니게 될 이름을 선택하는 것은 막중한 책임이니까요. 만약 그것이 세금 신고서 제출이나, 혹은 다음번 큰 업무 프로젝트를 제때에 완료하는 스트레스와 비교했을 때 사소하게 느껴진다면, 데이비드 브룩스가 지적한 사실을 염두에 두세요. "Dennis나 Denise라는 이름을 가진 사람들은 치과 의사가 될 가능성이 비례적으로 더 큽니다. Lawrence나 Laurie라는 이름을 가진 사람들은 변호사가 될 가능성이 더 큽니다. 그리고 Louis라는 이름을 가진 사람들은 St. Louis로 이사할 가능성이 더 큽니다!"[20]

진지하게 말해서, 이름을 선택하는 것은 종종 젊은 부부가 부모로서 함께 내리는 첫 번째 중요한 결정입니다. 이름을 지을 때마다 두 사람은 각기 다른 문화적 배경, 개인적인 스타일, 가족과 개인의 삶의 역사를 고려하여 협상을 합니다(아기 엄마가 무척 사랑하던 고모의 이름을 딸에게 아무리 지어 주고 싶어도 아기 아빠의 지긋지긋했던 옛 여자 친구 이름과 동일하다면 절대로 가능하지 않겠지요). 이것은 세 사람이 참여하는 상징적인 공동 프로젝트이며, 따라서 그만큼 함께 축하할 만한 가치가 있는 일입니다.

당신은 "대부모"를 선택하는 순간을 대신할 세속적인 대안을 원할 수도 있습니다. 대부모는 아이의 삶에서 특별한 멘토 역할을 맡기로 약속한 사랑하는 친구나 가족 구성원이자, 부모에게 예기치 않은 비극이 닥쳤을 때 더 큰 역할을 맡기로 감정적으로 결심한 사람들입니다. 왜 비종교적인 커플들이 이러한 헌신을 공식적으로, 공개적으로 인정받을 기회를 박탈당해야 할까요? 우리가 그들을 "가이드 부모"라 부르며, 신생아의 삶에서 그들이 맡기로 한 안내 역할을 받아들이고 있으면서도 말입니다.

결혼

세속적이고 비종교적인 수많은 사람들이 가끔씩 이런 질문을 던질 것 같군요: "지금이 어떤 시대인데 결혼을 굳이 해야 할 필요가 있을까? 결혼이란 성차별과 억압의 잿더미로 변하고 있는 진부한 가부장적 제도일 뿐이지 않은가? 일처일부제는 불가능하지 않은가? 그리고 그것을 축하하려는 욕구는 현실을 무시한 자기 몰입의 극치가 아닌가?"

결혼할 준비가 되지 않았다고 느낀다면, 제가 당신을 압박하려는 것은 절대 아닙니다. 이 글을 쓰고 있는 이 시점의 저 자신도 아직 결혼하지 않았습니다. 그러나 저는 상당히 많은 결혼식을 주례했고, 제 동료들—다른 인본주의 목사들, 랍비들, 그리고 미사 집전 신부들—도 수천 번의 결혼식을 주례했습니다. (동성애나 이성애에 상관없이) 사랑에 빠져 자신의 가치관에 일치하고 의미 있는 결혼식을 하고 싶어 하는 수백만 명의 비종교적인 사람들이 있습니다. 왜 자신들이 그런 것을 원하는지 완전히 이해하지 못하는 경우에도 그렇습니다.

과거에는 어떤 결혼은 신랑이 신부를 그녀의 가족으로부터 공식적으로 구매하는 방식으로 이루어졌습니다. 다른 결혼식들은 주로 신에게 행복, 장수, 그리고 건강한 자손을 부부에게 주도록 간청하기 위해 신의 제재와 축복을 구하는 목적으로 이루어졌습니다. 이런 관습은 최선의 경우에는 생존의 고통을 인내해야 하고, 최악의 경우에는 생존할 수 없을 정도로 혹독한 현실 속에서 어쩔 수 없이 함께하게 된 부부들에게 강요되었지요. 이 책은 결혼의 역사를 인류학적 혹은 역사학적으로 답사하는 자리가 아니므로, 그 주제에 관심이 크시면 스테파니 쿤츠(Stephanie Coontz)의 저서를 추천드립니다.

오늘날 대부분의 사람들은 결혼을 선택합니다. 이제는 누가 식탁에 음식을 올리거나 우리의 요구에 맞게 요리할 수 있는지를 기준으로 배우자를 선택하는 경우가 드뭅니다. 인본주의 결혼식에서 자주 말하듯이, "결혼 서약의 본질은 상대방을 연인, 동반자, 그리고 친구로서 온전히 받아들이는 것입니다. 이는 양측 모두 신중하게 고려하고 존중하는 결정을 내리는 것입니다." 우리는 사랑과 동반자 관계를 원합니다. 성적 친밀감과 끌림을 기대하면서도, 함께 늙어 갈 수 있을 만큼 존경할 수 있는 사람을 찾기를 원합니다. 그것은 결코 쉬운 일이 아닙니다. 결혼식은 우리가 현실에 대한 인식을 가지고 희망을 결합하고 있다는 것을 공개적으로 인정하는 기회입니다. 결코 이 과정이 쉽지 않을 것이고, 우리가 원하는 모든 것을 가질 수 없음을 알고 인정하는 것이지요.

마지막으로, 인본주의 결혼식은 부부와 그들의 가족, 친구들에게 중요한 순간입니다. 왜냐하면 이것은 행복한 가정을 꾸리기 위해 사랑하는 사람들의 도움이 필요하다는 것을 공개적으로 말하고 그 도움을 요청할 수 있는 기회이기 때문입니다. 그 대가로, 참석자들은 사랑이 그들 자신의 삶에서 어떤 역할을 해 왔는지 반성할 수 있는 기회를 얻게 됩니다. 어쩌면 나이 든 부부들은 한때 그들의 서약에 생기를 불어넣었던 희망과 친밀함을 다시 상기할 수도 있고, 젊은 싱글들은 자신이 찾고 싶은 이상적인 모델을 발견할 수도 있습니다.

인본주의 결혼식에서는 종종 이런 말로 진전되기도 합니다: "사랑에 빠진 두 사람은 인간 사회의 더 넓은 포용에서 고립되어 살지 않습니다. 사랑을 성취하는 것은 인간적 책임에서 면제되는 것이 아닙니다. 그래서 결혼이라는 제도는 사랑이라는 사적인 경험을 공개적으로 인정하고, 그 목적을 위한 양측의 헌신을 성스럽게 만드는 것입니다." 서약을 교환한 후, 저는 참석자들에게 질문을 던지는 것이 좋다고 생각합니다: "여러분, 이 커플의 가족과 친구로서 이들이 강하고 활기찬 결혼 생활을 이룰 수 있도록 격려하고 지지할 것을 약속하십니까?" 대답은 항상 "그렇습니다."입니다.

장례의식

저는 가능한 한 종교와 종교적인 사람들에게 의심의 혜택을 주려고 노력하지만, 비종교적인 가족이 비종교적인 사랑하는 사람이 사망했을 때 종교적인 장례식을 치르는 것은 거의 대부분의 경우 좋지 않은 생각으로 간주합니다. 우리가 가장 취약한 순간에, 우리가 가장 원하지 않는 것은 거짓된 위로입니다. "널 위해 기도할게."라고 갑자기 명목상으로만 믿는 사람들이 죽어 가는 친구에게 말합니다. "그는 이제 천국에 있어요."라고 10년 동안 교회에 가지 않은 사람들이 고통 속에서 죽은 남편, 형제, 혹은 아들에 대해 말합니다. 그 말을 듣고 있는 당신이 만약 그러한 말을 진실하거나 효과적이라고 믿지 않는 사람들 중 하나라면, 그 표현들은 당신의 고통에 모욕을 안겨 줄 수도 있겠지요. 왜냐하면 이것들은 믿음에 근거한 진술이 아니기 때문입니다. 그것은 당신의 고통에 동참할 수 없는 사람들이 하는 말일 뿐입니다.

인본주의자에게 있어 애도 과정은 죽음이 실제적이고 최종적이라는 것을 받아들이는 데서 시작됩니다. 에피쿠로스에게는 좀 미안한 말이지만, 우리는 죽음을 두려워합니다. 우리의 죽음에 대한 두려움은 정상적이며 무시되어서는 안 됩니다. 그 두려움은 우리가 살아 있는 시간이 있을 때 좋은 삶을 살고자 하는 동기의 일부입니다. 하지만 우리가 사랑하는 사람이 죽을 순간이 오면, 우리의 질문에 대해 좋은 답변이 거의 없을 것입니다: 왜? 왜 지금? 어떤 목적을 위해? 이렇게 대답하기 어려운 질문들에 대한 생생한 감정은 우리가 삶을 중요하게 생각한다는 표시입니다. 그리고 우리가 관심을 갖는 능력이 없다면, 때로는 큰 고통을 느낄 정도로 말이죠. 우리는 걸어 다니고, 말하고, 씹을 수는 있겠지만, 진정으로 사는 것은 아닐 것입니다. 그래서 우리는 이러한 감정을 마법처럼 없애 줄 말을 찾지 않습니다—미래의 세상이나 재회 또는 보상에 대한 이야기를 하지 않습니다—. 왜냐하면 우리의 감정이 마법처럼 사라질 수 있다는 단순한 암시는 그 감정을 하찮게 만들기 때문입니다. 그리고 우리는 신의 신비스러운 존재에 대해 말하지 않습니다. 우리는 신도, 누구도, 어떤 것도 시간이 아니면 이 고통을 없앨 수 없고, 그마저도 완전히 없앨 수 없다는 것을 인정합니다.

하지만 우리가 할 수 있는 또 다른 것이 있습니다—가장 중요한 일입니다—. 우리는 그들과 우리 자신이 함께하고 있음을 알리는 것이지요(We offer our own presence). 장례식은 우리가 다 같이 함께 사랑했던 사람을 아끼는 사람들, 그리고 자신과 서로를 아끼는 사람들이 긴장과 모호함에도 불구하고 함께 모여 서로의 곁에 있는 시간입니다. 그것은 어떤 일이 있더라도 이야기를 나누고, 추억을 나누고, 의미 있는 글귀나 노래를 공유하며, 웃음과 눈물, 포옹, 그리고 그저 함께 앉아 사랑을 표현하는 시간입니다. 슬퍼하고 있는 사람을 피해 버리거나 그 사람의 고통이 사라지기를 바라는 대신에, 그 사람과 함께 그저 방 안에 앉아 있는 것이 우리가 할 수 있는 가장 좋은 일입니다. 이것이 바로 세속적인 이스라엘 사람들이 장례식에서 "미안해요."나 "조의를 표합니다." 또는 "애도를 표합니다."라는 말을 하지 않는 이유입니다. 그들은 "아니 미슈타테프 베차르카"―"당신의 슬픔에 함께합니다."―라고 말합니다. 셔윈 와인의 말대로:

"죽음은 용기를 필요로 합니다. 죽음은 너무나도 완전한 종말이기에 우리의 삶을 두려움과 불안으로 가득 채웁니다. 오랜 행복한 삶의 끝에서 찾아오는 죽음은 결코 환영하지는 못하지만, 깊이 원망해서는 안 됩니다. 하지만 죽음이 너무 일찍 찾아와 어린 생명을 앗아 가고, 희망과 꿈을 무너뜨릴 때, 그것은 우리의 두려움에 분노를 더합니다. 우리는 운명의 불공평함에 울부짖으며, 결코 오지 않을 것 같은 답을 기다립니다. 언제나 용기는 공평하지 않은 세상과 대응할 수 있는 힘입니다. 용기는 우리에게 결코 주어지지 않을 것을 구걸하기를 거부합니다. 바꿀 수 없는 것을 받아들이려는 의지입니다. 용기는 죽음 앞에서도 삶을 사랑하는 것입니다. 우리가 약해질 때조차 다른 이들과 우리의 힘을 나누는 것입니다. 우리가 그들을 잃을까 두려워하면서도 가족과 친구들을 껴안는 것입니다. 심지어 마지막 순간에라도 자신을 사랑으로 여기는 것입니다. 용기는 자존감입니다. 그것은 불평 대신 조용한 결의를 선호합니다. 그것은 기다림 대신 행동을 선호합니다. 그것은 인생의 출구와 입구가 각각 그들만의 존엄성을 가지고 있음을 확언합니다."[21]

사랑하는 사람을 위한 장례식을 생각하고 있는 독자들을 위해, 저는 당신의 가치와 애도하는 사람의 가치에 맞는 의식을 고려할 수 있도록 격려의 말을 전합니다. 그것은 어려운 일이 될 수 있습니다: 당신은 가족에 대한 충성심이나 전통에 대해 걱정할 수 있고, 이웃이 어떻게 생각할지 신경 쓸 수도 있으며, 아마도 가장 일반적인 문제는 전통적인 의식이 아닌 다른 방법으로 어떻게 준비해야 할지 모를 수도 있습니다. 전문 교육을 받은 성직자 같은 사람이 함께 있다면 여러 이유로 도움이 될 수 있습니다. 이 책은 '어떻게 해야 하는가'에 대한 설명서가 아니므로, 여기서 자세한 지침을 제공할 수는 없지만, 책의 뒷부분에 몇 가지 자원 목록이 있으며, 연락할 사람들과 읽을 수 있는 다른 책과 자료들을 실었습니다. 그러나, 만약 당신이 독립적으로 하고 싶다면, 가능합니다. 저는 책임감 있고 동정심 많은 가족 구성원이나 가까운 친구를 모집하여 다음 사항들을 준비하고 장례식장 또는 추모 예배당과 협력할 것을 제안합니다:

1. 의식 전 가족과 친구들과 이야기 나누기

의식 전에 가족과 친구들을 한자리에 모아 약 한 시간 동안 고인의 이야기를 나누고 추억을 회상하세요. 함께 웃고, 함께 울어 보세요. 도와줄 사람이 있다면 대화 내용을 기록하거나 녹음하도록 부탁하세요.

2. 의식을 위한 읽을거리 준비

고인과 관련 있는 시, 노래, 산문 등 읽을거리를 준비하세요.

3. 이야기 나누기

의식 중 한두 명 이상의 사람이 고인에 대한 이야기를 나누도록 요청하세요. 고인의 생애 이야기를 포함하여 다양한 추억을 공유할 수 있습니다. 그러나 꼭 말을 해야 한다는 압박감을 주지 마세요. 만약 죽음이 충격적이거나 비극적인 경우라면, 그 사실을 인정하세요. 그런 상황을 위한 특별한 읽을거리도 있습니다. 당신은 혼자가 아닙니다.

4. 침묵의 시간을 허용하기

조용히 성찰할 시간을 허용하고, 이 시간에 개인적으로 기도하고 싶은 사람이 있다면 편안하게 할 수 있도록 배려하세요.

5. 전통적인 언어를 활용하기

의식의 중요한 순간에 전통적인 언어를 활용할 수도 있습니다. 예를 들어, 제인 윈 윌슨(Jane Wynne Wilson)의 가이드북 『신이 없는 장례식(Funerals Without God)』에 제안된 글에서 따온 다음 문장을 사용할 수 있습니다: "우리는 이제 도널드 버크의 육체적 존재의 마지막 순간에 도달했습니다. 존경과 명예, 애정과 사랑을 담아 그의 열정과 지성을 우리의 기억 속에 간직합니다. 우리는 그의 인간성과 따뜻함을 우리의 가슴속에 묻어 둡니다. 그의 몸은 화장되어 자연의 순환으로 돌아갑니다. 흙으로부터 흙으로, 먼지에서 먼지로, 재에서 재로."[22]

휴일

화려한 무대 조명 아래에는 금색의 큰 마호가니 십자가가 밝게 빛나고 있었습니다. 교회의 긴 의자에는 천 명이 넘는 열렬한 참석자들이 빼곡하게 앉아 있었습니다. "새로운 인도주의"란 주제로 열린 2007년 컨퍼런스에서 우리가 그에게 수여한 문화 인도주의 평생 공로상 수상 연설을 하며, 살만 러쉬디(Sir Salman Rushdie) 경은 다음과 같은 매우 흥미로운 발언을 하셨습니다:

"저는 뭄바이에서 자랐습니다. 저희 이웃 동네에는 갖가지 종교를 가진 사람들과 무신론자들이 살고 있었습니다. 기독교, 힌두교, 이슬람교, 불교, 시크교, 파르시교를 믿는 집의 아이들, 그리고 저희 가족처럼 믿지 않는 가정의 아이들 모두 섞여 있어서 어느 한 그룹이 다른 그룹을 지배하는 위치에 있지 않았습니다. 우리는 모두 동격인 셈이었지요. 우리는 항상 서로를 인정하며, 다른 사람들의 종교와 휴일을 함께 보내는 관습을 기꺼이 지키고 있었습니다.

그래서 우리는 많은 휴일을 지키게 되었고, 이 사실은 제가 성장하고 난 뒤에 '하나님을 믿지 않는 사람들을 위한 휴일은 어디 있었지?'란 질문을 하게 만들었지요. 제 아이들이 다닌 학교들은 세계교회주의(ecumenicism) 정신에 따라 모든 종교의 휴일을 기념한다고 자랑스럽게 말했지만, 저의 질문은 여전히 남아 있었습니다. '하지만, 믿지 않는 사람들을 위한 휴일은 어디 있나요? 무신론자들을 위한 콴자(Kwanzaa) 휴일은 어디 있죠?' 물론 그런 것을 하나 만들어 볼 수 있겠네요. '무신론자마스(Atheistmas)'라고 이름 지을 수 있겠죠. 저는 스티븐 [핑커]와 함께 무대 뒤에서 이 아이디어를 구상했습니다. 그래서 저는 이렇게 제안합니다. 아마도 이번 주말이 바로 그거일지도 모릅니다: 바로 '무신론자 크리스마스'입니다.

　네, 아멘, 아니면 다른 비슷한 말."[23]

러쉬디 경만이 할 수 있는 재담이군요. 하지만 다음 날 아침 총회에서 셔윈 와인 박사는 러쉬디 경과 함께 패널로 앉아 농담처럼 들리지만 진지한 반론을 제기하셨습니다. "무신론자 크리스마스는 훌륭한 아이디어지만 실천하기는 힘들겠네요." "왜 힘들죠?" 하고 물으니 "무신론자 기독교인들은 크리스마스를 기념하고 싶어 하고, 무신론자 유대인들은 하누카를 기념하고 싶어 하기 때문입니다."

　"무신론자 기독교인"이라는 개념이 어떻게 가능할 수 있느냐는 당혹스럽고 화나는 질문은 여기서 끝내지요. 이 질문은 제가 다음 섹션에서 문화에 대해 말씀드릴 일화를 꺼낼 때마다 제가 항상 받는 질문이기도 합니다. 지금은 단순히 휴일을 지키는 것이 우리 삶에서 자연스럽고, 환영받으며, 필수적인 부분이라는 점만 강조하겠습니다. 인도주의나 무신론을 막론하고, 한 줌 소금만치의 가치를 가진 믿음이라면, 휴일 축하를 필요로 하는 인간적 욕구를 이런 무정하고 멋없는 태도로 절대로 무시하지 못할 줄 믿습니다. 사실, 무신론자와 불가지론자들은 기회만 주어진다면 어린 시절의 휴일을 기념하는 데 많은 관심을 갖고 있습니다. 하지만, 자신들이 믿는 것과 심한 충돌이 일지 않게 휴일을 기념할 방법을 찾고 있는 것이지요. 러쉬디 경이 제기하는 질문의 핵심을 간략하게나마 다루어야 하겠군요: 인도주의자와 세속주의자들이 매년 자신의 믿음을 기념하는 독특한 시간과 방법이 있는지?

빛의 축제들

크리스마스와 하누카는 사실 공감의 마술에 관한 축제입니다. 우리의 조상들은 매년 이 시기가 되면 세상이 매일매일 더 짙은 어두움에 덮이고 추워지는 것을 지켜보았고, 매년 반복되는 그 주기는 그들에게 두려움을 자아냈습니다. 먹을 것은 충분할까? 옷과 집은 생존하기에 충분히 따뜻하고 튼튼할까? 보이지 않는 적들이 어두운 곳에 숨어 기다리고 있지는 않을까? 여기에다 계절성 우울증(SAD)까지 있었지요. 우리들이 햇빛을 오랫동안 쬐지 못할 때 경험할 가능성이 큰 우울증 말입니다. 그래서 그들은 각종의 신들에게 장난을 치는 법을 익혔습니다. 이런 연유로 크리스마스트리나 겨울 동지 즈음의 다른 축제 전통에 불빛을 등장시킨 것이지요. 매일 불빛을 하나씩 더 켜 나가는 하누카의 전통은 신에게 겨울 동지 후에 정확히 무엇을 해야 하는지 살짝 암시해 주는 장난의 극치였던 셈이지요. '매일 더 적은 빛이 아니고, 더 많은 빛을 보내 줘.' 하는 간접적 메시지였군요. 역사학자들과 인류학자들은 하루만 타게 되어 있던 성전의 기름이 여덟 날 동안 계속 탄 신화 속의 기적이 하누카의 관습에 추가되었다고 말할 수 있겠네요.

춥고 어두운 밤에 우리가 빛의 축제를 즐기지 않을 이유가 어디 있겠습니까? 예수에 관한 전통적인 이야기는 고대 그리스의 신들과 인간에 관한 책에 있는 이야기들처럼 일종의 신화로 묘사될 수 있겠네요. 선물은 주고받을 수 있습니다. 특히, 가족과 친구들을 추모하기 위해 그들의 이름으로 자선 단체에 기부하는 최근의 선물 행사 전통은 더욱 그렇겠네요. 무신론자 지도자인 마가렛 다우니는 최근 몇 년간 고향인 필라델피아에서 미디어의 큰 주목을 받으며, 전국적으로 영감을 주는 제안을 했습니다. 그녀는 각종 책 표지(무신론과 인도주의에 관한 책들도 포함)로 화려하게 장식한 "지식의 나무"를 만들어 기독교와 유대교 상징물들이 전시된 필라델피아 시청 건물 주변에 설치했습니다.

2001년에는 인본주의 활동가인 조 폭스와 게리 브릴이 새로운 전통인 '휴머니즘의 빛(HumanLight)'이란 기념일을 창립했으며, 이 기념일은 현재 미국 전역의 많은 세속적인 가정에서 지켜지고 있습니다. 산타클로스까지도 우리의 축제에 함께할 수 있습니다—물론 아이들에게 코카콜라 회사가 막대한 광고비를 들여 산타가 코카콜라와 같은 빨간색 옷을 입고 굴뚝으로 내려온다고 선전 광고를 시작하기 전에는 산타가 여러 가지 색깔의 옷을 입었던 사실도 알려 주어야겠지요—. 그렇습니다, 원래 크리스마스에 대한 전쟁은 무신론자들이 아니라 초기 식민지 시대의 미국 개신교인들이 벌였던 것입니다. 그들은 오직 가톨릭 신자들만 그런 물질적 욕구 충족 행위를 할 것이라고 반대했으며, 그 후 여러 상업적 장식들이 점차 추가되어 휴일이 그들에게 더 받아들여지게 되었습니다.[24] 하누카는 그 계절을 기념하거나 유대인 문화를 기념하거나, 두 가지 모두를 기념할 기회가 될 수 있습니다. 휴머니즘 유대교 협회는 이를 어떻게 할지에 대한 자료를 제공합니다. 어쨌든, 이 휴일은 어쩔 수 없이 기독교의 풍습에 부응하는 상업적 착취의 폭발로 인해 현대에 특별히 두드러지게 되었지요.

생명과 갱신의 축제들

긴 겨울이 물러가면 대지는 다시 살아납니다. 자연이 스스로 부활하는 것이지요. 그것이 부활절의 진정한 의미이며, 부활절과 유월절 시즌이 아마도 제 인생에서 가장 좋아하는 시즌이 된 이유입니다. 매년 일어나는 그 일이지만, 저는 그 일이 일어나는 방식에 놀라움을 금할 수 없습니다. 제 인생에서 잘못되어 가고 있는 일은 전혀 아랑곳하지 않고, 이 계절은 거의 마법처럼 삶을 밝게 볼 수 있는 이유를 제공합니다. 그것이 바로 자연이 자신을 드러내는 방식입니다. 드디어 더 많은 빛을, 더 많은 온기를, 더 많은 생명을 뿜어내는 것이지요. 그것도 매년 잊지도 않고. 이런 일을 겪어 가며 살아가는 우리가, 죽음에서 다시 살아나는 인간이나, 노예 생활에서 탈출하는 민족의 경험을 비유를 통해 포착한 옛이야기를 왜 전하고 싶지 않겠습니까? 저는 매년 이 휴일 동안 가족들과 함께하는 시간을 소중하게 보냅니다. 어찌 보면, 그 모임은 제 가족이 부활하는 것처럼 느껴지기도 하거든요. 왜냐하면 가족을 마지막으로 본 것이 대개 그 이전 12월이거나 어떤 해에는 그보다 훨씬 전이기도 하니까요.

휴일이라는 핑계가 없었다면 아마도 이렇게 매년 가까운 시일 안에 모두 다시 모여야 한다는 압박감을 느끼지 못하겠지요. 그래서 저는 인본주의 유월절 세더(Seders)에 모이는 것을 좋아합니다. 그곳에서 우리는 성경의 출애굽기를—문학으로서—읽고, 저녁 식사 중에 그 내용을 분석하며, 오늘날 우리가 그 이야기에서 받아들여야 할 가치와 거부해야 할 가치에 대해 이야기하고 논의합니다(예를 들어, 노예에서 해방되는 것은 훌륭한 일이지만, 하나님께서 적들에게 유아 학살을 포함한 끔찍한 재앙을 내리기를 기도하는 것은 그렇지 않습니다). 무신론자들과 비종교적인 사람들은 우리가 가장 자유로운 유대인들과 기독교 이웃들이 개척한 전통을 채택함으로써 이런 휴일들을 많은 방식으로 기념할 수 있습니다. 그리고 한 걸음 더 나아가, 깊은 생각 없이 무심코 하던 기도를 제거하고, 이 시기의 현대적인 중요성을 강조하기 위해 새로운 작은 의식들을 첨가할 수도 있겠네요. 예를 들어, 최근에 새로 등장한 유월절 의식—포도주 잔에 손가락을 열 번 담근 후 노숙자, 아동 매매, 핵 확산 등 현대의 열 가지 재앙을 상징하는 '피'를 한 방울씩 떨어뜨리는 것—을 수행하는 것입니다.

이 패턴은 우리가 매년 기념하고 감사하는 많은 다른 휴일에도 적용됩니다. 인도주의자들은 신화일색의 휴일 장식물과 장삿속이 뻔한 인사말 카드의 저속함을 초월하여, 사람들이 애초에 무슨 이유 때문에 이런 휴일을 만들어야 했는지에 대해 생각해 보고, 진정코 **그 이유를 기리는 휴일**을 가질 수 있겠군요. 기독교의 사순절, 이슬람의 라마단, 유대교의 로쉬 하샤나와 욤 키푸르, 그리고 이제 세속화된 새해 전야의 결심들은 우리가 가질 수 있는 도덕심의 재평가를 위한 시간입니다. 우리는 지난 한 해 동안 어떻게 해 왔는가? 우리가 사죄하고 용서를 받을 기회―하나님이 아니고 우리 동료 인간들에게서―는 진지하게 간주되어야 합니다. 왜냐하면, 우리의 실수는 계속되고, 또 우리는 그 실수들로부터 배우기를 희망할 수 있으니까요.

마지막으로, 우리 인본주의자들이 창조한 몇 개의 휴일이 있습니다. 그중 가장 중요한 것은 아마도 다윈의 날(Darwin Day)일 것입니다. 이는 매년 2월 12일, 다윈의 생일에 전 세계에서 과학과 인류를 기념하는 글로벌 축제로 기념되고 있습니다. 많은 진보적인 교회들이 그들의 근본주의자 형제들에 맞서서 이성과 진화론에 대한 믿음의 중요성을 인식하고 이 축제에 동참하고 있습니다. 전통적인 종교들이 동지 전후에 지키는 휴일들에 대한 휴머니즘의 대안 '휴머니즘의 빛(HumanLight)'은 선물이나 창의적인 연회와 같은 유사한 전통들을 포함하고 있습니다. 그리고 만약 이 모든 것들이 충분하지 않다면, 여러분만의 의식을 만들어서 그것을 공동체와 공유하십시오. 가장 중요한 점은 인간의 삶이 모든 불완전함과 실망에도 불구하고 충분히 기념할 가치가 있다는 것입니다.

문화

인류학자 클리포드 기어츠(Clifford Geertz)는 "우리는 문화 속에서―일반화된 문화가 아니라, 도부안(Dobuan), 일본인, 호피(Hopi)족, 이탈리아인, 상류층, 학자, 상공인 등의 특정된 형태의 문화 속에서―우리 자신을 완성하거나 마무리 짓는 불완전한 동물들이다."라고 기술합니다.[25]

궁극적으로 문화는 많은 것을 뜻할 수 있습니다. 어느 특정 집단에 속한 사람들과 연관되는 태도, 관행, 가치, 풍습, 음식, 음악, 미적 감각 등을 포함하며, 그 집단은 민족, 국가, 혹은 간단한 조직이 될 수 있습니다. 하지만, 문화를 "세계 시민"의 반대 개념으로 이해하면 지금 우리의 목적에 가장 적합할 것 같네요. 무신론자들과 인도주의자들은 모든 사람이 평등하다는—모든 사람은 존엄하게 대우받을 자격이 있고, 인간의 권리를 가질 자격이 있다는—고귀한 아이디어를 포용하기 위해 나섰거든요. 그러나 보편적인 평등이 보편적인 동일성을 의미해야 할까요? 우리가 원한다고 해도, 그것이 가능할까요? 프린스턴 철학자 크와미 앤서니 아피아(**Kwame Anthony Appiah**)는 『정체성의 윤리(**The Ethics of Identity**)』에서 '세계 시민'이란 개념은 개개인의 특정한 정체성과의 충돌은 피할 수 없게 되고, 그것이 제기하는 문제는 간단하지 않다고 감동적인 의견을 피력합니다. 아피아는 보편적 정체성이 훌륭한 이상일 수 있지만, 우리가 새로운 문화나 나라에 들어갈 때마다 우리는 불가피하게 우리의 뿌리에서 물려받은 짐을 우리 속에 지니고 있음을 인정해야 한다고 주장합니다. 그는 가치 있는 대안적 목표로 "뿌리내린 세계주의(rooted cosmopolitanism)"라는 개념을 제안합니다.

무신론과 인도주의는 종교와 경쟁에서 종종 패배하는데, 그 이유는 신학적 신념과 관련된 것도 아니고 또 우리가 다른 사람들보다 **더 낮다고** 생각하기 때문도 아닙니다. 진정한 이유는 우리가 가끔씩 우리 자신을 가치 있는 특정 집단의 일원으로 간주하고 싶은 생각에서 벗어날 수 없기 때문입니다. 그리고 그 집단은 많은 경우 종교와 연관되지요. 이 생각이 너무 이론적이 아닐까 의구심이 들 때마다, 저는 백인으로 여러 개신교 배경을 가졌던 옛 친구가 한 말을 되새겨 봅니다. 한번은 제가 저의 유대인 문화유산을 강조하며 인본주의자 랍비가 되어야 할지 고민하고 있었는데, 그 친구가 질투 어린 표정으로 "너는 **문화**를 갖고 있어서 정말 부럽다. 나는 **아무것도 아니야!**"라고 내뱉었거든요.

하나님 없이 선하게 사는 것은 "**아무것도 아니게 되는 것**"이어야 할 필요는 없습니다. 우리도 아피아가 말하는 "뿌리내린 세계주의"를 가질 수 있습니다.

—

무신론적 성공회 신자, 문화적 가톨릭 신자, 그리고 다른 진정한 그리스도인들

제가 신념으로는 인본주의자이며, 문화적 유산으로는 유대인이고, 직업적으로는 인본주의자 목사이자 랍비인 이유로 제가 기독교에 대해 외부인의 시각에서 논평한다고 생각하실 수도 있습니다.

꼭 그렇지는 않습니다. 저는 또한 미국인이며, 이 나라가 기독교 원칙에 의해 설립되었거나 그것에 얽매여 있다는 생각은 거부하지만, 저는 제가 살아온 미국의 모든 지역에 깊이 뿌리내린 기독교 **문화**로부터 거의 항상 긍정적인 영향을 받아 왔습니다. 전 세계적으로 미국의 선거를 깊은 관심을 갖고 지켜보는 수십억 명의 사람들이 그 결과에 따라 삶에 영향을 받을 것이기 때문인 것처럼, 저는 항상 미국의 기독교 문화를 주의 깊게 지켜보았습니다. 제 삶이 그 기독교 문화의 우여곡절에 좌우될 수 있음을 알기 때문이겠지요.

물론 여기에서 분명히 이런 질문이 나올 수 있겠네요: 기독교는 문화인가, 아니면 단순히 믿음인가? 기독교 교리를 믿지 않게 되면 더 이상 기독교인이지 않은가요? 버트런드 러셀(Bertrand Russell)까지도 그의 유명한 에세이 『왜 나는 기독교인이 아닌가』에서 자신이 인구학적 혹은 문화적 관점에서 기독교인이라고 인정했음은 들먹일 필요가 없겠네요.[26] 저는 지난해 하버드 메모리얼 교회에서 열린 참회 화요일 팬케이크 만찬에서 이 주제에 대해 흥미로운 대화를 나눈 적이 있습니다. 사순절의 금욕 기간이 시작되기 전에 전통적으로 제공되는 블루베리 팬케이크를 배불리 먹은 후, 저는 교회 합창단 지휘자와 몇몇 학생들과 함께 피아노 주변에 모여 〈케 세라 세라(Que Sera Sera)〉를 노래했습니다.

그러고 나서 제 친구인 존 페이지 목사와 이야기를 나누었습니다. 그는 카리스마 있는 젊은 자유주의 개신교 목사로, 기독교인들 간의 문화적 차이에 대해 논의했습니다. 하버드에서 종교사를 전공하고 예일 신학교를 졸업한 존에게 기독교가 종교인 동시에 문화라는 것은 명백한 일이었습니다. 우리가 하고 있는 저녁 식사 자체의 전통뿐만 아니라, 미국 개신교 그룹을 신학적인 의견보다 훨씬 더 분명하게 구분 짓는 사회학적 차이에서도 이를 확인할 수 있습니다. 예를 들어, 침례교도는 대개 더 가난한 경향이 있고, 감리교도는 중산층이 많으며, 장로교도는 더 부유합니다. 회중교도는 대개 그들의 뿌리가 영국 청교도까지 직접적으로 이어진다고 추적합니다. 이런 차이는 더 계속해서 묘사될 수 있겠네요.

리처드 도킨스 같은 인물까지도 최근에 자신을 "문화적 기독교인"
이라고 불렀으며, 오순절주의적(Pentecostal) 성장 배경이 자신에게
깊은 영향을 미쳤다고 말하는 작가 사라 보웰(Sarah Vowell) 같은 저
명한 무신론자들도 기독교 문화의 영향을 인정합니다. 보웰은 그녀
의 교회에서 "우리는 실제로 성경을 읽었다."고 말하며, 성경을 읽
은 경험과 마틴 루터 킹 데이를 세속적 기독교인들을 위한 공휴일로
묘사하고 있습니다.[27]

유니테리언 유니버설리즘

"진보적 종교" 학파 유니테리언 유니버설리즘(Unitarian
Universalism, UU)은 때때로 인본주의적 기독교의 실천 단체로 행동
합니다. 많은 UU 신자들이 인본주의자이며, 많은 인본주의자들이
UU에 참여하고 있습니다. 유니테리언 유니버설리즘은 1961년, 두
개의 매우 진보적인 기독교 교단인 유니테리언(Unitarian)과 유니버
설리스트(Universalist)가 합병하여 탄생했습니다. 합병을 주도한 인
물들 중 일부, 특히 유니테리언 중에서는 새로운 유니테리언 유니버
설리스트 협회(UUA)가 미국 최초의 인본주의 회중 운동이 되기를
바랐습니다. 그러나 그 바람은 현실로 이어지지 못했습니다. 유니
테리언 유니버설리즘은 태동기부터 특정 신조가 없는 종교로 스스
로를 규정했습니다. 이 결정은 유니테리언 유니버설리즘과 그들의

성평등, 반인종주의, 비민족중심주의 같은 진보적 원칙을 자발적으로 받아들이는 다양한 유형의 유신론자와 인본주의자들에게 언제나 참여할 수 있도록 문을 열어 둔다는 의미였습니다. 따라서 미국 전역에 있는 1,100개 이상의 UU 회중 어디를 방문하든지 그곳의 모습은 지역마다 크게 다를 것입니다. 어떤 곳은 단순히 진보적인 교회와 동일합니다. 또 어떤 곳은 인본주의 모임장입니다. 또 다른 곳에서는 불교나 이교도적 실천을 강하게 강조하는 혼합적 종교 활동을 볼 수도 있습니다.

종교적 인본주의의 역사학자이자 UUA의 전 회장인 윌리엄 F. 슐츠는 인본주의자들이 자신들만의 통합된 운동을 성공적으로 구축하지 못한 이유 중 하나로 유니테리언 유니버설리즘 때문이라고 느끼는 "죄책감"에 대해 글을 썼습니다. 슐츠는 초기 종교적 인본주의자들이 유니테리언과 유니버설리스트 그룹들과의 연대에도 불구하고, 독립적으로 조직된 회중 운동을 구축하려 했지만, 결국 UUA 회중에 의존하게 되었으며, 그 속에서 더 신학적인 그룹들 사이에 자신들의 목소리를 잃었다고 주장합니다. 200,000명의 유니테리언 유니버설리스트 중 거의 절반이 스스로를 인본주의자라고 칭한다고 해도(미국 인본주의 협회는 대개 더 작은 규모임), 슐츠는 최근 몇 년간 더 신학적으로 치우치는 지도층과 일반적 성격에 의해 지배된 이 운동 안에서 인본주의자들이 더 이상 편안함을 느끼지 못한다고 인정합니다. 최근에 제가 참석했던 UUA의 인상적인 전국 모임에서, 저는 교회 안에서 인본주의자들과 무신론자들이 처해 있는 위치에 대해서 상반된 두 가지 이야기를 들을 수 있었습니다. 한편으로는,

대규모 회의의 질의응답 세션에서 한 인본주의자가 일어나 현재 UU 실천이 지나치게 신성 중심적이라고 느끼는 데 대한 좌절감을 토로한 이야기를 들었습니다. 그는 발언을 마치며 이렇게 물었습니다. "우리가 떠나면 그리워하실 건가요?" 이 질문에 대한 발표자의 답변은 결코 긍정적이 아니더군요: "왜 우리 교회가 갖고 있는 상징적 의미(metaphor)를 놔두지 않으시려고 하나요?"

—

흑인/아프리카계 미국인 인본주의

유니테리언 유니버설리즘이 겪었던 가장 어려운 순간 중 하나는 1960년대 후반이었습니다. 당시 UUA의 대부분의 흑인 대표들의 흑인 지도력에 대한 충분히 진보적이지 못한 태도에 실망해 있었고, 또 별도의 흑인 UU 기관을 만들고자 하는 욕구 때문에 UUA운동과의 관계를 가차 없이 끊어 버렸습니다.[28] 이 조치는 자신을 인종적으로나 다른 면에서 보편적인 운동으로 간주하고 싶어 했던 유니테리언 유니버설리즘에 대해 가혹한 공격이었지만, 동시에 유니테리언 유니버설리즘이 특정 인구 집단—주류, 진보적, 고학력, 백인 유대-기독교적 미국인들—의 문화를 대변하고 있다는 강력한 증거이기도 했지요.

아프리카계 미국인들은 대부분이 기독교 신자일 수 있지만, 많은 백인들과 "종교"를 공유하고 있음에도 불구하고, 그들은 분명히 독자적인 문화 집단입니다. 흑인 미국 종교 기관들은 단순히 예수의 가르침이나 무함마드의 가르침을 전파하기 위해 존재하는 것이 아닙니다. 이 기관들은 커뮤니티 전체가 참여하는 모임을 가질 수 있고, 그들의 역사를 축하할 수 있는 공간을 제공하는 중요한 역할을 합니다. 흑인 교회는 흑인 미국 문화 생활에서 독특한 역할을 해 왔습니다. 노예 해방 이후 수십 년 동안, 흑인 교회는 인종 차별이 존재하지 않는 유일한 흑인 기관이었으므로 강렬한 충성심이 따르는 곳이었습니다. 아무리 아프리카계 미국인들이 통합을 소중히 여겨 왔음을 인정하더라도, 유니버설리즘이 흑인 교회를 상징하는 커뮤니티 내의 유대감을 포기하도록 요구한다면, 이는 큰 모욕이자 인본주의 정신에 어긋나는 요청이겠네요.

물론 아프리카계 미국인들은 미국 내 어떤 인구 집단보다 하나님에 대한 믿음을 공언하는 비율이 높습니다. 그럼에도 불구하고 유명 저술가이며 라이스 대학교 종교학 교수인 앤서니 핀(Anthony Pinn)은 아프리카계 미국인 인본주의를 수려한 문체로 옹호합니다. 그의 저서 『이 손으로: 아프리카계 미국인 휴머니즘의 다큐멘터리 역사(By These Hands: A Documentary History of African American Humanism)』와 『아프리카계 미국인의 휴머니스트 원칙: 니므롯* 의 자녀처럼 살고 생각하기(African American Humanist Principles: Living and Thinking Like the Children of Nimrod)』는 어떻게 인본주의 사상이 아프리카계 미국인 역사 전반에 걸쳐 존재해 왔는지를 다양하게 묘사하고 있습

---

*   역주: 니므롯은 창세기 10장 8~11절에 강한 전사이자 사냥꾼으로 묘사되어 있으며, 바벨론과 아시리아 문명의 시초가 된 인물로 간주된다.

니다. 노예제 폐지 이후 많은 인물들의 활동부터—프레데릭 더글러스, W.E.B. 듀보이스, 조라 닐 허스턴—민권 운동에 이르기까지, 핀은 민권 운동의 이념적 토대가 "인본주의적 원칙을 통해 명확해졌다."고 주장합니다.[29] 핀은 미국의 위대한 노동 지도자 중 하나였던 A. 필립 랜돌프(A. Phillip Randolph)가 헌신적인 인본주의자였음을 지적하고 있습니다. 그는 마틴 루터 킹 주니어가 미국 전체의 무대에 등장하기 전까지 "흑인 지도자들의 학장"으로 불렸으며, 1973년에는 미국 인본주의 협회의 인본주의 선언문(*Humanist Manifesto*) Ⅱ에 서명하기도 했습니다. 또한, 핀은 리처드 라이트의 고전적 회고록 『*Black Boy*』에서 따온 다음과 같은 자유로운 사고의 예문을 제시하며, 중요한 아프리카계 미국 문학 작품에 등장하는 흑인 인본주의의 창조적 정신도 묘사하고 있군요.

길 건너에 사는 한 소년이 어느 날 오후 나를 보러 왔다. 그는 수줍음 때문에 자신의 의도를 감추지 못하고 있음이 역력했다, 그의 순진하고 서투른 언동을 통해 나는 그가 가지고 온 원대한 계략의 골조를 뻔히 꿰뚫어 볼 수 있었고, 그 친구 할머니의 흉계대로 움직이는 기계 소리를 들을 수 있었다.

"리처드, 우리 모두가 네 걱정을 하고 있다는 거 알고 있니?" 그가 물었다.

"내 걱정? 누가 내 걱정을 한다는 거야?" 나는 놀란 척하며 물었다.

"우리 모두가." 내 시선을 피하며 그가 말했다.

"왜?" 내가 물었다.

"넌 구원받지 못했으니까." 그는 슬픈 표정으로 말했다.

"난 괜찮은데." 나는 웃으며 말했다.

"웃지 마, 리처드. 이건 심각한 일이야." 그가 말했다.

"하지만, 난 괜찮다고 말했잖아."

"리처드, 난 너의 진정한 친구가 되고 싶어서 그래."

"우리는 이미 친구인 줄 알았는데?" 내가 말했다.

"난 그리스도 안에서 진정한 형제가 되고 싶다는 거야." 그가 말했다.

"우린 서로를 잘 아는 절친인데…." 나는 약간의 아이러니가 섞인 부드러운 목소리로 말했다.

"그렇긴 하지만, 그리스도 안에서 아니거든." 그가 대답했다.

"나한테는 우정은 우정이야."

"하지만 넌 영혼을 구하고 싶지 않니?"

"난 그저 종교를 느낄 수가 없어." 나는 그가 내가 가졌다고 생각하는 그런 영혼이 내게 없다고 생각한다는 말을 에둘러 말했다.

"네가 정말 하나님을 느끼려고 노력해 본 적 있니?" 그가 물었다.

"없어. 하지만 그런 건 느낄 수 없다는 걸 알아."

"리처드, 단순히 그 질문을 거기에서 멈출 순 없어."

"왜 멈춰야 하지?"

"하나님을 조롱하지 마." 그가 말했다.

"다시 말하지만, 난 하나님을 느낄 수 없을 거야. 소용없어."

"네 영혼의 운명을 자존심과 허영심에 맡길 거야?"

"난 이런 문제에 대해선 내가 자존심 같은 것을 갖고 있지 않다고 생각해."

"리처드, 그리스도가 너를 위해 죽으셨다는 걸 생각해 봐. 십자가에서 그분의 피, 그 귀한 피를 흘리셨다는 걸."

"다른 사람들도 피를 흘렸잖아." 내가 조심스럽게 말했다.

"하지만 그건 달라. 넌 이해하지 못해."

"아마 평생 이해하지 못할 것 같아."

"오, 나의 형제, 리처드, 넌 세상의 암흑 속에서 길을 잃었어. 교회가 널 도울 수 있게 해야 해."

"난 괜찮다고 말했잖아."

"집으로 들어가서 내가 너를 위해 기도하게 해 줘."

"네 감정을 상하게 하고 싶진 않아…."

"네가 내 감정을 상하게 할 순 없어. 난 하나님의 말씀을 너한테 전하고 있으니까."

"하나님의 감정도 상하게 싶지 않아."[30]

리처드 핀에게 있어 "구원의 고통"—지상에서의 고통은 사후에 구원으로 이끌어 주기 때문에 그 자체로 가치가 있다는 신념—은 흑인 교회와 결별해야 할 가장 강력한 이유 중 하나입니다. 핀은 이 개념이 너무도 많은 **불필요하고** 극심한 고통을 겪어 온 흑인 커뮤니티에 끼친 해악을 고통스럽게 그려 냅니다. 만약 더 많은 아프리카계 미국인들이 고통 그 자체는 무의미하며, 우리는 모두 고통을 극복하고 인간적인 존엄성이 충만한 삶을 지향해야 한다는 인본주의적 입장을 채택했다면, 상황이 어떻게 달라졌을지를 우리는 쉽게 상상할 수 있습니다. 그러나, 핀은 지적으로나 이론적으로 이렇게 탄탄한 토대를 제시하고 있으면서도, 자신을 "안주할 수 있는 집을 찾는 인본주의자"로 묘사합니다. 그는 흑인 교회와 같은 회중 조직을 가지고 있지 않지만, 그것을 원합니다. "이 점에서 나는 코넬 웨스트(Cornel West)와 동의한다. 제도적 소속감은 지식인의 사회 변혁 역할을 수행하는 데 도움이 된다."[32] 인본주의를 따랐던 자신의 어머니에 대한 감동적인 글을 썼고 지금 자신이 참석할 회중을 찾고 있는 아프리카계 미국인 대통령이 다가오는 몇 년 사이에 이 분야에서 어떤 진전을 보여 줄 수 있겠지요.

—

다른 문화권에서 찾을 수 있는 인본주의

하나님 없이 하는 선함에 대한 믿음의 물결은 어떤 특정 사회나 문화에 국한되지 않기 때문에 "문화적 인본주의"의 가능성은 우리가 어디에서나 발견할 수 있습니다. 아마르탸 쎈(Amartya Sen)은 『논쟁적인 인도인(Argumentative Indian)』(2005)과 『정체성과 폭력(Identity and Violence)』(2006)에서, 고대의 차르바카와 로카야타로부터 현대에 이르기까지 인본주의로 철저히 영향을 받고 영감을 받은 인도 정체성의 윤곽을 그리고 있습니다. 인도 안드라 프라데시(Andhra Pradesh)주의 비자야와다(Vijayawada)시에는 간디 시절부터 매우 활발한 무신론자 센터(Atheist Centre)를 운영해 왔으며, 간디는 이 센터의 설립자를 무척 존경했다는군요. 이 센터는 지금까지 사회적 불평등과 부정의를 해결하는 다양한 프로그램을 지원해 왔으며, 불가촉천민(Untouchables)과 기타 가난한 계층의 아이들에게 과학과 인문학에 대한 무료 교육을 제공하고, 또 농촌의 빈곤 계급에 속한 인도인들을 보수적인 힌두 전통의 영향에서 해방시키기 위해 노력해 왔습니다. 간디는 자신을 위해 일하던 자원봉사자들이 고라(Gora)가 불가촉천민들을 위해 더 많은 선행을 한다고 믿고 종종 그를 버리고 고라 캠프로 옮겨 간다는 사실을 알고 있었습니다.[33] 또한, 인도 디아스포라의 구성원을 위한 문화적, 봉사적 조직인 인디코프스(Indicorps) 같은 단체도 있습니다. 이 단체는 소셜 기업가 아난드 샤와 그의 두 형제가 밀레니엄 직후 설립했습니다. 샤는 "나의 정체성을 초월하려면, 나는 먼저 그것을 이해해야 한다."고 말했습니다. 저는 이 매우 인본주의적인 단체에 대해 하버드 학생 프레르나 스리바스타바에게 들었는데, 그녀는 인도와 힌두 유산이 신이나 신들에 관한 것이 아니라 "공동체, 봉사, 상호 연결성, 그리고 관계"에 관한 것임을 다시금 깨닫게 해 주었다고 말했습니다.

무슬림 이탈자 이븐 와락(Ibn Warraq)—이슬람 이단자들이 흔히 채택하는 필명—은 최근 몇 년간 무슬림 관점에서 인본주의로 전환하는 과정을 묘사한 책을 다수 집필하여 명성을 얻었습니다. 그는 쿠란에 대한 비판적 학문, 무슬림 세계 내 지적·신학적 자유주의의 역사, 그리고 초자연적 믿음과 의식의 독선적 체계를 떠나는 사람들에 대해 다루며, 현대 이슬람을 "계몽"시키기 위해 노력해 왔습니다.[34]

제가 새로운 인본주의(New Humanism) 콘퍼런스에서 살만 러쉬디에게 이슬람 세계에서 인본주의의 뿌리에 대해 이야기해 줄 것을 요청한 적이 있는데, 러쉬디는 (2장에 상세히 묘사된 바와 같이) 고대 페르시아의 키루스의 민주화 경향에서부터 위대한 중세 철학자 아베로에스(Averroes)에 이르기까지 무슬림 유산의 진정한 흐름을 우아하게 설명했습니다. 러쉬디는 이 전통이 현대에도 이어져 있음을 상기시키며, 그 잠재적인 부활 가능성에 대해 신중한 낙관론을 표명했습니다.

"나는 이슬람을 종교적이라기보다는 문화적으로 설명하는 것이 완전히 정상적으로 보이는 세상에서 자랐습니다. 이 견해는 나의 나이 든 가족들에게만 국한된 것이 아니고, 학력이 높고 경제적으로 부유한 무슬림들 사이에서 가장 널리 퍼져 있음을 우리는 인정해야 합니다. 아무튼, 이 견해는 사람들이 갖고 있는 개념으로는 매우 활발히 살아 있었습니다. 나의 아버지는 쿠란을 읽을 때 뚜렷한 사실에 대해서는 서슴치 않고 의견을 표하셨는데, 가령 쿠란의 장(chapter)들이 혼란스럽게 배열되었다거나 혹은 많은 사람들이 논란이 대상이 될 수 없다고 받으들이고 있는 어떤 교리들이 잘못되었다는 사실을 지적했습니다. 중요한 질문은 '우리가 어떻게 이 질문의 주제가 다시 열릴 수 있도록 도울 수 있는가?'입니다. 지금 우리가 하고 있는 것처럼, 단순히 이슬람이 괜찮다고 말하면서 개방적이고 관용적인 무슬림들을 찾아 그들과 대화하면 된다고 생각할 수는 없습니다. 종교와 사상의 주제에 접근하는 방식에 대해 지적인 문제가 많으며, 이는 내부와 외부에서 모두 해결해야 할 필요가 있습니다."[35]

중국 역사와 철학, 그리고 유교 학자 투 웨이밍(Tu Weiming)은 국제적인 명망을 쌓으며 **유교적 인본주의**(Confucian Humanism)를 개척하는 데 큰 공헌을 해 왔습니다. 그것은 보편적 인권, 생태 보전, 종교 간 대화, 그리고 진보적 자본주의(혹은 최소한 진보적 반공주의)에 대해 확고한 헌신을 약속하는 중국 및 동아시아 정체성의 긍정적이고 영적 비전입니다.[36] 그리고, 프랑스의 저명한 불교 학자 스티븐 배철러(Stephen Batchelor)는 그의 최근 베스트셀러 『믿음 없는 불교(Buddhism Without Beliefs)』에서 불교 철학의 역사적 요소로서뿐만 아니라 현대 불교의 중요한 측면으로서 **불가지론과 자연주의**를 받아들이도록 호소하고 있습니다.[37]

인본주의적 유대교

그러나 여기서 인본주의에 관한 주제가 학자들과 공공 지식인들 사이에서 고상한 아이디어에 대해 박식한 척하는 논문 발표에 그치고, 일상적 삶에서 실천되는 행동으로 이어지지 않는 것처럼 보인다면, 아직도 희망을 가질 여유가 남아 있는 것 같습니다.

1963년, 젊고 뛰어난 개혁파 랍비 셔윈 와인은 디트로이트 교외에 **최초로 신이 없는 시나가그**(유대교 회당)를 설립하여 미국 유대 사회를 충격으로 뒤흔들었습니다. 그는 거의 평생 동안 자신이 인본주의자라는 것을 알고 있었지만, 자신이 자란 유대 문화와 공동체를 사랑했고, 보수파 시나고그에서 가족을 위해 봉사했던 현대적이고 자유주의적이며 우아한 모습의 랍비 직업을 너무 사랑했던 것이지요. 2차 세계대전 전후 디트로이트 교외의 부유한 지역에서 랍비의 역할은 더 이상 하나님께 경배를 드리거나, 심오한 탈무드 텍스트를 연구하거나, 코셔(kosher) 규정을 지키라는 잔소리에 초점을 맞추지 않았습니다. 그 회중이 랍비에게 원했던 것은 단지 위엄스러운 모습으로 결혼, 장례식, 출생 축복 같은 의식에서의 현자처럼 들리는 지혜의 말 몇 마디였지요. 또한, 일 년에 서너 번 회중들이 금빛 장식이 된 오래된 시나가그를 마지못해 찾아올 때, 대통령 연설 수준의 감동적인 설교를 들려주면 랍비의 임무는 끝나는 것이었거든요. 랍비는 모범을 보여야 했고, 아무도 크게 신경 쓰지 않는 몇 가지 히브리어 기도를 낭송하는 정도면 충분했습니다.

이 직업은 특히 사람들과 대화하는 것을 좋아했던 탁월한 쇼맨 셔윈 와인에게는 취미 삼아 할 수 있는 훌륭한 일자리였습니다. 학자의 길을 이미 포기한("가르치는 일은 나의 강도 높게 일하는 방식과 맞지 않았을 것이다. 나는 내 플랫폼, 내 무대를 원했다.")[38] 와인은 학계 대신에 개혁파 랍비(이후 한국에서 미 육군 군목으로도 근무)가 되었는데, 당시 개혁파 유대교는 미국에서 가장 자유주의적인 유대 공동체였습니다. 진정, 그는 그 자신의 '무신론에도 불구하고'가 아니고 '무신론 덕분에' 랍비가 되었지요. 많은 개혁파 랍비들이 무신론자였지만, 이들은 회중과의 관계에서 '묻지도 말고, 말하지도 말라는 정책(don't-ask, don't-tell policy)'을 따르고 있었습니다.

그러나 셔윈은 "묻지도 말고, 믿지 않으면 말하지도 말라."는 접근 방식을 거부했습니다. 그는 그것을 공개적으로 까놓고 말하고 싶었습니다. 단순히 "신은 없다"고 말하는 것으로 충분하지 않았던 것이지요. 더욱이, 그는 그의 회중 누구도 심각하게 받아들이지 않는 "우주를 다스리시는 우리의 하나님이여, 당신의 계명으로 우리를 거룩하게 하신 당신을 찬양합니다."와 같은 말을 입에 담을 배짱도 없었고요. 그런 말 대신 그는 자신의 회중에게 심각한 문제가 되는 주제에 대해 이야기하고 싶었습니다: "좋은 삶을 산다는 것은 무슨 뜻인가?" "하나님을 믿지 않는다면, 우리는 무엇을 믿어야하는가?" "우리는 죽음, 비극, 혹은 어처구니없이 나타나는 삶의 불공평함을 어떻게 극복해야 하는가? 다반사로 일어나는 불행 속에서 어떻게 행복의 추구에 필요한 힘을 찾을 것인가?"

그래서 셔윈은 자신들에게 지금 주어진 회중의 선택지에 만족하지 못하는 사람들을 모아 자신은 새로운 것, 다른 것을 시도해 보겠다고 말했습니다. 그는 자신이 속한 회당을 떠나 '하나님의 집'이 아닌, '사람들이 모이는 커뮤니티 센터' 역할을 할 새로운 회당을 시작하고 싶었습니다. 셔윈은 유대교가 하나의 문화권이며, 따라서 유대교는 오늘날 유대인이지만 종교적으로 유대인이 아니라고 말하는 미국 유대인의 49%는 물론, 심지어 프로이드에서 시오도르 허츨, 우디 앨런에 이르는 유명한 의심론자들까지 포용할 수 있을 것임을 깊게 인식하고 있었습니다. 셔윈은 우리가 인본주의적 세계관 속에서 우리의 유대 문화를 자랑스럽게 여기면서도 모든 인간의 평등을 지켜 나갈 수 있다고 강력하게 설교했습니다. 이 새로운 시나가그를 움직이는 철학, 메시지, 그리고 원동력은 유대 신학이나 어떤 형태의 신도 아니었습니다. 회중은 인간의 욕구—특히 인간의 존엄성을 함게 추구하는 욕구—에 중점을 두었습니다. 여덟 커플이 그와 함께 미시간주 버밍햄으로 가서 '버밍햄 템플'이라는 명칭의 시나가그를 설립했습니다. 얼마 지나지 않아 **타임(TIME)**지는 디트로이트의 "**무신론자** 랍비"를 비난하기 시작했습니다.

제가 셔윈 와인을 만났을 때는 그로부터 35년이나 더 지난 후였습니다. 버밍햄 템플은 멀리 떨어지지 않은 파밍턴 힐스로 이전해 수백 명의 '반란 유대인'들과 그들의 친구들을 위한 멋지고 넓은 교외 회당으로 성장해 있었습니다. 뿌리를 깊게 내린 인본주의적 유대교 운동은 전 세계 다른 회중과 커뮤니티로 뻗어 나갔습니다. 셔윈은 『하나님을 넘어선 유대교(Judaism Beyond God)』와 같은 고전적인 책을 비롯해 여러 저서를 집필했으며, 미래의 인본주의 지도자들을 훈련하기 위한 인본주의 유대교 랍비 프로그램을 설립했습니다. 또한 제리 폴웰이나 메이어 카하네와 같은 종교 근본주의자들과 공개적으로 토론을 벌였습니다. 그 시점까지 그는 수천 건의 결혼식, 장례식, 바 미츠바, 바트 미츠바, 아기 이름 명명식을 주관했는데, 그것은 하나님을 찬양하기 위해서가 아니고 인간 정신을 축하하는 행사였습니다. 그는 또한 수백 명의 아프고, 죽어 가는 환자의 병상에서 꼭 같은 열정과 헌신, 그리고 따뜻함으로 그들의 목소리에 귀를 기울였습니다. 그의 이러한 열정과 따뜻함이 그를 미국과 다른 많은 나라에 여러 인본주의 단체를 설립하게 만든 원동력이 되었던 것이지요.

그는 저 자신의 이야기도 들어 주었습니다. 여전히 혼란스러운 청년기에 있던 제가 불교와 록 음악에 빠져 방황하고 있을 때였지요.

아버지의 죽음 때문에 괴로워하고 있던 저는 제 삶에 주어진 선택지를 두고 "왜 하필이면 나인가?"라는 불만을 무의식적으로 쏟아 내고 있었지요. 셔윈은 저의 멱살을 잡아 흔드는 극적인 제스처는 쓰지 않았지만, 인내심을 가지고 인생은 공평하지도 않지만, 그렇다고 좋은 삶이 끊임없는 감각적 쾌락이나 자기중심적인 자아도취는 아니라고 논리적으로 설명했습니다. 지금 와서 저는 우리가 아직도 깊은 관계를 맺고 있는 오랜 유대문화의 전통에 셔윈이 이식시킨 새로운 인본주의 전통을 이어 가는 사람들 중 하나가 되었습니다. 셔윈은 이것을 다음과 같이 설명했습니다.

"구시대의 권위적인 종교 제도들 중 많은 것이 해로웠지만, 모두가 그런 것은 아니었습니다. 회중과 랍비는 유용한 발명품이었지요. 세속적인 유대인들도 포괄적인 서비스를 제공하는 커뮤니티가 필요하며, 이들의 유대 문화적 요구뿐 아니라 인간적 요구를 충족시킬 수 있는 훈련된 지도자가 필요합니다. 고통과 죽음도 유대인의 경험입니다. 행복을 위해 분투하는 것도 유대인의 경험입니다. 여러 가지 면에서, 인본주의 회중들도 개혁파, 보수파, 재건주의 회당이 회원들의 삶과 꼭 같은 방식으로 살아갑니다. 이들은 동일한 서비스를 제공하고, 동일한 질문을 던지지만, 그들이 제시하는 답변은 상이합니다."[39]

물론 휴머니즘적 관점에서 볼 때, 우리가 가장 사랑하는 영웅이라 해도 완벽한 성인으로 여길 이유는 없습니다. 그가 구축한 운동은 분명 오늘날 그 발전이 더 이루어질 수 있는 가능성에 비해 아직 충분히 성숙하지 못했습니다. 이를 실행할 의지가 있는 사람들에게 는 여전히 많은 과제가 남아 있습니다. 또한, 그는 휴머니즘과 문화적 공동체의 결합된 힘이 비유대인 공동체에도 효과적으로 기여할 수 있다는 자신의 믿음을 실현할 기회를 많이 얻지 못했습니다. 저는 앞으로 아프리카계 미국인 휴머니스트, 휴머니스트 퀘이커와 유니테리언 유니버설리스트, 인도 휴머니스트, 휴머니스트 불교도 등과 같은 더 활발히 조직된 그룹들이 등장하기를 바랍니다. 어쨌든, 우리가 자신의 한계를 넘어 다른 사람들과 함께 모이고 더 높은 인간적 목적을 위해 봉사할 필요성을 인정한다면, 그러한 공동체를 위한 훌륭한 모델이 우리에게 제공될 것입니다.

—

커뮤니티

사회학자들은 물론이지만, 인간 사회와 관련된 글을 쓴 적이 있는 거의 모든 사람들은 커뮤니티에 대한 의견을 갖고 있는 것 같군요: 커뮤니티는 무엇인지? 우리는 어떻게, 왜 그것을 잃게 되었는지? 누가 그것을 빼앗아 갔는지? 그것을 어떻게 되찾아야 하는지? 커뮤니티를 포용적인 국가로 정의했지만 자신들이 속해 있는 도시 국가의 이상에 방해되는 사람들은 추방해 버렸던 그리스인들, 우리가 필요로 하는 것은 인간의 도시가 아닌 하나님의 도시라고 주장했던 아우구스틴, 근대성이 우리의 커뮤니티를 파괴하고 있다고 불평했던 헤겔, 커뮤니타스를 소속감으로 분석했던 베버, 현대 사회는 새로운 형태의 소속감을 필요로 한다고 진단했던 더커하임으로부터, 모든 문제를 민주당 탓으로 돌리며 불평하는 러쉬 림보, 〈공동체의 쇠퇴(Bowling Alone)〉, 어제의 커뮤니티 개념을 해체하고 새로 시작하고자 하는 해체주의자와 퀴어 이론가들에 이어지기까지 커뮤니티에 대한 다양한 목소리가 있습니다. 이를 모두 정리하여 설명하려 한다면 잔인할 정도로 지루해지겠네요. 요점은 간단히 말할 수 있습니다. 커뮤니티는 언제나 누구에게나 다양한 형태일 수 있습니다. 그러나 그것이 무엇이든, 우리 모두가 그것을 필요로 한다는 사실은 분명합니다. 우리 모두는 그것을 가져야만 합니다.

—

윤리적 문화

이 책은 1876년에 펠릭스 애들러라는 사람과 그가 창시한 "**윤리적 문화**" 운동에 대한 역사적 에피소드를 묘사하지 않고서는 완성되지 않을 것 같군요.

펠릭스 애들러는 1851년 독일에서 개혁파 랍비였던 아버지 밑에서 태어났습니다. 그의 아버지는 펠릭스가 어릴 때 미국으로 이민해 뉴욕시에서 가장 부유하고 권위 있는 회당의 랍비가 되었습니다. 신동으로 여겨졌던 펠릭스는 독일로 보내져 랍비 훈련을 포함한 모든 교육 기회를 제공받았는데, 그는 그곳에서 과학과 종교 분야에서 일어나고 있는 중대한 변화를 소화하고 있는 동안, 개혁파 랍비로서의 생애가 자신의 철학과 야망을 담을 수 없다고 결론지었습니다.

독일에서 애들러는 과학과 모순되지 않으면서 과학을 초월하는 새로운 종교를 만들어야겠다고 결심했습니다. 고향으로 돌아온 그는 이 새로운 종교에 대해 이야기하며 동료들에게서 열정적인 반응을 불러일으켰습니다. 그리고 1876년 5월, 26번째 생일이 얼마 지나지 않아 애들러는 대여한 강당 무대에 올라 자신의 가족, 친구들, 그리고 이미 그에 대한 찬사와 호기심으로 모여든 관객들에게 연설을 시작했습니다. 애들러는 "현대 사회가 당면하고 있는 중대한 악마의 울부짖음, 즉 목적의 결핍"을 해결하기 위한 새로운 운동을 제안했습니다.[40] 이 새로운 운동은 "기도와 모든 형태의 의식을 완전히 배제할 것"을 포함했습니다. 그의 연설은 청중의 가슴을 사로잡아 깊은 영감을 안겨 주었을 뿐 아니라 인간주의적 신념으로 흘러넘쳤습니다: "사상의 자유는 모든 개인의 신성한 권리입니다. 믿거나 믿지 않거나 어느 쪽을 택하시더라도 우리는 모든 정직한 신념―아무것도 쪼갤 수 없는 곳에서 우리와 하나가 되십시오―을 항상 행동으로 존중할 것입니다. 교리상의 다양성, 행동의 일치. 이것이 누구도 반대하지 않는 실천적 종교입니다. 이것이 믿는 자와 이교도들이 모두 받아들여질 수 있게 충분히 넓은 플랫폼입니다. 이것이 우리 모두가 인류의 공통된 대의를 위해 형제로서 손을 맞잡을 수 있는 공통의 장(common ground)입니다."[41]

애들러는 말보다 행동을 요구하는 자신의 신념을 진지하게 실천했습니다. 이 운동은 즉시 실천 단계로 옮겨졌고 빠르게 회원을 끌어모았습니다. 매주 일요일 모임이 열렸으며, 애들러는 도시 생활에 팽배해 있던 불평등을 해결하기 위한 야심 찬 사회 서비스 프로젝트의 아이디어를 제시하는 "플랫폼" 연설을 자주 했습니다. 그리고 그는 자신의 추종자들과 함께 이러한 프로젝트를 실행하기 시작했습니다.

몇 년 안에 **"윤리적 문화"**는 1880년대 뉴욕에서 사람들을 공포에 떨게 하고 있던 결핵 대유행에 대처하기 위해 첫 무료 간호사 방문 프로그램을 설립했습니다. 윤리적 문화 커뮤니티의 젊은 간호사들은 죽음에 휩싸인 빈민가로 홀로 또는 너무 어린 나이일 경우, 어머니와 함께 파견되었습니다. 이 소녀들은 자신들의 사명이 "다른 사람을 돕는 것은 미래의 보상을 위해서가 아니라 옳은 일을 행하는 것이 단순히 옳다고 생각했기 때문"이라고 교육받았습니다.[42] 고립된 침대에서 고통받던 젊은 남성들에게는 그들의 방문이 굉장한 장관이었겠지요. 한 남성은 "가톨릭 수녀들은 그의 영혼을 구하는 데 주로 관심을 가졌던 것과는 달리, 우리는 그의 몸에 영양 보충할 음식을 가져왔다."며 간호사들을 더 선호했다고 말했습니다.[43] 윤리적 문화 회원 릴리안 월드의 공적에 힘입어 이 프로그램은 뉴욕시의 사회 서비스 네트워크에 영구적으로 통합되었고, 오늘날까지도 많은 선행을 하고 있습니다. 그러나 당시 애들러와 다른 이들이 원했던 대로, 윤리적 문화는 자신들이 설립한 자선단체의 운명에 대해 아무런 공로나 발언권을 요구하지 않았습니다.

센트럴 파크에 오늘날까지도 서 있는 근사한 건물이 1910년에 세워졌습니다. 이 건물은 지금 뉴욕 윤리적 문화 협회와 그 전국 기구인 미국 윤리 연합의 본부로 사용되고 있습니다. 이 건물은 제인 애덤스, 릴리안 월드, 부커 T. 워싱턴, W. E. B. 듀보이스, 윌리엄 제임스, 월트 휘트먼, 새뮤얼 곰퍼스와 같은 역사적으로 유명한 수퍼스타 회중과 협력자들로 가득 차 왔습니다. 윤리적 문화는 또한 1909년 전미 유색인종 지위 향상 협회(NAACP)의 설립에 관여했으며, 애들러의 후계자인 존 러브조이 엘리엇은 미국 시민 자유 연합(ACLU) 설립의 주요 인물 중 하나였습니다.

애들러는 그 자신의 사명과 가치를 그 시대의 가장 재능 있는 지도자들에게 설득시키고 그들에게 동기 부여를 하는 데 있어 뛰어난 조직자임이 틀림없었습니다.[44] 그는 또한 강력한 지도자를 식별해 내어 그들이 스스로 인상적인 성과를 이루도록 도왔습니다. 예를 들어, 런던으로 파견된 스탠턴 코이트는 윤리적 문화를 해외에서 발전시키며, 상징, 의식, 음악을 뉴욕보다 더 효과적으로 활용하는 윤리적 문화 교회를 설립했습니다. 그가 영국에 도착한 지 몇 년 안에 매주 일요일 그의 예배에 정기적으로 600명이 참석하고 있었지요.

또 다른 성공적인 프로젝트는 윤리적 문화와 동료들이 뉴욕시의 가장 가난한 아이들에게 윤리, 과학을 가르치고 수프를 제공하기 위해 설립한 무료 유치원이었습니다. 애들러를 포함한 학교 운영자들은 맨해튼의 "가스 하우스 지역"에서 전단지를 나눠 주며 이상주의를 홍보하기 위해 현관 문을 노크했지요. 많은 부모들이 처음에는 이것이 정교한 유괴 음모라고 의심했다는군요. 안타깝게도 윤리적 문화가 설립한 여러 학교들은 방문 간호사 프로그램과 같은 운명을 맞이했습니다. 큰 성공을 거둔 후, 설립자들은 그들의 프로그램을 일반 대중에게 넘겨, 자신이나 윤리적 문화, 혹은 인간주의에 돌아가야 할 공로를 거의 혹은 전혀 인정받지 못했습니다.

윤리적 문화 운동 역사가 하워드 라데스트에 따르면, "초기 사회 서비스 노력은 사회적 필요에 응답하는 형식의 패턴을 설정했습니다. 그 필요를 충족시키기 위한 프로젝트가 고안되고 실행되었으며, 이후 그것들을 독립시킴으로 인해서 윤리적 문화와의 연관성을 잃게 되었습니다. 이 부문에서 애들러의 윤리적 엄격함이 그가 구축하려고 했던 운동에 피해를 끼쳤을 가능성이 있습니다. 그것은 윤리적 문화에 들어온 상당한 양의 부, 에너지, 역량이 이 운동 조직을 초월하여 외부에서 행해지는 대의를 위해 쓰이도록 보장되어 있었기 때문입니다."[45]

용어(**nomenclature**) 문제도 불거졌지요. 그의 생애 후반기에 이르러, 그의 운동을 이어받는 다음 세대가 인본주의(Humanism)라는 용어와 그것에 관련된 새로운 조직으로 점차 이동하자, 애들러는 자존심과 사소한 의견 차이를 제어하지 못하고, 자신의 협력 정신이 흐려지게 내버려두는 우를 범해 인본주의란 단어를 거부하기 시작했습니다. 애들러는 인본주의가 "초월적 이상"보다는 "인간적 목표"에 중점을 둔다고 주장했지만, 당시 인본주의 운동에 대해 충분히 알고 있었던 그가 그것의 이상이 자신의 이상보다 더 초월적이거나 덜 초월적이지 않다는 것을 분명히 알고 있었을 것입니다.

슬프게도 윤리적 문화 커뮤니티는 여전히 용어 문제를 제대로 해결하지 못하고 있습니다. 오늘날 윤리적 문화와 인간주의 간의 차이는 매우 미미한데도 불구하고, 오로지 기원과 명칭이 다르다는 이유로 일부 소규모 인본주의 및 윤리적 문화 커뮤니티 그룹이 협력하거나 통합하지 않는 것은 비극적이면서도 우스꽝스러운 노릇입니다. 이 운동은 135년 동안 집회 형식을 크게 쇄신하지 않았는데, 이런 방식으로는 어떤 종교 교파도 생존하기 힘들겠네요. 또한 성직자에 해당하는 "리더(Leader)"라는 어색한 명칭도 바꾸지 않았습니다. 하지만 하나님 없이도 위대한 선행을 할 수 있는 회중을 꿈꿨던 애들러의 비전에 포함되었던 아름다움과 선구적인 타당성과 비교하면, 이러한 문제는 사소한 것입니다. 현 회원들의 의지와 새로운 관심만 끌어온다면 상대적으로 쉽게 해결할 수 있는 문제들입니다.

윤리적 문화의 건물은 여전히 살아 있는 기념비로 서 있습니다. 이는 지금까지 건립된 가장 큰 인간주의 회중 모임의 공간이지요. 하지만, 더 중요한 사실은 이 건물은 과거에 인본주의자들과 비종교인들이 함께 이룬 놀라운 업적을 상징하고, 그리고 미래에 더 많은 것을 이룰 수 있음을 상징하는 기념비라는 점입니다. 그것은 과학적으로 타당하고, 창의적 영감을 주는 가치를 명확히 전달하고, 그러한 가치를 중심으로 상호 협조적이고 사랑스런 커뮤니티를 구축하며, 강력한 미학 의식과 문화적 참여의 감각을 개발하고, 비범한 용기와 측정 가능한 성공으로 지역사회를 섬기며, 시대의 가장 긴급한 사회적 투쟁에서 선도적인 역할을 하는 것을 상징합니다. 이러한 모든 이유로 뉴욕 윤리적 문화 협회는 인본주의, 무신론, 세속주의, 세계 종교에 관심이 있는 사람이라면 반드시 방문해야 할 미국 관광명소 중 하나로 자리 잡아야 합니다. 이는 미시간의 버밍햄 템플, 뉴욕주 앰허스트의 질문 탐구 센터(Center for Inquiry in Amherst), 그리고 미국 의회(제리 폴웰이 말한 것처럼 600명의 휴머니스트들의 집이라는 이유는 아니지만, 미국 세속 연합의 스태프와 함께 자신의 의회 대표를 방문할 수 있는 장소로서)와 함께 포함될 수 있습니다.

현재 이 글을 쓰는 시점에서 뉴욕 **윤리적 문화** 건물은 약간의 페인트가 퇴색해 있긴 하지만, 여전히 인본주의의 거대한 보금자리로 남아 있습니다. 우리는 이 공간을 어떻게 활용할 수 있을까요? 보스턴, 샌프란시스코, 애틀랜타, 오스틴, 부에노스아이레스, 바르셀로나, 베이징, 뭄바이 같은 도시에 이런 센터를 더 많이 지을 수 있을까요? 대답은 "예"가 되어야겠네요. 인본주의자들은 자신들의 건축물을 지어야 합니다. 극소수의 무신론자 및 인본주의자 그룹만이 자체 건물을 보유하고 있습니다. 미국 대법원이 전세로 빌린 초등학교 교실에서 재판을 열기 위해 대법관들이 그 작은 오렌지색 플라스틱 의자에 앉아 있는 모습을 상상할 수 있겠습니까?

우리가 우리만의 공간을 가지지 못한다면, 우리가 하는 정치적, 자선적, 교육적, 사회적 활동을 확장시킬 기회를 결코 갖게 될 수 없을 것입니다. 인본주의 회중을 찾는 것은 괴짜들의 호기심 때문이 아닙니다. 그것은 심지어 "우리는 신을 믿는다(In God We Trust)."라는 문구를 달러에서 없애는 데 성공한 후에나 해결해야 할 사치스런 아이디어도 아닙니다. 우리가 짓밟힌 소수 집단 이상의 무엇인가가 되고자 한다면, 우리 자신만의 공간을 갖는다는 것은 가장 고통스럽고 영원한 인간적 필요 중 하나에 대한 필수적인 응답입니다.

이제 저는 제 동료들이 갖고 있는 인내의 한계를 벗어나서 이야기하지 않았나 두려워지는군요. 조직된 인본주의의 세계는 조직된 기독교나 유대교만큼이나 다양합니다. 이 세계는 비종교인이 무엇을 옹호하고 어떤 행동을 해야 하는지에 관해 많은 관점을 포함하고 있습니다. 많은 이들이 "우리는 하나님 없이도 선할 수 있다."고 제게 동의할 테지만, 인본주의 커뮤니티에 대한 제 비전에 대해선 한두 가지 부분에 대해서는 강력히 반대할 수도 있겠지요. 그럼에도 저는 오늘날 인본주의, 무신론, 윤리적 문화, 세속주의, 자유 사상 운동 사이에 느슨하게 연결된 흐름에서 일하는 사람들을 가장 존경하며, 그들과의 연대감을 피부로 느낍니다. 큰 안목으로 보면, 그들의 목표는 대부분 제 목표이기도 합니다. 그들의 실패 또한 저의 실패입니다.

그리고 어떤 방식으로든 제가 제 개인으로서 성공한다면, 그것은 제가 그들의 성공에 기여했기 때문이기를 충심으로 바랍니다. 저는 그들의 용서를 구하며, 또한 친구들을 미화하기 위해 역사를 왜곡하거나 현실을 부정하는 것은 인본주의적 가치가 아니라는 사실을 이해해 주시기 바랍니다.

그 모든 결함과 단점에도 불구하고, 인본주의 운동은 조직적으로 존재해 온 지 단 한 세기밖에 되지 않았다는 점을 고려하면, 믿기 어려운 성과를 이룩했군요. 인본주의가 많은 아이디어의 창출과 전파에 기여했고, 지적 리더십을 이끌어 냈으며, 전 세계에 퍼져 있는 각종 종교기관에 막대한 영향을 미쳤다는 점을 감안하면, 역사적으로 어떤 영적 운동도 첫 100년 동안 더 많은 성과를 낸 적은 없다는 주장은 합당하겠네요. 그래서 지금 제가 추구하는 목표는, 종교인들은 하나님 없이 선을 추구하는 개념을 자신들이 공정하게 평가해 주었는지 고려해 보도록 하고, 비종교인들은 자신들의 이상을 대변하며 자신들의 도움이 필요한 운동에 어떻게 참여할 수 있을지를 고민하도록 하며, 무엇보다도 제가 영웅적 작업이라고 믿는 일을 하고 있는 인본주의 리더들은 지금까지 이루어진 결과에 만족하지 않도록 도전하는 것입니다. 특히 인본주의가 현 세계에서 깊고 눈에 띄는 변화를 만들 수 있는 문턱에 서 있는 이 시점에 말입니다.

오사마 빈 라덴이 이룩한 가장 큰 성공은 한 세대 전에 불평등, 박탈감, 분노가 그가 살고 있던 세상에서 확산될 것임을 인식하고, 소외된 젊은 남성들을 대중 운동으로 조직하는 것이었습니다. 이부 파텔이 언급했듯이, 빈 라덴은 자르카위와 아타를 만났을 때 그들의 기업가적 리더십 능력을 가장 먼저 알아보았습니다. 그는 그 젊은 친구들이 그 자신의 부관으로 다른 젊은이들을 모집하여 급진적 이슬람의 비전을 실현할 수 있는 잠재력을 알아보았습니다. 궁극적으로 우리는 이런 종류의 열정과 실용주의의 결합에 맞서는 역량을 기르거나 아니면 그것에 압도당하는 기로에 서게 되는 것입니다.

—

"고양이 떼 몰기" 혹은
"커뮤니티 조직하기"

오랫동안 조직화된 세속주의는 고양이 떼를 몰고 가는 것과 같은 양립될 수 없는 모순어법(oxymoron)에 비유되어 왔습니다. 한층 인간적이고 인본주의적인 세계를 심오하게 믿는 사람들은 동료들을 모아 함께 영향력을 행사할 가능성을 거의 포기했습니다. 그들에게 매주 열리는 모임은 지나치게 독단적(dogmatic)으로 보였지요. 또 훈련된 지도자는 지나치게 성직자 같아 보였고요. 헌신적인 모임 공간은 교회처럼 느껴졌으며, 기금 모금은 깐죽대는 행동으로 보였고 최악의 경우에는 교회에서 돌리는 기부 접시의 악몽을 떠올리게 했습니다. 하지만 박물관, 대학교 등과 같은 사랑받는 세속적 기관들도 훈련된 지도력, 전용 공간, 기금 모금에 의존하고 있다는 사실을 그들은 잊고 있습니다.

이런 알르레기성 문제가 꼭 수직적 위계 기관에만 국한된 것은 아니었습니다. 하나님 없이 선을 아래에서 위로 추구하는 바텀업 방식 역시 주목받지 못했습니다. 많은 지역 및 전국에 퍼져 있는 세속인 커뮤니티들은 수십 년 동안 같은 리더를 모셔 두고 있습니다. 이들은 정기적인 선거를 하지 않으며, 자신들의 한정된 사교 서클 밖에 있는 사람들이 자신들의 기도를 들을 수 있는 외부 활동 전략을 활용하지 않습니다.

만약 우리가 종교기관의 성직자들이 보여 주는 위계적 종교 권위를 반박하고, 인본주의 커뮤니티를 세우려는 한층 민주적이고 민중적인 노력을 비웃으며, 교회를 연상시키는 모든 것을 거부하는 것으로 우리의 믿음을 보여 준다고 생각하면, 이는 얼굴을 긁어 상처를 내는 정도가 아니라, 몸을 망치기 위해 머리를 베어 내는 격입니다.

그러나 좋은 사람이 있는 곳에는 하나님 없이 선을 추구하는 사람들이 있습니다. 생각할 줄 아는 자유로운 사람들이 있는 곳에는 자유 사상가들이 있습니다. 인간이 있는 곳에는 인간주의자들이 있기 마련입니다.

오바마 캠페인은 2008년 거의 모든 사람들에게 새롭게 보이는 전략과 기술로 미국 전역을 휩쓸었습니다. 하지만 "커뮤니티 조직자"가 하는 일을 아는 사람들에게는 그 전략과 기술이 전혀 새롭지 않았습니다. 커뮤니티 조직화는 고양이 떼를 몰고 가는 것 그 이상도 이하도 아닙니다. 커뮤니티 조직자가 하는 일은 사람들의 무지나 양순함을 이용해서 그들이 모일 수 있는 기회를 마련해 주는 것이 아니고, 오히려 초자연적이든 자연적이든 기적이 없는 이 세상에서 오직 우리만이 세상을 더 나은 곳으로 만들 수 있고, 혼자서는 불가능하다는 것을 이해할 만큼 사람들이 총명하기 때문에 그들에게 모일 수 있는 기회를 만들어 주는 것 입니다. 다음은 오바마 캠페인에서 보내온 메시지 중 하나에서 영감을 받아 제가 여러분들에게 써 본 편지입니다. 그의 대통령직을 향한 여정은 분명히 기대이상의 결과를 가져왔지요. 하지만 커뮤니티 조직화를 연구하고 그것의 힘을 알고 있던 사람들에게는 전혀 이해하기 힘들지 않았군요.

이 글을 읽고 있는 세상 모든 사람은 인본주의를 구축하는 데 기여할 잠재력을 가지고 있습니다. 이 잠재력은 단순히 우리 자신을 위해서나 우리가 구축하고 강화할 각 개인의 인본주의 공동체를 위해서만이 아니고, 개인으로서 우리가 전 세계에 미칠 수 있는 영향을 극대화하는 방법으로서도 필수적입니다.

이제 이 책을 읽고 나면, 당신의 아이디어와 에너지를 그것이 필요한 다른 사람들과 나눌 때입니다. 다양한 배경과 경험을 가진 사람들을 찾아보십시오. 당신처럼 선한 삶을 살고, 선한 사회를 건설하는 데 열정적으로 헌신하며, 이 모든 일이 하나님 없이도 이루어져야 한다는 현실을 냉정히 직시할 수 있는 사람들 말입니다.

그래서 저는 지금 여러분께 요청합니다. 지역의 휴머니스트, 무신론자, 또는 세속주의 그룹과 연계하여, 혹은 근처에 그러한 그룹이 없다면 스스로 나서서 귀하의 집이나 지역 내 다른 장소에서 휴머니즘에 대한 모임을 조직해 보십시오.

미국의 모든 지역과 전 세계 곳곳에서, 하나님이나 전통적인 종교 없이 선함을 추구하는 데 헌신하는 사람들, 즉 오랜 휴머니스트 지도자이든, 이러한 아이디어 탐구의 초년생이든 상관없이, 모임을 개최하여 손을 내밀어 보십시오. 자신을 휴머니스트, 무신론자, 불가지론자, 비종교인으로 여기는 사람들을 초대하십시오. 그들이 이전에 휴머니즘에 참여했든, 전혀 들어 본 적이 없든 상관없이 말입니다.

이 모임의 목적은 서로 만나고, 인간 중심의 삶의 철학을 선택한 이유에 대한 이야기를 나누며 서로 알아 가는 것입니다. 그런 다음, 이 다양한 이야기에서 드러나는 공유 가치를 기반으로, 지역 사회에 휴머니즘의 메시지를 전파할 수 있는 민중 조직을 구축하는 것입니다. 전 세계적으로 이러한 그룹들이 함께한다면, 다음과 같은 활동을 통해 지역 사회와의 연결을 구축할 수 있습니다: 기후 변화에 맞서 싸우기. 진보적인 종교적 동맹들과 함께 교회와 국가의 분리를 옹호하기. 공원 정화 운동. 도움이 필요한 아이들에게 과외 지도 기회 제공. 명절, 결혼식, 장례식 축하. 노숙자 지원과 중독 회복 치료를 위해 최신 과학 지식과 모범 사례에 기반을 둔 커뮤니티 서비스 프로그램을 수용할 수 있는 센터 건물 확보. 이런 모든 활동은 각 개인이 휴머니즘적 세계관을 채택할지, 신학적 세계관을 채택할지 스스로 결정할 수 있도록 하여 종교적 자유를 허용하여야 할 것입니다.

물론, 이는 야심 찬 프로젝트이며 상당한 헌신이 필요합니다. 하지만 전 세계적으로 중요한 의미를 가지며 당신에게 그 토록 소중한 대의(大義)에 친구, 이웃과 함께 참여하는 것은 굉장히 흥분되는 일입니다. 이 책과 제가 제안하는 웹사이트들(예: 미국 휴머니스트 협회(American Humanist Association), 국제 휴머니스트 및 윤리 연합(International Humanist and Ethical Union)) 및 부록에 소개된 기타 자료들은 시작하는 데 충분한 도움을 줄 것입니다. 우리는 여러분 없이 이 일을 절대로 해낼 수 없습니다.

—

결론

이 글은 행동을 촉구하는 선언입니다. 주제는 **휴머니즘**이지만, 여러분이 휴머니스트가 되거나 스스로를 그렇게 부르도록 설득하는 것이 제 목표는 아닙니다. 만약 당신이 휴머니스트가 아니라면, 평안히 가십시오. 저는 여러분을 존중합니다. 그리고 인류 전체를 위해, 당신도 저를 존중해 주기를 부탁드립니다. 그리고 만약 당신이 휴머니스트로서 이 책으로부터 영감을 받았고, "휴머니스트"라는 단어가 당신에게 단순히 "하나님의 존재를 부정하는 사람"을 의미한다면, 그것만으로는 저한테 특별한 기쁨을 주지 못할 것입니다. 휴머니스트는 그들의 행동으로 알려져야 합니다.

우리는 우리 자신의 선함을 위해, 그리고 더 큰 선함을 위해 함께 행동해야 합니다.

우리는 이성, 공감, 창의성을 지니도록 진화하고 양육받았다는 점에서 매우 행운아입니다.

이러한 자질로 무엇을 하느냐가 모든 것을 결정할 것입니다. 우리가 하나님 없이 살아간다는 사실은, 어느 의미에서는, 우리의 선택이 아닙니다. 우리는 주변 세계를 보고, 우리의 놀라운 인간적 사고 능력을 사용하며, 오직 하나의 자연적 세계만이 존재한다고 진실되게 믿습니다. 그러나 선함은 선택입니다. 그것은 우리가 내릴 수 있는 가장 중요한 선택이며, 우리가 살아가며 평생 동안, 또한 우리 삶의 모든 측면에서 반복해야 하는 선택입니다. 우리는 우리 자신을 위해 선해야 합니다. 우리는 우리가 사랑하는 사람들을 위해 선해야 합니다. 우리는 친구든 적이든 우리 주변 모든 사람을 위해 선해야 합니다. 우리는 하나님 없이 선해지도록 강요받고 있습니다. 우리가 이 현실을 받아들이고 용기 있게 행동할 수 있다면, 우리는 정말로 **매우 선할 수 있습니다.**

이것은 우리가 우리의 세상을 바꿀 운동의 시작입니다. 단지 그 시작일 뿐입니다.

많은 사람들이 말하곤 합니다. "아마도 미래에는 세상이 휴머니즘을 받아들일 준비가 되어 있을 것입니다. 언젠가는 그런 날이 오겠지요." 하지만 이것은 우리가 받아들일 수 있는 태도가 아닙니다.

거의 2천 년이나 된 한 격언에서 우리가 배울 수 있겠네요: "일을 끝내는 것이 당신의 책임은 아닙니다. 그렇다고 그것을 멈출 수 있는 자유도 당신에게는 없습니다."

지금 당장 나가서 변화를 만들어 봅시다.

후기
: 인본주의와 그 열망

    다음 글은 일반적인 인본주의 신념과 원칙에 대한 간략한 설명입니다. 이 글은 「인본주의와 그 열망」이라는 제목으로, 2003년에 미국 인본주의 협회(American Humanist Association)의 지도자들에 의해 인본주의를 연구하는 사람들에게 단서를 제공하고 인본주의 목표를 명확하게 선언하기 위해 작성되었습니다.

    「인본주의와 그 열망」은 또한 인본주의 선언문 III(Humanist Manifesto III)이라고 불리기도 합니다. 이는 1933년에 발표된 인본주의 선언문(Humanist Manifesto)과 1973년에 발표된 후속 선언문인 인본주의 선언문 II의 후속 문서이기 때문입니다. 원래 선언문은 하나님 없이 선한 삶을 지향하는 최초의 지식인과 문화 지도자 그룹의 일종의 '공식적인 선언'이었으며, 초자연적인 종교가 쇠퇴하는 시대에 인간의 잠재력과 책임에 대해 대담하고 낙관적인—돌이켜 보면 아마도 지나치게 낙관적인—선언이었습니다(이 문서는 또한 '선언문'이라는 단어가 지금 현시대만큼 부정적인 의미를 많이 암시하지 않았던 시기에 작성되었습니다).

인본주의 선언문 II의 저자들은 홀로코스트, 공산주의 독재, 핵 확산, 그리고 20세기의 다른 공포들에 맞서는 인본주의 원칙을 명확히 하려고 했습니다. 그들은 또한 많은 인본주의자들이 더 이상 자신들을 "종교적"으로 생각하지 않는다는 점을 명확히 하고 싶어 했습니다. 하지만 선언문 II는 인본주의 신념에 대한 효과적인 요약으로는 너무 길었고, 당시의 문화 전쟁에 너무 집중하여 인본주의가 반대하는 것보다는 인본주의가 지향하는 것에 대한 설명이 부족했습니다.

이 세 번째 문서는 두 선행 문서의 기초적 언어를 일부 차용하였지만, 개인적으로나 우리 공동체에서 많은 사람들에게 매우 유용했던 간결함과 균형을 갖추고 있습니다.

「인본주의와 그 열망」은 신념과 원칙에 대한 선언문이지, 교회법이나 계명의 모음이 아닙니다. 인본주의자들은 그런 방식으로 일하지 않습니다. 만약 당신이 인본주의에 대한 모든 것을 설명하는 하나의 문장을 찾고 있다면, 당신은 인본주의가 어떤 전통인지 오해하고 있는 것입니다. 그리고 인간 자체를 오해하고 있는 것입니다. 설령 지금 세상을 멈추고 10단어 이내로 모든 행동을 통제할 수 있는 윤리 체계를 설계할 수 있다 해도, 그것은 건강하고 합리적인 사람이 원할 일이 아닐 것입니다. 그것은 독재가 될 테니까요. 우리가 살아가고 있는 삶의 체계를 누가 결정할 수 있겠습니까? 인본주의자들은 오류를 범하지 않는 권위 체계가 있다고 믿지 않으며, 다양한 개성인들로 이루어진 그룹이 계속해서 진화하고 서로의 뜻이 중복되어 만나는 합의점에 도달하기 위해서는 한결같이 치열하게 논쟁하고 탐구하는 과정을 가치 있게 여깁니다. 다시 말해, 아래 글은 여러 명의 저자와 편집자가 오랜 기간에 걸쳐 작성한 것이며(인본주의 선언문 II는 주저자인 폴 커츠가 완성하기까지 약 20년 동안 계획되었습니다), 수년간 거의 모든 단어에 대해 토론하고 논의한 후에도 저자들(그리고 독자들)은 여전히 문서의 여러 측면에 대해 많은 의견 차이를 가지고 있었습니다.

우리는 이곳에 표현된 인본주의가 과거의 인본주의 선언에 등장했던 표현을 그대로 답습하지 않는다는 사실을 자축하며, 또 지금의 표현이 가까운 미래에 다시 변할 것임도 확신합니다. 인본주의는 항상 진화하며, 그것을 받아들이는 모든 사람들이 모든 것에 동의할 것을 요구하지 않습니다. 오히려, 우리는 차이점보다 더 중요한 많은 공통된 기반을 찾고 인정할 것이라고 기대합니다. 저는 미국 인본주의 협회와 주저자인 프레드 에드워즈(Fred Edwords)에게 이 선언문을 재인쇄할 수 있도록 허락해 주신 것에 대해 감사드리며, 이와 다른 인본주의의 기초 문서들에 대해 더 알고 싶다면 www.americanhumanist.org를 방문하시기를 권장합니다.

—

인본주의와 그 열망
인본주의 선언문 III: 1933년 인본주의 선언문의 후속작

인본주의는 초자연성과 관계없이 인간이 윤리적 삶을 살고 개인적인 성취를 이루며 인류의 더 큰 선을 추구할 수 있는 우리의 능력과 책임을 인정하는 진보적 삶의 철학입니다.

이 인본주의의 생활관은 이성에 의해 이끌리고, 자비에 의해 영감을 받으며, 경험에 의해 형성됩니다. 인본주의는 시대를 거치며 진화했고, 우리의 지식과 이해가 발전함에 따라 가치와 이상도 변화할 수 있음을 인식하는 사려 깊은 사람들의 노력에 의해 계속 발전하고 있습니다.

이 문서는 인본주의의 개념적 경계를 명확하고 긍정적으로 나타내기 위한 지속적인 노력의 일환이며, 우리가 무엇을 믿어야 한다는 강요가 아니라 우리가 믿는 바에 대한 합의입니다. 이런 맥락에서 우리는 다음을 확인합니다.

세계에 대한 지식은 관찰, 실험, 그리고 합리적 분석을 통해 얻어집니다.

인본주의자들은 과학이 이러한 지식을 결정하고 문제를 해결하며 유익한 기술을 개발하는 데 가장 좋은 방법이라고 생각합니다. 우리는 또한 비판적 지성이 다스리는 분석의 대상이 되는 사상, 예술, 내면적 경험의 새로운 발상을 소중하게 여깁니다.

인간은 자연의 필수적인 부분이며, 통제되지 않은 진화적 변화의 결과입니다.

인본주의자들은 자연을 스스로 존재하는 것으로 인정합니다. 우리는 우리의 삶을 그 자체로 받아들이며, 우리가 바랄 수 있는 것이나 상상할 수 있는 것과 구별합니다. 우리는 미래의 도전에 기꺼이 맞서고, 아직 알지 못한 것들에 매료되며 두려워하지 않습니다.

윤리적 가치는 경험을 통해 검증된 인간의 필요와 관심에서 비롯됩니다.

인본주의자들은 가치의 기반을 인간의 복지에 두고 있으며, 이는 인간의 환경, 관심사, 우려 대상에 의해 형성되고 전 지구적 생태계 및 그 너머로 확장된다고 봅니다. 우리는 모든 개인을 고유한 가치와 존엄성을 가진 존재로 대하고, 그들은 자유와 책임이 조화를 이루는 맥락에서 정보에 입각한 선택을 할 의무가 있다고 믿습니다.

삶의 충만함은 인도적 이상을 실천하는 개인적 참여에서 비롯됩니다.

우리는 가능한 한 최대한으로 발전하는 것을 목표로 하며, 인간 존재의 기쁨과 아름다움, 그 도전과 비극, 그리고 죽음의 불가피함과 최종성에도 경이와 감탄을 느끼며 우리 삶에 깊은 목적의식을 부여합니다. 인본주의자들은 인간 문화의 풍부한 유산과 인본주의의 생활관을 통해 궁핍한 시기에 위안을 얻고 풍요로운 시기에 격려를 얻습니다.

인간은 사회적 존재이며 관계 속에서 의미를 찾습니다.

인본주의자들은 상호 배려와 관심이 있는 세계, 잔인함과 그 결과로부터 자유로운 세계를 갈망하며 이를 위해 노력합니다. 개별성과 상호 의존성이 결합되면 우리의 삶이 풍요로워지며, 다른 사람들의 삶을 풍요롭게 하고자 하는 동기를 부여하며, 모든 사람에게 평화, 정의, 그리고 기회의 희망을 제공합니다.

사회를 이롭게 하는 일이 개인의 행복을 극대화합니다.

진보적인 문화는 인류를 생존의 잔혹함에서 해방하고 고통을 줄이며 사회를 개선하고 글로벌 커뮤니티를 발전시키기 위해 노력해 왔습니다. 우리는 상황과 능력의 불평등을 최소화하고, 가능한 한 많은 사람들이 풍요로운 삶을 누릴 수 있도록 자연 자원과 인간 노력의 결실을 공정하게 분배하는 것을 지지합니다.

인본주의자들은 인류 전체의 복지를 염려하고, 다양성을 헌신적으로 수용하며, 인본주의와 다른 인간적인 견해를 존중합니다. 우리는 인간의 권리와 시민적 자유를 동등하게 누리는 열린 세속 사회를 지지하며, 민주적 과정에 참여하는 것을 시민의 의무로, 그리고 자연의 무결성(integrity), 다양성, 아름다움을 안전하고 지속 가능한 방식으로 보호하는 것을 지구인의 의무로 간주합니다.

이와 같이 인생의 흐름에 참여하면서 우리는 인류가 가장 높은 이상을 향해 나아갈 수 있는 능력이 있다는 확신을 가지고 이 비전을 추구합니다.

우리의 삶과 우리가 사는 세상에 대한 책임은 우리의 것, 오직 우리의 몫이기에….

감사의 말

이 책은 셔윈 와인에게 헌정하는 책으로, 그가 없었다면 이 책을 쓰는 일은 불가능했을 것입니다. 하지만 이 책을 꼭 같이 제 어머니인 쥬디 캐플에게 바쳐도 되겠군요. 저는 어렸을 때부터 어머니와 함께 이 문제들에 대해서 흥미를 갖고 이야기를 나누어 왔습니다. 저의 저술 작업에 대한 그녀의 격려와 호기심은 저에게 영감을 주었습니다.

톰 페릭은 그의 경이로운 커리어를 통해 제가 그를 따라갈 수 있는 기회를 주었고, 또 조 터스타인 박사는 제가 가는 길을 무한히 편안하고 의미 있게 만들어 주었습니다. 시와투 무어는 진정한 친구로서 정신적 지원을 아끼지 않았습니다. 저의 에이전트인 로버트 쉰슬러는 저에게 책을 쓰는 온 과정을 인도해 준 은인이며, 재능 있는 편집자 데이비드 하이필드 역시 마찬가지로 많은 도움을 주었습니다.

그리고 저는 하버드의 지역사회 구원들과 학생들, 미 전역에 있는 많은 스타 휴머니스트 지도자들, 그리고 제가 알게 된 행운아인 다른 많은 사람들, 즉 학생들 및 동문 지도자인 존 휘그도, 댄 로빈손, 루이스 워드, 아만다 샤피로, 켈리 보드윈, 앤드류 메허, 그래타 푸라이어, 데이빗 랜드, 브랜다 랜드웰, 피터 브레이크, 세자스티안 벨레즈, 제이슨 밀러, 한 슈인 휴 등등의 후원자들에게 진심으로 감사하며 특별히 십계명의 부분을 나에게 영감을 불러일으키게끔 잘 설명해 준 주일 학교 선생님인 엘리자벳 카쳐에게 진심으로 감사드립니다.

주(Notes)

┃ 들어가는 말

1. 이 발언은 정치와 그 외 여러 분야에서 여전히 차별을 겪고 있는 많은 다른 소수자들의 상황을 고려했을 때 다소 충격적으로 들릴 수 있지만, 이는 갤럽 여론조사에서 수집된 미국 유권자들의 선호도에 관한 많은 데이터에 기반을 두고 있습니다. 예를 들어 다음을 참조하세요: http://www.data360.org/report_slides.aspx-Print_Group_Id=99. 또한 미네소타 대학교의 사회학자들이 수행한 다음 연구도 참고하세요. 이 연구는 미국인들이 "미국 사회의 비전에 공감하는 정도"에서 무슬림, 최근 이민자, 성소수자 등 다른 소수 집단보다 무신론자를 더 낮게 평가한다는 결과를 보여 줍니다. Penny Edgell, Joseph Gerteis, and Douglas Hartmann, "Atheists as 'Other': Moral Boundaries and Cultural Membership in American Society", American Sociological Review 71 (2006): 211-34.

2. See Barry A. Kosmin and Ariela Keysar, American Religious Identification Survey 2008, Summary Report (Hartford, CT: Institute for the Study of Secularism in Society and Culture, Trinity College, 2009).

3. See Phil Zuckerman, Society Without God: What the Least Religious Nations Can Tell Us About Contentment (New York: New York University Press, 2008).

4. Joss Whedon, speech for the Humanist Chaplaincy at Harvard, Memorial Church, April 10, 2009.

▌1장

1. 릭 워렌, The Purpose Driven Life (그랜드 래피즈, MI: Zondervan, 2002), 38쪽.

2. Ibid., 37쪽.

3. C. S. 루이스, The Abolition of Man, The Quotable Lewis, Jerry Root와 Wayne Martindale 편집, 72-80쪽 (Carol Stream, IL: Tyndale House, 1990), 29쪽.

4. Albert Mohler, *"Can We Be Good Without God?"* http://www.albertmohler.com.

5. Sayyid Qutb, Milestones, Gustav Niebuhr, Beyond Tolerance: Searching for Interfaith Understanding in America (뉴욕: 펭귄, 2008), 61쪽에서 인용.

6. Seyyed Hossein Nasr, The Heart of Islam: Enduring Values for Humanity (뉴욕: 하퍼콜린스, 2004), 45-46, 220쪽.

7. 아돌프 히틀러, Mein Kampf, R. Manheim 번역 (보스턴: 호튼 미플린, 1943), 1:65쪽.

8. Brian Swimme과 Thomas Berry, The Universe Story (샌프란시스코: HarperSanFrancisco, 1994), 7쪽.

9. Ibid., 5쪽.

10. Richard Dawkins, The Blind Watchmaker (뉴욕: Norton, 1996), 5쪽.

11. Ronald W. Clark, Einstein: The Life and Times (뉴욕: 에이본, 1984), 502쪽.

12. Paul Tillich, The Dynamics of Faith (뉴욕: HarperCollins Perennial Classics, 2001) 또는 John Shelby Spong, A New Christianity for a New World (샌프란시스코: HarperSanFrancisco, 2001)을 참조하세요.

13. Tillich, The Dynamics of Faith, 4쪽.

14. "Oprah Winfrey's Commencement Address", Wellesley College, 1997 년 5월 30일, http://www.wellesley.edu/PublicAffairs/PAhomepage/ winfrey.html을 참조하라.

15. Sherwin Wine, "Reflections", A Life of Courage, Dan Cohn-Sherbok, Harry Cook, Marilyn Rowens 편집, 284쪽 (Farmington Hills, MI: The International Institute for Secular Humanistic Judaism and Milan Press, 2003).

16. 크리스토퍼 히친스, "The God Hypothesis", The Portable Atheist (뉴욕: Da Capo Press, 2007), 235쪽.

17. Daniel Dennett, Breaking the Spell (뉴욕: Viking, 2006), 199쪽을 참조하세요.

18. 이 다섯 가지 규칙은 Nowak의 "Five Rules for the Evolution of Cooperation", Science (2006년 12월), 1560-63쪽에서 발췌한 것이다. 협력의 진화에 대한 더 깊이 있는 논의는 Nowak의 Evolutionary Dynamics(케임브리지, MA: 하버드 대학교 출판사, 2006)를 참조하세요.

19. Nowak, "Five Rules", 1560쪽.

20. 찰스 다윈, The Descent of Man (뉴욕: 펭귄 클래식, 2004), 137쪽.

21. Stephen Jay Gould와 Richard Lewontin이 처음 논의한 '스팬드럴'에 대해서는 "The Spandrels of San Marco and the Panglossian Paradigm: A Critique of the Adaptationist Programme", Proceedings of the Royal Society of London, Series B, Biological Sciences (1979): 205, 581-98쪽을 참조하세요.

22. 이러한 아이디어에 대한 더욱 깊이 있는 내용은 Robin Marantz Henig 의 "Darwin's God", New York Times Magazine, 2007년 3월 4일을 참

조하세요.

23. 히틀러, Mein Kampf, Ralph Manheim 편집 (뉴욕: 마리너 북스, 1999), 152쪽.

24. David Van Biema, "Mother Teresa's Crisis of Faith", Time, 2007년 8월 23일을 참조하세요.

25. John F. Haught, God and the New Atheism: A Critical Response to Dawkins, Harris, and Hitchens (루이빌, KY: Westminster John Knox Press, 2007). 이 인용문은 Haught의 책에서 발췌한 것으로 "Amateur Atheists: Why the New Atheism Isn't Serious", Christian Century, 2008년 2월 26일에 실린 글에서 인용되었습니다.

26. The Dialogues of Plato, Benjamin Jowett 번역 (뉴욕: Charles Scribner's Sons, 1902),

27. 폴 체임벌린, Can We Be Good Without God? (다운스 그로브, IL: 인터바시티 프레스, 1996), 188쪽.

28. 이 주제에 대해 더 알고 싶다면, 창의적인 제목의 온라인 포럼 http://whygod-hatesamputees.com을 참조하세요.

▌2장

1. 일리노이주 디어필드의 인본주의 랍비인 친구이자 동료인 아담 챌럼 박사에게 감사드립니다. 그는 종종 인본주의의 역사를 가르치며, 프리드먼의 예시를 지적하고 이 예를 이디시어 속담으로 풍부하게 해 주었습니다.

2. 웬디 도니거 오플래허티, 리그 베다 (뉴욕: 펭귄 북스, 1981), 25-26쪽.

3. 마다바 아차리야, 사르바-다르사나-상그라하, E. B. 코웰과 A. E.

고프 번역 (런던: 트루브너 앤 코, 1882), 10-11쪽.

4. 앞의 책, 10쪽.

5. 사레팔리 라다크리슈난과 찰스 A. 무어 편집, 인도 철학의 자료집 (프린스턴, NJ: 프린스턴 대학교 출판부, 1973), 233-34쪽.

6. 이 말은 때때로 '테트라파르마콘'으로 알려져 있으며, 에피쿠로스의 남아 있는 저작들에서는 발견되지 않지만, 일반적으로 에피쿠로스 시대에서 유래한 에피쿠로스 학파의 공식으로 여겨집니다. 이 번역은 길버트 머레이, 그리스 종교의 5단계 (뉴욕: 더블데이, 1955), 205쪽에 나옵니다.

7. 에피쿠로스, "메노이케우스에게 보내는 편지", 로버트 드류 힉스 번역, http://classics.mit.edu/Epicurus/menoec.html.

8. 앞의 책.

9. 앞의 책.

10. 마하푸라나 4:16-31, 인도 전통의 원천, 2판, 에인슬리 토마스 엠브리, 스티븐 N. 헤이, 윌리엄 시어도어 드배리 편집 (뉴욕: 콜롬비아 대학교 출판부, 1988), 1:80쪽.

11. 친구인 매트 체리가 인본주의 소개: 인본주의의 역사, 철학, 목표에 대한 입문이라는 훌륭한 에세이에서 지적한 바와 같이, 이 에세이는 http://humanisteducation.com/demo.html에서 접근할 수 있습니다.

12. 제니퍼 마이클 헤흐트, 의심의 역사 (샌프란시스코: 하퍼샌프란시스코, 2004), 216쪽.

13. 이븐 와라크, 이슬람을 떠나다: 탈이슬람자들의 외침 (암허스트, NY: 프로메테우스 북스, 2003), 52쪽.

14. F. 가브리엘리, 라 잔다카, 아바시올레 세기, 이슬람의 발전 (파리: 프레스 대학교 출판사, 1961).

15. 아부 바크르 알라지, 영적 치료, A. J. 아베리 번역, 와라크, 이슬람을 떠나다에서 인용, 55쪽.

16. . 헤흐트, 의심의 역사, 228-29쪽.

17. 토마스 제퍼슨, 윌리엄 숏에게 보내는 편지. 토마스 제퍼슨, 존 애덤스에게 보내는 편지, 폴 레이스터 포드가 편집한 토마스 제퍼슨의 저작 (G.P. 퍼트남 아들 출판사, 1899), 143쪽.

18. 토마스 제퍼슨, 존 애덤스에게 보내는 편지, 폴 레이스터 포드가 편집한 토마스 제퍼슨의 저작 (G.P. 퍼트남 아들 출판사, 1899), 185쪽.

19. 브룩 앨런, 도덕적 소수: 우리의 회의적인 건국 아버지들 (시카고: 이반 R. 디, 2006), 96쪽에서 인용.

20. 찰스 다윈, 찰스 다윈의 자서전 (뉴욕: D. 애플턴 앤드 컴퍼니, 1893).

21. 프란시스 라이트, 삶, 편지, 강연, 애니 로리 게일러, 미신 없는 여성들에서 인용 (매디슨, WI: 종교로부터의 자유 재단, 1997), 34쪽.

22. 엘리자베스 캐디 스탠턴, 게일러, 미신 없는 여성들에서 인용, 129-30쪽.

| 3장

1. 워렌, 목적이 이끄는 삶, 27쪽.

2. 마이클 슬랙맨, "패션과 신앙이 경건한 이들의 이마에서 만나다", 뉴욕 타임스, 2007년 12월 18일.

3. 도널드 A. 크로스비, "허무주의", 라우틀리지 철학 백과사전 (런던: 라우틀리지, 1998).

4. 앞의 책.

5. BBC 다큐멘터리 악몽의 힘: 두려움의 정치의 부상, 아담 커티스 작가 및 제작 (2004).

6. 조나단 하이트, 행복 가설 (뉴욕: 베이식 북스, 2006), 219쪽.

7. 다니엘 핸들러, 부사들 (뉴욕: 하퍼콜린스, 2006), 19쪽.

8. 스테파니 쿤츠, 결혼: 역사 (뉴욕: 펭귄, 2006), 23쪽.

9. 에바 골드핑거, 세속 인본주의 유대교의 기본 아이디어 (파밍턴 힐스, MI: 국제 세속 인본주의 유대교 연구소, 1996), 10, 18쪽.

10. 시몬 드 보부아르, 모호성의 윤리 (뉴욕: 켄싱턴, 1976), 105쪽.

11. 알베르 카뮈, 페스트 (뉴욕: 빈티지, 1991), 306쪽.

12. 셔윈 와인, "개인 윤리", 인본주의 유대교, 12권, 2호 (1984년 여름).

13. 에리히 프롬, 스스로를 위한 인간 (뉴욕: 포셋 프리미어, 1965), 249-50쪽.

14. 하이트, 행복 가설, 238-89쪽.

15. 케네스 브래너와 로버트 드 니로가 출연한 영화 버전에서 나온 인용. 이 대사들은 메리 셸리의 원문에는 나타나지 않음.

16. 토마스 프리드먼, "존엄의 빈곤과 분노의 부", 뉴욕 타임스, 2005년 7월 15일.

17. 장 폴 사르트르, 실존주의는 인본주의다 (뉴헤이븐, CT: 예일 대학 출판부, 2007), 353쪽.

18. 드 보부아르, 모호성의 윤리 (뉴욕: 시타델, 2000), 86쪽. 모든 권리 보유. 켄싱턴 출판사와의 협정에 의해 재인쇄됨. www.kensingtonbooks.com.

19. 프롬, 스스로를 위한 인간, 219쪽.

20. 스티븐 핑커, 저자에게 보낸 이메일 메시지, 2008년 3월 7일.

▌4장

1. 알렉산더 스틸, "학자들이 조용히 새로운 꾸란 이론을 제시하고 있다", 뉴욕 타임스, 2002년 3월 2일.

2. 로이드와 메리 모레인, 인본주의: 다음 단계 (암허스트, NY: 인본주의 출판사, 1998), 1-2쪽.

3. 워싱턴의 세속 인본주의 유대교회 "마차르"의 "유대 문화 학교" 일요 학교에서 가르친 계명에 대한 연습을 각색함. 마차르를 찾으려면 http://www.machar.org을 참조하세요.

4. 이스라엘 핀켈슈타인과 닐 아셔 실버맨, 성경의 발굴: 고대 이스라엘과 그 성서의 기원의 고고학적 새로운 비전 (뉴욕: 사이먼 앤 슈스터, 2002).

5. 예후다 아미카이, "내 머리를 문에 부딪혔을 때", 예후다 아미카이 시선집, 수정판, 차나 블로흐와 스티븐 미첼 편집 및 번역 (버클리: 캘리포니아 대학 출판사, 1996), 118-19쪽.

6. 조나단 하이트, 행복 가설 (뉴욕: 베이식 북스, 2006), 167쪽.

7. 안나 드레버, 데이비드 G. 랜드, 드류 푸덴버그, 마틴 A. 노왁, "승자는 벌하지 않는다", 네이처 452 (2008년 3월 20일): 348-51.

8. 에이미 서덜랜드, "샤무가 내게 가르쳐 준 행복한 결혼", 뉴욕 타임스, 2006년 6월 25일.

9. "마지못한 휴가자들: 왜 미국인은 유럽인보다 더 많이 일하고 덜 쉬는가", Wharton 지식, 2006년 7월 26일.

10. 조셉 거스타인 박사, 저자에게 보낸 이메일, 2008년 10월 22일.

11. 앞의 책, 2008년 10월 23일.

12. 토니 저트, "유럽 vs. 미국", 뉴욕 리뷰 오브 북스, 2005년 2월 10일.

13. 콜리스 라몬트, 인본주의 철학 (워싱턴, DC: 인본주의 출판사, 1997), 225쪽.

14. 에리히 프롬, 스스로를 위한 인간 (뉴욕: 포셋 프리미어, 1965), 27쪽.

15. 스티븐 핑커, "윤리: 도덕적 본능", 뉴욕 타임스 매거진, 2008년 1월 13일.

16. 앨런 더쇼위츠, 잘못으로부터의 권리 (뉴욕: 베이식 북스, 2004), 2쪽.

17. 앞의 책, 8-9쪽.

18. 리처드 그레그, 자발적 단순성의 가치 (왈링턴, PA: 펜들 힐, 1936).

19. 듀안 엘진, 자발적 단순성: 외적으로 단순하고 내적으로 풍요로운 삶을 향하여 (뉴욕: 퀼, 1993), 30쪽.

20. 고단 카우프만, 처음에… 창조성 (미니애폴리스, MN: 포트리스 프레스, 2004), 38쪽.

| 5장

1. 케네스 T. 잭슨, "양심 있는 식민지", 뉴욕 타임스, 2007년 12월 27일.

2. 타운 오브 플러싱 주민들의 반대 청원, 스타이베선트 주지사에게, 1657년 12월 27일. 뉴욕 역사 기록.

3. 구스타브 니버, 관용을 넘어서 (뉴욕: 바이킹, 2008), xxxiv.

4. 사라 보웰, "급진적 사랑이 공휴일을 얻다", 뉴욕 타임스, 2008년 1월 21일.

5. 이부 파텔, "공공 광장에서의 종교적 다원주의", 디베이팅 더 디바인, no. 43 (워싱턴, DC: 미국진보센터, 2008), 21쪽.

6. 스티븐 프로테로, 종교적 문해력: 모든 미국인이 알아야 할 것 – 그러나 알지 못하는 것 (뉴욕: 하퍼원, 2008), 14쪽.

7. 앞의 책, 222쪽.

8. 다니엘 데닛, 주문을 깨다 (뉴욕: 바이킹, 2006), 327쪽.

9. 니버, 관용을 넘어서, xix.

10. 이 주의사항과 금지사항들은 원래 제가 헴란트 메타와 함께 진행한 '친밀한 무신론자'라는 워크숍을 위해 개발되었습니다. 그의 훌륭한 블로그를 방문해 보세요: www.friendlyatheist.com.

11. 제프 저먼, "브라운, 입법 기도 싸움에서 승리", 라스베가스 선, 1997년 6월 3일.

12. LCCR 웹사이트를 참조하세요: http://www.civilrights.org/about/history.html.

13. 보이스 업홀트, 필라델피아 시티 페이퍼, 2008년 8월 6일.

▌ 6장

1. 메이슨 올즈, 미국 종교적 인본주의 (미니애폴리스, MN: 종교적 인본주의자 협회, 1996), 185.

2. 코를리스 라몬트, 인본주의 철학 (워싱턴 DC: 인본주의자 출판사,

1997), xvi.

3. 앞의 책, xvii.

4. 동서양에서의 인본주의와 교육: 유네스코가 주최한 국제 라운드 테이블 토론 참조 (파리: 유네스코, 1953).

5. 앨리스터 맥그래스, 무신론의 황혼: 현대 세계에서의 불신의 흥망 (뉴욕: 더블데이, 2004), 192.

6. 이와 같은 담론의 예는 아사프 모가담의 "종교의 세계적 부활?" 국제 문제에 대한 웨더헤드 센터 연구 논문 No. 03-03 (2003년 8월)과 로드니 스타크의 "세속화, R.I.P. (안식을 빈다)", 종교 사회학 (1999년 가을): 249-73 참조.

7. 새뮤얼 헌팅턴, 우리는 누구인가? 미국의 국가 정체성에 대한 도전 (뉴욕: 사이먼 앤 슈스터, 2004), 337.

8. 맥그래스, 무신론의 황혼, 264-65.

9. 앞의 책, 265-66.

10. 조나단 하이트, 행복 가설 (뉴욕: 베이직 북스, 2006), 237.

11. http://www.smartrecovery.org 참조.

12. 조너선 본 브레튼, "REBT 소개", http://www.smartrecovery.org/re-Articles/intro_rebt.htm.

13. 허버트 벤슨, M.D., 미리암 Z. 클리퍼와 함께, 이완 반응 (뉴욕: 윌리엄 모로우, 1975), 107.

14. 앞의 책, xxi.

15. 인본주의자와 비종교적 사람들이 함께 이완 반응을 공부하고 실천하는 것은 공동체와 연결감을 경험하는 훌륭한 연습이 될 수 있으며, 이는 개개인의 자아를 넘어서는 자연스러운 일치감을 촉진할 수 있다.

16. 로버트 하스, *시인의 선택* (호프웰, NJ: 에코 출판사, 1998), 15.

17. 하이트, *행복 가설*, 193에서 인용.

18. 앞의 책.

19. 셔윈 T. 와인의 축하: *인본주의자와 인본주의적 유대인을 위한 의식 및 철학적 가이드* (버팔로, NY: 프로메테우스 출판사, 1988), 321에서 개발된 이 독서는 와인의 버밍엄 템플에서의 여러 서비스 중 하나에서 발전되었다.

20. 데이비드 브룩스, "굿바이 조지와 존", 뉴욕 타임스, 2007년 8월 7일.

21. 와인, 축하, 378.

22. 이는 내가 수행한 장례식에서의 경험을 기반으로 한 것이지만, *신 없이 하는 장례식: 비종교적 장례식을 위한 실용 가이드* (런던: 영국 인본주의자 협회, 1998), 23쪽에 제안된 템플릿과 매우 유사합니다.

23. 살만 루슈디 경, 문화적 인본주의에서 평생 업적상 수상 연설, "새로운 인본주의" 컨퍼런스, 하버드 대학교, 2007년 4월 21일.

24. 프레드 에드워즈, "우리의 인본주의를 축하하며", 휴먼라이트 기념 연설 (뉴저지주 브리지워터), 2005년 12월 18일.

25. 클리포드 기어츠, "인간 개념에 대한 문화 개념의 영향", 인간 본성에 대한 새로운 견해, 존 R. 플랫 편집 (시카고: 시카고 대학교 출판사, 1966), 93–118.

26. 러셀은 "지리적 의미에서" 자신과 모든 동료들이 여전히 기독교인임을 인정합니다. 러셀이 보기에, 구세대 권력이 여전히 거의 의심받지 않는 권위로 세계 문화 무대를 지배하던 시기에는 이러한 문화적 현실을 무시하는 것이 용인될 수 있었습니다. 그러나 문명 충돌이 일어나는 포스트모던 세계에서는 지리적, 문화적 현실을 무시하는 접근법이 9·11 이전의 미국에서 탈레반을 무시하는 것만큼이나 무용하다고 할 수 있습니다.

27. 사라 보웰, "급진적 사랑이 공휴일을 얻다", 뉴욕 타임스, 2008년 1월 21일.

28. 앤서니 핀, "인본주의자가 되는 길: 개인적인 여정", 종교적 인본주의 (1998년 겨울/봄).

29. 앞의 책.

30. 리처드 라이트, 블랙 보이 (뉴욕: 하퍼, 1945), 113–15.

31. 핀, "인본주의자가 되는 길"

32. 앞의 책.

33. 마크 린들리, 고라의 삶과 시대 (뭄바이, 인도: 인기 프라카샨, 발간 예정), 27 참조.

34. 이븐 와라크, 이슬람을 떠나다: 배교자들의 목소리 (애머스트, NY: 프로메테우스 북스, 2003) 참조. 또한 이븐 와라크, 코란이 실제로 말하는 것: 언어, 텍스트, 해설 (애머스트, NY: 프로메테우스 북스, 2002) 참조.

35. 루슈디, 새로운 인본주의 컨퍼런스 수상 연설.

36. 투 웨이밍, 신유교 인본주의의 생태적 전환: 중국과 세계에 미치는 함의 참조, 유교적 영성, 2권: 세계적 영성, 투 웨이밍 및 메리 에블린 터커 편집 (뉴욕: 크로스로드 출판사, 2004).

37. 스티븐 배첼러, 믿음 없는 불교: 각성을 위한 현대적 가이드 (뉴욕: 리버헤드 북스, 1997).

38. 셔윈 와인, 용기의 삶, 댄 콘-셔복, 해리 쿡, 및 메릴린 로웬스 편집 (파밍턴 힐스, MI: 국제 인본주의적 유대교 연구소 및 밀란 출판사, 2003), 28.

39. 와인, 용기의 삶에서의 "성찰", 291–92.

40. 하워드 라데스트, 공통된 기반을 향하여 (뉴욕: 프레드릭 웅가, 1969), 27.

41. 앞의 책, 28.

42. 앞의 책, 38.

43. 앞의 책.

44. 앞의 책, 86. 이 사실과 오늘날 활발하게 번창하는 영국 인본주의자 협회는 서구에서 오직 미국인들만이 교회에 대한 고정 관념에 집착하는 인본주의자 공동체에 관심을 가지고 있다고 제안할 수 있는 사람들에게 경각심을 줄 것입니다.

45. 앞의 책, 40.

나는 휴머니스트입니다

초 판 1쇄 인쇄일 2025년 5월 13일
초 판 1쇄 발행일 2000년 5월 20일

지은이 그렉 엡스타인
역 자 김진건·제임스김
펴낸이 양옥매
디자인 표지혜 송다희
마케팅 송용호
교 정 조준경

펴낸곳 도서출판 책과나무
출판등록 제2012-000376
주소 서울특별시 마포구 방울내로 79 이노빌딩 302호
대표전화 02.372.1537   **팩스** 02.372.1538
이메일 booknamu2007@naver.com
홈페이지 www.booknamu.com
ISBN 979-11-6752-612-0 (03100)